canta rock
POSTER
Patricia Sosa
Una Sirenita
TODAS LAS CANCIONES DE HOY Y DE SIEMPRE
STING
Golpea de nuevo
las VIUDAS crecen
Quién es
CHARLY GARCIA
Revista
BATE LA JUSTA
METROPOLI se la banca!
SPINETTA
ENCUESTA 88
LO QUE SE VIENE
LUCA PRODAN
1953-1987
HOMENAJE
Todas las canciones música y letra
Cancionero de música contemporánea
quincenal
PAPPO CONTRA-ATACA
VIBRA EL CONTINENTE
MERCEDES SOSA
LOS ABUELOS EXPLICAN SU DISCO
EL NUEVO SPINETTA
G.I.T.
VIVOS Y CALIENTES
TRATA DE VOLVER
LOS REDONDITOS
PERSEVERANCIA Y FUROR

PIPO LERNOUD

VOCES DE LA PRIMAVERA DEMOCRÁTICA

LOS REPORTAJES DE *CANTA ROCK* (1983-1988)

PIPO LERNOUD

VOCES DE LA PRIMAVERA DEMOCRÁTICA

LOS REPORTAJES DE *CANTA ROCK* (1983-1988)

GOURMET
MUSICAL

Lernoud, Pipo
Voces de la primavera democrática : los reportajes de *Canta Rock* 1983-1988 / Pipo Lernoud. - 1a ed. - Ciudad Autónoma de Buenos Aires : Gourmet Musical Ediciones, 2026.
392 p. ; 23 x 15 cm.

ISBN 978-631-6636-17-1

1. Rock. I. Título.
CDD 780

Edición: Leandro Donozo.
Ilustración de tapa: Titi Fernández.
Revisión: Nicolas Igarzábal / José Sáinz.
Diseño de interiores y armado: Tomás Caramella.
Diseño editorial: Estudio Cosgaya.
Libro compuesto en tipografías Faustina (2019) y Saira (2020), de Omnibus-Type.

1ra edición: marzo de 2026.

ISBN 978-631-6636-17-1

Hecho el depósito que marca la ley 11.723.

GOURMET MUSICAL EDICIONES
ediciones@gourmetmusical.com
www.gourmetmusicalediciones.com

ÍNDICE

EL ENTREVISTADOR ENTREVISTADO
ALFREDO ROSSO ENTREVISTA A PIPO LERNOUD

—¿Como le explicarías esos años de la vuelta de la democracia a nivel social, cultural y personal a alguien que no los vivió?

—Está muy bien calificar esos años como la primavera democrática. Después de tantos años de violencia, censura y prohibiciones, se había formado poco a poco una cultura de resistencia en los pequeños boliches. Y en los pocos recitales grandes, la gente se sentía libre para cantar "se va a acabar la dictadura militar". Con la guerra de Malvinas y la prohibición de la música en inglés en las radios se empezó a pasar rock nacional y toda una nueva generación descubrió que existía una historia musical que había estado reprimida. Ya con la dictadura debilitada y después con el gobierno de Alfonsín, surgió a la luz todo ese mundo subterráneo que había sobrevivido bajo tierra, como la famosa cigarra. Y *Canta Rock* fue parte de eso, fue quizás la plataforma más popular para que toda esa creatividad se exprese y llegue a la gente común de todo el país.

—¿Cómo nació la idea de Canta Rock?

—La idea de *Canta Rock* es muy especial, surgió en la Multiversidad de Buenos Aires, que era una creación de Miguel Grinberg, en una casona vieja de San Telmo, con todo tipo de intelectuales y gente de la alternativa que daba cursos, y donde participábamos todos los viejos amigos. Esto fue a fines de la dictadura, en el año 1982, donde había un movimiento cultural bastante fuerte. Después del apagón cultural, estaba empezando a haber brotes y cosas nuevas; en la música había un montón de cosas surgiendo.

Grinberg ideó la Multiversidad con otra gente, alquilaron esa casona y empezó la acción. Y dentro de esta movida nos juntábamos y éramos medio amigotes, participando activamente. Entonces un día nos juntamos con Oscar Iufe, Leonardo Sacco y Fabricio "Pupo" Simonelli a conversar, con la idea de hacer *El Alma que Canta* del rock nacional. Hay que tener en cuenta que en ese momento el que más vendía del rock nacional vendía diez mil discos. No era un boom como lo fue después, sino que era una cosa medio underground, medio rara, medio hippie. Y la mayoría de los pibes que ingresaban en la edad de escuchar rock en la adolescencia no tenían idea de dónde sacar la historia de lo que había pasado, no conocían a nadie, nunca habían visto un reportaje a Charly García, que estaba muy raleado de los medios. Esto era antes del Suplemento *Sí!* y del *No*, y de la radio Rock & Pop.

El Alma que Canta era una revista de los años treinta que hablaba de los actores y los cantantes, lo que hoy serían celebrities, una cosa bastante boba. Pero lo importante es que era muy barata, tenía un formato chiquito que cabía en el bolsillo, y venía con las letras de los hits del momento. Esos eran los elementos que nos parecían geniales para hacer una revista de rock. No había: ya había terminado el *Expreso Imaginario*, estaban *Pan Caliente* y *Pelo*.

Yo propuse hacer un reportaje a fondo con cada músico, por ejemplo, Charly García en plan "contate todo", como decíamos en esa época: cómo empezaste en la música, qué te gusta, cómo desarrollaste tu carrera, qué pensás del mundo, qué significa el rock. Una cosa más profunda que hablar solo de su último disco. Eran notas que servían como presentación del músico. Entonces tenía una nota mía sobre el músico, un reportaje a fondo de muchas páginas y las canciones fundamentales suyas con los acordes para la guitarra. Esa fue la otra genialidad que surgió en esa reunión: buscar un músico que baje las canciones a la guitarra y que cualquier pibe pudiera tocarlas. Y buscamos a Daniel Curto, de M.I.A., que era profesor de guitarra y que tenía una oreja atómica, y muy buen gusto para bajarlas tal cual las tocaban Spinetta, Charly o el que sea. Las de Spinetta tenían veinticinco acordes, pero los pibes se mataban sacándolas.

—*¿Cómo se organizó el staff?*

—Al principio, la idea era que la revista la escribiéramos Grinberg y yo. Partimos poniendo cien dólares cada uno, éramos cuatro socios (Oscar, Leonardo, Pupo, yo) y fuimos a una editorial de una revista de autos amiga de los chicos y con ella sacamos la revista. Entonces ahí nos cobraban por hacer la revista y después íbamos a ver cómo evolucionaba la cosa. En principio iba a ser una cosa muy sencilla que iba a salir bimensual. El proyecto era como un hobby, el único que creía en el proyecto como algo profesional era yo, porque venía del *Expreso* y *Pan Caliente*. Los chicos lo tomaban como algo nuevo para hacer.

—*Contame un poquito más de tus socios.*

—Leonardo Sacco era de la cátedra de Tomás Abraham en la Facultad de Filosofía (UBA), un intelectual, un tipo muy piola, que tenía mucha imaginación y ganas de hacer cosas, siempre con una visión política. Por eso era el encargado de hacer los editoriales de la revista. Siempre era algo cortito, por ejemplo habló de Aldo Rico y los carapintadas, él le respondía a eso, siempre relacionado con el mundo de los jóvenes, porque la revista apuntaba claramente a ellos. Iufe es un tipo que venía del comercio, estaba muy metido con Grinberg y lo ayudaba con la parte económica y financiera de la Multidiversidad. Era un as con eso, era un tipo muy genial. Es todo un operativo manejar la economía de una revista, sobre todo no teniendo una editorial detrás, sino que era un solo proyecto que se tenía que sostener a sí mismo. Y Pupo era muy amigo de los músicos, cercano a Miguel, muy amigo de Piero y Miguel Cantilo. De hecho, el primer reportaje fue a Cantilo, que lo hicimos él y yo. Éramos cuatro tipos bastante distintos. Oscar tenía la particularidad de bajarnos a tierra cuando volábamos bastante. Un día nos dijo: "El momento mágico en que un pibe mete la mano en el bolsillo y saca los diez pesos para comprar la revista es lo más importante de nuestra vida. No qué contiene la revista, sino ese momento, el cruce entre ese tipo de afuera y tu producto". Y dijo algo que me ofendió, pero después me abrió la cabeza: "Nosotros lo que vendemos es papel pintado".

—*¿Cómo se engancharon esas otras tres personas en hacer una revista de rock para jóvenes?*

—Es muy interesante eso porque nosotros cuando salimos no pensamos que íbamos a ganar plata, queríamos un producto barato porque no teníamos plata para hacer uno caro.

—*No parece una revista que ninguno de tus socios hubiera querido leer.*

—Es verdad, pero después la leían, ¿eh? Yo creo que eso tiene que ver con la magia de Miguel Grinberg. Él creaba esa cosa de que había un mundo nuevo que estaba naciendo y del cual había que formar parte, con los músicos incluidos, y estos tipos nuevos querían estar ahí. Tenían un conocimiento lejano del rock, pero veían que el movimiento formaba parte de esa nueva explosión.

—*O sea que Miguel desde siempre tuvo esa capacidad para entusiasmar a la gente y que lo siguieran en sus proyectos.*

—Sí, siempre fue así y nunca paró. Lo clave en esta primera etapa de la revista es que sacamos cinco mil ejemplares del primer número, que era lo que podíamos bancar con los cien dólares que pusimos cada uno. Y se vendió todo.

—*¿Cuánto sacaba* Expreso *o* Pelo*?*

—Ellos andaban entre veinte y treinta mil, con picos de cuarenta mil. Nosotros tiramos cinco mil sin saber qué podía pasar, con cero publicidad, solo boca a boca. Y con Miguel Cantilo en tapa. Lo bueno es que estando con la editorial de autos teníamos buen lugar en los kioscos. Entonces esos cinco mil ejemplares se distribuyeron muy bien. Se agotaron tan rápido que decidimos salir mensualmente. La idea era llegar a ver nuestro techo, cuando haya un 20% que no se vende, al límite de agotarse. Y tiramos diez mil. Y también se agotaron, con Porchetto en tapa. Entonces dijimos "tiremos veinte mil". Ir bien para arriba para después bajar. Ya habíamos cobrado toda la edición anterior. El aumento de la tirada fue vertiginoso porque cuando pasamos a veinte mil, con Spinetta en tapa, se vendieron casi todos. Entonces dijimos de hacer más y ahí fue la genialidad de Oscar de hacerla quincenal. Hay que tener en cuenta que la revista era muy barata, la podía comprar cualquiera. Entonces quedamos en hacerla quincenal con veinte mil ejemplares. Y vino la explosión de Baglietto y ahí nos fuimos a cuarenta mil. Íbamos subiendo mes a mes hasta que llegamos a vender ciento veinte mil ejemplares. Competíamos mano a mano con *El Gráfico*, la revista más vendida, que era el sueño de cualquiera.

Cuando pasamos a ser quincenal llegó la idea de tener a alguien que ayude escribiendo, y pensé en Marcelo Fernández Bitar y Eduardo Berti, que eran chicos de diecinueve años que habían venido a hacerme un reportaje. Los vi tan despiertos que les propuse participar trayendo información chica: qué recitales hay, quién estaba grabando nuevo disco y algún reportaje chico (alguna figura no tan importante para merecer una tapa, pero que merecían una o dos dos páginas). Marcelo y Eduardo habían tenido su debut en *Cerdos & Peces*. Y después ya entraron a full con *Canta Rock*.

—*Contame de las tapas.*

—Desde el primer número hubo la idea de que hubiera una caricatura de un músico en la tapa. No queríamos hacer una revista de ídolos, esa cosa de poner una foto con el músico poniendo cara de lindo. Entonces decidimos hacer dibujos y ahí apareció Augusto Sicardi, que hizo las primeras tapas, y falleció en el Nº 12 o 15. Él fue genial porque le puso la impronta a la revista. Y también tuvimos al baterista de M.I.A., Kike Sanzol, que hizo alguna tapa o dos. Pero a partir de Baglietto empezó Augusto. Cuando Augusto falleció encontramos a Titi Albarracín, un pibe muy jovencito, divino, que se quedó hasta el final.

—*¿Tenían correo de lectores?*

—Sí, claro. Siguiendo la idea del *Expreso*, estaba esa idea de contestarle a la gente, contactar entre sí a los lectores, generar comunidad.

—*¿Cómo caracterizarías al lector de* Canta Rock?

—Era una revista que los rockeros grandes no tomaban en serio. Si vos eras rockero, que te hagan una caricatura no es algo tan orgulloso como salir en una foto a todo color. Era una revista chiquita y barata, parecía algo infantil, era obvio que era para principiantes, con los acordes de guitarra y todo eso. Entonces no tenía el aire de seriedad que impuso la *Expreso* con análisis profundos y un lenguaje rico. En mis reportajes el músico hablaba como hablaba él en la realidad y yo prácticamente no figuraba. A veces hacía las preguntas, a veces no, pero no había una participación sobre las opiniones del músico, eso quedaba para el editorial y la ficha en las primeras páginas.

No había pretensiones analíticas sino de comunicación. Esa era la diferencia. *Canta Rock* era un medio de comunicación claro, no de crítica musical.

Yo, que conocía el movimiento desde sus comienzos, veía que el rock estaba explotando, después de la caída de la dictadura y de la desaparición de la censura, con todos los músicos estando en la radio por primera vez. Hubo una explosión muy grande de rock y justo esa ola la agarramos nosotros, y le hablábamos a esos chicos nuevos, que habían escuchado algo y querían más, que pasaban de Sui Generis a Spinetta e iban descubriendo un mundo nuevo. Y en esa ola nos subimos nosotros. Para mí era como un sacerdocio, era la forma de hacer llegar el mensaje del rock a nuevas generaciones.

Como los músicos a veces no son muy locuaces, ni muy descriptivos, entonces teníamos esas páginas contando por qué era tan importante tal músico, de dónde viene y qué nos podía enseñar. Una cosa que tuvo siempre *Canta Rock* es que para nosotros todos esos tipos eran importantes, queridos y admirados. No íbamos en contra de la música suave o la música pesada. Eran tipos que nos parecían muy interesantes de escuchar. De ahí que hayan estado Facundo Cabral, Sandra Mihanovich, Joan Manuel Serrat, Patricia Sosa, Víctor Heredia... ¡A Heredia y a Silvio Rodríguez les di con un hacha! De Silvio di a entender que tenía las limitaciones de estar viviendo bajo una dictadura y que tenía un lineamiento ideológico muy firme en lo que decía, y por otro lado había sido prohibido por tener un programa de los Beatles. Y Víctor se enojó porque dije que su música era muy previsible. "Un mensaje revolucionario en un envoltorio previsible", puse.

—Grinberg tocaba cuestiones que no eran estrictamente del rock nacional, sino que también había notas de temática ecológica. Tenía libertad para escribir lo que quisiera, ¿no?

—Absolutamente. Era tomado como el padrino de la revista. Era el encargado de transmitir el espíritu cultural del rock. Yo, de los músicos, y él de toda la cultura que rodeaba al rock.

—Después se sumaron las producciones locas, como la de Luca Prodan de bebé y Charly tomando la comunión...

—Esa idea fue nueva. Dijimos: tenemos que hacer pósters. Lo que pasó es que cuando habíamos pasado el Nº 20, estando en la cumbre después de unos años, siendo la revista más vendida, aunque nadie la tomara en serio, a Daniel Ripoll –director de *Pelo*– se le ocurrió sacar una copia llamada *Toco y Canto*. Era muy parecida, pero con fotos en la tapa, con músicos extranjeros, que nosotros nos negábamos a poner....

—La bajada decía "revista de música contemporánea", con la contradicción de que decía "todos los temas de hoy y de siempre".

—Sí, era un concepto muy abierto, por algo estaban Marilina Ross, Serrat y Cabral, que no eran rockeros.

—Y muchas chicas, como, por ejemplo, Mavi Díaz. O sea, que también la revista era muy inclusiva a nivel género.

—Sí, eso desde el principio, yo hice una campaña feminista. Desde Celeste Carballo, hice una campaña a favor de las chicas.

Volviendo a lo del póster, nos apareció esa competencia de Ripoll y en ese momento estaban surgiendo Michael Jackson y Madonna, en la revista *Rock & Pop*, dos años después de la *Canta Rock*.

—El primer póster es Fito como Rambo, en junio de 1986.

—Claro. Es que teníamos que dar algo más. Ya se nos habían acabado las figuritas, después de dos o tres tapas de Charly, Spinetta, León. Se estaban acabando las figuritas y había que vestir un poco más a la revista. Era un mercado más competitivo, había salido el Suplemento *Sí!*, que daba toda la información. Marcelo y Eduardo eran muy cuidadosos con la agenda, y el *Sí!* tenía toda la agenda semanal y era imposible competir con un diario, que tiene otra inmediatez. Entonces surgió la idea de sacar póster, como tenían la *Pelo*, *Rock & Pop* y *Toco y Canto*. Y yo dije de hacer un póster diferente, de buscarle una vuelta, de no poner la carita de un musiquito lindo con el peinado de última generación. Entonces se me ocurrió hacer pósters humorísticos, ridículos, para ir al otro extremo. Y con Fito que era un flacucho que estaba recién empezando su carrera, y en esos días estaba la película *Rambo* a full, dijimos: "Fito es Rambo". Fue muy divertido porque lo llevamos a una armería de la Avenida de Mayo, un sótano que tenía todas las armas, y las paredes estaban todas agujereadas. Lo empezamos a vestir, era muy importante la producción de fotos, a cargo de Pupi Caramelo y el genial Gabriel Rocca como fotógrafo. La primera fue Fito, la segunda, Celeste disfrazada de Heidi (cuando tocaba punk) y tercera, la comunión de Charly. Era buscarle la vuelta loca a los personajes, de eso me encargaba yo con Pupi y Gabriel. No sé si tuvieron éxito los pósters, porque tuvimos una reacción negativa medio fuerte al principio, nos decían los lectores que nos reíamos de sus ídolos. La de Luca de bebé despertó unos enojos impresionantes porque los fans lo tenían como un tipo que rompía con todos los esquemas. A diferencia de Charly, que se puso la ropa y leía el misal: "Por mi culpa, por mi culpa, por mi grandísima culpa". Charly entró en el juego. A Luca le costó, no entendía la idea, me decía "Pipo, ¿no me estás cagando?" cuando le decíamos que pusiera carita de bebé que llora. Fue muy divertido hacer los pósters.

—La revista fue exitosa durante dos o tres años, y después vino el cambio de formato y ahí se cayó la venta. ¿De quién fue la idea del cambio de formato?

—Estábamos preocupados porque la revista vendía menos y teníamos la competencia de la *Toco y Canto*. Yo tengo la teoría de que hay cambios generacionales cada seis o siete años, y el que mejor entendió eso fue Charly García, que fue cambiando de grupos, de personalidad y de público. Nosotros veíamos que la revista bajaba las ventas y que ya no éramos los únicos. Ya no estábamos barrenando la ola del rock nacional. Entonces dijimos de hacerla más como una revista piola, inteligente, pero más formal. Ahí empezaron a aparecer las fotos de tapa. Empezamos con el suplemento *Sobretodo*, con la idea de que la revista se ponía el sobretodo y que eso incluía todos esos temas. Porque, además, se nos habían acabado las figuritas y las canciones, y no queríamos estar repitiendo canciones. Ya se habían puesto todas las más importantes, entonces había que ponerle más cosas a la revista. Era una revista que tenía claramente un tiempo limitado de existencia. Cuando queremos volvernos una revista competitiva según las leyes de mercado ya se pierde la gracia, ¿no? Porque hay otras y competir con otras era otro mundo. Bajaron las ventas y llegó un momento en que dijimos "bueno, cerramos". La revista casi no tenía publicidad y tenía que bancarse con la venta de kioscos. Como estábamos bajando la venta y cada vez éramos más empleados (al principio éramos nosotros solos haciendo todo), nos reunimos y decidimos: "Cerremos mientras podemos pagarle a todo el mundo lo que corresponde". Yo en esa época estaba viviendo parte de la semana en el campo con la producción orgánica, así que no me costó tanto aceptar el final.

—¿Cuál fue la señal del final? Hubo un fin de época con las muertes de Luca, Moura y Abuelo...

—Claro. Ahí hubo un cambio muy grande. Estaba el SIDA a full y había un underground muy fuerte, para el cual nuestra revista era muy livianita.

—Se venía una segunda parte de los ochenta con bandas más experimentales como Fricción o Don Cornelio. Como corolario, ¿cómo la ves a Canta Rock *a través del tiempo?*

—Yo siempre creí en *Canta Rock*. No me molestaba la cosa de que fuera para jóvenes. El underground se preocupaba por que el rock fuera una cosa de arte entendida por pocos y pensaba que la revista era una cosa popular, simple y para chicos, y a mí me gustaba, yo siempre creí en eso. Siempre creí en la comunicación, hoy la veo como un instrumento de comunicación poderosísimo. Y lo veo en las páginas de seguidores en Facebook, que tienen un recuerdo muy vívido por la revista y por el trabajo de Curto. Para mí realmente fue un momento muy, muy bueno. Además de que fue la única vez que gané plata con el rock. Cumplí veinte años metido en el rock, desde el 66 que venía desde *Ayer nomás*. Veníamos de años de ser perseguidos y despreciados y de pronto la pegamos. En en un momento ganamos mucha plata, algo inesperado para una revistita armada entre cuatro que pusimos cien dólares. Nos fue económicamente bien, por primera y última vez.

—Quiero señalar esto: fue una revista cómplice con el público, mantuvieron la tradición de la Expreso *de que el público estaba incluido. No te tiraban la información desde arriba.*

—Exactamente.

—¿Como viviste el final de Canta Rock *donde, encima, te tocó cerrar la revista despidiendo a Miguel Abuelo, que además de ser un músico famoso por entonces era alguien muy cercano en lo personal?*

—Yo estaba prácticamente viviendo en nuestra chacra de Ranchos, al sur de Buenos Aires, tratando de convertirme en un productor orgánico. La muerte de Miguel y la de Luca y Federico habían cerrado una etapa. Y a mí no me convencían del todo los raros peinados nuevos, los músicos muy maquillados y muy producidos. Me daba la sensación de que el showbusiness estaba tomando el control del movimiento, que ya era visto por muchos como un gran mercado posible, con Madonna y Michael Jackson a la cabeza. Los empresarios y políticos que nos habían rechazado y perseguido durante veinte años ahora estaban muy entusiasmados con ese mercado juvenil. Y yo, para variar, me metí en algo nuevo, en donde había que empezar de abajo: la agricultura orgánica.

—¿Que hiciste en los años siguientes?

—Me fui a vivir al campo durante casi diez años. Aprendiendo bastante torpemente a ser agricultor y vivir de acuerdo a los ciclos naturales. Acostarse y levantarse temprano. Algo nuevo para mí. Fui vicepresidente del Movimiento Argentino para la Producción Orgánica (MAPO) y organizamos un gigantesco Congreso Mundial Orgánico en Mar del Plata, con seiscientos productores de sesenta países. Vino León por su propia cuenta a cantar para los agricultores. Fue muy emocionante. Los latinoamericanos lloraban. Sacamos la primera declaración mundial contra los transgénicos, que acababan de entrar al país. Después del congreso, pasé a formar parte de la junta directiva –y finalmente vicepresidente– de la Federación Internacional de Productores Orgánicos (IFOAM), lo que me llevó a viajar por todo el planeta durante diez años.

En esos viajes volví a escribir, alucinado por lo que veía, y al poco tiempo sacamos la revista *La Mano*. En ese periodo se cumplieron treinta años de rock nacional, en 1996, y Alberto Ohanian nos propuso a mí y a Rodolfo García organizar una muestra que terminó siendo impresionante, en el Centro Municipal de Exposiciones, durante cuarenta y cinco días. Allí me reencontré con los músicos amigos y los nuevos, y con muchísimos lectores del *Expreso* y *Canta Rock*.

—Te tocó ser periodista y dirigir revistas importantes en tres momentos muy diferentes del país: el Expreso Imaginario *durante la dictadura,* Canta Rock *con la vuelta de la democracia y* La Mano *en la postcrisis del 2001 y el primer kirchnerismo. ¿Qué diferencias encontraste o rescatás hoy de comparar esas experiencias?*

—Son tiempos muy distintos, y en la montaña rusa que es Argentina, todo cambia de una manera brutal. El *Expreso* fue un refugio y un abrazo durante la dictadura, encontrar gente parecida y comunicarse en secreto, manteniendo vivos los ideales. Era al mismo tiempo una locura creativa y una trinchera en la que había que cuidarse mucho de lo que se decía. El *Expreso* y los músicos tuvimos que encontrar otro lenguaje para decir las cosas, con metáforas. Y estábamos muy juntos, nos inspirábamos mutuamente.

Canta Rock era muy diferente, porque era como salir de la cueva y respirar el aire libre. Teníamos un público mucho más amplio y más diverso, con muchos jóvenes que estaban descubriendo el nuevo mundo del rock. Llegar a vender ciento veinte mil ejemplares fue una experiencia extraordinaria. Nos llegaban cartas de todo el país, nos leían apasionadamente en los pueblos más perdidos. Creo que fue una revista que estimuló la imaginación de toda una generación.

Y finalmente, *La Mano* fue una revista más sofisticada, hablándole a una cultura mucho más desarrollada que incluía a todas las artes que de alguna manera habían crecido al amparo del rock o inspiradas por él. En *La Mano* había un equipo tremendo, conducido por Martín Pérez y Marcelo Fernández Bitar, y escribían los mejores. Yo participaba en las reuniones y traía mi columna de viajes: *Misterios del planeta.*

MIGUEL CANTILO:
CUENTA SU HISTORIA

En la *Marcha de la bronca* expresó a una generación que, "sin fusiles y sin bombas", buscó afanosamente su propia identidad. Diez años más tarde le puso música a la esperanza de los "jóvenes del año dos mil". Dueño de una trayectoria que no le escatimó experiencias, Miguel Cantilo encara la etapa de solista con su vital rebeldía de siempre.

—*Vos no empezaste como rockero...*

—Con Durietz tuvimos una escuela impresionante, que fue el café concert. Era la época de Jorge Schussheim, Jorge de la Vega, Carlos Perciavalle (que solo hacía café concert), Manolo Juárez (que con su trío hacia una increíble fusión de folklore, jazz y clásico), Norma Peralta (la hermana de Miguel Abuelo)... Alguien nos descubrió en la playa, en Punta del Este, y nos dijo que fuéramos a La Fusa. Allí nos escuchó Horacio Molina, que pasó a ser nuestro padrino artístico. Para mí La Fusa fue el primer aprendizaje. Allí descubrí la enorme dimensión de Discépolo, escuchando a Susana Rinaldi acompañada por Osvaldo Piro. En La Fusa pasaban cosas muy mágicas y nosotros éramos unos bebitos. Nacha Guevara, explosiva, cantaba letras de Georges Brassens y Jorge de la Vega. A nosotros nos usaban para abrir el fuego.

—*La experiencia del café concert les significó una gran formación literaria...*

—Claro, porque en esos lugares se trabajaba con la "Nouvelle Chanson" francesa, con la "Nueva Canción" española... Con Serrat, que todavía no era conocido masivamente en Argentina. Había un cuidado en la elaboración literaria de las canciones. A nosotros, que recién comenzábamos a componer, escuchar a Horacio Molina cantando canciones de Serrat; o a Amelita Baltar, en *Chiquilín de Bachín*, que no la conocía nadie, y la gente se alucinaba. En esa época, para nosotros, el rock era lo que venía de los Beatles; no pensábamos en el rock en castellano.

—*Esa influencia se nota en el primer long play que grabaron, que tiene un clima bastante porteño y letras súper elaboradas...*

—Es cierto. Con ese long play pasamos un poco del café concert, de lo subterráneo, al gran público. Pero no duramos mucho tiempo porque nos censuraron. Me acuerdo que habíamos ganado el Festival de la Música Beat con *La marcha de la bronca*. Venía el Festival Buenos Aires de la Canción, que ganaban tipos como Piero, adonde pensábamos presentar *En este mismo instante*, el tema sobre la guerra, que no pudo entrar por una orden de arriba de no permitir "canciones de protesta". Propusimos *Catalina Bahía*, que rebotó por "pornográfica" y la rematamos con *Pueblo nuestro que estás en la Tierra*. La grabadora se sintió tocada y decidió publicar el disco, que salió casi inmediatamente de difusión; ahí fue que decidimos ir a un sello más chico, donde pudiéramos hacer el disco que queríamos, que fue *Conesa*. Pero ya no teníamos la misma difusión, ya entramos de nuevo en lo subte.

—*En* Conesa *hay un descubrimiento de algo distinto, de una cultura diferente.*

—Eso es absolutamente responsabilidad de La Cofradía de la Flor Solar. Nos dio vuelta ver trabajar a un grupo que tenía dos bajistas, dos baterías; para nosotros era una aventura ver cómo trabajaban en equipo, una idea que no habíamos concebido nunca. Además, unos meses antes del encuentro con La Cofradía, hicimos un viaje a El Bolsón con mi mujer, porque habíamos escuchado que parte del elenco de *Hair* –que nos había shockeado profundamente– estaba viviendo allá. De *Hair* nos había sorprendido la autenticidad de los protagonistas, que transmitían una cosa que iba más allá de la puesta en escena de su obra: era gente que vivía realmente lo que se expresaba en el argumento.

—*El elenco inicial de* Hair *era increíble.*

—Estaba el Negro Rada, Miguel Abuelo, Pot Zenda, Teddy Vega, Giorgio Acosta... En El Bolsón vi por primera vez lo que era una comunidad. Vi cómo esa gente, con la misma valentía con que subía al escenario y se jugaba por su obra, por lo que creían, se iba a una casucha del campo y hachaba sin saber hachar, comía arroz integral o cultivaba sin saber cultivar. Ese viaje, y el encuentro con La Cofradía, me dieron la pauta de que algo importante estaba pasando con la juventud, de que había una voluntad de cambiar realmente las cosas.

—*¿Cómo fue el encuentro con La Cofradía?*

—Tocamos en el mismo teatro, en la temporada 71-72, en Mar del Plata. La Cofradía venía llevando adelante un proyecto de trabajo comunitario urbano en La Plata. Eran unas veinte personas que trabajaban en equipo. Además de sus canciones y del disco excelente que habían grabado, hacían plástica – me acuerdo de los dibujos de Kubero Díaz– y una artesanía increíble, de una calidad que nunca más he vuelto a ver. Yo me fui metiendo en ese mundo, transformando mi vida, mis canciones, mi música.

—*Ese verano, en el Teatro de la Comedia Marplatense, también estaba Fontova.*

—Sí, y también Sui Generis, como dúo, fogueando su música. Nito, que todavía no tocaba la guitarra, tocaba la flauta dulce, y Charly, guitarra y piano.

Ahí se gestó mucho de lo que paso. Todos, lógicamente, terminamos la temporada sin un peso. Era un teatro chico, lleno de gente que creía en eso. Por supuesto, fue un mal negocio. Terminado el verano, le propuse a la gente de La Cofradía que se viniera a Buenos Aires e hiciéramos un trabajo musical juntos.

—*¿Fue cuando se instalaron en la casa de la calle Conesa?*

—Sí; allí nos quedamos todo el 72 y a fin de año grabamos el long play *Conesa*. Trabajar con ellos fue como pasar lo mío por el tamiz del rock; La Cofradía puso toda su cuota de rock al servicio de mis temas. Yo tenía ofertas de Jorge Álvarez y de Billy Bond para grabar toda mi música en esa onda, pero preferí hacerlo por la mía. Al tiempo, ellos lo hicieron con Sui Generis.

En esa época aún no podía vivir en libertad en Buenos Aires. En la casa recibíamos, de vez en cuando, la visita del comisario de la zona –lástima que no me acuerdo el nombre– que había sido músico y nos traía los discos que había grabado; se sentaba a escucharnos en la sala de ensayo y se copaba con los trabajos de artesanía que hacíamos. A fin de año venció el contrato de alquiler y decidimos dejar la ciudad.

—*¿Entonces formaron el Grupo Sur?*

—Empezamos a separarnos con Jorge, que no comprendía del todo mi atracción por la mano del rock y todo eso, y comencé a trabajar con Kubero: yo escuchaba lo que el tocaba y escribía letras para su música. Completamos la composición de material de *Sur* en Las Golondrinas, cerca de El Bolsón, y, con ese típico desorden profesional, en lugar de grabar el disco nos fuimos a Brasil.

—*¿A Arembepe?*

—Sí, Kubero llegó después. Mi mujer estaba embarazada y una chica me dijo –¡qué delirio!– que había dos lugares en el planeta para tener hijos: El Cuzco y Bahía. Entonces con ese idealismo que teníamos, nos fuimos a dedo a Bahía con mi mujer embarazada de tres meses. Nos instalamos sin un mango en Arembepe, que era una aldea de pocas casitas. Hacíamos artesanías, que vendíamos una vez por semana en Salvador. Cuando volvimos al país estaba muy cambiado y no pudimos aguantar mucho en Buenos Aires. Grabamos el long play *Sur* en el menor tiempo posible y volví a atrincherarme en El Bolsón.

—*¿Y el material de* Apóstoles *de cuándo es?*

—Algunos temas –como *Amasando pan*– los compusimos con Kubero en Unquillo, un pueblo de Córdoba, y el resto en El Bolsón, en donde estuvimos un año. Convivían con nosotros en el sur Pinchevsky, Quique Gornatti, Morci Requena y muchos grupos comunitarios. Volvimos a Buenos Aires a mediados del 74 y ahí sentí que se terminaba mi experiencia personal con

La Cofradía. Armamos de nuevo Pedro y Pablo e hicimos un trío con Kubero, que se sumó. Pero ya era muy difícil trabajar por la violencia que se vivía.

—Era el típico juego de los extremos, que juegan uno a favor del otro.

—Y nosotros estábamos en el medio. Para colmo, en ese momento, era muy difícil vivir de la música porque hacías un recital y venían cien o doscientas personas. Nuestro último intento fue hacer una gira por el interior.

—¿Fue cuando hicieron un recital en I.F.T.?

—Eso fue al final. En la gira anunciábamos La Cofradía y Pedro y Pablo. Tocamos en Mendoza, Córdoba, Santa Fe y algunos lugares menores, metiendo unas quinientas personas en los recitales. Nos desplazábamos en tren o en ómnibus, alquilábamos equipos en las casas de música y la organización la hacía gente del lugar, sin mucho conocimiento del *métier*. Daba para vivir decorosamente a las veinte o veinticinco personas que componían el grupo. Era la necesidad de llevar nuestra música al interior, y creo que nadie que haya participado se olvidará de esa gira; fue una cosa muy mágica. Al final hicimos un recital muy loco en el I.F.T., con Pinchevsky que había montado una licuadora. Eran los últimos estertores de un intento que estaba pinchado desde el vamos, que se chocaba con los límites que nos imponía la ciudad. Poco antes habíamos grabado *Apóstoles*, gracias a la magia de un tipo como Piero, que dijo "yo los banco"; y puso la guita para que se grabara el long play. Ahí decidimos cortarla y me fui, tipo caminante, a recorrer Sudamérica. Y el resto se embarcó para Europa.

VIAJAR Y APRENDER

—La juventud en esos años viajaba mucho a dedo, no como turistas, sino metiéndose en los lugares y viviéndolos. Vos lo hiciste mucho: ¿cómo te afectó, y qué creés que le hace a la gente viajar?

—Todo ser humano necesita en algún momento la experiencia vital de viajar. La juventud de este país, que está en elaboración –y en muchos aspectos aprendiendo el mundo–, debe salir y ver lo que pasa en otros lados.

—Vos pasaste también –como muchos de nosotros– por el proceso de salir de tu ámbito cultural y de conectarse con otros niveles de la cultura, como por ejemplo en Colombia, o con los negros de Bahía...

—Creo que, como punto de partida, hay un desclasamiento que es muy importante. Uno viene de una clase que le ha impuesto un tipo de educación y ese es el primer círculo que hay que romper en la búsqueda de tu propia identidad, que transita necesariamente por caminos de libertad. Es importante abrirse al conocimiento de otros niveles sociales, de otros puntos de vista de la realidad. Trasladar un poco tu experiencia hacia niveles de gente que no ha tenido iguales posibilidades de desarrollarse y, confrontarse uno mismo en esas circunstancias, dentro y fuera del país. Creo que es una aventura suprema encontrarse en otro punto del planeta y comprobar cómo funciona uno, de qué manera se gana la vida o cómo se comunica con la gente. Es un ejercicio muy sano agudizar el ingenio para hacerse entender, para conseguir el sustento y comprobar cierta poesía que puso Jesucristo en el Evangelio, aquello que dice que somos seres de este planeta igual que las aves y las plantas. Y si ellos subsisten nosotros también podemos. Nuestra necesidad individual va a inventar los métodos para satisfacer lo que pide nuestro cuerpo, nuestra fisiología. Creo que no tener miedo de salir al mundo es básico. Necesitamos menos que lo que creemos para vivir felices. Nos han acostumbrado a depender de tantas cosas...

—¿Para un porteño como vos qué significó la experiencia de vivir en el interior, en el campo?

—Para un porteño lo más alucinante es comprobar la diferencia que existe entre la vida de la gran ciudad y la de cualquier lugar natural. Darnos cuenta de la armonía y la belleza de ciertos lugares en los que el hombre ha respetado el escenario natural.

Cuando llegué por primera vez al sur, mirando las montañas desde el camión en que viajaba a dedo, mi primer pensamiento fue "¿y esto es gratis?". A lo mejor con el tiempo me di cuenta que no era gratis, que a cambio de eso había que dar esfuerzo para aprender a subsistir en ese medio. Para una persona que ha crecido en la ciudad, es un trabajo enorme aprender a armonizarse con ese entorno; cortar leña, ordeñar una vaca, conseguir el alimento. Sobre todo si uno es un inútil urbano al que durante la infancia solo le han enseñado a mirar televisión, sentarse en el pupitre y copiar del pizarrón. Cuando te encontrás con la auténtica realidad elemental de la tierra, el agua, el fuego y el aire, te das cuenta que tenés que aprender un montón. Creo que hasta que el hombre no comprueba cuál es la realidad de la naturaleza está siempre viviendo en un engaño. Es preciso acercar al hombre a una naturaleza, ya sea por medio de programas educativos o a través de una rebeldía que nos lleve al campo por compulsión, por negociación de lo urbano. Mostrar a las personas de las grandes ciudades que vivimos un mundo equivocado, pero no irreversible. Conocer esa otra realidad, volver, y tratar de mejorar nuestro entorno, evolucionar como individuos, modificar la sociedad.

—Contanos un poco cómo influyeron en tu música tus salidas al exterior, tus contactos con otras culturas, con otros países.

—En Colombia, por ejemplo, descubrí el ritmo. Yo era muy inseguro rítmicamente; me gustaba mucho la armonía, la melodía, la letra, pero me faltaba un conocimiento rítmico de la música. Y en un lugar en donde agarrás la guitarra y enseguida hay cinco tipos acompañándote con un tamborcito, no te podés perder. Allá todo el mundo, aunque no tenga guita, compra música. En la radio pasan constantemente música nacional o en español; salsa, cumbia, guayaberas, ballenatos, tangos, rancheras o boleros mejicanos... Hay un negro presente en el colombiano, que lo obliga a estar pendiente del ritmo, y creo que eso nos falta a nosotros: un elemento racial que le dé justificativo a una música que nos haga bajar el cuerpo. El argentino es muy mental y vive subido a la terraza, buscando siempre una razón para llorar, protestar o quejarse; yo me incluyo porque soy protestante. Llegó el tiempo del bajar al cuerpo y transformar –como hacen tipos como el Negro Rada– nuestra música en algo festivo y bailable.

Acabo de asociarme con Osvaldo Fattoruso, que va a hacer una producción para mis temas poniéndole elementos rítmicos; algo que yo tenía en la cabeza pero que no sabía cómo explicarles a mis músicos. La época de las marchas y del 2 x 4 se acabó; los argentinos necesitamos ritmo y está bien tocar un rock and roll, un rock al modelo americano o europeo, pero acá tenemos verdades rítmicas que es estúpido desperdiciar. La chacarera, el malambo o el carnavalito son evidencias rítmicas argentinas, que sería una negación no incluir entre los ritmos bailables. Lo que necesita este país es gente que baile, que zapatee y se saque la mufa que tiene a través de signos que le son propios.

LA EXPERIENCIA DE PUNCH

—La onda que trajeron de España, con Punch, era medio reggae o new wave.

—Tipo más bien inglesa. En España se consume mucho rock inglés, desde la imagen al sonido. El grupo era el más importante de Mallorca, éramos conocidos en Ibiza, y estábamos a punto de comenzar a trabajar en Barcelona. Llegamos aquí pensando en una propuesta que fuera potable, que nos permitiera trabajar. Yo tenía todos los discos prohibidos y lanzamos Cantilo y Punch como un número nuevo. Yo no sabía que Cantilo era tan conocido aquí; suponía que lo conocían nada más en ciertos ambientes rockeros. Traíamos algunas canciones fuertes que preferíamos no cantar o suavizarles las letras para evitar que nos cortaran las gambas. Estuvimos un año y medio tratando de imponer una onda que nos dejara trabajar. Paralelamente empecé a tocar con Jorge, a reconstruir el dúo. Recién con el segundo disco –con *Gente del futuro*– la cosa comenzó a cambiar. El primer año fue muy duro.

—Los rechazaron en La Falda...

—Los rechazos en La Falda o de Prima Rock no fueron tan graves como la dificultad económica. Volvimos solo con parte del equipamiento, sin nombre y obligados a empezar de abajo. Teníamos familias que mantener y era muy difícil trabajar en esos momentos. Pero la necesidad te agudiza el ingenio y te hace descubrir la pólvora: compuse *Gente del futuro*. La cantamos por primera vez con Jorge en Obras, el día del festival de [la revista] *Humor*, y la gente nos pedía la *Marcha de la bronca*. La grabamos con Punch y a partir de que salió el disco a la calle tuvo un reconocimiento masivo. Después vino Pedro y Pablo y todo lo demás.

—*¿No te parece que* Los sueños de la cultura *daba –el año pasado– como para un éxito como* Gente del futuro?

—Sí. Lo que pasa es que intenté grabar ese material dentro de un bloque que se llama "Golpe de Rock", y por distintas razones no pude concretarlo. El material daba para mucho más y no quise desperdiciarlo por el apuro. Existe la posibilidad de grabarlo en Estados Unidos con arreglos de Santaolalla, con técnicos y músicos norteamericanos. Paralelamente voy a grabar otro long play, también como solista, con músicos uruguayos y la producción de Osvaldo Fattoruso.

—*Para terminar, ¿cuál es el futuro de Pedro y Pablo?*

—Con Pedro y Pablo nos hemos propuesto llegar a todos los lugares adonde no hemos podido llevar nuestra música en vivo. Una vez logrado esto, habrá un trabajo individual de Jorge y otro mío. Lo que pase luego con Pedro y Pablo es totalmente impredecible. Tenemos algunos proyectos en común con Jorge, pero lo que nos va a ocupar, de ahora en más, son nuestros trabajos de solistas. Probablemente a fin de año hagamos un espectáculo con nuestras respectivas bandas, en donde haya algunos temas del último long play, que grabamos en vivo en Córdoba.

Entrevista hecha junto a Fabricio Simonelli, publicada originalmente en *Canta Rock* Año I, N° 1 (15-VI-1983) bajo el título "Miguel Cantilo cuenta su historia" y reproducido para el primer aniversario de la revista en el Año 2, N° 13 (4-VII-1984).

RAÚL PORCHETTO:
DESDE NIÑO

Respetando las intuiciones de su infancia, Raúl Porchetto emprendió con precocidad el camino para ser. Fiel a su honestidad, continúa buscando en su interior las respuestas para construir cotidianamente su vida.

—*Naciste en Mercedes: ¿Cómo se dio tu acercamiento a Buenos Aires?*

—Yo nací en Mercedes, en donde aún vive la familia de mi madre; pero vivo desde siempre en Buenos Aires. De chico pasaba largos veranos allí, y creo que eso me dio como una especie de esquizofrenia muy positiva que me enriqueció mucho: por un lado, vivir la ciudad, yendo al colegio y curtiendo el barrio de Flores, y por el otro, incorporar características de un pueblo de la Provincia de Buenos Aires, conocer sus circunstancias, sus imposibilidades.

—*Algo de eso se nota en tus primeras canciones, en donde se respira la sensación de cielos abiertos...*

—Sigo teniendo pasión por los cielos abiertos aunque en la ciudad se me hace difícil ejercitarla. De aquella época me quedó marcado a fuego, el contacto con la tierra y la naturaleza. Me acuerdo que agarrabas la bicicleta, hacías diez cuadras, y ya estabas en el fondo del cielo.

—*¿Todo eso tuvo algo que ver con tu decisión de ser músico?*

—Creo que aprendí a cantar antes de hablar. Era algo totalmente subliminal en mí, porque la única referencia familiar que tuve fue mi abuelo, que era músico. Tenía idea de que habla sido un buen pianista, compositor y guitarrista, pero como no lo llegué a conocer, era como un fantasma: una conexión invisible que me atraía, pero que no sabía intelectualizar. Mi primer acercamiento a un instrumento se dio a los nueve años, cuando en Mercedes escuché a un amigo de mi primo cantar una zamba (que normalmente no me conmovían) y esa zamba me rompió el corazón. Me dio ganas de tocar la guitarra y de repente, mi abuela me regala una reliquia de cincuenta años que era la guitarra valenciana que había pertenecido a mi abuelo. Empiezo a buscar libritos de folklore –era la época de *Guitarreada* y toda esa bola–, aprender acordes y componer: a los once años compongo mi primera canción. Mucho más tarde estudio guitarra con un profesor que se llamaba Porta y a los diecinueve, ya curtiendo rock, entro al Conservatorio Manuel de Falla. Por suerte empiezo intuitivamente; el estudio vino después.

—*¿O sea que pasaste del folklore al rock?*

—Claro, pero no porque me apasionara el folklore. Me apasionaban (y me siguen apasionando) algunas zambas, así como las melodías de Gardel. Sentía que sus letras no me pertenecían, pero me gustaba el tipo como cantante porque superaba a todos. Era un tango canción que tenía un concepto diferente a lo que habitualmente nos daban como tango. Después entra otra mano —la del cuarenta– que es donde el tango hace eclosión y se institucionaliza, aunque también llega la edad de los grandes poetas, que son un poco "underground" de la época.

Creo que en nuestra generación ya había una intuición de otra cosa; me acuerdo que me pasaba horas moviendo el dial, buscando la música que interiormente estaba necesitando. La explosión se produjo a los nueve años –estaba en una fiesta de quince y nadie me daba bola– cuando escucho *Zapato de gamuza azul* y después *Tutti Frutti*, y se me vuela la cabeza. Era un lenguaje extraterrestre para lo que yo tenía en ese momento.

—*Después llegan los Beatles y queda todo claro...*

—Al final los principios comienzan a ser claros; ahora tengo re-claro cómo influyó todo eso en mi evolución personal y musical. Con los Beatles empiezo –de manera inconsciente– a asumirme, a enorgullecerme de ser un músico popular. Algo desafiante, una especie de traición a la clase media que recién asumo intelectualmente no hace más de un año.

—*Y qué hiciste: ¿formaste un grupo o tocabas solo?*

—La primera formación que integré fue un conjunto de folklore en el colegio: éramos un verdadero desastre y alcanzamos a tocar dos temas en una fiesta. Ya a los quince armamos un grupo netamente rockero, con el que hacíamos temas nuestros y de los Beatles. Por supuesto no teníamos la más mínima posibilidad de tocar en ningún lado ni cosa por el estilo.

Me acuerdo que la lucha por el instrumental, por el equipamiento, era terrible: lo único que tenían a mano era una guitarra española con cuerdas viejas, con la cuarta siempre a punto de romperse. Era imposible lograr un sonido y, de haber contado con los elementos necesarios, pienso que las cosas se hubieran acelerado mucho. Pero de última, creo que esa época fue muy enriquecedora.

—*Claro, porque entrar en la música con todas las facilidades por ahí te priva de un vagabundeo enriquecedor, de una experiencia de vida que puede ser muy fuerte...*

—Puede ser, aunque sin duda una producción bien hecha puede ayudar a desarrollar el talento de un tipo que de repente, entra a grabar por primera vez. Es lo que pasa en Estados Unidos o en Europa, en donde hay excelentes productores que permiten que un músico allá pueda hacer a los veinte lo que a nosotros recién se nos da a los treinta. Acá tuvimos que grabar cinco o seis long plays para aprender a lograr sonido, y ese era un proceso que alguien tenía que hacer. Nos tocó a nosotros; la nuestra fue una generación de aprendizaje.

EL ROCK ACÚSTICO

—¿Cuándo te presentaste por primera vez públicamente?

—Fue más o menos en el 70. Daniel Ripoll me conectó con la gente de Artes y Ciencias quienes me dieron la oportunidad de presentarme como solista de apoyo de Pedro y Pablo. El primer recital anduvo fenómeno, pero en el segundo –estaba Vox Dei y era otro público– la mano vino pesada; fue una experiencia que influyó durante mucho tiempo en mi relación con el público. Salgo inocentemente a cantar temas míos acompañado solo por guitarra española, en una época que la cultura del rock estaba muy estereotipada: rock era lo de Vox Dei, Manal, Almendra; incluso Pedro y Pablo no entraban del todo en este esquema. De más está decir que, si hubieran tenido un exocet, me lo tiraban...

—En el rock de esa época no había cantantes acústicos, a vos te tocó bancarte la intolerancia de los pesados de siempre.

—Claro, estaba todo muy encerrado. Por eso surge la idea con Litto, León y Miguel y Eugenio, de juntarnos y desde el Auditorio Kraft hacer fuerza por lo que empezamos a llamar Rock Acústico. Queríamos que se comprendiera que lo que hacíamos era rock, que pretendíamos lo mismo, pero con otra forma, otro concepto. Al tiempo se me presentó la posibilidad de grabar.

—¿Cómo fue eso?

—Jorge Álvarez me ofrece la posibilidad, y yo en lugar de grabar los temas que estaba tocando en ese momento, me encierro en mi cuarto un fin de semana y compongo todo el material de *Cristo Rock* en tres días. En Microfón quieren que grabe con La Pesada, mientras yo propongo un par de músicos totalmente desconocidos. Me hacen la guerra, pero, por suerte, consigo grabar con ellos y La Pesada. Esos músicos eran Charly (de quien decían que no tenía talento y que ese era el único disco que iba a grabar en su vida), Petty [Guelache], María Rosa [Yorio] y [Paco] Pratti –el batero–.

Cristo Rock nunca llegó a presentarse en vivo. Tuve ofertas para hacer un espectácular en televisión y un montón de cosas. Pero me negué porque había algunos yeitecitos a los que no me quería prestar. Así tuve que esperar dos años para grabar mi segundo long play. Mientras tanto sobreviví dando clases de música y aproveché para actuar, estudiar y alimentarme, sabiendo que no era momento de hacer cosas. Antes de *Cristo Rock* me había presentado en el *Acusticazo*, acompañado por Alfredo Cusino y Petty en congas y guitarra; después hice algunas cosas con Jorge Cutello (que tocaba vientos, sobre todo flauta traversa), con quien nos presentábamos en donde se pudiera.

—*Era súper difícil...*

—Sí, pero es una época que no recuerdo con tristeza. Me parece que fue lindísima, en la que aprendí un toco. Aparte la tenía clara desde el principio: por cultura había recibido eso de que es muy difícil hacer lo que querés, entonces por oposición me creé un mecanismo de defensa que no me permitía que me entrara la depre. Me inventaba el modo de hacer las cosas, sabiendo de que si renegaba lo único que iba a conseguir era perder polenta. Anduve mucho por el interior y recorrí el país por primera vez, tratando de tocar; fue una experiencia que me dejó mucho tanto en mi vida personal como en mis canciones. En medio de todo eso –ya estamos en el 75– grabo mi segundo long play cambiando de sello, lo que permite grabar el disco que quería sin trabas. En el 76 sale *Porchetto* y, paralelamente, se hace *PorSuiGieco*.

—*Vos sos uno de los músicos que más desarrolla la conexión del hombre con el cosmos. Eso lo expresás en* Sentado en el umbral de Dios *y, luego, en* Chico cósmico.

—Claro, porque es algo que me obsesiona. Yo veía en ese momento lo que estaba pasando políticamente, que se iba a caer en un juego en el que íbamos a perder mucho –cosa que, lamentablemente, se cumplió–. La propuesta intelectual de elevar la condición humana estaba: se habían escrito tratados de lo que era la izquierda y la derecha, de todas las situaciones sociales habidas y por haber. Pero lo que fallaba era el estado de conciencia del hombre que no se había modificado en los dos mil últimos años. Siento la necesidad de modificar ese concepto y empiezo a decírmelo a mí mismo, para luego introducirlo en mis canciones. Me parecía que la lucha ideológica no iba a servir, que la cosa pasaba por pensar de una manera más trascendente, más cósmica... Inconscientemente comienzo a expresar todo esto en *Sentado en el umbral de Dios* y, conscientemente, en *Chico cósmico* con temas como *Un hombre de cuatro mil años*, *Seis días con los ojos abiertos* o *El sol sobre las torres*, en donde las letras reflejan la necesidad de pensarnos de otra manera, de modificar nuestra estructura de pensamiento.

—*En esa propuesta hay intuiciones de que el hombre es algo más de lo que nos cuentan. Sucede que la gente –encerrada en una rutina y viviendo el mundo que les venden desde los medios de información– no se imagina la verdadera dimensión de la vida, ni tampoco su posibilidad de desarrollo como seres humanos. Por eso a veces se te acusó –y se acusó al rock– de no estar hablando de cosas reales.*

—Me acuerdo que de chico no había para mí nada más fantasioso que eso que los adultos llaman realidad (que es simplemente una forma de recortar la fantasía). Sentía –y todavía siento– que lo visible no era más que un grotesco de lo que existe, cosa que traté de alimentar desde siempre. A veces trataba de darme respuestas intelectuales, pero con el correr del tiempo me di cuenta de que el verdadero conocimiento está más cerca de lo intuitivo. Esa conciencia chocaba con lo que estaba pasando, sobre todo en la época del auge de las luchas ideológicas en donde todo se planteaba a través de una realidad vista desde esa perspectiva. Hablar de lo absoluto, de una conciencia superior que está en nosotros, era –desde esa realidad– una cosa infantil, inocente. Yo seguí convencido de que era una buena senda para cambiar, y con esta intuición grabé *Cristo Rock, Porchetto, Chico cósmico, Volando de vida* y *Mundo*, que es cuando empiezo a cambiar mi lenguaje, a acercarlo más al de la gente con quien me quiero comunicar.

—Luego viene Metegol, *en donde se nota un salto en tu música y tus letras que nos gustaría que nos cuentes.*

—Entre *Mundo* y *Metegol* me pasan un montón de cosas. Nace mi hija y a través de ella descubro algo elemental, una cosa que había olvidado de mi propia infancia, de mi primer crecimiento: la importancia del ritmo. Somos por educación, por sociedad, por "tempo", muy arrítmicos y yo tenía mucha facilidad para la armonía, para la melodía, pero me faltaba algo básico que es el ritmo. Logro comunicarme musicalmente con mi hija a través del ritmo, y esa me hace tomar conciencia de que a mi música le faltaba eso. Un descubrimiento tardío que no solo influye en mi música, sino también en mi forma de pensar y de vivir. Influye en mi alegría, en mi estado de ánimo

—Porque el ritmo rompe la melancolía, te conecta directamente con lo que te pasa aquí y ahora. En una invitación a soltar el cuerpo y dejarse ir, a no quedarse colgado del pensamiento...

—Claro; eso me modifica muchísimo e influye también en mis letras porque se despierta una alegría, y me doy cuenta de que no puedo quedarme tipo llorando o cosa por el estilo. Me trae más a la tierra, hasta cambiar mi psicología.

Otra cosa que me sirve de mucho es mi primer viaje a los Estados Unidos. El rock de los setenta descubre que le falta estudio. Trae emocionalidad y sentimiento de los sesenta, pero le falta el desarrollo intelectual del jazz, fruto de un conocimiento del Impresionismo, la escuela clásica y toda la bola. Con los sintetizadores y la maravilla tecnológica se produce una verdadera carrera "armamentista" que desemboca en una confusión del hecho artístico –del compositor– con el instrumentista. La cosa es ver quién toca más rápido y lo menos que se hace es música; son ejercicios de composición y se toca para músicos, con un deportismo terrible sin que nadie se permita el más mínimo gozo. En el momento que llego a Estados Unidos hay una vuelta atrás de todo eso, una recuperación de lo musical que me desacompleja; y salgo de esa experiencia cultivando mis viejos amores del "fusion", revalorizando la canción y tratando de mejorar mi conocimiento de la alegría y del ritmo. *Metegol* surge un poco de la conjunción de todas esas cosas.

—La gente siente la necesidad de juntarse, de romper la coraza de los sintetizadores y –como en los sesenta– volver a la comunicación personal.

—Hay una intuición muy desarrollada en nuestra generación –no sé si será una cuestión genética o de información– que hizo que tuviéramos ideas, culpas y sentimientos bastante parecidos, más allá del lugar del planeta que habitáramos. Cuando eras chico escuchar una canción compuesta a miles de kilómetros, en donde un tipo hablaba de cosas que vos habías experimentado, te sacaba la culpa de no sentirte tan normalito, te reafirmaba el camino. En mi viaje a USA sentí que eso volvía a darse, que había –como en los sesenta– un despertar, una necesidad de juntarse.

Más allá de que tuviéramos –o no– propuestas comunes en lo artístico, gente de diferentes lugares del planeta volvía a sentir las mismas sensaciones. Me acuerdo que a la vuelta oí tocar a Egberto Gismonti y me dio ganas de conversar con él. Descubrimos que teníamos un montón de cosas en común que trascendían la nacionalidad, que compartíamos sentimientos comunes y toda esa cosa latinoamericana que la guerra de Malvinas clarificó bastante. De la grabación de esa charla surgió esa nota –nunca había hecho una– que vos, Pipo –con Claudio Kleiman–, me publicaron en el *Expreso*.

—De esta breve recorrida a través de tus discos quedó involuntariamente excluido PorSuiGieco, *un testimonio de una experiencia que con el tiempo cobró una dimensión muy especial.*

—Sí; con PorSuiGieco empieza el ejercicio de una amistad muy linda. Hace unos días hablando con Charly –que había pasado a despedirse porque se iba a Estados Unidos– nos decíamos lo difícil que era escribir ahora, después de todo lo que hemos escrito, sin repetirnos. En estos momentos ser lúcido es una obligación; ser inteligente es más que una necesidad, una obligación. Cuando se dio lo de PorSuiGieco los del Rock Acústico estábamos muy aislados. y fue por eso que pensamos que teníamos que cambiar nuestra relación con las estructuras y hacer nuestra propia editorial. Nos juntábamos para eso en el departamento que León tenía en la calle Corrientes, y la idea naufragó entre las trabas y los trámites que había que hacer, que nadie sabía muy bien explicarnos. León tenía un grupo que se llamaba León Gieco y La Banda de Los Caballos Cansados, y a Charly se le ocurrió un día que nos juntáramos y fuéramos a tocar a algún lado organizando nuestro recital, pegando nuestros carteles y haciendo todo. Y, en uno de esos flashes que tiene, el flaco dijo: "Podemos llamarmos PorSuiGieco y La Banda de Los Avestruces Domados".

Alquilamos el Auditorio Kraft y salimos a pegar los carteles, pensando que no iba a ir nadie. La cuestión es que quedó un montón de gente afuera, el recital fue lindísimo –no sé si musicalmente– y nos divertimos como locos. Ahí surge la idea de alquilar un micro y hacer una gira, con Luis [Bickmann] –un compañero de facultad– como representante. Fuimos a Bahía Blanca, Tandil y Mar del Plata, que fueron los únicos lugares en donde se presentó PorSuiGieco. La gira fue increíble: llevábamos hasta un perro. Me acuerdo que conectábamos los equipos a la batería del bondi y poníamos cassetes que se escuchaban a diez kilómetros. Tocamos en Tandil ante unas trescientas personas, en Mar del Plata hicimos dos funciones en el Teatro Diagonal y en Bahía metimos quinientas personas, que era para nosotros como llenar la cancha de River. Los recitales eran un delirio: salíamos al escenario con el perro, leíamos noticias del diario, cosas que ahora las recordás con una sonrisa, que ya no serían fáciles de hacer.

PorSuiGieco nunca más actuó en vivo. Todos recordamos la experiencia con mucho cariño y –cuando nos encontramos– jorobamos acerca de la posibilidad de repetirla. Hace tres años estuvo merodeando la idea, pero estaba en el espíritu de los cuatro hacerla muy bien o nada. Pienso de todas maneras que ahora sería muy difícil; deberíamos olvidarnos de todo y de quién es quién, como para que eso tenga la riqueza que tuvo. Somos muy amigos, nos queremos mucho y sentimos un gran respeto mutuo –que es lo que produce también el cariño–. Y todos estamos muy orgullosos de eso.

TIEMPOS MODERNOS

—Se dice de vos que, además de descubridor de músicos, sos muy buen productor de discos.

—A mí me encanta la producción, pero no quiero que me estereotipen como buen grabador de discos, como en una época me rotularon como buen baladista. Un poco por eso grabé *Che Pibe* en vivo, con un lenguaje súper directo y un sonido totalmente árido, luego de que *Metegol* y *Televisión* fueran recibidos como discos de muy buena producción. También estaba un poco pateado del corazón y del estómago por lo que estaba pasando y quise reflejarlo. Me desafié a grabar un disco en noventa horas, yendo quizás contra la expectativa de la gente que esperaba ver superadas mis producciones anteriores. Como dije, a mí me encanta producir; pero no me gusta hacer culto de nada porque Porchetto no tiene nada que enseñar a nadie, y sí mucho que aprender.

—A ese nivel, te has transformado en un personaje público a quien le piden opinión sobre la realidad política y muchas otras cosas. ¿Cómo vivís todo eso?

—Me preocupa. Yo no quiero que le den demasiada importancia a lo que yo pueda decir, porque no tengo nada especial que decir (y mucho menos enseñar) a nadie. Como músico popular trato de reflejar en mis canciones lo que le pasa a la gente. El lenguaje que me ha tocado por destino es ese, y me asusta que se dé trascendencia a lo que pueda decir, que quienes por ahí disfrutan de mi música esperen de que yo pueda darle alguna solución en su vida a cosa por el estilo. Entre todos iremos encontrándolas, descubriendo alternativas, intercambiando sugerencias. Lennon decía que la gente esperaba de cada respuesta suya soluciones para arreglar el mundo. Pasa un poco eso, con el agravante de que las preguntas son de por sí confusas.

—Claro. Además, si el rock se convirtiera en formulador de soluciones dictadas por algún iluminado estaría traicionando su esencia...

—Eso sería caer en una actitud paternalista que, desgraciadamente, llevamos muy adentro. Es el camino más fácil y en ese sentido, hay que mantenerse muy despierto para evitar que las tentaciones del ego te jueguen una mala pasada. Yo recibo muchas cartas en donde me preguntan cosas y me piden que no deje de contestarlas. Aparte de que me cueste escribir, no contesto –y quedo muy mal– porque no me gustaría, ni siquiera inconscientemente, fomentar ningún tipo de consultorio. A veces la gente se hace fantasías con vos –que tenés una vida normal– y cree que vas a responder a ellas. Lo importante es que tomemos conciencia de que las respuestas están en el interior de cada uno de nosotros y que buscarlas es el camino para desarrollarnos como seres humanos.

—Como dice León, en el fondo somos un pobre agujero y cualquier cosa que nos pase vamos a tener que dar otro salto.

—Yo soy muy consciente –y a veces no lo puedo hablar con cierta gente porque pensaría que te estás mandando la parte– de que recién ahora estoy aprendiendo a componer, a cantar, a escribir y –esto es una historia muy particular mía– aprendiendo a vivir. Es una sensación muy clara que tengo y sé que quisiera lograr el desarrollo de todo lo que tengo, que no me quedara nada dormido. Quiero desarrollar mi sentir, mi intuición, mi intelecto, porque esa es mi misión en el cosmos y yo soy parte de él. Una misión que tenemos todos, que nos trasciende como individuos. Por eso cuando era chico hubo frases de los Beatles que me pegaron muy fuerte porque me desmistificaron el mundo. Cuando Harrison decía "llegará el momento en que todos seremos uno y la vida fluirá", o Lennon "nos están mintiendo", te consolidabas, te decían que siguieras pecando que ibas bien...

—La guerra movilizó energías muy importantes. Una de ellas fue, sin duda, la participación que supo recuperar la juventud. A tu juicio: ¿cuál debería ser la actitud de los jóvenes frente a los particulares momentos que vivimos?

—Yo siento que hubo un intento de utilización y que tenemos que trabajar para mantenernos despiertos entre todos: porque estamos faltos de sueño y si nos quedamos, podemos volver a dormirnos. El futuro es una hoja en blanco que se escribe en el presente. No creo que esté sucediendo algo determinado; me parece que están pasando muchas cosas que aún no se manifiestan de una manera definida. Lo que pase dependerá de lo que hagamos entre todos y si no estamos alerta, se puede volver a situaciones terribles para la vida. Nos guste o no, muchas cosas se empezaron a intuir a través de la guerra, que fue un Gran Velorio Nacional que tenemos que capitalizar. Tuvimos la intuición de que podemos ser amigos del otro, de que podernos respetarnos y lograr una convivencia más acorde con el destino del ser humano en el universo. Por eso no hay que olvidarse de la guerra y luchar contra los juegos de la indecencia, la falsa moral (que son los más amorales de todos), del atropello y del fascismo en todas sus concepciones; porque son un atentado a la vida y están en contra del crecimiento del ser humano hacia lo absoluto. La intuición se tuvo, el sentimiento y la experiencia se vivenciaron; la hoja está en blanco.

El Gran Velorio Nacional nos hizo pensar en las dos grandes preguntas: la vida y la muerte. No olvidar eso y recordarlo en lo cotidiano, en la actitud creativa de cada uno en cualquier orden de la vida. Eso vale para todos: para los poetas, para los políticos, para los músicos y para cualquier hombre que comienza cada día –como dice Bob Dylan– y empieza a influir en lo que pasa en el mundo.

Entrevista realizada junto a Fabricio Simonelli, publicada en *Canta Rock* Año I, N° 2 (30-IX-1983) bajo el título "Porchetto desde niño".

LUIS ALBERTO SPINETTA: SE MUESTRA ENTERO

Charlar con Luis es emprender un viaje, recorrer la trayectoria de un guerrero del alma que se juega entero a cada paso. He aquí una pintura de su historia, reflejo del carácter indomable del rock.

—*Tu viejo era músico, ¿no es cierto?*

—Sí. Cantaba con el seudónimo de Carlos Omar para una cadena de programas de Radio El Mundo. Grababa en Pampa, un sello medio independiente. Yo lo escuchaba siempre por la radio, a la noche. Me gustaban mucho las guitarras que lo acompañaban, y me emocionaba oyéndolo. Cuando yo tenía seis años dejó de cantar, pero yo seguí pegado a la radio, absorbiendo todo lo que fuese música.

—*¿Y empezaste con la guitarra por tu cuenta?*

—Ahí viene la verdadera influencia de mi viejo. Con una guitarra prestada por un vecino –él no tenía guitarra, era solo el cantante– me enseñó a afinar y me dio los rudimentos musicales, los primeros acordes. En esa guitarra compuse algunos temas que después grabé, como *Plegaria* y la zamba que está en el álbum *Kamikaze*, *Barro tal vez*. Al poco tiempo me mandó a tomar unas clases con el más joven de sus guitarristas. Mi viejo no cantaba solamente tangos, cantaba aquella canción poética que decía "Al pie de un rosal florido / me hiciste tu juramento" y otras. Y este pibe me pasó los primeros acordes cifrados y me pasó canciones, y además había revistas donde salían temas con sus acordes, (como en *Canta Rock*) y me acuerdo de haber sacado *Ky Chororó*, que es hermosísima, de una de esas revistas. Agarré toda aquella oleada de zambas que había en ese momento, *Sapo Cancionero* y todas esas, algunas muy lindas.

—*Al mismo tiempo te copaba el rock and roll...*

—Claro. Me interesaba todo porque como músico en germen, me estaba empezando a surtir, no me privaba de ninguna información musical. No había sacado ningún rock, porque eso pertenecía a otro campo, el de la guitarra eléctrica, que en aquel momento era inaccesible. Entonces tenía que tocar las cosas que eran específicamente para la guitarra española que tenía, y con eso me sentía fenómeno. Tenía un cuadernito donde iba anotando los temas, y ya buscaba cosas raras, boleros con acordes de séptima mayor, bien disonante, aunque con pocos acordes. En ese tiempo fue que empecé a componer, de ese entonces son las zambas. Tenía un grabador Geloso de mi tía, y grababa mis cosas. Me acuerdo de una canción: *¿Dónde están las palomas?*.

—*Aparecen los Beatles...*

—Y empieza el fato emocional directamente, la mano de llorar al lado del parlante del Wincofon escuchando *Please, Please Me* y empezar a descubrirse a uno mismo. ¿Cómo puede ser que me contagien semejante energía que yo no alcanzo a domesticar en mi ser, y me produce depresiones y euforias tremendas? Era como estar enamorado. Te pasaban cosas que no sabias de dónde venían, un deseo de libertad interior, exterior y por doquier...

A uno le hacían preguntarse "¿cuál es mi destinación en este mundo para poder alcanzar este grado de energía y proyectárselo a otros como ellos hacen conmigo?".

— *"Yo también tengo eso adentro...".*

—¡...Y lo puedo sacar afuera! A través de eso vislumbré cómo uno puede volar creando cosas alucinantes para la gente. Era otro tipo de comunicación, un cambio energético, un vaso comunicante del que participábamos todos. Un cambio para enamorarse, para hacer el amor, para decir la verdad, para expresarse. A partir de ahí empieza un viaje que para mí todavía no terminó. Ahora, que tengo treinta y tres, que ya no tengo diecisiete, con la perspectiva de la muerte de Lennon, me doy cuenta hasta qué punto me volaron, me abrieron y me hicieron asumirme a mí mismo y decir todo eso en mi idioma.

Y ahí es donde entran tipos como Nebbia, que lo estaban haciendo, y que fueron una influencia poderosa. Si me hubiese quedado en Lennon solamente quizás no hubiese percibido lo de Nebbia y no hubiera descubierto cómo decirlo en mi idioma y para la gente de acá. Además, estaban Los Shakers, del otro lado del estuario, en nuestro mismo territorio, con tanto talento como los Beatles, pero sin la monumentalidad, sin el dinero y la producción europea. Y en ellos hay como una brisa latinoamericana, algo de calle porteña...

—*Hay un patio con mate entre las guitarras eléctricas...*

—Claro. Yo tenía aquellas zambas, pero no sabía cómo atravesar esa fisura entre el concepto tradicional de canción argentina y la polenta que me despertaba escuchar a los Beatles. Tipos como Nebbia me dieron la clave.

—*¿Vos empezaste a hacer música eléctrica con Emilio, Edelmiro y Rodolfo en Los Sbirros, cantando en inglés?*

—Formamos varios grupos; Los Mods, Los Larkins, Los Sbirros. Cantábamos algunas cosas en castellano, pero era tomado como un detalle, porque hasta que salieron *La balsa* y *Ayer nomás* no había antecedentes que valieran la pena.

—Pero cuando escuchaste eso y viste la luz verde salió un aluvión de temas...

—Se decidió un argentino a escribir lo suyo. Después fue impresionante encontrarme con todos ustedes de la Cueva que estaban en la misma y tomamos el mismo ómnibus y nos dirigimos a un cambio en muchas cosas, ¡contra todos los que rugieran! Vi a Moris por primera vez y lloré.

A partir de allí se formó un "movimiento", si querés llamarlo así, que tuvo una continuidad y una consecuencia que no tuvo ninguna otra cosa en el país. Ojalá los que tuvieron el ministerio de Economía o el gobierno desde entonces hubieran tenido la decencia y la legitimidad que tuvo el llamado rock. No estaríamos donde estamos...

—Los únicos que se mantuvieron en sus trece a lo largo de quince años...

—Por eso confío en las nuevas generaciones, que ya están contagiadas de una lingüística de cambio que no pudieron encontrar en otro lugar que en este movimiento. Gracias a eso ahora hay terrenos totalmente libres para que exista cualquier tipo de expresión, desde música andina hasta rock-hiper-punk-porteño.

Ahora llegó el momento de no ponerle más trabas a todo eso y empezar a gozarse todo, para un cambio, creativamente y laburando. Todo el mundo aportando y no cada uno encerrado en su delirio o metido en un psicoutilitarismo total.

—Y así llegamos a Almendra, con su poesía personal y su olor a mate interplanetario...

—Fue un proyecto realmente pensado, en el que la pauta era: "Esto es diferente de todo lo que hay en la plaza". Ahí adentro cabía Piazzolla, los Beatles y Jobim, y nadie tenía que escandalizarse. El que no salta es un paquetón. Era un cuarteto, un proyecto en el que todos participábamos.

EL SONIDO Y LA FURIA

—Después la cosa se puso más roquera, más rabiosa, con Pescado...

—Pescado respondía a una visión personal mía, no era un grupo tan participatorio. Abandoné en parte una creación comunitaria como había sido Almendra y me puse a desarrollar un estilo que me copara absolutamente a mí, obedeciendo a mis últimos cambios. Había llegado a Hendrix y ya no quedaba tiempo en la cabeza para mirar hacia atrás, era como un volcán. Me olvidé del bandoneón, me olvidé de mi tradición, de la tradición inglesa o americana, era todo AHORA. Empezó a salir otro tipo de libertad interior, un metabolismo diferente, cambiando la piel y las reacciones. No alcanzaban ni las palabras ni la música para mandar al frente todo lo que estaba sintiendo. Es la guitarra eléctrica como espada de fuego contra los reaccionarios, contra la muerte, contra Vietnam, contra el Vietnam de acá también, contra el exterminio, contra la bomba atómica, contra los que intoxican la tierra y los mares. En favor de hablar el lenguaje de los pájaros, en favor de ver las estrellas que iluminan cada día de nuestra vida si nosotros sabemos abrir los ojos. Es el momento de la paz también, el momento de la relectura de la Biblia, el descubrimiento de Cristo y de Buda, de la meditación, de la autocrítica sagaz. Es el fin de la infancia, el fin de la familia, el fin de la dialéctica psicoutilitarista, el fin del socialismo y el capitalismo como traducciones bastardas del lenguaje de la evolución, ideologías para destruir el brillo creativo de los hombres y someter la vida a mecanismos estadísticos...

Era una poesía láser la que sentía, llevada adelante con el grado de fervor maldito, la poesía maldita que se requiere para que uno se saque las entrañas.

—*Teniendo además un vehículo poderoso y corporal como el rock and roll...*

—Ese latido impactante, constante, ese ostinato de emoción sin reversa, sin vuelta, sin replay. Porque esas sensaciones pasaban por el cuerpo sin desmayo.

—*¿Y* Artaud *fue la digestión de esa etapa?*

—Fue como sutilizar todo eso. Descubrir que el mismo grado de erupción lo puede tener una guitarra acústica. Tomó tiempo llegar allí. Además, el relámpago de Hendrix desapareció. Y uno se quedó hecho pelota. Yo estaba leyendo Artaud (*El pesa nervios*, *Heliogábalo*) y era como si el tipo experimentara la sucesión del momento de vivir y lo trata de describir en sus obras como si fuera una célula que siente en medio de las mareas químicas que la penetran y le dan vida. La infección de seguir viviendo descripta desde adentro. Es muy torturante. El disco reflejaba eso y la búsqueda de la salida de esa tortura.

—*¿Qué se dio a través de Invisible?*

—Empieza el vuelo de Almendra otra vez, musicalmente, sobre todo. Un esquema de trío que permite un uso intensivo de la guitarra eléctrica, pero melódica, tranquila, suave para el uso habitual de un trío. Algo que se puede comparar, a su manera, con lo que hace Police ahora. Un trío que puede llegar al espacio sin necesidad de recurrir a una gran parafernalia sonora, y jugando con la melodía.

—*Trabajando con repeticiones, cortecitos, melodías hipnóticas...*

—Exacto. Menos paroxismo, menos violencia y mayor gozo y lucidez. Yo pienso que el rock muy violento a veces no permite gozar, es como estar en la montaña rusa, el organismo está saturado de información y no tiene tiempo de digerirla para gozar. Con Invisible pudimos establecer ese equilibrio necesario.

—¿Y las letras, que parecían muy complicadas?

—Hay canciones claves como *El diluvio y la pasajera*, donde hablo del poder indígena precolombino, de que en América había culturas que estaban en los grados más avanzados de conocimiento del Universo y fueron postergadas por un mundo reaccionario y fascista que las aniquiló sistemáticamente. A pesar de los delirios que puede haber en la poesía de Invisible, hay ciertas cosas en las que estaba afirmado: que el hombre se pierde en la maraña de asfalto y no logra ese pulmón verde que le permita compensar tanta maquina a su alrededor.

Hay una energía verdadera que es la que maneja todo, en la que creo profundamente. Todos los demás son monitores que se mueven en función de esa oscilación mayor. Es la Tierra, la obra verdadera de la vida y la evolución del tiempo. A pesar de la mayoría de la información que nos rodea, que quiere hacernos creer que somos nosotros los que manejamos. Eso está presente en las letras de Invisible.

—En los últimos tiempos del grupo había más paz, una actitud de mayor armonía interior.

—Trata de fertilizar aquello que esta más ligado a la tierra, a su propia semilla. En ese tiempo nació mi primer hijo. Dante vino al mundo el día anterior al recital del Luna, cuando estrenamos *El jardín de los presentes*. Yo lo comenté por el micrófono y había un silencio tan grande en la gente que me largué a llorar de la emoción. La gente escuchó el bandoneón de *Los libros de la buena memoria* con un respeto enorme. Era como llegar a un momento culminante y comprobar que podía tener esa atención de parte de la gente. Habían comprendido mi esfuerzo por dar algo diferente y podíamos llegar juntos a un estado que no era solo euforizarse y bailar al compás de *Petiribí*. Sentir juntos ese bandoneón y ese clima de río, de noche de verano ardiente, ese clima nuestro y profundo.

Fueron tiempos de muchas compensaciones para mí, tiempos buenos para mi espíritu. Me di cuenta de que había descripto una parábola hasta llegar a mi hijo. De allí en adelante es como empezar una cosa nueva.

LA LIBERTAD MUSICAL

—Me junté con un músico de jazz, como [Diego] Rapoport, y encaré algo nuevo, la Banda Spinetta. Pero siempre sintiendo que hay una pasión que me rige y tengo que estar cada vez más en línea con esa pasión, porque de otro modo nunca voy a poder ser yo. Tengo la ternura de mi hijo que me permite volver a cantarle a una flor: "Hermosa y dulce flor de la mañana, no te cansaste de tiritar". Y cantar "Toda la vida tiene música hoy" a pesar de que yo sabía que en el país estaban pasando atrocidades muy grandes y yo no quería ceder, quería seguir.

Quien hoy escucha eso va a sentir que hay detrás de la música una mano, que no es la mía que le restaña las heridas, que le brinda un apoyo a su dolor.

—*Te bancaste muchas críticas por* A 18' del sol, *incluyendo la mía.*

—Sí, pero eso era de esperar, si yo estaba caminando en una nueva dirección. Sabía que lo que estaba haciendo era suficientemente peligroso a nivel musical. Me propuse investigar. Que aparecieran cosas en la guitarra que no fueran parecidas a otras, escuchar un tipo de música que nunca me había permitido escuchar con libertad. Tenía la sensación de que el jazz era música para tipos con whiskies en la mano, apoyados en la barra de un boliche oscuro. Y después me di cuenta que el jazz es la libertad, que no se fija límites a la inspiración. Te podés imaginar cualquier temática y sobre eso trabajar. Tres pianos con orquesta o siete oboes con grupo de rock y bombo legüero. Eso es el jazz.

—*Después de* A 18' *pasaron tres años sin que editaras discos.*

—Porque mientras pasaba por todo ese cambio musical, yo estaba tramitando ir a grabar el disco a Estados Unidos y si firmaba un contrato de discos en Argentina la posibilidad afuera se echaba a perder. Yo quería firmar allá, y que la orden llegara de allá, porque pensaba que me iban a dar más posibilidades. Aquí nadie se imaginaba que la CBS americana iba a gastar la suma que gastó para que yo hiciera el disco. Por eso después me hice mi propia producción discográfica, para que nadie me pusiera límites.

El disco americano *Only Love Can Sustain* tardó como tres años y medio en concretarse, fue un parto. Tenía que demostrarme a mí mismo que podía hacer algo en otro lado.

—*¿Y cómo te sentiste en EE.UU.?*

—Después de tres años de cabildeos y telegramas, abogados y proyectos de contratos, llegué al aeropuerto de Nueva York y me esperaba el productor con una limousine. Al otro día voy al estudio y me encuentro delante de partituras con mi nombre y una orquesta de sesenta profesores dirigida por un monstruo que se llama Torrie Zito, que arregló el *Imagine* de John Lennon.

Fue la primera vez que canté con una orquesta tocando. Pero fui al frente y canté. El productor hizo las cosas totalmente diferentes a lo que yo quería, yo hubiera gastado menos guita y hubiera hecho un disco de Spinetta, no un disco con sonido yanqui grandioso. Ahora, en las disquerías americanas, después de The Spinners viene el disco de Spinetta, y ahí está. Fue una experiencia. Ni bien terminé de hacer el disco, rompí el contrato y se acabó. Me perdí la oportunidad de hacer los otros dos discos proyectados en Estados Unidos, y estar laburando allá. Pero a mí me interesa estar laburando acá.

—*Y vuelve Almendra...*

—Con la idea de brindarnos a nosotros mismos el gusto de decir: "Acá está Almendra, del que tanto se habla, vamos a tocar para ustedes como somos hoy". Era como algo pendiente, algo irresuelto, y quisimos cerrar el capítulo. Sacamos un disco nuevo que tiene mucho para escuchar a pesar de que la gente no le prestó atención, porque estaba ocupada en tratar de encontrar la trampa comercial en el asunto. Durante todo este tiempo yo seguía redondeando mi proyecto personal comenzado en *A 18'* y postergado por el disco americano y las actuaciones de Almendra. Allí comienza la historia reciente de Spinetta Jade.

—Que es como la maduración de todas esas experiencias...

—Es evidente e inevitable la maduración. Yo cada vez tengo más claro lo que quiero y cómo se hace lo que quiero. Pero al mismo tiempo conservo zonas inmaduras de mi personalidad, y eso me gusta, porque es lo que me mantiene fresco, me hace cambiar.

Con Jade ahora editamos *Bajo Belgrano*, que debió salir hace tiempo, pero se fue Rapoport y tuvimos que replantear muchas cosas porque el grupo tenía otro sonido. Se fue Frank Ojstersek y entró a reemplazarlo en el bajo César Franov. Toca Osvaldo Fattoruso percusión. Hay temas de Leo Sujatovich y varios arreglos de él.

—¿Y los discos solistas? Kamikaze *tiene muchos temas viejos, que estaban esperando ser grabados.*

—Casi todos son viejos. Desde la zamba, que está compuesta cuando era pibe, hasta *Tupac Amarú*, que es de la primera época de Invisible. Yo quise meter esas viejas canciones que andaban rondando dentro de un disco con un clima diferente. Cuando lo estrené en vivo, incluí otras canciones que son nuevas para la gente, pero en realidad son muy viejas, como *Caminata*.

Mondo di Cromo, el nuevo solista, es una colección de canciones que yo sabía que no eran para Jade. Porque uno compone mucho y edita menos de la mitad. Y yo ya entré en una etapa de fluidez de producción que me permite sacar dos álbumes en un año, y meter cosas de diferentes estilos. *Mondo di Cromo* tiene pequeñas exploraciones en nuevos sonidos, en ritmos más "modernos". Lo armé todo solo y después llamé a los músicos para que tocaran lo que faltaba. Es un poco más roquerote que el habitual Spinetta solista.

El año que viene quizás saque un disco completamente diferente, porque sigo en movimiento permanente. Siempre tengo cosas rondándome en la cabeza, músicas sonando y poesía que no anoto. Cuando siento que ya tiene la fuerza suficiente, que ya está madura, redonda, me pongo a trabajar para pasarla al papel o al disco, y hasta que lo logro totalmente no paro. Anoto y grabo cositas, las corrijo, las releo, las reescribo. Aprendí a esperar el momento en que la cosa ya está, ya tiene fuerza propia, ya se lo puede dar a los demás. Cuando la música o la poesía vienen en serio, uno no tiene nada que ver. Sos como Chirolita, un canal a través del cual el mundo habla. Yo busco eso, porque ese momento te paga cualquier sacrificio que hayas hecho para lograrlo. Y eso implica un trabajo permanente, limpiando y aceitando los canales por los cuales aparecen las verdades más profundas. Es como convertirse en la antena de Balcarce, recorriendo el cielo en busca de señales. En momentos tan oscuros hay que ser muy firme y mantenerse fiel y abierto a ese poder que hace que la vida continúe a pesar de las miserias constantes, las que nos imponen de afuera, y las que nosotros mismos producimos. Las torturas son muy grandes en este tiempo. Si no nos conectamos con ese poder, la vida jamás podrá rehacerse, el planeta jamás podrá reverdecer.

Publicado originalmente en *Canta Rock* Año I, Nº 3 (30-X-1983), bajo el título: "Spinetta se muestra entero".

JUAN CARLOS BAGLIETTO:
HISTORIA DE UN ROSARIAZO

Cuando Juan Carlos Baglietto apareció en Buenos Aires para grabar su primer álbum acompañado por una banda de rosarinos talentosos, la Argentina descubrió un enorme filón de riquezas para la música popular.

—Yo empecé a los cinco años a estudiar guitarra, contra mi voluntad. A mi vieja le gustaba la guitarra, pero mi abuelo no la había dejado tocar, porque estaba mal visto que una mujer hiciera música. Tenía miedo de que se volviera "una loca". Y como los padres transmiten sus frustraciones a los hijos, terminé siendo yo el guitarrista. Eran estudios clásicos, con banquito y todo. Estuve diez años metiéndole a los ejercicios, y aunque no me gustaban, después me vinieron muy bien. A los catorce me cansé y largué, comprándome una guitarra eléctrica. Mi viejo me decía: "Vas a terminar hecho un saltimbanqui". ¡Tenía razón!

En la primaria y la secundaria yo era el candidato ideal para los actos en las fechas patrias, "¡Baglietto, pase a cantar!". También tuve un conjunto de folklore espantoso. Después armé un grupo de música comercial para tocar en los bailes. Ya en esa época Los Gatos eran Gardel para nosotros, porque hablaban nuestro idioma. E inevitablemente fui tomando conciencia, cambiando de grupos y empezando a componer. Conocíamos a la gente de Arco Iris, y nos influenciaban bastante.

Poco a poco se fue formando un ambiente musical en Rosario. Había mucha gente cantando y componiendo, se empezaban a formar grupos. Yo estaba de solista. Se formó A.M.A.deR. (Ateneo Músicos Amigos de Rosario) para organizar conciertos en forma independiente. Andaba realmente bien, pero no la pudimos sostener por falta de organización.

—*Pero siguieron adelante...*

—Sí. A lo largo del tiempo hicimos muchos intentos de producción independiente. Fito Páez estaba en un grupo de arte que se llamaba Neolalia, y querían abarcar muchas disciplinas artísticas, no limitarse a la música. Nosotros formamos A.M.I. (Asociación Músicos Independientes), que se parecía a lo que hace la gente de M.I.A. [Músicos Independientes Asociados], pero lo nuestro era abierto, con ingreso libre. Se disolvió porque se nos infiltró gente política para hacer proselitismo, y cayó la cana y fuimos todos presos.

En ese tiempo ya estaba funcionando Irreal, y cuando Adrián Abonizio se fue entré yo a reemplazarlo. En Rosario la gente trabajaba muy unida, y esa unión existe todavía. Todos se conocen, y como cualquier movida requiere mucho esfuerzo de los mismos músicos –allá no hay grabadoras ni productoras–, trabajar juntos es la única solución efectiva.

Cuando nos conectamos con la gente de M.I.A. y de Trigémino, de Capital, y Redd, de Tucumán, empezamos a descubrir que había mucha gente que pensaba como nosotros en las otras provincias. Decidimos juntarnos. Hicimos un Festival de Rock del Interior en Tucumán, que salió muy bien. Fue la primera vez que yo canté con un micrófono decente, gracias a que Guido Meda, el sonidista y violero, llevó todos sus equipos sin cobrar un peso. Hicimos otros Encuentros de Música Contemporánea, en Rosario y Santa Fe. Toda esa campaña la hicimos con Irreal, que era un grupo muy fuerte.

—Ya hacían espectáculos con pantomima y cine.

—Sí. Con Irreal hacíamos la música para las películas de Super 8 de Mario Piazza. Variaba mucho la formación del grupo, pero después de un tiempo llegamos a armar una cosa estable, que duró dos años y con la que hicimos cosas importantes. Estaban el "Tuerto" Wirzt, que ahora toca la batería con Silvina [Garré], Sergio Sainz, que tiene el bajo conmigo, Beto Corradini, que está con M.I.M.Bre. (Músicos Marplatenses Bregando). Experimentamos con varios modelos de espectáculo. Armamos una obrita que se llamaba *Alicia en el país de las M...*. Era para mimo y el grupo. También estaba *La nena y el lobo*, versión recontralibre de *Caperucita Roja*. Nosotros también actuábamos, haciendo un sketch al comienzo de los conciertos.

En los últimos tiempos del grupo presentamos una obra *1492 o un día de éstos*, que hablaba de la colonización de América contada desde el punto de vista de los indios que fueron masacrados y sometidos. Teníamos un coro de diez personas. La presentamos en el Teatro Lasalle, en Buenos Aires, y después el Día de la Raza en Resistencia, Chaco, donde había habido una rebelión indígena porque se les metió la policía dentro de la reservación y la sacaron a palos. El recital del Chaco fue muy emocionante.

En esos tiempos nos conocía poca gente, pero ya habíamos conseguido no perder plata en los recitales, cosa que es muy difícil para un grupo del interior. Antes habíamos venido a Buenos Aires una vez y tuvimos que dejar dos equipos para pagar las deudas en el teatro, imaginate qué mal nos fue.

—*Irreal editó un cassette.*

—Sí, lo grabamos en un recital en Tucumán, y salió bastante desprolijo. Lo quisimos mejorar en estudio y lo empeoramos. Allí ya figuraban dos temas que hago todavía, *La censura no existe* y *El gigante de ojos azules.*

—*¿Por qué se disolvió el grupo?*

—No le caímos bien a un importante personaje oficial que hizo denuncias y nos patoteó. El grupo no pudo seguir funcionando. Desgraciadamente, era el momento en que más unidos estábamos y habíamos conseguido reunir guita para grabar un disco bien hecho. Tratamos de parar la persecución, nos pusimos traje y gomina y fuimos a hablar con el obispo, pero fue inútil.

—*¿Cómo salió tu contrato para grabar aquí?*

—Yo estaba tocando en un boliche de Rosario. Apareció Julio Avegliano, que era el dueño de la sala porteña a la que le habíamos quedado debiendo guita y tuvimos que dejarle los equipos. A Avegliano le gustaba mucho cómo yo cantaba. Poco tiempo después, cuando se hizo el Encuentro de Música Popular de la revista *Humor*, le preguntaron si conocía músicos del interior y él se acordó de mí. Así que de pronto me encontré en Buenos Aires, en un festival enorme en Obras, rodeado de figuras importantes. Toqué dos temas solo y después hice subir al malón de amigos de Rosario. La gente nos ovacionó.

A los pocos días firmé contrato con Odeon y empecé a grabar el primer disco. Antes de que el álbum saliera fuimos a tocar a La Falda. Yo me había quedado con ganas de ir allá porque el año anterior estuvimos a punto de presentarnos con Irreal, pero tuvimos aquella persecución y fue imposible.

En La Falda la gente se recopó con nosotros, no sé cómo se sabían toda la letra de *Mirta de regreso*, y eso que el disco aún no había salido. Viendo eso, la gente de la grabadora supo que tenía algo fuerte entre manos, y decidió darle a *Tiempos difíciles* un lanzamiento que no es habitual para músicos de rock nuevos, el tipo de manija que le dan a los cantantes comerciales.

—*¿Tuviste libertad para grabar aquel disco?*

—Total. Incluso [Jorge Carlos] Portunato, el director artístico, cuando me vio dudando si grabar *Mirta...*, que habla de un tipo que sale de la cárcel y lo recibe "el frío de un nuevo gobierno", me dijo: "Grabala, si hay problemas después vemos". Y se preocupó de ir a buscar al Chango Farías Gómez y a Manolo Juárez porque la zamba no sonaba como debía.

—*En Obras se confirmó el éxito de La Falda...*

—Fue impresionante. Nunca pensé que lo llenaría. Yo había llegado de Rosario poco tiempo atrás, y de pronto estoy frente a un Obras lleno que viene a verme a mí. Se me hizo un nudo en la garganta. Tuve que quedarme un rato callado en el escenario, con la cabeza echada para atrás, tratando de digerir la emoción.

LA MELANCOLÍA

—Tiempos difíciles *sorprendió a todos por su tono melancólico, doloroso. Fue muy comentado...*

—Para empezar, yo no soy un tipo triste, como se dijo por ahí. Vos me ves saltimbanqueando y riéndome todo el día. Lo que pasa es que nosotros le damos a cada canción el clima que merece la letra. No podés estar hablando de los desaparecidos y atrás ponerle un ritmo de tarantela, a menos que seas Fellini. Nosotros tenemos la melancolía de todo tipo de ciudad, y expresamos el dolor de estos "tiempos difíciles".

—*En* La música del Río de la Plata *dice "no vaya a ser que nos estalle el pecho, hay que gritar lo que nos quema"...*

—Es que hay que largar esa amargura que tenemos adentro, porque nos tenían agarrados del cogote, y si vos no lo expresás, te ahogás en la amargura. Es la necesidad de decir lo que nos pasa, sacarlo de adentro, no negar esos sentimientos.

Lo mismo me pasa arriba del escenario. Si no me muevo, reviento como un sapo. Hay que dejar salir las cosas que uno tiene adentro, para no chuparse la bronca o el miedo o la alegría. No alimentar la úlcera reprimiéndose. Fijate que ese tema habla del ritmo y la fiesta del Río de la Plata, pero no dice que la situación aquí sea la más alegre del mundo. Está marcando la necesidad de fiesta para sacarse la amargura.

—*El segundo disco,* Actuar para vivir, *no tuvo el éxito del primero.*

—Porque no tuvo tanta difusión. Y es un disco más complejo. Toda la gente que se nos acercó por temas como *Era en Abril* es gente que normalmente no escucha este tipo de música, llamémosle rock. Y quizá se decepcionaron porque no encontraron más de ese tipo de canciones.

—*Es un disco que refleja las giras, la vida del músico. Hasta el libro de fotos muestra eso.*

—Claro, fue esa la idea. Entre un disco y el otro hay trescientos shows, y eso se nota. Ese álbum es la expresión clara de lo que estábamos haciendo. Tiene casi todos temas nuevos. Siempre el primer disco es el resultado de años de preparación y espera. El segundo es fruto de un ritmo de laburo más intenso. Estábamos haciendo cinco actuaciones por cada fin de semana. Hasta que decidimos parar, hacer menos, pero con más cuidado. Toda esa actividad que trae el "éxito" era muy nueva para nosotros. Al principio tenés mucha ansiedad y querés largar toda la música de golpe. Hasta que decidís cortarla.

Cuando salió *Actuar para vivir* el primer disco todavía se estaba vendiendo bien. Ya debe andar por las cien mil placas. El segundo se vendió menos, porque lo sacamos muy rápido, y se superpuso con el otro.

Pero yo tenía necesidad de "matar" el primer disco, antes de que me mate a mí. Porque me obligaba a seguir repitiendo *Era en Abril* eternamente. Un disco que pega tan fuerte te condiciona mucho, y tenés que pasar a otra cosa para poder seguir evolucionando.

—*El tercero viene con polenta...*

—Sí, tiene muy buena recepción, y yo estoy contento con el disco. Está tocado sin esfuerzo, con naturalidad. Había sesiones de grabación de doce horas en las que seguían saliendo cosas.

—*¿Por qué grabaste un blues agresivo como* Amor en otras palabras?

—Ese tema es muy viejo. Estaba olvidado. Lo había escuchado una vez cuando estaba en Arquitectura –estudié tres años–. Un pibe tocó el tema. Nunca más lo volví a escuchar. Ahora, hace poco, me acordé vagamente de la melodía y la letra y lo saqué. Busqué a los autores y ni ellos se acordaban del tema. Nos juntamos y lo armamos de nuevo. Lo transformamos en un blues bien marcado. Yo tenía muchas ganas de cantar un blues, aunque no soy Joe Cocker.

—*Pero, ¿y la letra, que habla de agarrar "un fusil y apuntar al corazón"? Nos llamó la atención un rockero hablando de matar...*

—Lo que quiere decir es que estaré dispuesto a lo que venga en el momento que haga falta. Es muy anterior a las Malvinas, no tiene nada que ver con eso. Dice también "Viva la patria", que es un concepto muy distorsionado. Hubo una época en que por decir eso te llevaban en cana. El tema está diciendo "Viva mi país, amo esta tierra". Pero tal vez no queda claro...

—*¿Tenés la idea de grabar un long play para chicos?*

—Sí. Yo laburé seis años animando fiestas y haciendo espectáculos para pibes. Era mi mayor fuente de ingresos en la época de Irreal. Nada de "mantener a los chicos tranquilos para que no se les ensucie el pantaloncito". Jugábamos en serio, nos divertíamos como locos. Tuve que aprender a comunicarme y ser natural en serio porque los chicos son un público muy sincero, no hay verso. Ellos me enseñaron mucho, viví experiencias muy fuertes. Trabajé con chicos disminuidos, en circunstancias difíciles. De esa época maravillosa saqué mi manejo del cuerpo y mi soltura para moverme.

Yo siempre tuve la idea de que no es la garganta sola la que sube al escenario, sube el cuerpo entero. No podés desperdiciar la oportunidad de comunicarte con todo lo que tenés. El movimiento surge solo, al vivir la música arriba del escenario, y cuando siento que ayuda a transmitir el mensaje del tema, lo sigo haciendo.

LOS ROSARINOS

—Vos sos el primero de un grupo de músicos rosarinos que llega a grabar.

—Cuando tuve el "boom" de *Era en Abril* y el primer álbum, sentí la necesidad de compartirlo con todos aquellos con los que nos venimos rompiendo el alma desde hace muchos años. ¿Para qué voy a buscar en otro lado si tengo un montón de amigos que matan y que lucharon tanto como yo por nuestra música?

Como somos amigos desde hace muchos años, podemos trabajar juntos y sentir las mismas cosas. Cuando yo canto sus temas, me reconozco en ellos, sé qué sintió el que los componía.

—¿Quiénes son esos compositores?

Adrián Abonizio: hizo *Mirta de regreso*. Estaba en Irreal y cuando se fue entré yo. Sigue su carrera solista. Escribe mucho, publica excelentes cuentos en revistas rosarinas.

Jorge Fandermole: compuso *Era en Abril*. Uno de los mejores compositores que hay aquí. Está muy cerca de la fusión de estilos con el folklore y el tango. Hace muchísimo que está en la música. Es ingeniero agrónomo, pero hasta hace poco vivía de manejar una ambulancia. Grabó un disco que está por salir y es una maravilla.

Lalo de los Santos: compuso temas fundamentales como *Vieja rata* y *Tema de Rosario*. Hace los arreglos de la banda de Silvina Garré, en la que también toca. Está grabando su longplay solista producido por Litto Nebbia.

Rubén Goldín: compositor, guitarrista y cantante. Tocaba la guitarra conmigo, pero ahora está haciendo su propio trabajo. Hizo la música de una película que se estrena dentro de poco, *La mayoría silenciada*. Toca con la banda de Moro-Satragni. Es posible que grabe un disco muy pronto. Formó parte de Pablo el Enterrador, un grupo en el que también estaba Lalo. Autor de *Una vuelta más* y *Sin luna*.

Fito Páez: tiene nada más que veinte años y es un monstruo de talento, compone desde los dieciséis. Compuso montones de temas, entre ellos *Actuar para vivir*, *Tiempos difíciles* y *La música del Río de la Plata*. Arregla y compone para Silvina. Se va de gira con Charly García, y en su reemplazo va a entrar Pollo Raffo (ex Trigémino, como nuestro baterista Marco Pusineri). Pero seguiremos haciendo cosas juntos, porque somos como hermanos. Graba un álbum solista.

—¿Cuesta desarrollarse musicalmente en el interior?

—Hay muchas trabas, porque los medios están acá. Las revistas, los productores, los estudios de grabación, todo está en Buenos Aires, Tenés que caer acá tarde o temprano. La realidad nacional es de un centralismo aberrante, y la música no puede estar descolgada de eso.

Siguen existiendo grupos impresionantes en el interior, pero nadie les da pelota, no tienen posibilidades de equiparse bien, ni publicidad, ni difusión: Pablo el Enterrador, por ejemplo, hace un montón de años que viene matándose. Trabajan en una verdulería, arreglando ventiladores, lo que sea, y ponen todo mango que cazan en equipos para el grupo. Ensayan seis horas por día.

—*Rosario produce músicos que integran ritmos y armonías tangueras y folklóricas en su sonido eléctrico. Litto Nebbia, ustedes...*

—Pero no se puede hablar de música rosarina. Lo que pasa es que allá confluyen el litoral, el Norte y la cercanía de la capital y la pampa. Y como estamos más apartados de la difusión de las modas, no pasó eso de que "el que no toca rock es un careta", o "el que no hace new wave es un antiguo". No llegaban las "ondas" castradoras tan fuerte como aquí. Entonces no hay mucha imitación. Uno se hace a las trompadas, pero hace la de uno. Es algo que sale naturalmente porque uno siente como propias cosas muy diversas, Weather Report o Atahualpa Yupanqui. Es tener un poco abierto el bocho. Y llegó el tiempo de sacarse los prejuicios y lograr una cultura que nos represente y que incluya todo, desde el que llora un tango eléctrico hasta el que se pinta el pelo de verde. Cada uno tiene derecho a hacer lo que se le da la gana y nadie es quién para prohibírselo. Es hora de ser libre, pero juntos.

Entrevista realizada junto a Eduardo Berti y Marcelo Fernández Bitar, publicada originalmente en *Canta Rock* Año I, N° 4 (23-XII-1983), bajo el título "Baglietto: Historia de un rosariazo".

EMILIO DEL GUERCIO:
UNA "PINTADA" DE VIDA

El ex Almendra reapareció en la música nacional con un álbum nuevo y fuerza de sobra. Aquí lo cuenta todo.

— *Hace muchos años que explorás el campo de los ritmos argentinos.*

— Ya con Aquelarre había hecho algo de eso, en *Silencio marginal*, por ejemplo. Pero como el grupo sonaba muy rockero esos juegos rítmico-melódicos pasaban desapercibidos. Cuando llegué a la Argentina de vuelta de España armé La Eléctrica Rioplatense con la idea de continuar esos experimentos. Pero el grupo tenía muchos integrantes, y era difícil lograr un sonido nuevo. Tocamos en Obras con Jade y en el Festival Buenos Aires, cuando vino Weather Report.

Al poco tiempo se hizo el reencuentro de Almendra, que fue una experiencia agotadora, porque tocamos mucho y había exigencias y presiones muy grandes en torno al grupo. Yo tenía planeado seguir con la Eléctrica en los períodos en que Almendra no funcionara, pero no fue posible, porque quedé agotado. Miles de conciertos, miles de reportajes, miles de intereses en juego...

Después de Almendra me recluí en mi casa porque necesitaba un periodo de transición. Me puse a tocar solo, repasar letras, corregir, poner en orden material viejo que tenía guardado. Y retomé la pintura seriamente, una vieja pasión a la que no había tenida oportunidad de dedicarle tiempo. Fui seleccionado para el Premio Braque y para el Salón Internacional de Dibujo, y expuse en el Premio Joan Miró de Barcelona. Hice varias muestras de pintura.

Tuve que bancarme, al principio, la soledad de no estar arriba de un escenario todos los fines de semana, la falta del afecto y la excitación del público, todos esos estímulos de la vida de un músico popular. Pero me hizo mucho bien, porque me reconecté con mis propias cosas que había abandonado un poco.

— *¿Pero seguías componiendo?*

—Sí, todo el tiempo. Estudiando, tocando y componiendo. Cuando Edelmiro volvió de Estados Unidos me propuso que grabara un disco, él me lo producía. Yo tenía una cantidad de temas que me gustaban, que los había trabajado todo este tiempo. A veces nos juntábamos a tocar con Edu Zvetelman en teclados, Luis Borda o Eduardo Rogatti en guitarras, a tocar esas cosas. Así que les propuse grabar conmigo.

—El sonido "argentino" e íntimo que tenés ahora retoma ciertas cosas del primer Almendra...

—Es que cuando empezamos con Almendra nos copaba Mercedes Sosa, los Beatles, Piazzolla, cosas muy variadas. Después, la historia del rock nacional hizo que la mentalidad musical se fuera limitando, entrando cada vez más en el esquema internacional de "grupo de rock", y cuando nos quisimos dar cuenta, estábamos escuchando nada más que música anglosajona encerrando nuestras posibilidades. Ahora no es tan grave, pero hubo épocas en que todo el mundo copiaba...

—Estaban aprendiendo a usar los instrumentos eléctricos, aquí no había de quién aprender...

—La manija de la música nacional la tuvieron siempre unos viejos carcamanes con visión estrecha. ¿Quién iba a estudiar en un conservatorio hace unos años? No había lenguaje musical moderno.

En la Argentina siempre hubo una especie de "adulto" gris que detentaba la autoridad y separaba lo bueno de lo malo. Los jóvenes estábamos vistos como incapaces, poco serios, nuestra música era puro ruido. Esa Argentina caduca era la dueña de los símbolos nacionales, de la música, dueña del "verdadero" folklore y del "verdadero" tango. Por eso los jóvenes sentimos un rechazo por todos esos símbolos de la autoridad que nos querían vender En estos últimos años toda esa gran mentira se sacó la careta y la gente se dio cuenta que los jóvenes no estaban tan loquitos, que tenían razón en rechazar el país engominado. Ahora está quedando claro que los símbolos nacionales, la "patria", el folklore y el tango pertenecen a la gente, al pueblo y nosotros, la gente común, podemos usarlos a nuestro gusto sin que nadie nos indique "la verdad" desde arriba.

Por eso el rock, que es una cultura libre y en expansión, puede usar el folklore o lo que se le dé la gana para buscar con sinceridad su auténtico sonido.

Yo, por ejemplo, no soy folklorista. Lo que hago es usar esos elementos cuando me salen naturalmente. Si intentara tocar chacareras como un santiagueño, me costaría años aprender. Por eso parto de las canciones, que quizás tienen un sabor folklórico. Hay una variedad de ritmos en mi disco, pero todos salen de mi experiencia personal.

La palabrita "Pintada" viene justamente de eso, del tipo que sale a la calle a dejar su color personal marcado en una pared, dejar un pedazo de vida al alcance de la gente.

Publicado originalmente en *Canta Rock* Año I, N° 6 (14-III-1984).

MIGUEL ABUELO Y LOS ABUELOS DE LA NADA:
EL POP DEL CONO SUR

Aquí va la historia de Los Abuelos de la Nada contada por su protagonista principal: Miguel Abuelo. De cómo un grupo pionero del rock nacional nació, murió y volvió a nacer en otra encarnación.

—*Contá cómo empezaron con Los Abuelos de la Nada.*

—Surgieron a partir de una mentira. ¿Te acordás de que en la época en que el *Ayer nomás* de Los Gatos estaba vendiendo muchísimos discos, te llamó Ben Molar para hablar de la edición de la partitura y otras cosas? Yo me colé en la reunión y me quedé en un rincón esuchando. Ben Molar me miraba. Al final me preguntó si yo tenía un grupo. Yo no tenía nada, pero le dije que sí. Cuando quiso saber cómo se llamaba, me acordé del libro de Leopoldo Marechal que había estado leyendo: *El banquete de Severo Arcángelo.* Había una frase que se me había quedado pegada en el coco: "Los abuelos de la nada". Se la dije, como si fuera realmente el nombre de un grupo. Todo mentira, por supuesto.

Ben Molar estaba impresionado, porque lo sorprendía esta gente melenuda que se movía con un estilo diferente. Los Gatos habían batido todos los récords de venta, así que él también quería producir un grupo así. Se tiró a la pileta ahí mismo, diciendo: "Tienen hora de grabación en CBS dentro de tres meses, a tal hora, con el productor Jacko Zeller. Ensayen bien sus canciones y vengan". Así empezaron Los Abuelos de la Nada. De la nada, realmente.

Nosotros nos quedamos atónitos, ¿te acordás? Nos fuimos corriendo a Plaza Francia, donde se juntaban todos los vagos delirantes melenudos de la época, a buscar músicos para armar Los Abuelos de la Nada. Conocimos un guitarrista, Claudio Gabis, un pibito virtuoso que se copaba con los blues, y que estaba ensayando con Javier Martínez para formar lo que después sería Manal.

LOS DELIRANTES

Claudio nos dijo que estaba dispuesto a ayudarnos y grabar en el primer simple, pero no integraría el proyecto conjunto porque su proyecto de blues porteño con Javier era lo que más le copaba.

A Pomo lo encontramos dentro de un par de pantalones súper finitos, llenos de parches, con unos pelos muy largos, caminando a los saltos, como un bailarín. Era uno de los "náufragos" de Plaza Francia.

Pappo era un personaje, con su vozarrón y su pinta de metalúrgico duro ya delineándose detrás de la facha de hippie náufrago. Tenía dieciocho años y venía de tocar en un conjunto folklórico. Se había dejado crecer las lanas porque el avance incontenible de la polenta rockera había despertado su instinto salvaje. Era fanático de Jimi Hendrix...

—Sacaba los solos de Hendrix en la viola criolla berreta que traía a la plaza...

—No teníamos nada. Gran parte del equipamiento del grupo vino gracias a la guita que cobraste por *Ayer nomás*. Y tu vieja ponía la cara seria para cuidar que los contratos, los horarios... Pobre, tenía que domar una manada de caballos salvajes y hacernos ir al estudio, ensayar, etc.

Nosotros éramos carne joven y reidora que circulaba por Buenos Aires. Dormíamos en las playas de Olivos y en las plazas del centro.

Moris rompió con el esquema compositivo del Club del Clan –la Música Popular Plástica de aquel momento–, al poco tiempo Litto grabó con Los Gatos y después salimos nosotros. Éramos gente desprovista para enfrentar la maquina tragamonedas del consumo. Éramos una banda de raros, peleados con las familias, con la sociedad, negando las tradiciones y otros moldes enmantecados. El rock apareció como una forma bohemia, una necesidad de vida. Nosotros queríamos VIVIR, con mayúsculas.

En esa época el rock era un desierto, y nosotros las plantas que tratan de subsistir en la aridez. Estábamos solos. No habían surgido aun los productores y artistas caretas que comprendieran la revolución cultural que traía esta música. Jorge Álvarez no nos miraba todavía. Nos perseguía la política, nos gritaban marica por la calle, nos echaban de las plazas, los viejos de casi todos nos negaban de plano. La Gran Careta Nacional se escandalizaba.

Cuando caímos a CBS los tipos de la grabadora pensaron: "Aquí tenemos a los Beatles argentinos". No una copia de los Beatles, que de eso ya había mucho, sino un grupo pop creativo y con una imagen fuerte. Nosotros teníamos una personalidad muy particular, que fue disparatada desde el principio, y sigue siéndolo en los Abuelos actuales.

—Y como las grabadoras generalmente se atienen a lo que se vende en el exterior, pensaron: "Los Gatos son los Rolling, estos son los Beatles". En esa época la música, a niveles masivos, se reducía a esos dos arquetipos. Pensaron en una campaña publicitaria fuerte, pero no porque creyeran en la música argentina o en el rock nacional, que aún no existía, sino porque querían un grupo beatle propio.

—Pero nosotros no éramos muy afectos a entrar en el esquema de nadie, y por eso a la larga se pudrió todo. Aprovechamos más la libertad que el trabajo. Andábamos varios días sin dormir, cantando en las plazas y bares, componiendo, vagabundeando con Tanguito, Moris y Javier. Filosofábamos y discursábamos y escribíamos los temas y nos pasábamos los temas. Era un tiempo en el que la libertad todavía era posible.

Una empresa grabadora no podía hacer muchas inversiones en un grupo de delirantes como nosotros. Componíamos y cantábamos, pero "mañana" no existía para nosotros.

—Pero a pesar del delirio hubo un periodo intenso de trabajo y concentración en los Abuelos. Nosotros dos componíamos muchísimo, y ustedes ensayaban fuerte...

—Es que si no hay concentración no hay arte. Terminás no haciendo nada. Las divagatas son el alimento para esas concentraciones. Nos sentábamos a componer y revisar las letras hasta las cinco de la mañana. Había mucho trabajo en cada tema, un cuidado especial en darle a cada canción su clima y su lenguaje propio.

Los Abuelos fue el primer grupo "pop" de la Argentina. El primero que trabajó en un estilo beatle de composición y grabación, con efectos y sonidos extraños, con arreglos ricos y varias melodías en cada tema. ¡Eso sucedía en 1967-68!

[Osvaldo] Casajus, el técnico de sonido, nunca había visto algo así. Improvisábamos efectos con el típico ingenio de los subdesarrollados que no tenían tecnología: golpeábamos chapas, rompíamos papeles junto al micrófono, hacíamos sonidos raros. La viola de Claudio parecía una avispa loca, en tiempos en que las guitarras argentinas sonaban limpias y melódicas. Claudio se había hecho un distorsionador con un viejo grabador Geloso. En los temas había campanas, violoncellos, coros y contracoros. Los Abuelos de la Nada fueron y son el pop del Cono Sur.

Grabamos, sin saber mucho cómo, el simple que tiene *Diana divaga* y *Tema en flu sobre el planeta*. En ambos toca Gabis. Era el debut discográfico para todos nosotros. Nadie había entrado a un estudio antes. Pappo tuvo su primera viola eléctrica, Pomo su primera batería completa, y vos le compraste la Fender a Claudio, que no tenía una buena viola.

La otra gente del grupo: Micky Lara, guitarra rítmica, Alberto Lara, bajista dotado, Mayoneso, tecladista que pintó de no sé dónde. Le pusimos Mayoneso porque el tecladista que ensayaba con Javier y Claudio había sido apodado "Fanacoa".

A *Diana divaga* le sacaron dos pedazos porque no entraba en el esquema de difusión de la época, que indicaba un máximo de tres minutos. Después grabamos *Pipo la serpiente*, que hace poco salió en un álbum de historia del rock nacional, y *Lloverá*, que debe estar perdido en el anaquel de CBS.

Antes de terminar el longplay que estaba planeado yo me fui, porque me sentía encerrado en el grupo. Eran tiempos de mucha locura. Por otro lado, Pappo quería hacer blues, y para mí eso era limitar las posibilidades creativas.

Les dije a los muchachos que les regalaba todo, les dejaba el nombre del grupo y me iba porque estaba cansado.

Fue entonces que grabé mis primeras cosas como solista, y saqué un disco en Mandioca junto con el primer simple de Manal. Pero eso es otra historia...

—Y los Abuelos trataron de seguir, con Pappo a la cabeza...

—Sí. Grabaron un tema, *En la estación*, en una onda blusera. Pero no duraron mucho.

Poco tiempo después, yo agarré una bolsa, puse un calzoncillo adentro y me fui a Europa. Dije que me iba por tres meses. Me quedé doce años.

—¿Alguna vez usaste el nombre en Europa?

—Sí, en distintas formaciones. Por ahí pasaron Jorge Pinchevsky, el violinista genial, Miguel Cantilo, Kubero Díaz, Gustavo Gabetta, y un montón de brasileros, americanos, portugueses, ingleses... Grabé un disco con el nombre metamorfoseado: *Miguel Abuelo y Nada*. Eso fue en París, 1974. Participaron Pinfo Garrigo, Gustavo Kerestezachi, Jorge Dalera, Daniel Sbarra, y otra gente. En ese disco hay otra versión de *Pipo la serpiente*, con unos versos más que los que habías escrito.

LOS NUEVOS ABUELOS

—Quiere decir que la idea de Los Abuelos siguió viva...

—Los Abuelos de la Nada es una plataforma de trabajo musical sujeta por los integrantes que la componen. En este momento están funcionando gracias al ánimo de Gustavo Bazterrica, Cachorro López, Andrés Calamaro, Polo Corbella, Alfredo Desiata y un servidor. Es una estrella de seis puntas, un grupo abierto que yo no tengo ningún interés en capitalizar a mi favor. Aunque yo casi siempre me encargo de la diplomacia y de la prensa del grupo, quiero estar bien atrás, formar parte del grupo. Nos tenemos un enorme amor, incluyendo a Daniel Melingo, que sacó un disco maravilloso con Los Twist y se fue de Los Abuelos. Los Abuelos es un grupo madre, siempre lo fue. Fijate que por allí pasaron tantos grandes, y van a seguir pasando. El grupo se renueva, adopta formas.

—Cuando llegaste de nuevo a la Argentina decías que tenías la idea de armar un grupo con un concepto nuevo, más dinámico que el habitual en el rock nacional.

—Yo estaba tocando en Europa con Cachorro, que es como mi hermano, y él se vino a visitar a la familia en la Argentina. Se quedó enganchado aquí, viendo que la música crecía. Me escribió diciéndome que podíamos hacer una “gorda”. Fue Cachorro el cerebro de la compaginación de los nuevos

Abuelos, el encargado de probar músicos y bucear el ambiente. Apareció Melingo, que fue toda una sorpresa, vos nos conectaste con Calamaro, y nos juntamos con Gustavo y Polo.

Trabajamos despacio, puliendo el sonido del grupo, para compactar algo nuevo. Tenía que ser algo cosmopolita, como es la Argentina, donde tenemos muchas influencias diversas trabajando simultáneamente. Los argentinos no somos rockeros ortodoxos, ni folklore puro, ni salseros. Somos una conjunción de elementos culturales.

Fijate que todos los Abuelos son compositores. Entonces tuvimos que descartar mucho, producir mucho rozamiento para que se pula algo propio del grupo.

Para nosotros lo que prevalece son Los Abuelos de la Nada como concepto musical. El grupo es más grande que sus integrantes. Por otro lado, cada uno sigue con su trabajo personal. Calamaro va a sacar su álbum solista dentro de poco, yo empiezo a grabar ahora, Melingo armó Los Twist.

Los Abuelos de la Nada hacen música popular. Queremos ser bailables, contagiosos. Hacer pensar sin dar tiempo para pensar, sin hacerle el coco a nadie. Como dice *Ir a más*: "Ven cantando, ven bailando, ven jugando, busca la alegría de ir a más". Es ese poder de la poesía que dice todo y no dice nada.

—Eso de "bailable, contagioso" es muy evidente en los conciertos de Los Abuelos.

—Todo el mundo dice que Los Abuelos son un grupo pionero en materia de show. Los argentinos necesitan eso. Este país ha sido pisoteado, negado, marginado. Hace más de catorce años, cuando me fui a Europa, el país tenía luces, estaba vivo. Aquí pasaba todo. Ahora está apagado, asustado. Pero yo estoy vivo y dispuesto a vivir. Por esa energía de vida es que abrimos un campo musical de alegría.

A veces los músicos miran mucho para afuera. Pero nosotros somos latinoamericanos, y tenemos una espontaneidad, un toque, un latigazo del ser que nadie más en el mundo tiene, y que tenemos que estimular.

En este país lo que no se ha manifestado aún es la sensualidad. "Tengo un cohete en el pantalón y vos estás tan fría", dice un tema de Calamaro. Cuando se den cuenta que, a través de la sensualidad y el afecto, por la protección y la complicidad entre los hombres, hay posibilidades de hacer una sociedad medianamente feliz. Pero no somos la especie más avanzada del mundo. Estamos al borde de la destrucción. Somos la única especie capaz de suicidarse. Hay que bajar el copete humano, volver a la sensualidad, la alegría y el afecto. Hay que romper la cáscara. La gente vive envuelta en un miedo permanente y se lo contagia a sus hijos. Les dejan como herencia a los jóvenes la vida gris y miedosa, la sensación permanente de ser culpables de algo. Esa es la gente que se asusta de cualquier cosa que les conmueva un poco sus pequeñas seguridades.

—En las letras de Los Abuelos hay un "desafío cariñoso" para invitar a la gente a gozar, a confiar.

—"Y si te toca perder no es tan grave, y si te toca ganar, bien para ti y tu especie". En este mundo la vida viene de regalo, no se compra en ningún lado. La maravilla del mundo, las plantas y los animales, que conviven con nosotros y nos sirven de alimento, crecen de regalo. Esa es la inteligencia divina, la que permite que el mundo funcione. Pero hay otra inteligencia, la que cree en acaparar, ganar, competir, someter, etc. Esa es la que cree que los hombres hacen funcionar el mundo. Es la que nos respeta esa maravilla de la vida, y pone una máquina a contabilizar todo. Pero los que viven así viven tristes y en el fondo saben que están manteniendo en el hambre y la tristeza a los demás. Los hijos de esa gente ya despiertan y quieren volver al goce, a esa vida de sensualidad y afecto, de respeto por el mundo. Los misiles jamás nos devolverán la alegría. La música, sí.

Publicado originalmente en *Canta Rock* Año I, N° 6 (14-III-1984).

ALEJANDRO LERNER:
"NO QUIERO SER TAN IMPORTANTE TODAVÍA"

Estuvo durante años metido en todas partes, tocando con todo el mundo, siendo un "compositor prodigio" a los dieciocho años. De pronto se le vino la fama encima y lo encontró en piyama obligándolo a luchar para mantenerse despierto.

—Un día yo volvía de jugar a la pelota y me encontré con que en el living de mi casa había un piano; y era para mí. Tendría ocho o nueve años. De entrada empecé a jugar con las teclas. Después estudié durante unos cuatro años con una profesora de piano. Pero no le daba demasiada bola al estudio, me gustaba más improvisar y divertirme.

Ya en el secundario era el pianista de la escuela, el que hacía los chistes musicales en las fiestas de fin de curso. Después vinieron los tiempos de la toma de colegios, y a mí me tocaba la función de músico de barricada, cuando a la noche nos juntábamos alrededor del piano a cantar. Ahí compuse un par de himnos.

En cuarto año me había conectado con Jimmy Rodríguez Anido, que era amigo de León y de Porchetto. Con Jimmy formamos un grupo que se llamó Anaconda. De allí salió la posibilidad de grabar en el segundo longplay de León, aquel de *La Banda de los Caballos Cansados*.

Yo nunca había entrado a un estudio, y tenía dieciséis o diecisiete años. Fue muy emocionante.

Al poco tiempo me llamó Porchetto para formar Reino de Munt, donde tocaba Gustavo Bazterrica la guitarra, Francisco Ojstersek el bajo, un batero que ahora vive en Estados Unidos, y yo.

—*Un grupo de compositores...*

—Sí, éramos una máquina de componer. Era un proyecto interesante pero no teníamos la madurez necesaria para llevarlo adelante. Duró dos años. También pasaron por Reino de Munt los rosarinos Rubén Goldín y Lalo de los Santos. Ensayábamos en casa, en mi pieza, con la batería y todo. Pero había muchas dificultades, y el grupo no duró.

Entonces fue que me puse a estudiar piano con Antonio de Raco, el padre de Alejandro, un pianista clásico excepcional. Al mismo tiempo armamos un grupo con Oscar Moro y Alfredito Toth, como para laburar. Trabajamos acompañando en giras a Raúl Padovani, un cantante de *Música en Libertad*. Raúl era un gran tipo, aunque la música que hiciera no decía gran cosa. Con él viajé por todo el país, y me entrené como profesional.

Calculá que a los dieciocho años ya había grabado con León, tocado con Porchetto y viajado por todo el país en giras. Al fin de una gira con Padovani me llamó Gustavo Santaolalla, que buscaba pianista. Así me integré a Soluna, el grupo mejor organizado y disciplinado que he conocido. Yo era muy informal, kilombero, insoportable. Y Gustavo era super rígido, había que presentarse a ensayar a las nueve de la mañana. Ensayamos todos los días durante ocho meses antes de debutar.

—*Y así sonaba, con un ajuste que en esa época no se podía creer...*

—Gustavo tenía una teoría que yo trato de llevar adelante también: si un grupo ensaya no puede haber errores. Debutamos en uno de aquellos grandes festivales del Luna Park. Grabamos un longplay maravilloso que pasó desapercibido en el que hay mi primer tema grabado: *Detrás de un vidrio roto*. A pesar de que el grupo tenía un nivel de sonido y composición muy alto para la época, no tuvo la repercusión que Gustavo esperaba, y lo disolvió.

Después de eso volví a hacer trabajos un poco dispersos, y al mismo tiempo profundizaba mis estudios de improvisación y piano. Hice de asistente musical en varias películas, que aunque eran filmes comerciales, me exigieron una versatilidad musical que me abrió muchos horizontes.

Hice toda la producción musical de una obra de Molière, en el Teatro Cervantes, cosa que para un músico de rock es un paso importante. También actué, canté y compuse la música de una obra para chicos, *Cantando sobre la mesa*, de Hugo Midón.

Toqué con Rinaldo Rafanelli, Bazterrica y Gonzalo Farrugia, en un grupo que también duró poco. Un día actuábamos en el Luna, en uno de aquellos festivales, y subió la cana al escenario y nos cortó la energía. Todo el mundo se fue, y yo, que estaba sumergido en el piano, tocando solo, de pronto me vi en un escenario vacío frente a varios miles de tipos. Alguien vino y me dijo: "¡Che, hay que cortarla porque la cana nos raja!".

SOLO POR ORO

Después de participar en el grupo de Rinaldo formé Solopororo, un grupo de fusión latina, con temas míos y algunos arreglos de música latinoamericana, con tumbadora, flauta y una onda muy fuerte Era un grupo divertido. Transpirábamos mucho arriba del escenario, le metíamos pata a la música. Entre tema y tema, yo intercalaba mis canciones, que las tenía guardadas de toda la vida. Llegamos a tener un público fiel que nos seguía por los boliches en los que tocábamos.

Pero era un grupo difícil de soportar comercialmente, porque éramos muchos. Siempre salíamos perdiendo guita. Por eso se llamaba "Solo-por-oro", mofándonos de nuestras escasas posibilidades económicas.

Algún día, ahora que tengo una base más firme, quiero volver a formar Solopororo. Algo que no sea "El grupo de Alejandro Lerner". Música latinoamericana tocada por músicos argentinos. Tocar ritmos como la chacarera, pero con arreglos modernos. Este año quiero desarrollar todo eso.

Cuando se pudrió Solopororo decidimos irnos a Estados Unidos porque sentíamos que aquí no se podía hacer arte ni música, ni expresarse libremente. Los tres grandes amigos, (el bajista Jorge Alfano, el guitarrista Ignacio Elisavetsky y yo), ya teníamos los pasajes listos. Pero yo a último momento dije: "No puedo irme sin hacer un último intento" Jorge se fue a Nueva York, Ignacio a Los Ángeles y yo me quedé y formé La Magia.

—*Empezar de cero otra vez...*

—Sí, porque la gente con quien yo hacía las cosas se había ido. Salí con mi amigo Jorge Speroni (bajista de Marilina) a buscar músicos casa por casa, tocando timbres. Yo no tenía nada que ofrecer. No tenía ofertas de trabajo, aunque era relativamente conocido en el ambiente. Encontré a Oscar Kreimer, que todavía es mi saxofonista, tocando en un circo. Quería colgar el saxo y poner una fábrica de embutidos. Yo le dije: "No, loco, venite conmigo, morite de hambre, pero seguí haciendo música". ¡Lo más notable es que yo no tenía pensado poner un saxofonista!

Finalmente, el grupo quedó completo y nos pusimos a ensayar. Yo tenía que pedir plata para pagar las salas de ensayo. Eran esas épocas hermosamente duras, en las que no tenías con qué tomar un café, pero sentís una polenta impresionante.

La Magia debutó en Prima Rock, un festival que fue muy violento, pero a nosotros nos fue fantástico. Había unos pibes que le tiraban naranjas a los músicos que subían al escenario. Atacaban a cualquiera, no tenían preferencias. Y mi hermana –yo había ido con toda mi familia– se les acercó y les dijo. "Che, a los de La Magia no les tiren que son muchachos que se vienen rompiendo por su cuenta para poder tocar para ustedes". Los tipos se recoparon, y empezaron a parar a cualquier otro que quisiera tirar algo. Terminó todo el mundo bailando con buena onda. A partir de esa empezaron a llegarnos ofertas para grabar.

—*¿Eso era antes del boom de Sandra Mihanovich con tus temas?*

—Sí. Los dos años anteriores yo había pasado acompañando a Sandra, y también Ignacio y Jorge, de Solopororo, tocaban con ella antes de irse. Durante todo ese tiempo yo le fui mostrando mis temas y ella los incluía en su repertorio. Yo hacía un par de temas solo en el show de Sandra, y tenía oportunidad de probar arreglos.

Cuando salió el disco de Sandra con mis temas y pegó tan fuerte –batió récords– me descubrieron como compositor. Porque en esa época, por la imposibilidad de hablar que había, estábamos con un gran bache musical en el país, no había nuevos compositores. Sandra, en su disco y en los recitales, me puso en un lugar preeminente, e incluso habló mucho de mí en reportajes, que es algo que nunca terminaré de agradecerle. El primer empujón a nivel popular me lo dio ella.

De allí también salió la oferta para hacer la banda de sonido de *Los pasajeros del jardín*, que ganó el premio a la mejor música de películas de la Cámara de Críticos Cinematográficos.

—*En general la gente y los productores no creían mucho en vos como cantante con carrera propia. Te consideraban un buen compositor y arreglador para cantantes tipo Sandra.*

—Todos me respetaban mucho y todo eso, pero no tuve un apoyo real para mi carrera. Me lo tuve que batallar solo. Nadie decía: "Vamos a invertir en este tipo". Hubo que laburar en las peores condiciones tratando de mantener el grupo unido. Poco a poco nos fuimos haciendo un público hasta que apareció la oferta de grabar el disco, en marzo del 82.

Cuando el disco estuvo listo tuvimos que salir con Pepe [Colella], mi mánager, a caminar las radios y los medios de prensa para que nos dieran difusión. Por suerte, cada vez que nos presentábamos teníamos mucha aceptación.

Fuimos a tocar gratis al festival de La Falda y nos fue súper bien. Después vino B.A Rock, donde también matamos. Y el disco se empezó a vender muy bien sin casi ningún apoyo. No paraba de venderse, y fue así que los productores se dieron cuenta que tenían que invertir algo en este pibe Lerner.

Como el disco salía con fritas, nos organizaron un recital en Obras, que al fin tuvieron que ser dos funciones porque había lleno total y mucha gente en la calle.

Cuando empezás a tener éxito viene la prueba de la respuesta del público y la crítica, porque por un lado hay mucha gente que se copa, pero también hay muchos que te quieren hundir.

—*Y aprovechan un comercial de bocaditos para desvalorizarte...*

—Mirá, si uno cree en lo que hace no tiene que tener problemas en publicitarlo, más si no tenés acceso a la publicidad masiva por otros medios. Yo desde el principio encaré una carrera como músico popular que tiene la libertad de decir cosas. Y apareció una empresa que estaba dispuesta a publicitar mi música, mi imagen y mi nombre, a través de un bocadito que no tenía gran contradicción con mis principios morales. Cualquiera come chocolatines, no pertenecen al demonio. Después de hacerlo te confieso que sentí dudas. Pero si la publicidad no desvirtúa lo que uno hace, me parece que hay que aprovecharlo. Era más una propaganda mía que de Cabsha.

—*Baglietto y vos salieron en un momento en que el rock parecía un poco estancado, y abrieron perspectivas nuevas, además de ser las primeras caras nuevas en años... Y también atrajeron otro público, la "nena neurótica" que empezó escuchando Sandra y a través tuyo descubrió un mundo diferente...*

—Y la cantidad de público que sigue al "movimiento" engorda. Se mezclaron gentes de distintas generaciones y distintos aspectos físicos creando un fenómeno interesante. Es que el rock crece en los momentos difíciles, y se convierte en el espacio para quejarse. Y todos tenemos siempre algo de qué quejarnos, sobre todo en esa época en que no sabías si seguirías vivo al otro día.

—*En un país donde todavía debía obedecer los artríticos cánones del "ser nacional" o desaparecer, el rock permitió respirar y vivir y expresar cada uno a su manera.*

—Y al tener más alcance comercial esas posibilidades se expandieron. Así el rock pudo hablar de las cosas que pasaban y ser escuchado.

—¿La isla de la buena memoria *la compusiste en plena guerra?*

—La hice el 5 o el 6 de abril. En esa época tocaba en un boliche, Melopea, y no venía mucha gente a vernos. Entre el público conversaban: "Parece que bajaron un portaaviones". Y había tipos componiendo loas al heroísmo y la guerra, aunque el rock no cayó en esa. La típica "venceremos al enemigo con el pecho abierto y la bandera en alto". Yo sentía lo contrario a una marcha bélica. Cantaba *La isla*, que hablaba del drama y la mentira de la guerra. Yo no me podía comer el verso del heroísmo. Murió demasiada gente, pibes que no tenían por qué matar o morir a la fuerza. En un país despoblado y abandonado como el nuestro, los pibes tenían que ir a dar la vida por una maniobra política. Yo quería ponerme en el lugar de esos pibes y expresarlo con mi música.

EL INFIERNO DE LA FAMA

—*¿Por qué disolviste La Magia y armaste el nuevo grupo?*

—Para volver a juntarme con mis viejos amigos, porque necesitaba mucho apoyo. Además habíamos hecho la promesa, al disolver Solopororo, que cuando alguno de nosotros la pegara iba a llamar a los otros. Nos conocemos bien y funcionamos muy unidos. No hemos aprovechado todavía las posibilidades del grupo.

A partir de mi "éxito", yo no tuve muchas oportunidades para crear. Tuve que dedicarme a hablar sobre el desgaste y las exigencias que trae la fama.

—*"No quiero ser tan importante todavía..."*.

—La última camada de temas tiene que ver con la gente que te está mirando. Cuando te ven por la calle y te señalan, les brillan los ojos. Empezás a ocupar un lugar idealizado en la cabeza del público, cosa que es muy peligrosa, porque vos seguís siendo la misma persona. Tus debilidades, tus miedos y tus capacidades siguen siendo las mismas. Todo eso jode, porque la presión es grande, hay mucha gente que espera cosas de vos. Y te empiezan a rodear los ambiciosos, los que se te acercan par la guita que pueden hacer con vos. Aparece la competencia, te quieren convencer de que es una guerra el "show business" y que hay enemigos.

Es más fácil fracasar que manejar bien el éxito. Porque si fracasás tenés derecho a andar con una actitud negativa. En cambio, si tenés éxito estás obligado a seguir creciendo y dándole cosas a los que te escuchan.

—*"Yo no puedo equivocarme como todos..."*.

—¡Claro! Esa canción se llama *Para quererme bien* y habla de mi necesidad de que se me acerquen por lo que soy. Porque no me interesa ser solo un pianista-cantante-compositor, tengo otras cosas para desarrollar dentro mío. Necesito tener una transa de igual a igual con mis amigos, y no que me vean como a una estampita. Esa canción habla de cuando sentí las primeras relaciones atraídas por el interés y no con el cariño: "No me dejes de mirar a los ojos, no me mientas", dice. "Yo también estoy sufriendo, ¿cuánto más hay que perder?". Y termina: "¡Qué manera más tonta de quedarme solo!". Hacerse famoso para quedarse solo, rodeado de gente que no te ve como el tipo común, al ser humano que realmente sos...

También está la pulseada con los productores, que generalmente tienen un concepto de la vida muy distinto al tuyo. Te das cuenta de que tu creación pasa por manos con ideologías e intenciones tan distintas... El comercio de la música es bastante negro, y lo maneja gente que no tiene la misma sensibilidad que la que tienen los músicos y el público. Se mueven ambiciones muy bajas detrás de cada composición tuya. Es por eso que no estoy componiendo mucho ahora, porque quiero cuidar mi relación natural y espontánea con la creación.

No quiero hacer otro disco porque me obliga un contrato, quiero hacer el disco que me salga de adentro, cuando me salga. Por eso ahora estoy renovando todo. Vuelve Ignacio, que es el único que faltaba, y se integra al grupo. Entonces vamos a ensayar de vuelta, voy a poner más voces, voy a tratar de divertirme. Y voy a asumir la responsabilidad de lo que pase, no le voy a echar la culpa más a nadie. Voy a tocar cuando tenga ganas. Porque uno no tiene ganas de tocar todo el día, como tampoco tiene ganas de hacer el amor todo el día.

Por eso *Todo a pulmón* habla del esfuerzo, de la fama, de las obligaciones.

—Sí, el primer álbum es más comentario social, y el segundo es casi totalmente confesional, largando y mostrando dudas y emociones.

—Eso es lo que creo que cada vez hay que profundizar más. Quiero exponerme tal cual soy, no moldear un personaje extraño. De otra manera, siempre hay una separación entre Alejandro Lerner y el tipo que soy yo.

—La tendencia natural de los que "triunfan" es adoptar un personaje, generalmente un "loquito", como defensa de lo que te rodea y te presiona. Una coraza, una careta moderna...

—Pero eso te vuelve cada día más separado de vos mismo. Uno puede ser famoso por lo que realmente es. Si no tenés que rendirle culto a tu personaje toda la vida.

De todas maneras, no hay que gastar esfuerzos en defender la fama lograda. Yo, por lo menos, lo que quiero es invertir sobre mi mundo artístico y desarrollar lo que tengo adentro.

—Los famosos que se hacen los loquitos le hacen bien a la Argentina, que no conoce la locura feliz, solo conoce la locura de la represión.

—"Un poco de locura es sano..." (risas). Pero uno ya es bastante loco de por sí. ¿Para qué vamos a inventar una distinta a la que tenemos? Si se trata de ser como uno es, con sus aparentes locuras a la vista de todos. ¡Basta de tenerle miedo a lo que hay adentro nuestro! Es importante animarse, perderle el miedo al ridículo. Hacer lo que uno quiere sin esperar el juicio de nadie para ver si se puede, o no.

—Y ser capaz de hablar de amor.

—¡Sí! Sacarle ese tonito "rosa idiota" que le pusieron, y mostrarlo como hermosa experiencia humana. A veces en los recitales, hay tipos tan reprimidos que cuando vos cantás una canción de amor te gritan: "¡Marica!". Yo seguiré cantando canciones de amor y tratando de aprender a hacerlo.

—También mostraste tu hilacha de asmático...

—¡Yo soy súper asmático! Es verdad que yo iba a los albergues con el aparatito al lado para cuando me venía el ataque. Y recién después estaba para el segundo round. Yo salto en el escenario, por ejemplo, pero después se me caen los pulmones. Y es bueno mostrar que no soy ningún Dios. Ahora estoy tratando de curarme, haciendo yoga...

Con el grupo hacemos yoga, charlamos de nuestras ideas sobre el mundo, investigamos sobre comidas sanas... Uno no puede ser tan omnipotente de pensar que se va a bancar fácilmente la fama y la enorme cantidad de trabajo que te toca, los viajes, la envidia, todo eso...

Llega un momento en el que tenés todo lo que un hombre "normal" ilusiona tener: dinero, mujeres, trabajo, éxito y eso puede convertirse en un infierno.

—*¿Cómo ves el asunto de los botellazos en los recitales y festivales?*

—Me parece que hay una actitud de "rompan todo" en algunos grupos, que les ha sido impuesta como una moda, como una imagen metálica que les vendieron.

Los argentinos tenemos todos una carga de frustración y violencia. Y también hay gente que quiere que seamos violentos para demostrar que no estamos capacitados para manejarnos solos. Y se desata el típico fenómeno de la "barrita canchera": tipos que no matarían una mosca si estuvieran solos, cuando están en grupo en un recital arman despelote para excitarse, sentirse poderosos y sacarse toda esa frustración Yo creo que Pappo, por ejemplo, ya se dio cuenta de que estaba siendo utilizado por los que nos quieren convertir en piezas de su juego violento.

Yo creo que es natural que estemos pasando por este proceso de violencia, porque hay mucha gente que no tiene posibilidad de analizar su conducta y entender que los usan como si fueran ratones de laboratorio. Esa gente se saca toda la mierda que nos han metido adentro de la manera que puede. Yo no demostraría mi bronca de esa manera, pero hemos pasado tanta tensión durante tantos años, y ahora comienza a brotar. Hay gente que no tiene posibilidades de elaborar y comprender su propia violencia, y la larga para afuera en un naranjazo absurdo.

Pero el rock está aquí para seguir marcando que nosotros somos seres esencialmente mágicos, que la vida es maravillosa, y que nos han ido quitando nuestra inocencia original. Pero existen los elementos puros de la humanidad, lo que hay dentro nuestro que no se deforma con la televisión, ni con la bomba atómica, y el camino de la vida es recuperar ese "misterio de crecer, de gozar y de sufrir, y todas esas cosas sin respuesta".

Publicado originalmente en *Canta Rock* Año I, N° 7 (5-IV-1984).

DAVID LEBÓN:
"PONER UN POCO DE AMOR Y ALEGRÍA..."

Esta es la historia de un tipo talentoso y apasionado, que toca todos los instrumentos, canta y compone. Está aquí desde el principio del rock y todavía tiene polenta para buscar la "música del alma". Señores, pasen y vean.

—Yo nací en la Argentina, de madre inglesa. Mi vieja había sido paracaidista espía durante la Segunda Guerra Mundial. La última vez que saltó cayó en un campo de concentración alemán, y quedó allí, presa. La torturaron, le hicieron de todo. Cuando terminó la guerra la recibieron como una heroína. Después se vino a la Argentina.

Cuando mi viejo se murió yo tenía ocho años y del susto me enfermé de los pulmones. Una especie de asma fuertísima. El médico le dijo a mi vieja que me tenía que llevar al campo o a un lugar cálido, tropical. Ella se consiguió un laburo para enseñar paracaidismo en Estados Unidos, y nos fuimos para allá, a vivir en Miami.

Así que yo estaba en Estados Unidos con doce años cuando aparecieron los Beatles y toda la ola de música eléctrica. Enseguida en el colegio empezamos a armar pequeños grupos. Yo tocaba una batería prestada. Pero un día mi vieja vendió las joyas que tenía guardadas y me compró una guitarra japonesa y un equipo. Así que yo desde el principio manejaba dos instrumentos.

Tocábamos en fiestas de colegio, pero nos lo tomábamos con un espíritu súper profesional. Teníamos un grupo que se llamaba The Lords of London, y hacíamos temas de los Beatles, de los Beach Boys, esa mano. Yo tenía doce o trece años, y no tenía claro que esa iba a ser mi carrera, mi trabajo. Pero me gustaba mucho más que estudiar o jugar con juguetes. No iba al colegio, prefería ir a tocar a los boliches, con documentos falsos para pasar por dieciocho.

Un día nos escribió mi hermana, desde Buenos Aires, avisando que se estaba por casar. Mi vieja dijo "viajemos para allá". Yo ni me acordaba de la Argentina, porque me había ido a los ocho años.

Cuando llegué enseguida sentí la fuerza del espíritu latino. No me quería volver a Miami, y eso que allá teníamos auto, una linda casa, televisión en colores (¡tuve que esperar catorce años para volver a verla!), vida libre en un país democrático donde no te perseguían por el pelo o la ropa, etc. A pesar de todo eso, había una fuerza que no puedo explicar que me daba ganas de quedarme aquí. Son esas intuiciones que uno tiene y que se vuelven claras con el tiempo. Mi vieja se volvió y yo me quedé.

Una de las primeras personas que conocí en Buenos Aires fue Rinaldo Rafanelli, que era un urso de dieciséis años con el que tuve buena onda. Al poco tiempo me fui a vivir a su casa y armamos un par de grupos. Para mí era todo muy loco: imaginate que yo venía de ver a Frank Zappa y a Jimi Hendrix, y el primer recital que vi en la Argentina fue uno de Los Walkers. ¡Con flequillos beatle y cantando en inglés! Para mí era como la prehistoria. Pero me copaba la onda que había aquí, la onda de barrio y amistad.

—*Vos venías con el pelo largo...*

—Yo estaba en otro mundo. Venía con anteojos redondos tipo Lennon, pelo largo, pantalones de colores. ¡Cada vez que salía a la calle me llevaban en cana!

Cuando salió Almendra con *Gabinetes espaciales* y esos temas medio raros, sentí que ahí estaba la cosa. Empecé a tenerle fe a la música de aquí, iba a los recitales del Coliseo a la mañana, donde tocaban Almendra, Manal, el Engranaje de Pappo... Un día, cuando terminó el recital de Manal, y me paré para irme, escuché una guitarra tipo Hendrix con una polenta impresionante. Me di vuelta para ver el escenario y ahí estaba Pappo con una Stratocaster roja, gastándola.

Yo sabía que todos esos músicos iban al boliche de Billy Bond, Manzana, a zapar todas las noches. Entonces empecé a caer por ahí para ver qué pasaba. Iba a la tarde, con la guitarra, pero no me dejaban tocar, porque no me conocían. Ellos eran los dioses y yo un pibito más que venía a verlos.

Una vez entró Héctor Starc, a quien llamaban "Bola de ruido" por su manera de tocar. Él me había visto tocar en Acasusso, y cuando me reconoció, me ofreció su guitarra para que suba a zapar. Yo me cagué todo, porque estaba Black en la batería y algún otro capo, creo que Emilio del Guercio, en el bajo. Toqué con toda mi alma, y les gustó.

EL DURO APRENDIZAJE

Esa misma noche Pappo me preguntó si no quería integrarme a su nuevo grupo, Pappo's Blues, tocando el bajo. Yo tenía tantas ganas de tocar, que agarré viaje enseguida. Y también me invitó Billy Bond a grabar en un disco de La Pesada como guitarrista. El primer longplay de Pappo y el primero de La Pesada se grabaron en la misma semana, y yo tocaba en los dos.

—*Había mucho delirio en esa época...*

—Sí, muchísimo. Era un ambiente jodido. Y yo me asustaba un poco, porque era muy joven. Pero quería tocar, así que me metí de cabeza. Yo era ingenuo para el nivel de locura de esa época experimental... Así fue que se pudrió la cosa en Pappo's Blues y en La Pesada, eran puras peleas y delirio.

Estuve tocando con Carlos Bisso, que tenía un grupo medio comercial, Conexión N° 5. Pappo me llamó desde España donde estaba con Ciro Fogliatta, el tecladista de Los Gatos. Vendí todo lo que tenía y me fui a España. Pero era muy duro. Dormíamos en las plazas, no teníamos un mango. Mendigábamos, limpiábamos baños, lavábamos platos para vivir. Hasta que al final empezamos a laburar bastante bien. Fue una experiencia importante, porque anduve mucho solo, viajé, vi cosas diferentes.

Cuando volví de España toqué con La Pesada en B.A. Rock. Fue aquella famosa vez del despelote con la barra de Palito, la primera vez que hubo violencia en el rock. Tiraron a un tipo desde arriba de las gradas y se armó una batalla campal. Ya en esa época aparecían los idiotas que para llamar la atención decían "Vamo' a romper todo".

Se acababa de disolver Almendra. Edelmiro me invitó a tocar la batería en su nuevo grupo, Color Humano. Yo soy un baterista frustrado, porque es un instrumento que me recopa, y parecía una gran oportunidad. Pero Edelmiro quería manejar todo, te indicaba todo lo que tenías que hacer en tu instrumento y yo quería componer en la batería, quería tocar a mi manera. Un día le dije: "Compremos una computadora que toque lo que vos quieras y yo me voy". Yo quería cantar, también, pero él no me dejaba. Me sentí muy reprimido, porque había que obedecer al líder, que era Edelmiro.

En esos tiempos yo andaba mucho con Héctor Starc, Luis Alberto y Emilio. Charlábamos, tocábamos, nos quedábamos juntos hasta cualquier hora. Fue surgiendo una especie de enamoramiento, una gran camaradería con Luis. Cuando le dije que quería tocar con él, me contestó: "¡Empezamos mañana!". Pescado Rabioso estaba sin bajista, porque Bocón se había ido, y (Carlos) Cutaia hacía los bajos con el órgano Hammond. Entré a tocar el bajo, y la amistad con Luis creció tanto que él se mudó a vivir conmigo en mi casa de la calle Artilleros.

Luis fue el tipo que marcó el camino. El que me enseñó el amor profundo por el arte. Él componía quince temas por día, mientras yo me amasaba el pebete y salía con minitas. Estaba todo el tiempo con la guitarrita dándole a las letras y los dibujitos y a las melodías. Lo empecé a admirar muchísimo, conviviendo con él. Lo tomé como un ejemplo y me copé yo también en componer y desarrollar mi onda. Un día le mostré un tema y lloró. Yo no entendía nada. Hasta ese día no me había animado a tomarme en serio como compositor. Ese tema se llamó *Mañana o pasado*, y fue al disco de Pescado.

El grupo se desgastó, un poco porque eran esas épocas de delirio donde nada duraba. Cada uno se encerró un poco en su propio viaje.

—*Al poco tiempo grabaste tu primer solista, donde hay un* Tema para Luis.

—Sí. Lo hice porque a pesar de los roces inevitables de la separación de Pescado, quería que supiera que para mí la amistad seguía. Ese longplay fue mi primera pileta personal, con temas míos y una onda bien propia. Tocaron Alejandro Medina, Claudio Martínez –que tenía unos doce años–, el negro Black, Charly, Pappo e Isa Portugheis.

PRÁCTICA ESPIRITUAL

Dentro de la atmósfera experimental que se vivía entonces me empezó a hacer falta encontrar una salida espiritual, comprender por qué mi cabeza, mi mente, estaba fuera de control, porque uno no puede controlar ese motor loco que tiene adentro y que piensa idioteces sin parar. Hay momentos en que uno deja de pensar y ve el mundo tal cual es, sin el filtro de las opiniones, los tocos, todo el mambo mental. Por eso me acerqué a Guru Maharaj Ji, porque quería meditar, tener una práctica espiritual. Necesitaba un palenque donde atar el potro.

—Casi todos los rockeros dicen lo mismo de una manera u otra: "La cabeza nos vuelve locos, somos originalmente inocentes y limpios, pero nos desconectamos...". Es como un descubrimiento de esta generación. Parece que durante los momentos creativos uno se pone en contacto con esa unidad que hay detrás de las apariencias...

—Sí, esa sensación está todo el tiempo ahí cerquita, esa tranquilidad de ver que la vida tiene sentido, y que los que estamos locos somos nosotros. Los artistas la buscamos a través de mil caminos... A mí la música devocional, cantar para Dios, me enseñó lo que significa el arte realmente. Comprendí por qué mis dedos se mueven en el diapasón, por qué tengo el don de cantar, y un montón de cosas más.

Antes yo pensaba que era un gran artista. Quería superar a todos. Me dejaba el pelo larguísimo y me vestía raro para sobresalir. Era una actitud muy egoísta.

En la banda que teníamos con los discípulos de Guru Maharaj Ji aprendí a tocar de otra manera. Nunca pude compartir como durante aquellos ensayos. Normalmente estar en un grupo es luchar por quién hace el solo o quién es el dueño de los temas. Porque el rock no es ningún paraíso. En Lila, en cambio, todo era natural, compartido. Nadie quería un grupo de rock totalmente distinto a lo que venía haciendo, una cosa pesada. Tenía ganas de tocar rock and roll, de dejarme la barba y tener mal aliento. Quería darme unas vacaciones de tanto control sobre mí mismo. Porque la onda de los discípulos de Maharaj Ji en ese momento era muy de "portarse bien" y llegó un momento que no me lo banqué más. Entonces, "suéltate rock and roll" (risas).

Polifemo era una gran banda de rock and roll. Tenía polenta, tocábamos con pasión salvaje. Éramos Rinaldo, Juan Rodríguez y Ciro Fogliatta.

Grabamos dos longplays y tocamos muchísimo. Pero el grupo se fue volviendo agresivo en su actitud, y eso no me gustaba. Yo quería hacer música fuerte, pero no soy un tipo agresivo. Así que me abrí.

—*Y volviste a la onda devocional, con Seleste.*

—Sí. Con esa banda toqué durante un año, y me hizo muy feliz, aunque no gané un mango. Pero la relación entre la gente era abierta, sin competencias.

—*Y fue entonces que te llamó Charly.*

—No me olvido nunca más. La Máquina de Hacer Pájaros se había separado y Charly apareció por casa y me dijo: "Me gustaría que toquemos juntos porque yo no me siento bien y sé que vos andás en una buena onda, y podrías ser como un balance para mí". Fue súper sincero.

Entonces planeamos el Festival del Amor, en el Luna Park. Yo no quería formar un grupo y tocar y tener miles de compromisos y reportajes todos los días. Y él tampoco. Pero queríamos tocar con los amigos. Por eso hicimos ese festival. Armamos un grupo base con Charly, Gonzalo Farrugia (baterista de Crucis), José Luis Fernández (ex La Máquina) y yo. Y acompañamos a León, Porchetto, Santaolalla, María Rosa. Tocamos temas de todos.

Con Charly tenemos un entendimiento inmediato, aunque somos totalmente distintos. Y en ese momento nos sentíamos muy bien tocando juntos. Así que nos fuimos a Buzios, en Brasil, en donde alquilamos una casita cerca del mar, metimos los instrumentos y nos dedicamos a vivir y tocar sin apuro, sin compromisos.

Con el tiempo fueron saliendo temas nuevos, que armábamos tranquilamente, sin pensar en discos ni nada. Cuando tuvimos material y un concepto musical nos dieron ganas de armar un grupo, y llamamos a Moro y a Pedro Aznar para que nos acompañaran. En principio les pagábamos como músicos, porque el grupo éramos nosotros solos.

—*Volvieron a Buenos Aires y se presentaron con la orquesta...*

—Sí, una orquesta dirigida por Daniel Goldberg, que llegaba de Estados Unidos. Fue un desastre, la gente nos rechazó. Pero seguimos tocando porque nos gustaba el grupo y al final teníamos razón. Éramos un grupo de cuatro solistas que cuando nos juntamos salió una música muy fuerte. Cada uno aportaba su toque propio. Y éramos profesionales: ensayábamos muchísimo, laburábamos en serio.

Se había acabado el tiempo de protestar en un rincón. Nos metimos de cabeza en el mundo, llegamos a la gente, logramos un grupo que sonaba y conmovía. Era como los Beatles, un grupo que hace bailar a la Nona y pensar a los pibitos. Por eso cuando se fue Pedro se separó el grupo, porque era imposible reemplazarlo. Cada uno de nosotros era Serú Girán.

—*Vos componías bastante...*

—Sí, aunque casi siempre yo hacía la música y Charly la letra. Charly tiene la capacidad de hablar de la realidad. Yo me siento cómodo tocando, haciendo música. No soy un poeta ni hago letras demasiado buenas. Por eso me gustan los temas bien armados, musicalmente redondos.

Cuando se separó Serú Girán empecé una carrera solista en serio. Creo que ya era hora de que lo hiciera. Y realmente me está yendo muy bien, a la gente le gusta lo que hago y la onda que tenemos en vivo. Sigo teniendo esa dedicación musical al amor, a Dios que está en todos y creo que la gente recibe esa energía positiva, más allá de si toco bien la guitarra o el grupo mata o no. En todos estos años aprendí a ensayar, a laburar, a producir a un grupo. Y le pongo ese toque de amor, esa filosofía de vida que trato de llevar adelante.

—Tu especialidad es tocar en vivo, ahí es donde estás en tu salsa, la prueba está en que hiciste bandas como Seleste que nunca grabaron...

—En vivo me siento conectado. La palabra te lo dice: estás vivo. Estás vos y la gente y no hay versos. A mí no me interesan demasiado los grandes arreglos, aunque a veces hay que hacerlos. En *Siempre estaré*, por ejemplo, me dediqué especialmente al trabajo de producción y arreglos, porque quería lograr un sonido muy pulido, con menos solos. Porque en el primero, *El tiempo es veloz*, las cosas habían sido más espontáneas, metiendo un montón de temas que tenía de antes. Y el próximo disco, que estoy ecualizando, es bien rockero, divertido, movidito. Voy haciendo cosas distintas en cada disco. Y no me preocupa mucho lo que dicen los críticos. Yo voy haciendo lo que siento y hay un público que se copa con lo que hago.

LOS CHICOS MALOS

—¿Cómo se te ocurrió hacer el Rock de los chicos malos*? Vos sos rockero viejo, y conocés bien a los malos del rock...*

—Mirá, es una moda. Los pibes no son malos. Toman la leche con la mamá en la casa todas las tardes, pero después se ponen las camperas y las muñequeras y salen a poner cara de duros. Yo los conozco bien, desde que eran chiquitos.

Acá se mezcla el punk con el heavy metal, se hace cualquier ensalada tratando de copiar algo que realmente nadie conoce. Las modas llegan a través de las revistas que inventan cualquier cosa, total nadie va a ir a Londres a ver si es cierto o no. En Londres los punks son tipos burlones, que juegan y no agreden a nadie. Se divierten porque no creen en nada.

—Yo estuve con ellos en Estados Unidos y son súper buena onda, hacen la suya porque no les interesa el mundo burgués. Pero no se meten con nadie. Al contrario, dicen que la guerra y la explotación son típicas del mundo de los viejos. Se burlan.

—El tema lo hice medio en broma, diciéndoles: "Vamos, muchachos, ustedes son unos angelitos, ustedes no saben lo que es ser malo en serio". Agreden a los músicos o a otros pibes porque no tienen coraje para luchar contra los verdaderos malos. Y los verdaderos malos, los verdaderos heavys, todos sabemos quiénes son. Los pibes estos del heavy son disfrazados: a la tarde toman el café con leche con vainillas que les hace mamá y a la noche se compran un litro de vino y salen a hacerse los pesados. Es como cuando yo, en la época de Pescado Rabioso, me ponía ropa extraña para sobresalir, porque no sabía cómo decir: "¡Acá estoy yo!".

¿Sabes quiénes son pesados en serio? Los que mandaron a los pibes a las Malvinas. En la época de la guerra me llegó una carta de un pibe que decía: "Yo te vi en Obras, en *Peperina,* y ahora estoy manejando un tanque, y no sé si te voy a volver a ver actuar". Yo tenía ganas de agarrar una 45 y pegarme un tiro acá abajo. Eso sí que es pesado. A los peces gordos que armaron la guerra nadie los escupe, pero escupen a Luis Alberto o a otros músicos, que están tratando de poner un poco de amor y alegría en este país del odio y el fracaso.

Yo hablo todo el tiempo del amor porque es lo que realmente hace falta acá, y nadie se atreve a aceptarlo, les da vergüenza, piensan que no es de macho. Yo estoy desesperado buscando amor. Quiero salir de la pesadilla que estamos viviendo.

Publicado originalmente en *Canta Rock* Año I, N° 8 (17-IV-1984).

CHARLY GARCÍA:
HAY QUE VIVIR AUNQUE SEA DE PREPO

Charly es un potro furioso. No es fácil domarlo y hacerlo contar su historia. Pero eso no importa demasiado, porque lo que queda en el grabador tiene calibre suficiente para volarnos la cabeza y hacernos entender cómo, después de doce años de "carrera musical", sigue sacudiendo los cimientos del rock nacional.

—Desde chico tuve un don natural para la música. Empecé a tocar solo, sin que nadie me diga, buscando melodías en un pianito de juguete. Era muy fácil darse cuenta que yo tenía una bruta tendencia musical. Mis viejos se coparon, imaginando un hijo concertista, y me compraron un piano y me mandaron a estudiar.

Estaba todo el día con el piano. No me costaba trabajo sacar las piezas clásicas y la profesora estaba copada conmigo, porque era su mejor alumno. Tocaba en las fiestas del colegio y ese tipo de cosas. Pero junto con el estudio de piano venía toda una mentalidad de vida muy represora, muy chupacirios, que yo absorbía naturalmente sin darme cuenta. Una onda de que para tocar bien hay que sufrir mucho, purificarse de no sé qué pecados que se supone cargamos encima. Y tampoco me alentaban a crear por mí mismo, cuando yo le mostraba alguna piecita de piano que se me había ocurrido me decía: "Muy lindo, nene, pero ahí tenés tu partitura". Llegó un momento en que me aburrí de la onda frac y gomina.

—*Coincidió con la llegada de los Beatles...*

—Sí, llegó toda una bola de música vital. Yo ya en esa época quería ser un chico más normal y libre. El entrenamiento había sido una tortura, por las noches tenía sueños terribles donde salía toda la bestia que estaba reprimiendo. Fue bueno haber estudiado, ahora me viene bien saber escribir y tener una formación, pero me dejó una onda neurótica con la música, de sufrir para ser bueno.

—*Formaste tus primeros grupos en el colegio.*

—Yo ya había convencido a mis viejos de que me compraran una guitarra eléctrica. No les gustó mucho la idea porque una cosa es ser concertista y otro músico popular de pelo largo, pero aflojaron. Entonces formábamos grupos con cualquiera que pudiese comprarse un instrumento, no importaba si sabía tocar o no. Yo les mostraba dónde poner los dedos y les hacía un cabezazo cuando venía el cambio de acorde.

—*¿Componías?*

—Empecé a componer con Alejandro Correa, y él hacía las letras en inglés. El grupo se llamaba To Walk Spanish. Nito estaba en el mismo colegio con otro grupo: The Century Indignation, en el que también tocaba Carlos Piegari. De la unión de ambos grupos nació Sui Generis. Al principio éramos seis y cantábamos en inglés, aunque ya estábamos escuchando a Los Gatos y componiendo algo en castellano. Yo no hacía letras en esa época.

Poco a poco los músicos fueron abandonando, cuando nos metimos con el Gordo Pierre (Bayona) de productor y empezamos a tocar en pequeños shows. Los otros pibes no se bancaban la onda de locura que había entre los músicos de esa época, y andar de aquí para allá con los equipos en trenes para ir a tocar. A Nito y a mí esa vida nos recopaba, y no nos importaba si nos pagaban o no, no nos calentaban los sacrificios que siempre te bancás en el comienzo.

El Gordo Pierre fue el primero que creyó en nosotros y nos dio polenta para seguir. Con él estuvimos mucho tiempo tocando en lugares chicos, pegando nosotros mismos los carteles, barriendo las salas, etc. Entonces me tocó la colimba. Yo no me la bancaba y me puse muy loco. Insulté a un teniente y después de una larga aventura me llevaron al psiquiatra y decretaron que estaba esquizo-histérico. Me largaron. Durante ese viaje de locos, en el hospital, compuse *Canción para mi muerte*. ¡Así que gracias al ejército comencé mi larga carrera de éxitos!

A poco tiempo el Gordo Pierre nos llevó a lo de Jorge Álvarez, el fundador de Mandioca, que en ese momento estaba en Microfón, y él nos dijo: "Mañana graban". Nosotros no le creímos, porque ya habíamos recorrido todas las grabadoras y nadie nos veía futuro. En esa época no había un mercado del rock, como hay ahora, y la "gente del espectáculo" se burlaba de nuestros temas y nuestra pinta. Álvarez nos veía como blanditos, ya que él producía a Manal y a La Pesada, pero se jugó por nosotros. Los músicos nos verdugueaban, porque ellos estaban en la onda del blues con los tres tonos y de allí no salían, y nuestra música no les copaba. Toqué algunas veces con La Pesada, y lo único que podía hacer era martillar siempre el mismo acorde en el piano.

Ensayábamos, para grabar con Sui Generis, directamente en el estudio. Y cuando aparecían los músicos de La Pesada –Gabis, Medina, etc.– que tocaron con nosotros, no entendían por qué los temas tenían tantos tonos. Tenían un concepto muy cerrado en esos tiempos. Yo estaba un poco afuera de eso. Terminaba la grabación y me volvía al barrio con mis amigos.

—El primer disco suena mal, está fuera de tiempo y desafinado, pero pegó y se vendió muchísimo.

—¡Pero pará, que el primer disco que grabé fue el *Cristo Rock*, de Porchetto! Hice los arreglos y toqué el órgano. Entré ahí porque era el único en esa época que tocaba piano y órgano.

—Bueno, pero volviendo a Sui Generis, ya en el segundo disco, Confesiones de Invierno, *tenían más claro lo que querían hacer.*

—Y ya teníamos público propio, habíamos desarrollado un estilo y había respuesta del público. "En cuanto ven que producís tus buenos mangos se callan la boca y te dan bola!" (risas).

Desde que debutamos junto a Pedro y Pablo y el grupo de Fontova, Expreso Zambomba, habíamos ido juntando seguidores. Gracias a eso nos hicimos un lugar y nos respetaban. Y por nosotros se empezó a acercar otra gente al rock, que antes estaba limitado al grupo de melenudos de Corrientes y Plaza Francia. Aparecieron los pibitos chicos, que después crecieron con el rock.

HEAVY GENERIS

—Pero, ¿qué querés que te cuente de Sui Generis? Esas historias me tienen podrido, ya no me acuerdo de nada. Hubo solo tres longplays y quinientas recopilaciones. Agarran y ponen: "Los temas de amor de Sui Generis" y largan un disco. O "Los que canta Nito". Cualquier mezcolanza. Sui Generis ya fue aprovechado e historiado hasta el cansancio.

—Pero después del segundo disco hay un cambio, una actitud más agresiva en las letras, y un sonido más electrónico...

—Yo ya estaba podrido de la guitarrita y la flautita. Aparecieron los sintetizadores y melotrones, que me venían perfecto porque eran teclados muy versátiles. Yo comencé a creer que era un gran músico...

—Era la época de la Gran música, todos querían ser Beethoven electrónico, desde Yes a Charly García...

—Ya no me conformaba tocando el pianito, quería más sonido. Entró Rinaldo (Rafanelli) con su bajo bien pesado y Juan (Rodríguez) a marcar fuerte en su batería. Sui Generis cambió. David Lebón era guitarrista invitado. Era una banda buenísima. Los conciertos del Coliseo y el Gran Rex fueron impresionantes. Para mí ese fue el final perfecto de Sui Generis. Cuando la gente empezó a aceptar la onda eléctrica, nosotros ya no queríamos seguir con el grupo.

—La gente tardó en aceptar a Sui Generis como un grupo fuerte y eléctrico. Instituciones *no se vendió mucho y eso que es uno de los mejores long play argentinos.*

—Es que el grueso de la gente tarda siempre en asimilar los cambios. Además de que nosotros no hicimos nada por vender el disco, ya no nos interesaba. Fijate que en ese long play no hay ni un hit. En esa época yo ya no aceptaba los consejos de nadie, ni de Jorge Álvarez ni de Billy Bond, ni de todos los que me pedían que siga ordeñando la vaca lechera de Sui Generis. Estaba decidido a desafiar a los pesados, y hacer música fuerte y de choque. Hay un montón de temas de *Instituciones* que fueron censurados. *Botas locas*, que contaba mi historia en la colimba, por ejemplo, ya estaba grabado. Había otro que se llamaba *Juan Represión*. Era un disco que salía contra todas las instituciones, incluso las del rock. Álvarez, para suavizarlo, me convenció de que le pusiéramos *Pequeñas anécdotas sobre las instituciones*, en vez de *Instituciones* derecho viejo. En los temas de ese long play no hay estribillos, que son los ganchos comerciales que se pegan en el oído de la gente. Decía directamente: "A mí no me gusta tu cara, y no me gusta tu olor, hay tres o cuatro mamarrachos con quienes estoy mejor". El tema del señor Tijeras terminaba con una perorata de que cuando el hombre libre bla bla bla morirán los censores, esas cosas que uno creía en esa época. Llegué a pensar, en un delirio, en ponerle acompañamiento de rock sinfónico al *Manifiesto Comunista*, de Marx. ¿Te imaginás, "Proletarios del mundo uníos" sonando tipo Yes? Los psicobolches se hubieran escandalizado...

—"¡Se burlan de las escrituras!".

—Yo nunca había leído el *Manifiesto*, pero en esa época creía que estábamos a punto de un gran cambio, como creen tantos pibes ahora. En los reportajes hablaba de "La Revolución" como si realmente estuviera sucediendo. Y sigo pensando que algo así va a suceder, en el sentido de que hay algunos –en Oriente y en Occidente– que tienen la manija del mundo, y la gente ya no se lo banca más.

Ahora, por ejemplo, en la Argentina, llegó la democracia y todo eso es muy lindo, pero en la cultura han reflotado el Manual Argentino Básico, y nos seguimos moviendo con los mismos valores que antes. Y ya te están indicando cual es la manera "democrática" de comportarse.

—Cada grupo quiere imponer sus propias reglas de comportamiento...

—No hay un avance hacia la libertad de la gente, fuera de que no te piden más documentos en la calle. La democracia o la revolución para mí también pasa por dejar a la gente ser como quiere. Yo puedo ser como quiero porque soy famoso, pero eso me distancia de la gente con quien tengo que vivir esa libertad y ese cambio.

Mi revolución fue que con Sui Generis todos los pibes empezaron a cantar y se vistieron como quisieron y pudieron hacer el amor con más libertad que las generaciones anteriores. Fue una ínfima revolución en la historia argentina, pero yo la rescato. Quebramos un poquito la careta, empezamos a sacarnos el mocasín. Los pibes de pronto dijeron: "¡Ah, pero entonces yo no soy el único raro!".

Ahora estoy en lo mismo, en llevar al límite lo que soy y lo que es Charly García para la gente. Ya no me importa nada, ¡perdí la vergüenza! "Unos hablan en inglés, otros en francés, pero yo quiero hablar en caliente!". Y genero grandes pasiones, en contra y a favor. Hay tipos que cuando me ven se ponen locos, les da un ataque. A veces se juntan veinte pibes y me gritan: "¡Viva Pappo, heavy metal!". Yo los miro y los pibes siguen hasta que se desgañitan y se cansan. Es tan estúpido. Pero cuando los encarás se van al mazo, no entienden nada.

¿QUÉ DESTAPE?

—El rock es una cosa muy loca, bien tipo *The Wall*. Primero sos una especie de hippie que hace sus canciones suaves y de pronto te ponen contra la pared y te convertís en un pesado agresivo. Además, me parece que la gente está muy dormida, muy reprimida, y la única manera que encuentran de manifestarse es con violencia. El otro día estábamos tocando gratis en un bolichito con la banda, teníamos un volumen y una polenta infernal, y la gente estaba como dormida. Yo me preguntaba, de pronto: "¿Qué estoy haciendo aquí?". Uno siempre se tiene que dar manija y salir matando y la gente no reacciona. Llega un momento que decís: "Ma sí, me pongo una peluca, una nariz así, no sé, salgo en bolas con una pluma a ver si los mueve algo".

En el público hay muchos nenes de mamá que se creen revolucionarios. Los punks, por ejemplo, son punks de fiambrería, no pasa nada: "Vieja, planchame la camisita y lustrame la cadena".

El destape argentino parece un baile de esos con las viejas sentadas mirando a ver si no te propasás con la nena. Todavía seguimos gobernados por las botas, los curas y los oligarcas y no existe esa libertad individual mínima de que "yo con mi vida hago lo que quiero". Estamos en una democracia tibia, que al final no legaliza ni el divorcio ni nada.

—Volvamos a la historia. Se disuelve Sui Generis...

—Terminó el recital de despedida en el Luna Park, que en ese momento era lo más grande, como el Woodstock argentino, y yo me volví a mi departamento de un ambiente en Caballito y me quedé mirando la pared, una mano *The Wall*, y no me animé a salir más de mi cubículo. No tenía un mango, no me animaba a alquilar una casa, a hablar por teléfono, estaba solo. Quedé repleto de culpas. Me sentía diferente y no era capaz de asumir esa diferencia. Me daba culpa por poder ganar plata, entonces los mánagers me afanaban todo. No era como ahora que todos me bancan que sea como quiero porque soy famoso. En esa época era visto como el más famoso del grupo de reventados melenudos que tocaban música ruidosa. Tuve que ir a un analista para recomponerme y recuperar un poco la confianza en mí mismo.

—Y La Máquina de Hacer Pájaros fue la continuación de la onda de música más fuerte y elaborada que habías empezado en Instituciones.

—Era una buena banda con la polenta juvenil de José Luis Fernández y Bazterrica y el súper nivel musical de Cutaia, con quien aprendí mucho. Fue un grupo que pasó algo desapercibido, porque nosotros no buscábamos ser un éxito como Sui Generis y el país había cambiado mucho después del golpe del 76, no se podían decir las cosas claramente. En el segundo disco, *Películas*, ya teníamos una personalidad y habíamos encontrado una manera sutil de decir las cosas. Ese es uno de mis discos preferidos. Empecé a tener un sonido que me costó años de lucha.

—Fue con Serú Girán que realmente utilizaste toda esa experiencia.

—¡Sí, pero cómo nos costo llegar! ¿Te acordás que en el primer recital, cuando volvimos de armar el grupo en Brasil, nos dieron con un caño?

—Sí, ahí yo les hice aquella critica de "los dobles de Serú Girán"...

—No había ninguna conexión con la gente. Veníamos de Brasil, con toda una onda, con la orquesta y los arreglos y los temas nuevitos. Nos sorprendió. El público era una heladera. La gente estaba esperando a que yo les diga un discurso, o que cante *Canción para mi muerte.*

Cuando venís de afuera muy acelerado no es conveniente salir y tocar enseguida. Porque la gente no va a un recital a escuchar música y pasarla bien, sino a juzgar a ver si vos sos su cómplice o no. Todos van con su idea de la cosa y no consiguen entregarse y gozar. Y lo peor es que aquí nadie esta haciendo nada tan original como para que nos lo tomemos con solemnidad.

Tenés que engancharte aquí, sufrir un poco, empezar a decir "me siento mal". Cuando la gente ve que sufrís te dan permiso para cantar, y te aplauden. Cuando enganchás un estilo, entonces te aceptan y forman el club de fans. Pero si aparecés con algo nuevo, esos mismos fans te van a putear durante un año. Con Serú Girán decían: "¡Qué lindos eran los temas de Sui Generis!". Ahora dicen: "¡Qué lindo era Serú Girán!". Al segundo long play del nuevo estilo ya te empiezan a aceptar. Así fue que todo el primer periodo de Serú Girán no nos iba a escuchar nadie, tocábamos en teatritos minúsculos. Y la gente esperaba que viniéramos a darles grandes verdades, tipo ideólogos del rock.

SACATE LA CARETA

—¿No te gusta el rol de ideólogo?

—Más bien que no. Aquí para ser ideólogo tenés que ser una persona ejemplar, un buen padre de familia, un chico bueno y controlado. Es todo una gran mentira tipo boy scout, "somos todos buenos". A mí me gusta mostrarme entero, con mis partes "buenas y malas". Sui Generis, por ejemplo, reflejaba una imagen angelical que al fin no era la vida que llevábamos. Ahora se supone que uno puede mostrarse como realmente es. "Señores lectores, yo soy de lo peor que hay, ¡cuidado! Lo único que tengo es odio y resentimiento, y no hago rock para las mamás y para la tía Clotilde".

—*Vos sos medio desestabilizador...*

—Y ¿qué querés? Cuando me gritaban que era marica les contesté: "Sí, la miro con cariño, ¿y que?". Se escandalizaron. A veces los rockeros son lo más antiguo que hay. Uno termina tomándolos en joda porque se escandalizan como viejas. Cada grupito anda por su lado, juzgando a los demás y creyendo que tiene la verdad. Pero en realidad no salen y dicen de frente lo que sienten. Terminemos con esta farsa, saquémonos la careta y veamos qué pasa. Si el rock no tiene esa locura y ese desafío, no pasa nada. A mí no me preocupa que me entienda doña Chola, cuidar mi carrera y conservar una coherencia. A mí me interesa ser, al mango. Ser lo que soy.

Lo único que me importa es estar al re mango, vivir mi vida y que cada uno pueda vivir la suya. Y en este país todo te está diciendo: "Calmate flaco, cuidado, portate bien". Yo quiero sacarme todo de adentro: la profesora de piano, el colegio, los militares, toda esa culpa que llevamos dentro. Es un "¡BASTA!" enorme. Bancate ese defecto...

—*¡Todo el mundo disimulando y comportándose bien cuando estamos en pleno apocalipsis y se está pudriendo todo!*

—El mundo está lleno de misiles, manejado por viejos locos, y eso es mucho más importante que todas nuestras pequeñas bobadas. Mi último tema se llama *Cerca de la revolución* y trata de eso. No es que yo crea que estamos cerca de una revolución que les va a dar iguales oportunidades a todos para ser felices. Creo que estamos cerca de alguna clase de estallido, que todo va a reventar. Me acusan de inmoral a mí porque dicen que mostré un pedazo de cuerpo en Córdoba, pero los que mataron y secuestraron y hacen negocios con armas y muerte siguen imponiendo su moral en el mundo. Son esos los que hablan por televisión y dicen cualquier verso. Mientras tanto las revistas se ocupan de los chismes del ambiente para entretener a los giles. Está lleno de policías de la mente, que nos vigilan las conciencias y no dejan vivir en paz. Llega la democracia, se supone que se van los milicos, pero el milico interior de cada argentino sigue allí. Ante eso, el rock tiene que decir: "¡Váyanse a freír mondongo, locos!". No hay más espacio para hacerse el careta a la sombra de los misiles, loco. Hay que vivir nuestra vida, aunque sea de prepo.

Publicado originalmente en *Canta Rock* Año I, N°9 (3-V-1984).

RUBEN RADA:
EL TAMBOR NO SE RINDE

La historia de Rada refleja las dificultades apabullantes que tiene la música negra del Río de la Plata para surgir de nuevo con toda su riqueza. Y muestra también a un luchador incansable que hace quince años mantiene vivo su talento.

—Yo canto desde que nací. A los cuatro años iba a la puerta del cine de mi barrio, el Premier, y les cantaba a los acomodadores para que me dejaran entrar. Yo era el negrito que les plumereaba los asientos y les cantaba cualquier cosa que pidieran. Así que veía cinco películas en una tarde. Y, por supuesto, me aprendí todas las canciones de los films musicales, en un inglés sanata. También sacaba las canciones mexicanas, los tangos de Gardel, cualquier cosa. Desde el principio aprendí a cantar de todo e imitar a los cantantes internacionales.

—*¿Y aquel programa de radio?*

—Me metí en la radio, en el programa de Mansi, que hacía cantar a los gurises, nos llevaba de gira por todos lados. Yo hacía imitaciones y cantaba. Ese fue mi debut profesional. Me mareaba con el éxito, las nenas del barrio me daban bolilla (risas).

—*¿Ganabas guita?*

—Nos daban un "viático" que serían trescientos pesos de ahora. Era bastante para un pibe pobre, "el éxito y la fortuna".

—*Salías con las comparsas...*

—Sí. Mi tío tenía una comparsa que se llamaba Morenada. Salía toda la familia. En carnaval todo el mundo se moviliza y sale a la calle en Montevideo. Y, por supuesto, los negros son los que le ponen chispa. La comparsa tiene una serie de personajes, el escobero, la gorda, el gramillero, que son burlas e imitaciones de los amos blancos. En cuanto hay tiempo libre, el negro saca su humor y su música a relucir y esa es la única oportunidad que le dan de mostrar su alma. Enseguida se arma el "tuco", entra en calor la gente y se saca de encima la pálida.

El carnaval desemboca en el Teatro de Verano, que queda en el Parque Rodó, frente al mar. Allí se juzgan las comparsas y las canciones. Y, bueno, ganamos el primer premio con una canción que cantaba yo, *Un sueño negro*.

—*¿Y el candombe?*

—Yo lo tengo adentro desde que nací. Como tengo las motas, tengo el candombe. Nunca tendré el pelo lacio, y nunca me liberaré del sentimiento candombero, en todo lo que compongo hay una "candombez", un recuerdo del candombe.

El candombe es el ritmo de los negros rioplatenses. Antes de que mataran a todos los negros de Buenos Aires en la guerra del Paraguay, aquí también había candombe. ¡Aquí también había barrios negros!

—*En la colonia había casi cincuenta por ciento de negros aquí, pero los mató la pobreza y la fiebre amarilla y a los que quedaban los mandaron al frente en la guerra. Ahora no ves un negro ni con lupa. Después hablan de genocidio. La Argentina está hecha sobre el exterminio de los negros y los indios...*

—Y, bueno, esa cultura y espíritu negro siguió escondido en Montevideo. Saliendo a relucir con permiso del blanco en los carnavales. Toda la vida existió el candombe, incluso con orquesta. Aunque no lo pasaran por radio demasiado, porque nosotros también somos colonizados y los tipos lo veían como algo "grasa", lo mismo que sucede aquí con el chamamé. Un exponente grande del candombe, por ejemplo, fue Romeo Gavioli. Y Pedro Ferreira, que tenía un conjunto tropical, también componía y tocaba candombes.

—*¿Cómo te juntaste con los Fattoruso?*

—Estaba laburando de cadete en Telégrafo Nacional. Una vez, volviendo de un baile en micro, yo iba cantando a lo loco, y había unos pibes que protestaban porque no los dejaba dormir, iban en el ómnibus con un contrabajo de caja. ¡Eran los Fattoruso que venían de hacer algún show con su orquesta de dixieland! Nos hicimos medio amigos. Yo, además de cadete, hacía imitaciones en televisión, trabajaba de actor cómico. Y el director de la orquesta donde estaban los Fattoruso, Cacho de la Cruz, un día me vio cantar y me invitó a laburar con ellos, la orquesta se llamaba los Hot Blowers (Los que soplan caliente) y yo imitaba a Louis Armstrong, a Danny Kaye, a los cantantes negros. Estuve siete años con ellos, cuando entré tenía trece. En ese tiempo hicimos de todo, cosas de Los Cinco Latinos, del Club del Clan, las canciones de moda de la época. Y hacíamos jazz también.

BEATLES Y CANDOMBE

—*¿Y cómo empezaste a componer?*

—Cuando me dejó mi novia Susy. Me dio tanta bronca que me fui pateando tachos de basura, cantando. Y me salió mi primer tema, que me copó tanto que me hizo olvidar a mi novia.

Cuando empecé a hacer cosas propias tuve ganas de tener un conjunto, y me junté con [Eduardo] Mateo y formamos El Kinto, el primer grupo de candombe moderno, "candombe beat", lo llamábamos. En esa época compuse *Muy lejos te vas*. No llegamos a grabar, pero algunas actuaciones de televisión quedaron grabadas y salieron después en dos álbumes: *Circa 1968, El Kinto* y *Musicasión 4 ½*, que era el nombre de un espectáculo.

Ahí empezó realmente mi historia musical, cuando pude juntar todo lo que había aprendido, la música de los Beatles y otros grupos y mis propias raíces de candombero. Encontré mi estilo natural.

Pero El Kinto no hacía guita, y yo tenía que vivir. Pasé un período muy loco, en el que fui a Perú, a Italia, trabajé en Buenos Aires y en Montevideo de cantante y de actor cómico. Pero también grabé mi primer disco, *Rada*, que tenía un tema que fue un hit nacional: *Las manzanas*. Actué en *Ritmo y juventud*, un programa de televisión argentino, acompañado por los Shakers, que en esa época ya eran unos genios. Actué en *Hair*, junto con Miguel Abuelo, Fontova y una banda de locos maravillosos. Nos poníamos en bolas en escena, era un delirio gigante.

—*De* Hair *a Tótem...*

—Claro. Me volví a Montevideo y entré en Tótem, que se estaba formando. Ese era un grupo en serio, con mucho ensayo y trabajo. Componíamos con Eduardo Useta y estaba el Gordo [Enrique] Rey en guitarra, Chichito Cabral en percusión, Lobito Lagarde en bajo y pasaron dos bateristas: [Roberto] Galletti y [Santiago] Ameijenda.

Tótem fue el grupo más popular, más querido de Uruguay. Era un candombe bien trabajado, con letras fuertes y localistas. Con Eduardo agarramos una onda compositiva de la que surgieron temas como *Dedos* (hit en Estados Unidos en la versión de Airto [Moreira]), *Biafra*, *De este cielo santo*.

Cuando vinimos a Buenos Aires a tocar en B.A. Rock nos tiraron con todo, nos querían matar. Era la época de Vox Dei, Pescado Rabioso, La Pesada del Rock and Roll, etc. Nosotros tocábamos canciones con muchos acordes y armonías, y los del rock pesado de la época, que eran muy cerrados, creían que estábamos tocando boleros. *Muy lejos te vas*, por ejemplo, les parecía insoportablemente blando. En esa época había que poner al mango los equipos (no había buena amplificación), darle todo el volumen y tocar tres acordes y unos gritos. Era divertido, pero musicalmente no pasaba nada. Y a nosotros nos súper rechazaron.

Grabamos dos long plays con Tótem: *Tótem* y *Descarga*. Los vinimos a grabar aquí, en ION, porque en Uruguay no había estudios buenos. *Descarga* lo sacó aquí el sello Trova, pero pasó desapercibido.

Yo me fui de Tótem después de tres años, y grabé un disco en Buenos Aires con músicos argentinos: *SOS*. Ese longplay no salió en Argentina, pero sí lo sacaron en Uruguay.

Después me fui de nuevo a laburar a Europa con Benny Izaguirre. Como ves, estuve viajando bastante, probando...

—Es que todavía no se habían abierto las orejas para el candombe...

—Los Fattoruso estaban en Estados Unidos trabajando con Airto Moreira y su mujer, Flora Purim, dos brasileros que inventaron la onda latino-brasilera-jazz-rock de súper nivel. Y además, los Fattoruso y Ringo Thielmann habían grabado el primer long play de Opa, que para mí fue el mejor grupo de América Latina. En ese disco había varios temas míos, que yo le había mandando a Hugo por correo en un cassette. Cuando me llamaron para intervenir en el segundo disco, *Magic Time*, me quise morir. No había en ningún lado un grupo latinoamericano que sonara así. Esos discos son del 76 y todavía matan. Para mí fue lo mejor que hice en mi vida.

—Estos discos todavía muestran lo que se puede lograr a partir de ritmos nuestros con la cabeza abierta y el corazón decidido.

—Grabamos en Estados Unidos en castellano, y por supuesto el disco no se vendió mucho. Pero quedó marcando un nivel para todos los que vengan detrás.

CAMBIANDO BANDAS

Yo me tuve que volver porque se me acabó la visa. Y me vine a Buenos Aires. Poco a poco empecé con mi música aquí, armé La Banda.

Cuando los Fatto vinieron a tocar con Milton [Nascimento] y presentamos Opa, nos contrataron para grabar un disco, que se llamó *Otroshakers* y que me gusta mucho. Tiene una música quizás difícil para entender, música muy loca. Los Fatto se quedaron por aquí, Osvaldo ahora toca conmigo y hace arreglos para otros cantantes. Hugo está en Brasil.

Yo seguí con La Banda, y grabamos el disco, pero la cosa no anduvo demasiado. Ninguno tenía ganas de luchar como luchan todos los grupos que recién empiezan, pensá que eran músicos grandes, como [Jorge] Navarro y [Bernardo] Baraj, tipos que hace años que están trabajando. Eran súper músicos.

Formé otro grupo, La Rada, con Daniel Homer, otro súper músico, y Beto Satragni. Y grabamos el disco. Pero Daniel tenía que apoyar a su mujer, Chany Suárez, una cantante excepcional, y Beto quería hacer su propio trabajo. Así que de nuevo me quedé sin grupo.

Entonces armé este grupo, que ya duró dos años, y que me gusta mucho, con Ricardo Lew y Osvaldo Fattoruso. Con esa gente grabamos *En familia*, que fue mi mejor disco solista hasta ahora. Y hay un disco en vivo, que no me gusta mucho, porque no fue una buena actuación la que grabaron, y está medio desafinado. Tiene temas buenos, de todos modos.

—*¿Quiere decir que vos recién estás empezando tu propio laburo, no tuviste muchas oportunidades de desarrollar tus cosas?*

—Yo vengo pagando un derecho de piso impresionante. Aquí hace cinco años que vengo dándole duro, de manera que nadie me puede decir que el candombe es una moda pasajera. Yo vengo luchando para que la Argentina recupere su candombez y creo que poco a poco lo estoy logrando. La Argentina es triste, es un poco como europea, como Austria, porque le mataron a los negros y desapareció esa picardía y ese ritmo negro.

—*¿Y el Canto Popular Uruguayo?*

—Allí continúa el candombe. Esa gente utiliza todos los ritmos nacionales, como la milonga, la murga, la chamarrita y hacen cosas maravillosas Tuvieron dificultades enormes, porque los prohibieron siempre, pero siguieron adelante y ahora son muy populares. Cuando la democracia vuelva a Uruguay se lo vamos a deber en gran parte a ellos. Y musicalmente es un movimiento riquísimo, aunque casi todo acústico, continuando el canto tradicional de Viglietti y Zitarrosa. Hay gente como Jaime Roos que hace una música más eléctrica. Pero todos tienen letras buenísimas.

—*Y la música argentina, ¿cómo la ves después de tantos años?*

—Creo que fue una grosería el boom que se produjo después de las Malvinas, porque aparecieron una cantidad de grupos que no estaban realmente preparados para salir. Pero, a veces, es como poner un pibe de la tercera a jugar el mundial. Una cosa es salir y otra es mantenerse. Después del boom no quedó mucha música nueva.

Hay un gran mercado nuevo abierto por el boom radial de la época de la guerra, y hay mucha gente que todavía no entiende de qué se trata todo esto. Gente que llegó hace poco a la música y se fanatiza con uno y critica lo otro, o se copa con el rock y no escucha otras cosas, o le gustan otras cosas y no es capaz de escuchar rock con los oídos abiertos. Lo importante es que todo el mundo escucha música nacional. Los que antes bailaban con Donna Summer ahora bailan con Los Abuelos, y eso nos permite crecer a todos. Lo que pasa es que hay esa tradición pesada en la música, la obligación del mensaje, de que los músicos tienen que decir verdades serias e importantes. Es cierto que después de la pálida que se vivió aquí es inevitable que haya protesta y amargura, pero también tenemos que crear un espacio para la alegría entre todos.

También creo que es importante que los pibes escuchen a la gente que no es del rock, donde hay músicos extraordinarios. Un pianista como Manolo Juárez, una cantante como Chany Suárez, genios como Dino Saluzzi, el

Cuchi Leguizamón o Piazzolla. Hay mucha gente haciendo cosas impresionantes. El nuevo folklore de Julio Lacarra, [Jorge] Cumbo o Alejandro Santos no es el viejo folklore comercial con peluca de televisión.

Pero somos todos músicos populares nacionales sin etiquetas, y es importante comprender eso. Yo me asumo como cantante popular, no quiero ser gran músico ni nada por el estilo. Y eso es fenómeno, porque si alguna vez hago algo bueno, todos dirán: "Che, ¡además hace buena música!". Pero si quiero ser un Dios y las cosas me salen más o menos, estoy frito.

Publicado originalmente en *Canta Rock* Año I, N°10 (16-V-1984).

LITTO NEBBIA:
VEINTE AÑOS DE MÚSICA

Desde la prehistoria del rock nacional hasta su boom actual, Litto Nebbia se mantuvo como protagonista honesto y creativo, abriendo caminos y colaborando con todo el mundo. De esa trayectoria queda una obra inmensa y muchas experiencias que aparecen relatadas en este reportaje.

—Vos venís de una familia de músicos, en Rosario...

—Desde que nací ando con la música. Mis viejos eran músicos ambulantes que iban por ciudades del interior. Mi viejo cantaba, mi vieja tocaba el piano, yo cantaba y tocaba la viola con ellos desde los ocho años, mi tío era ventrílocuo y mago, sacaba conejos de la galera, había cómicos... Era algo que se usaba mucho en aquella época, la "embajada artística" que iba por los pueblos... Eso se ha perdido, el espectáculo popular en vivo.

—Las romerías, las kermesses, el pueblo en la calle divirtiéndose, eso ya casi no existe porque cada vez más el espectáculo te lo mandan empaquetado desde arriba, y cada vez hay menos posibilidades de participación.

—Claro. Esto era ganarse el mango con lo que supieras hacer arriba del escenario. No existía grabar discos ni tener una producción que te banque. Era la familia que sale a la ruta con lo que tiene a mano, ¡y con esos pocos elementos todo el mundo la pasa fantástico!

También tenía un programa de radio a los ocho años. Cantaba un poco de todo, acompañado por cuatro músicos de como cuarenta años. Hacíamos boleros, tangos, jazz, música de moda, lo que fuera.

A eso de los doce años empecé a escribir canciones. Y recién entonces empiezo a relacionarme con tipos de mi edad que hacían música y formo mis primeros conjuntitos. Esto era en el 62, 63, antes de que llegara el furor beatle a la Argentina. Nos largábamos a cantar mis temas, cosa que estaba mal vista, ya que nadie hacía temas propios, todos tocaban lo que estaba de moda: Richard Anthony, Elvis Presley, etc.

Finalmente, cuando tenía quince años nos venimos para Buenos Aires con un conjunto que teníamos: Los Gatos Salvajes. Ese grupo ya sonaba bien, y era de los mejores en Rosario, donde había ciento veinte grupos "modernos". En Buenos Aires en seguida empezamos a trabajar en la Escala Musical, que era el emporio del entretenimiento juvenil: programa de televisión, de radio, bailes en los clubes de barrio, etc. Grabamos un longplay que para los tipos resultaba un poco anticomercial porque estaba cantado en castellano con temas míos, y nosotros teníamos pelo largo y ropa extraña, cosas que en el 65 no existían en la Argentina. Los tipos se asustaron un poco.

A los ocho meses se nos terminó el contrato con la Escala, y no quisieron que grabáramos otro disco, no le veían futuro a lo que hacíamos. El grupo se disolvió, porque ya no teníamos trabajo ni siquiera en bailes, era la Escala la que nos proveía todo.

Yo me quedé a vivir en Buenos Aires junto con Ciro Fogliatta, organista del grupo. Decidimos jugarnos todo y quedarnos, a pesar de que nos sentíamos un poco perdidos en la "Gran Ciudad". En realidad, Buenos Aires recibe muy bien a la gente del interior, la prueba está en la cantidad de artistas venidos de allá a los que les va muy bien. Pero uno se siente raro. ¡Yo tenía solo dieciséis años!

Nos pasamos un año divagando, haciendo pequeños laburitos, sin conocer otros músicos o gente que estuviera en algo parecido a lo nuestro. Hacíamos laburos de ultima.

LA CUEVA

—*Hasta que cayeron en La Cueva.*

—Ahí conocimos a Moris, Miguel Abuelo, Tanguito, Sandro, Javier Martínez y todos ustedes que estaban en la misma búsqueda que nosotros. Y además enganchamos nuestro primer laburo fijo, tocando todas las noches por unos pocos mangos. Era una explotación infernal, pero estábamos con la gente que nos gustaba y nos alcanzaba para pagar la pensión y comer. Ahí se formaron Los Gatos definitivos, después de varias pruebas.

De La Cueva se ha hablado mucho. Y se hicieron muchos mitos, también. Vos sabés que yo no creo en "movimientos" o cosas que se le parezcan. Pero había algo que estaba claro en esa época: que nosotros queríamos ser buenos tipos, y queríamos hacer una cosa distinta a la que nos rodeaba y nos tenía hartos. Eso es lo que la juventud y los que nos mantenemos apasionados seguimos exigiendo y buscando todavía.

Pero el tamaño del corazón de las personas, la fuerza de su fe y su pasión se prueban a través de los años y los trabajos. En la escuela son treinta alumnos que se quieren mucho y son compañeros. Pero ¿cuántos siguen teniendo polenta después de diez años? Hay tipos que quedan en el camino por problemas personales, o porque tienen envidia o cosas jodidas que los destruyen. La dinámica que había en La Cueva no duró a través de los años.

—Sí, por eso a mí no me gusta seguir dándole manija al mito de los superhéroes de La Cueva. Porque la vida sigue y este momento es el que cuenta, si seguís con tu polenta, tu honestidad, y tus ganas de pelear intactas. Pero también es verdad que la combinación que se produjo en ese momento fue muy especial y esa actitud de salir a cantarle verdades a la gente sigue valiendo, sigue siendo necesaria.

—Hay gente que todavía vive con lo que pasó entonces. Pero pasaron mil cosas en el país y en nosotros mismos. Hay pibes que en vez de vivir su propia juventud al mango hoy, viven los mitos del pasado, viven a través de lo que vivieron otros. Hace poco vino una chica de quince años a hacerme un reportaje y me preguntó qué pensaba de Tanguito. Yo le dije que Tango había sido un buen tipo con muchos problemas, que terminó siendo víctima de los que le decían que lo querían y en realidad lo estaban usando para tener un "artista maldito" al uso nuestro. Le hacían creer que era una maravilla ser un reventado. Ese disco que grabaron sin que Tango supiera que se iba a editar, por ejemplo, y donde ya está de última... Cuando le contesté todo esto la piba del reportaje se ofendió, y me acusó de quebrarle un símbolo. Yo le dije: "¿Qué estás diciendo? Cuando Tanguito murió vos no habías nacido, no tenés idea de lo que fue. ¡Estás comprando buzones!". Tanguito mataba, ¡pero no como lo venden ahora!

Yo recuerdo cosas de la época de La Cueva que son muy lindas. Salir con Moris los domingos al mediodía a cantar por los bares. Nos sentábamos a tomar un café y pelábamos la viola, cantábamos y se juntaba gente. Casi siempre al final el mozo nos echaba, y teníamos que ir a otro bar a hacerla de nuevo. Era impresionante. Estábamos tan apasionados con lo nuestro, con la música y las ideas, que queríamos meterlo de cualquier manera, cantarle a la gente.

—Tipos que van y cantan o dicen poemas o lo que sea, de frente, a cualquiera que se le cruce, a la gente común.

—No había preocupación por tener una súper viola ni nada de eso. Si tenías cosas para cantar y decir, ibas y las cantabas.

Y bueno, en esa época nos salió la oportunidad de grabar con Los Gatos. Teníamos un montón de temas, pero elegimos los que eran de otros, para dar oportunidad a los amigos a hacerse conocer a través de lo nuestro. Grabamos *La balsa* de Tango y yo, y *Ayer nomás*, que vos habías hecho con Moris. Pero con *Ayer nomás* hubo un problema, y es que tu letra no podía ir porque era muy fuerte...

—El primer tema censurado del rock nacional...

—Por eso yo fui y conversé con ustedes y quedamos que para esta grabación le cambiaba la letra por una medio de amor, porque lo importante era grabar, que nuestras cosas empezaran a salir.

El simple fue un éxito tremendo, vendió más de doscientas mil placas. Era algo nuevo para todos. Después, vino el primer longplay con todos los temas que teníamos guardados hace rato. De ahí en adelante empezó una actividad constante. Hicimos giras, recitales, festivales y dos longplays más...

—Mientras tanto surgían Los Abuelos de la Nada y después Manal, Almendra y Vox Dei...

—Después del tercer longplay, *Seremos amigos*, los chicos se fueron a Estados Unidos. Yo me quedé porque mi padre había fallecido y además me casé. Durante un año laburé solo. Cuando ellos vuelven nos unimos otra vez, pero sin Kay, el guitarrista, que se fue a Brasil. Entonces entra Pappo, que venía de los Abuelos, y con esa formación (Alfredito Toth en bajo, Oscar Moro en batería, Ciro en teclados y Pappo en guitarra) grabamos dos discos más. Hay también un longplay de recopilación de simples que anda por ahí.

Los Gatos fue mi primer conjunto estable, mi grupo adolescente, y teníamos una unión y una camaradería entre nosotros que es raro encontrar ahora. Hoy en día los músicos de los grupos casi nunca son amigos íntimos, están "por contrato" como los jugadores de un equipo de fútbol. Todos quieren ser número uno, y compiten. Entre nosotros había una lealtad tremenda. Nos separamos porque queríamos desarrollarnos musicalmente por camino distintos. Yo tenía un montón de canciones en una onda que los chicos no querían hacer, y que fueron a mi disco solista.

—Te largaste de solista en una época difícil, de mucho delirio en la que la moda musical iba por otro lado, por el rock pesado...

—Sí, recibí el rechazo y la indiferencia de casi todo el mundo y mis discos vendían poco. Pero hay una satisfacción enorme e instantánea en hacer lo que uno quiere. No valía la pena transformarse en un resentido y perder el tiempo, arruinándose la vida y dejando de crear. Los que no entienden no me preocupan. Si yo tengo fuerza me lo banco y tarde o temprano todo el trabajo dará frutos y los que pierden el tiempo criticando serán arrastrados por la historia. Yo no puedo parar. Tengo la obsesión de hacer cosas y seguir adelante. Si no, la vida no tiene sentido y me aburro.

Después de Los Gatos viene todo un período experimental. Yo tenía ideas nuevas, y buscaba sonidos que tenía en la cabeza, pero no tenía el manejo de los instrumentos o los estudios de grabación como para que las cosas salieran como yo las imaginaba.

—Te pusiste a tocar todos los instrumentos...

—No sabía cómo hacer lo que quería hacer, y probaba todo. El público y el negocio del rock no me apoyaban. Pero seguí metiendo pata, experimentando. Nebbia's Band, Huinca... Poco a poco se fue perfilando la onda.

—Vos te fuiste del rock esquemático muy temprano. Me acuerdo que ya en La Cueva aparecías con los acordes de bossa nova, aceptabas influencias de todo tipo de música.

—Sí, desde el principio andaba buscando armonías, modulaciones, líneas melódicas intrépidas y todo eso. Ya en el 68-70 escuchaba a Milton, por ejemplo. Por eso cuando alguien escucha Silvio Rodríguez y me empieza a hablar de música latinoamericana y se pone de moda, a mí me da risa.

De toda aquella música experimental solista quedaron cosas como *El bohemio*, *Vamos negro* y otras canciones valiosas.

EL TRÍO

Pero poco a poco me fui quedando sin músicos que se coparan en tocar esa onda, o que pudieran tocarla. Los rockeros de entonces no salían de los tres tonos. Entonces me acerqué a los músicos de otra generación, que venían del jazz, que es una cosa muy rica musicalmente, y con ellos me entendí mejor. Para ellos tocar canciones como las mías también era una apertura, ya que estaban acostumbrados a la música instrumental. Entonces fue que armé el trío con [Néstor] Astarita y [Jorge] González, y me junté con [Dino] Saluzzi, {Rodolfo] Mederos, Chango Farías Gómez, Chivo Borraro, Domingo Cura, Manolo Juárez, el Gordo [Fat's] Fernández, [Rodolfo] Alchourron. Es una cantidad de gente que viene de la escuela del jazz, del tango, del folklore de vanguardia. Y yo, que vengo de otro lado, logré una fusión con ellos. La cantidad de discos que grabamos con esa gente es increíble. Son todos discos que vendieron poco, pero tienen súper calidad.

—Vos eras el que mejor conocía la faceta comercial, la cosa de trabajar con nivel, pero llegar al público masivo...

—Sí. Gracias a todo ese trabajo hoy en día los rockeros se pueden juntar con folkloristas o tangueros, porque hay muchos precedentes y el público se fue acostumbrando. Casi todos los discos que hicimos salieron en Trova, la compañía del heroico Carlos Garber, que era un sello chiquito que tuvo que cerrar. Hoy en día es difícil conseguirlos, pero si se los editara de nuevo venderían, porque no han perdido vigencia.

No era solo juntarnos a tocar para un recital, como se hace ahora, sino encarar un trabajo de composición y arreglos a fondo con todos esos tipos.

—Y también había un trabajo literario en conjunto con Mirtha Defilpo.

—Por única vez en mi vida utilicé letras de otras personas. Fue una experiencia, porque me abrió la cabeza y me hizo trabajar conceptualmente. *El vendedor de promesas*, por ejemplo, fue una obra que requirió cinco meses de elaboración, porque había que adaptar la música a la medida del texto. Yo todo eso no lo haría más, porque quiero cantar con mis propias palabras, aunque sean de menor "nivel literario". Mis palabras son las que me muestran como soy.

En esa época nos metimos con gente de teatro, hicimos un cortometraje, probábamos todo, éramos medio intelectualizados y omnipotentes, hiperdramaticos. Ahora me gustan las cosas mas sencillas, invitando a la alegría de vivir a pesar de todo.

No se puede vivir como si las cosas siempre fueran dramáticas y apesadumbradas, como en un velorio permanente. Justamente, tenemos que volver a generar aquella vieja energía que durante muchos años estuvo ausente. Aquella energía para renovar la vida.

—Después de esos años con el trío te fuiste a Brasil y de allí a México, en el 78. Te quedaste unos meses en Río y te estableciste finalmente en México. Andabas buscando, renovando la cabeza...

—Sí. Andaba sin ningún plan fijo. Empecé a conseguir laburos para tocar mi música en los circuitos culturales, hacer giras por el país bancado por las municipalidades y las fundaciones de arte. Apareció un productor yanqui con el que grabé un disco en inglés para Estados Unidos. Hice un viaje a Nueva York y grabé con Alchourron y músicos muy conocidos allá. Volví a México y armé un sello independiente con el que editamos doce longplays entre los que había uno de Dino Saluzzi, uno de Manolo Juárez y uno de Alchourron. Eso demuestra que si uno tiene fe y labura puede hacer las cosas uno mismo, tener una oficina y lanzar sus propios productos, como estuve haciendo en México y ahora en la Argentina.

—Lo que pasa es que a veces los pibes quieren ser Gardel en dos semanas, entonces se meten con un productor grande que a veces se los morfa.

—Sí, quieren sacar su primer disco y hacer un Obras enseguida. Yo aprendí a hacer mi trabajo y no esperar grandes recompensas. Me había puesto un tope de cuatro años para volver a la Argentina, que es el país en el que quiero vivir definitivamente. Y volví. Al llegar hice un recital en Obras con todas mis canciones mexicanas. Allí tocaron los que habían trabajado conmigo en estos años: los muchachos del trío, Domingo Cura, Baraj, etc.

Después me junté con Los Músicos del Centro, un grupo cordobés liderado por un viejo amigo, Juan Carlos Ingaramo. Estuvimos un año trabajando juntos, lanzamos el *Llegamos de los barcos* y un disco en vivo con temas nuevos. Produje dos discos de ellos, el segundo esta por salir.

Hace poco saqué un longplay con la Banda Sinfónica de Buenos Aires, con cosas casi todas instrumentales que yo había escrito para la banda. Y salió el disco de la película *Evita*, con música mía. Y ahora nomás, empezamos a grabar con el trío que tengo ahora, Manolo Yánez y Oscar Feldman.

Ahora también estoy apoyando como productor a montón de pibes jóvenes, algunos rosarinos, que son buenísimos. De ahí ese disco de "Serie Melopea" que sacamos hace poco. Rosario siempre produjo muchos músicos, y ahora siguen apareciendo tipos talentosos.

—Siempre andás produciendo a alguien, ayudando...

—Si no laburo como loco y ayudo al que puedo, la vida no tiene sentido. Lo más cercano que uno tiene es uno mismo, y hay que empezar mirándose a uno mismo, conociéndose. Hay una onda en el rock de querer salvar al mundo, pero no ser capaz de hablar de la pareja de uno, o de la madre, de esas cosas que realmente hacen la vida. A mí a veces me acusan de intimista porque hablo de lo que realmente conozco, de lo que me rodea.

—Es una especie de careta hablar solo de las grandes verdades, la sociedad, el universo, la paz, y no animarse a mencionar la familia, la pareja, las inseguridades que uno tiene...

—Un músico tiene que utilizar la poesía y la energía que genera en refinar y elevar la cabeza de cada uno de los que escuchan, no en largar grandes discursos como Reagan y los demás negociantes que manejan la torta del mundo. La gente cree que yo soy un egoísta porque no hablo con las masas, diciendo "los amo a todos", o "amo a estos de acá y odio a aquellos de allá"... Eso es muy abstracto. Uno apenas se conoce realmente a sí mismo y a dos otros más. Tengo que ir conociendo a la gente de a una, porque cada persona es distinta y esa es la riqueza humana que hay que mantener y defender. Hay que salvar al mundo, pero cada uno en su pequeño ámbito, sin tantas declaraciones grandilocuentes que al final sirven para confundir, pero no para ayudar a alguien en la práctica...

Publicado originalmente en *Canta Rock* Año I, N° 11 (7-VI-1984).

MARILINA ROSS:
APRENDIENDO SIN MIEDO

En una pirueta asombrosa, Marilina pasó de ser la niña mimada de la televisión a protagonizar lo mejor del cine y el teatro nacional. Pero al mismo tiempo preparaba una nueva etapa: la de ser una cantante popular de ejemplar sinceridad. Es una historia que vale la pena conocer.

—Nací en Liniers, hace cuarenta y un años. Mi papá era mozo de la confitería Rex. Mi mamá trabajaba de modista en el tiempo que le quedaba libre de manejar a tres salvajes, mis dos hermanos y yo. Empecé a cantar con ella mientras ayudaba en la cocina. Mi mamá siempre cantó, como buena española. Ya de chiquita yo le metía la segunda voz.

A los ocho años, como "la nena era graciosa" los viejos me metieron en el teatro infantil Labarden. Me metía en el teatrito de títeres de un pintor que vivía a la vuelta y me pasaba tardes enteras moviendo los muñequitos. Estudié danzas españolas, danzas nativas, arte escénico, un poco de canto. Cuando me quise dar cuenta, ya era actriz. Tenía catorce cuando me echaron del Labarden, aunque tenía muy buenas notas y estaba en el cuadro de honor. Rajaron a la directora por problemas políticos, y yo que la quería mucho, me sublevé, levanté al alumnado en contra de las autoridades. Sufrí como una desesperada porque esta mujer, Blanca de la Vega, era buena profesora y la queríamos mucho, y no había razón para echarla por cuestiones políticas.

Llegué entonces solo hasta sexto grado. No quería más matemáticas. Decidí dedicarme a lo que tuviera que ver con la actuación, Pero al salir de Labarden me di cuenta que no me iba a ser tan difícil trabajar. Yo ya me creía actriz, pero tuve que bajar el copete y entrar en la [Academia] Pitman a estudiar dactilografía e inglés para ser una buena secretaria.

No llegué a ejercer de secretaria. A los dieciséis, de pura cara rota, me presenté a Luisa Vehil y la convencí de que me tomara una prueba. Ingresé en su compañía. Con el primer sueldo de actriz me compré una guitarra, porque la música siempre fue mi gran amor.

Empecé a rascar las canciones que estaban de moda, las típicas zambas de la época. De ahí en adelante tuve dos viajes artísticos paralelos: la actriz hacia afuera y la música como una cosa personal, hacia adentro, solo para los amigos.

—*Tu faceta actriz tuvo rápido éxito...*

—Claro, anduvo bien, y yo me engolosiné con eso. Estuve años trabajando con Luisa, que también tenía un ciclo en televisión, y una vez necesitaron una adolescente, me tomaron una prueba y entré. Todo me fue sucediendo con mucha facilidad de ahí en más.

Actué en un programa muy popular de la época, *Yo soy porteño*, donde hacía un personaje que cantaba y bailaba cosas del año veinte, casi todos tangos. Ese programa duró ocho años. Los últimos años de *Yo soy porteño* ya había comenzado *La nena*, donde era el personaje central, y también en esa época me casé con Emilio Alfaro. Al quinto año de hacer *La nena* ya estaba saturada, y aunque me ofrecieron el oro y el moro no quise seguir. Durante toda esa época trabajé muchísimo, ahora no comprendo cómo hacía para aguantar. Estaba en tres programas de televisión simultáneamente, y hacía cine y teatro.

En el 65 cuando me casé con Emilio Alfaro, que es un tipo muy claro, muy inteligente, una persona brillante, se me abrió un programa enorme, mi cabeza se expandió... Trabajamos con el grupo Gente de Teatro...

—*Que fue fundamental en la historia del teatro argentino...*

—Sí. El Grupo llenó un espacio entre lo que se llamaba "teatro independiente", con muy buenas obras y excelentes actores, pero representado en pequeños sótanos, y el teatro comercial que no tenía calidad pero llevaba gente. El Grupo llegó al gran público con obras de mucho valor. Trabajamos muchísimo, éramos muy rigurosos en la selección del material.

—*Tenía una organización cooperativa, democrática.*

—Todas las decisiones se tomaban por votación. La gente nos llamaba "Clan Stivel" porque no podía entender que fuéramos un grupo sin jefe, democrático, y suponía que David Stivel era el líder. Todos cobrábamos igual. Rotábamos los personajes protagónicos, de manera que en *Cosa juzgada*, el ciclo que teníamos en televisión, nos tocaban los personajes centrales una vez cada uno. En teatro tuvimos éxitos con obras muy buenas, como *El rehén* y algunas de [Carlos] Gorostiza, *Libertad, libertad, libertad*, por ejemplo. El grupo duró desde el 67 al 71. De allí pasé a hacer *Solita y sola*. Yo sola en el escenario.

—*Empezabas a desarrollar tu propia onda...*

—Sí. Curiosamente ese espectáculo era como empezar a contar mi vida, esa manía que todavía tengo en mis canciones. Yo terminaba el espectáculo diciendo: ¿yo qué quiero ser, qué quiero hacer? y agarraba la guitarra y me ponía a cantar.

—*Ya componías.*

—Hacía muchos años que componía. El primer café concert que se hizo en la Argentina, en el año 64, tenía música mía, con letras de Paco Urondo. Salía yo con la guitarra entre sketch y sketch y cantaba los temas. Era el Café Teatro Estudio y estaban Federico Luppi, Flora Steimberg y otros. En el 74 Piero me dijo: "Basta de trabajar entrecasa con la música", y me produjo mi primer LP. No tuve más remedio que grabar. Yo amaba tanto la música, era como un territorio privado que yo no mostraba mucho, que terminé teniendo miedo de mostrarla y que no gustara. Al mismo tiempo *La Raulito.*

—*En el álbum hay temas tuyos.*

—Casi todos. Algunos con Cristina Banegas. Había una canción de Chico Buarque, *Soneto.*

Cuando se estrenó *La Raulito* y se armó todo el revuelo, me llamó [Alberto] Migré para hacer una telenovela, y yo dije ¿por qué no? Así salió *Piel naranja*, que llevaba de cortina un tema del disco, *Quereme, tengo frío.* Migré hizo que el personaje tocara la guitarra, entonces yo aparecía cantando y componiendo en algunas escenas.

—*¿Por qué tratás de escaparte y no hablar de* La Raulito?

—¡Es porque se habló tanto de esa película! Pero bueno, si te parece que a los lectores de *Cantarock* puede interesarles; la cosa fue así: *Cosa juzgada* el ciclo que teníamos en televisión con la Gente de Teatro, se basaba en hechos reales sacados de los legajos de tribunales. Y uno de los casos que hicimos fue el de "La Raulito", en el 69. Me tocó personificarla y me enamoré de ese ser, de ese animalito acorralado. Desde ese momento sentí que esa historia daba para una película. Durante cinco años anduve con el proyecto bajo el brazo visitando productores, directores, pidiendo de rodillas. Nadie le veía posibilidades, les parecía una historia muy cruda.

Por fin una productora se interesó y llamó a Lautaro Murúa para dirigirla.

Lo que aprendí con todo eso es que cuando uno sabe lo que quiere realmente, y trabaja con sinceridad, tarde o temprano lo consigue. Cuando te juntás con toda tu energía y tu convicción para hacer algo es muy difícil que salga mal.

—*¿Cómo te sentías haciendo tu música estando en el ambiente teatral?*

—Hago la música que puedo, y no pertenezco a ninguna corriente o estilo musical. Lo que me interesa es contar una historia, y la música es el canal para comunicarla.

La palabra cada vez nos separa más. A veces en vez de servir para comunicarnos sirve para confundirnos. Lo fantástico de la música es que comunica sin darle tanto espacio a la cabeza para que analice y teorice y vea si está de acuerdo o no.

Esa fue una de las razones que me llevó a alejarme del ambiente de teatro. Había un "rigor ideológico" que exigía que todo fuera pensado y coherente. Todo el tiempo había una vigilancia mutua: "¡Eh!, ¡pero te estás contradiciendo!". Y bueno, ¿qué hay?, me contradigo. "Tan humano como la contradicción", dice Lerner, una frase maravillosa.

En una época uno creía que lo sabía todo, que tenía todas las respuestas. Era fácil, porque le ponías etiquetas a las personas siguiendo una ideología que aparentemente daba la explicación de todo.

¡Capaz que no saludábamos a alguien porque no pensaba como nosotros! ¡El pensamiento político es necesario, pero no puede regir tu vida y ser usado para interpretar todo!

Cuando creés que lo sabés todo y que entendés cómo funcionan las contradicciones sociales, y de pronto alguien de arriba, de los que manejan el mundo, hace una jugada extraña que no estaba prevista en tu cuidadoso "análisis científico", se te cae toda la estantería. O tenés que inventarte alguna explicación traída de los pelos. La política es negociación, y cuando los grandes transan entre ellos uno queda afuera.

Por todo esto fue muy importante para mí descubrir que no tenía todas las respuestas y que tampoco era necesario tenerlas. Empecé a permitirme dudar. Y allí comenzó a abrirse mi cabeza. Primero surgieron todas las contradicciones que venía tapando, todos los sentimientos que no eran coherentes con la rígida doctrina. A eso se sumó la ida a España porque me prohibieron en la Argentina y me ofrecieron varias películas allá.

Llegué a España y "paré para ver", como diría Piero.

Me metí adentro del dolor de estar lejos y no poder volver. Extrañaba como loca. Aunque estaba trabajando, tenía éxito y nunca había ganado tanta guita, estaba mal dentro mío. Decidí encarar las preguntas que flotaban en mi cabeza: ¿qué estoy haciendo acá? ¿Qué quiero de mi vida? ¿Adonde voy? Recién cuando me pregunté eso en el fondo de mí misma empecé a vislumbrar una lucecita.

Si seguía allá, sentía que me iba a morir. Así que decidí volver, a morir o a vivir, pero aquí.

—*Cuando volviste ya tenías decidido atreverte con la música públicamente.*

—No. Vine hasta Uruguay, para estar más cerca y ver qué pasaba. Pensaba estar solo dos meses; al fin no aguanté más y crucé a la Argentina en el año 80. Empecé a quedarme sin darme cuenta, hasta que perdí el pasaje de vuelta. Tenía mi casa montada en España, y llegué aquí con un bolsito, pero me quedé. Aquí no tenía de qué vivir. Lo primero que hice fue un reemplazo en una obra de teatro, *Boda blanca*. Pero no era lo que yo quería hacer.

Un día estaba en Córdoba con Raúl Ceballos, dueño de un café concert, y me convenció de que cantara. Eso fue lo primero que hice aquí. Me di cuenta que ordenando de cierta forma las canciones estaba contando mi vida. Y se produjo una comunicación muy fuerte con la gente que me hizo muy feliz. Vi claramente lo que tenía que hacer.

—Era la primera vez que cantabas tus canciones sin una excusa teatral.

—Con mi guitarra, solita, frente a la gente No estaba la actriz delante. Mis canciones y mi corazón pelados delante del público.

—Era mostrarse, confesarse, sin ningún show armado...

—Sí. Contar todo. Pero yo no podía grabar. Un día se me acercó Sandra Mihanovich, que actuaba en el mismo boliche que yo, y me pidió permiso para grabar *Puerto Pollensa*. Para mí era perfecto, porque yo estaba prohibida y un tema mío empezó a circular por todos lados.

Mi grupo se formó con gente que encontraba, tipos muy parecidos a mí, sin mucha experiencia musical. Crecimos juntos tocando en pequeños pubs. Y todavía sigo creciendo y aprendiendo. Todavía no he llegado a ningún sitio.

Me amenazaron bastante al principio. Una vez dijeron que iban a volar el boliche con nosotros y el público adentro. Yo les pregunté a los músicos: "¿Qué hacemos?". Y ellos dijeron: "Toquemos igual". Entré muerta de miedo detrás de los músicos. Ellos pusieron el pecho a lo que viniera. Yo creo que eso es más importante que el nivel profesional o los contratos.

En todos los lugares donde actuaba, venía la gente con grabadores. Entonces pensamos en grabar los recitales y vender los cassettes en forma independiente, ya que nadie quería que grabáramos. Y de repente llega la guerra de las Malvinas.

—Y las compañías se acuerdan de que hay música nacional...

—Vienen tres compañías a contratarme. Antes me cerraban las puertas en la cara, y de la noche a la mañana vienen a disputarme tres empresas.

Grabé con los músicos que venían acompañándome, con total inexperiencia. Todos me decían que buscara un arreglador y músicos de primer nivel. Pero yo no estoy haciendo una carrera musical, sino mostrándome como soy. No tuve miedo de hacerlo mal o con poco nivel. Yo quería hacer lo mío, no que alguien de afuera me reformara los temas a su manera.

—La mayoría de los músicos y la gente común prefieren adaptarse a una moda o a una ideología que mostrarse como son. Obedecer a productores y periodistas antes de escuchar sus propios sentimientos.

—Pero fijate que hice lo que sentía y no salió tan mal: ¡se vendieron sesenta mil discos!

—Pero ahora ya estás obligada a producir, tenés contratos y compromisos.

—Yo siempre compuse cuándo y cómo se me daba la gana. Ahora la cosa cambió un poco, porque compongo pensando en el grupo y en los arreglos.

El próximo álbum es en vivo, para mantener la calentura y el espíritu de las actuaciones. Va el espectáculo completo, con los textos que hay entre canción.

—*¿Vas a volver a tu faceta de actriz?*

—Mirá, no sé lo que pasará en el futuro, por ahora rechazo todos los trabajos que me ofrecen. En toda mi carrera como actriz habré tenido algunos minutos de entrega y felicidad total, porque una tiene que estar pendiente de la actuación y el texto que uno no escuchó, no se puede ser espontáneo.

Con la música, en cambio, soy plenamente feliz, me sumerjo en ella y canto. Yo digo y canto lo que me pasa, mis interrogantes y mis sentimientos. Vivo de lo que siento, y eso es una suerte inmensa.

Publicado originalmente en *Canta Rock* Año II, N° 12 (21-VI-1984).

PAPPO:
EL ROCK ES REBELIÓN

Pappo no tiene historia. Vive al mango en sus alucinantes solos de guitarra y en las dinámicas de sus feroces actuaciones. Puesto frente al micrófono de un reportaje, Pappo también es feroz, batallador, contradictorio y divertido. Véanlo ustedes en su madriguera.

Entrando en la casa de la familia Napolitano, por Villa del Parque, ya se escucha la furia de AC/DC sonando a todo vapor. Pappo, a los treinta y cuatro años, vive en la casa de los padres, y tiene un refugio en su pieza, plagado de fotos de Ozzy Osbourne y Muddy Waters. Está curándose de un ataque de asma, en pijama, con los muchachos de Gran Mamut y el cantante Petty Guelache. Arriba de un viejo Marshall hay empanadas y vino blanco de damajuana con algunas viejas frutas flotando adentro. Hay risas y gritos en el ambiente excitado por el rock que atruena en los parlantes. Pappo, viendo al fotógrafo, empieza a ponerse su uniforme de "heavy metal", su campera negra con tachas y su pantalón de cuero. Pero no tiene ganas de contar su historia.

—Yo no puedo contar nada porque yo sé demasiado de las cosas secretas del rock. Mejor hablemos de las boludeces.

—*Contá lo que quieras, para que los lectores sepan cómo piensa Pappo.*

—Pappo empezó en casa de Pipo, en la época de los hippies porteños, cuando armamos Los Abuelos de la Nada. ¡Pero de eso hace muchísimos siglos! Hay algunos que no han descubierto todavía la transfusión para durar tres mil años, pero los que quedamos desde entonces, ahora tenemos pocos años, estamos rejuvenecidos, porque descubrimos la fórmula antiquísima...

Pero toda la historia del rock me parece una estupidez, porque nadie nos dio importancia, siempre nos cagaron a palos, siempre creyeron que éramos tontos y drogadictos...

Yo ya estoy harto de tocar, yo ya toqué, porque llegué muy temprano a este asunto. Llegué en la época en que los productores eran las estrellas, no los músicos. Los productores se llevaban las mejores chicas, tenían el mejor estéreo y el mejor auto, y los músicos ganaban un peso, que les alcanzaba para tomar un café con leche con la novia, pero no para pagar un telo.

Por eso yo ahora voy a manejar un producto, "Pappo", que es una marca como la Coca Cola, que no se quema nunca más. Y voy a volver a exportar ese producto. Voy a ir a grabar a Alemania con Freddie Mercury. Por ahora voy a formar un nuevo grupo, estoy viendo músicos y vamos a debutar rompiendo todo en un festival en Luján el día de la primavera.

Pará, me voy a sacar la campera, me muero de calor. Esta imagen de pesado me tiene podrido.

Bueno, la cuestión esta de la historia... Yo no quiero quedar bien con vos porque vaya a salir en la tapa de tu revista como Patoruzú y vender miles de ejemplares. No me importa nada. Yo soy una persona que nació en un lugar equivocado. Necesito fluir para decir lo que tengo que decir. Digo algunas boludeces, pero en cuanto me dejás tomar vuelo digo algunas cosas importantes. Aunque puede ser que en esta nota no tome vuelo. Ni tengo interés en tomar vuelo porque tenga la oportunidad de salir en tu revista. Yo no soy una persona importante. Soy importante como persona, que es distinto. Yo me cago de risa de todo. No me interesa que la gente lea lo que hablo. No tengo nada que decir... Llegó el momento de que me hagas una pregunta.

—Bueno. ¿Cómo empezaste a tocar la viola?

—Pará un cacho que rebobine la cassette de la memoria, ¡porque hace muchos años de eso! Brrr... Lo que me impulsó a tocar fue la viola de un vecino. Fue la primera eléctrica que tuve en mis manos. Se la robé, y le prometí que se la iba a pagar y después me mudé a otro barrio, y nunca más me vio.

¿Pero vos querés que hablemos del pasado?

—Sí, de dónde salió Pappo, qué le pasó en su vida, etc...

—Pero entonces sos un policía.

—Sí, flaquito, quiero ver tus antecedentes...

—Entonces no te voy a contar nada. "Yo he cambiado de piel en estos días, no soy el mismo" (letra de los primitivos Abuelos). Yo soy nuevo. No me interesa contarte de La Cueva y de Billy Bond. Me interesan los delirios que salen ahora. Yo no me puedo poner a pensar en Tanguito, en Actemio, en la Perla del Once y la Plaza Francia, en los ensayos de los Abuelos en casa de tu vieja, en Silvia Washington. Ya todo eso fue contado y regastado en cuarenta mil revistas.

Yo tengo una personalidad y no la voy a cambiar por nada del mundo. Mi vida está hecha en base a romperme el culo tocando todo el tiempo y dándole apoyo a la gente que está realmente "rasguñando las piedras", como dice Charly García. A los músicos que están escarbando y rasguñando las piedras nadie les abre las puertas. Los que tienen copado el mercado no los dejan pasar. Nadie les da pelota. Yo tengo un tema que dice: "Demasiados dementes cierran mis puertas, ¿dónde están los que yo necesito?".

Yo no me dedico a la estupidez y a llenarme la cabeza de estrellatos, mediocridades y todo el circo, pensando cuál va a ser mi próximo paso. Prefiero no dar el próximo paso. Ayudo a los que están detrás mío, que son mis verdaderos amigos.

Mi historia la sabe todo el mundo. Todos saben que yo empecé en el 67 con Los Abuelos de la Nada, que seguí con Conexión N° 5, que toqué con Los Gatos y me fui a España con ellos, que volví y armé Pappo's Blues, que me volví a ir, esta vez a Inglaterra, donde toqué con Motörhead y con Peter Green y que hice un grupo para tocar afuera que se llamaba Monsterfeet, pero cuando quisimos grabar en Estados Unidos el presidente de la compañía argentina con la que yo tenía contrato me dijo que yo creía que era Palito Ortega. ¡Lo último que yo quiero ser es Palito Ortega! Así que me tuve que volver...

Así que date cuenta de que yo viajé mucho, conocí el mundo. Viví dos años y ocho meses en Inglaterra, estuve de gira por Alemania, hice tres giras por España antes de que vayan todos estos que están yendo ahora... Yo estuve allá antes que nadie y avivé a los giles en España para que toquen rock en castellano. Pappo es el maestro de todos esos grupos de rock pesado español, como Barón Rojo y Obús.

Cuando todos me pasaban por encima como las autopistas yo seguía con mi caminito de entrecasa, juntando piedrita por piedrita, pero sin venderme nunca. Y después de un tiempo en la Argentina armé Riff, con Michel Peyronel, un tipo muy inteligente que me enseñó muchas cosas. Bueno, en realidad la primera formación de Riff fue con Carlos Koelln, hoy baterista de Gran Mamut, y Vitico. Después entraron los hermanos Peyronel.

Riff abrió para el gran público el camino que yo vengo asfaltando desde que nací. Ahora voy a formar un nuevo Riff, más moderno que aquél, porque no va a imitar tanto a AC/DC. Pero no va a ser de esa onda moderna, livianita y divertida que no le mueve un pelo a la gente. La música se hace con guita o con corazón. Yo siempre la hice y la seguiré haciendo con corazón.

—Y vas a seguir produciendo a otros...

—Sí, Gran Mamut está primero en la lista. Y Lassie, una cantante polentisima que viene acompañada por el grupo Thor. Voy a lanzar a esa gente como lancé a V8.

—¿Y no vas a seguir "manso y tranquilo" como cuando tocaste con Piero en Atlanta?

—Fui a tocar con Piero porque él es un tipo muy gamba. Yo viví en su casa del molino, en España. Siempre fuimos amigos. Él me dice "Maestro".

También quería estar sobre un escenario con Marilina, para chamuyármela. Pero en el fondo lo que quería era pervertir a las masas inocentes.

—¿Qué opinás de esos supuestos bandos que existen en la música, los pesados contra los hippies y todo eso?

—No existen esas idioteces. No hay ningún bando. Hay pibes que por ahí no entienden y se fanatizan con algo. Y las revistas berretas de rock que quieren vender más ejemplares e inventan esas historias de Pappo contra Charly y todo eso. Lo peor es que los pibes se lo creen. Aquí los hippies desaparecieron hace años.

—¿Y la violencia en el rock?

—El rock es excitación y rebelión, es vida a mil por hora. Si un pibe en un recital se copa y sin querer rompe algo, bueno, no es que lo estemos incitando a la violencia. También hay tipos que nos quieren pintar como violentos porque quieren parar al rock.

—¿Y lo de las cadenas y la ferretería heavy metal? En la época de Pappo's Blues no te habías copado con tanta escenografía de camperas, tachas y cadenas. Tocabas rock y blues y hablabas de lo que pasaba alrededor tuyo en la realidad, sin meterte con cuentos de muerte, demonios y otros monstruos...

—En la época de Pappo's Blues lo único que hacíamos era rajar de la policía, que nos tenía locos por el pelo largo y todo eso. De ahí viene el "¿Adónde está la libertad?".

Pero nos gastaron tanto, nos dieron tanto por el bocho, que yo ahora me voy a hacer una mafia propia para que no me jodan. ¿Vos viste *Los Profesionales*, la serie de televisión? Ahí te muestran claramente que la mafia, la policía y el servicio secreto están en lo mismo, y cuando aparece un ingenuo que protesta le cortan las gambas, no sea que se les pudra el negocio.

El típico argentino es cagador, porque lo persiguieron en su casa cuando era chico, lo reprimieron en el colegio, en la calle, le llenan la cara de bifes en esta sociedad policíaca, le meten drogas a los músicos para acusarlos de drogadictos y sacarles plata... Así que al argentino que pasó por el Proceso y la guerra ya no le importa nada de nada.

Los únicos que van a quedar, después de que se pudra todo y venga el apocalipsis, van a ser los músicos de rock pesado. Eso pienso yo, aunque quizá me equivoque. Pero después de la guerra nuclear, ¿quiénes van a quedar? Los más pesados.

La contra del demonio es el rock pesado. Somos los que van a sobrevivir. Pero también le estamos dando una mano, porque hablamos mucho de él y le hacemos publicidad. Vos fijate en las tapas de los discos, son todas dedicadas al demonio.

Por eso ahora yo voy a hacer un video con un tema del triple 6, el símbolo de Satanás. El tema dice: "Para salir de la mediocridad tuviste que firmar un contrato con el 666". Y aparezco yo, que soy Satanás, en un Cadillac 53 con tapizado de leopardo y vidrios negros. Le hago firmar un contrato a un músico y le corto un dedo, para rubricarlo con la sangre. Son los músicos que venden su alma.

—Pero todo esto del demonio no es más que una nueva imagen... Disfraces, igual que las cadenas...

—No es solo una imagen. Hay mucha gente que cree en Dios. Yo creo en el demonio, que es todo lo contrario a la bondad. A mí no me gusta ser bueno.

—Pero yo te conozco y vos sos un tano bueno que se quiere hacer el malo.

—La maldad mata, porque sirve para avivar a la gente de que está siendo usada...

—Sí, pero en este momento de despelote en el que nadie sabe qué hacer, de qué disfrazarse, ¿no estás metiendo más confusión todavía? Ahora resulta que sale Pappo hablando del demonio...

—Mirá, no me importa. Ahora nosotros vamos a hacer un festival en Luján el día de la primavera para la empresa que tienen los curas para ayudar a los pobres, compartir el pan y todo eso. Pero nosotros no tenemos cabida como seres sociales, estamos vistos como basura, como marginados. Somos la resaca del país.

Al rock pesado no le cabe eso de la Iglesia, la comunión, los chicos buenos. A mí eso me aburre. No vas a hacer un tema pesado hablando de la Virgen y todo eso.

—¿Pero para qué se meten en esos versos en vez de dedicarse a la música?

—Pero yo quiero ver al demonio. A Dios hace dos mil años que lo estamos esperando. El Papa, por ejemplo, es igual que un conjunto de rock. Viene, hace el show de Argentina y sigue la gira en otros países.

Los diez mandamientos dicen que hay que hacer esto, que no hay que fornicar, que no hay que hacer aquello. ¿Y quién me prueba que todo eso sirve para algo? ¡Si todo el mundo se acuesta con la mujer del prójimo! ¿Quién tiene la verdad? ¿Cuál es la realidad?

Publicado originalmente en *Canta Rock* Año II, N° 14 (18-VII-1984).

ALMENDRA:
TODA LA HISTORIA DE ALMENDRA

La primera vez que se publica la historia de Almendra contada por sus protagonistas. Rodolfo, Luis y Emilio cuentan con pasión las alegrías y las dificultades que tuvieron para abrir un camino enorme en nuestra música.

Es el año 1967. A la salida del colegio San Román varios pibes se van charlando en grupo por las calles del Bajo Belgrano. Son Ricardo Miró, Santiago "Chago" Novoa, Edelmiro Molinari y los hermanos Ángel y Emilio del Guercio. Van a ensayar, tienen un grupo que se llama Los Sbirros y cantan los temas recién llegados del rock inglés. Hoy va al ensayo un compañero del colegio, Luis Alberto Spinetta, que también tiene un conjunto, The Larkins, y lleva a su baterista, Rodolfo García.

Emilio y Luis se han hecho muy compinches en el colegio, y como les copa el dibujo y la literatura más rebelde, sacaron un pasquín llamado *La cosa degenerada*, medio surrealista. Había una pasión muy fuerte, un entusiasmo creativo. Luis lo cuenta hoy así: "Los Beatles y la música que llegaba a través de la radio era totalmente nueva, y desencadenaba algo adentro, te ponía la psiquis en movimiento. Por suerte viví y experimenté esas emociones. Soy de la generación post-Hiroshima, pero también viví ese antídoto, esa alegría y sentimiento de libertad emocionantes.

"Cuando nos recibimos de bachilleres hicimos con Emilio un espectáculo en el acto de fin de año. Se llamó *Homenaje a la Psicodelia* por todo lo que habíamos leído en las revistas y escuchado en la música sobre una 'nueva conciencia' que no sabíamos muy bien qué era. Las autoridades del colegio no lo podían creer. En ese espectáculo hicimos un dúo con Emilio, cantando temas nuestros, que no cantábamos con nuestros conjuntos".

De esa pasión común y de esa decisión de tomarse la música en serio surgió la idea de disolver Los Sbirros y The Larkins y formar un solo grupo, que todavía no tenía nombre. Rodolfo, el "archivo viviente" de Almendra, cuenta la historia: "Íbamos a hacer un quinteto, con el tecladista de Los Sbirros, Chago, Emilio, Edelmiro, Luis y yo. Los chicos decidieron que esperarían hasta que yo termine la colimba, porque me mandaron al sur. Mientras tanto nos carteábamos, y en los francos nos juntábamos a tocar.

Ellos seguían consiguiendo laburitos para tocar por ahí, pero siempre pensando en el futuro grupo".

"Cuando me dieron de baja en la colimba nos reunimos, pero fue como cuarteto, porque Chago no apareció más. Nos pusimos a ensayar en la casa de Luis, en la calle Arribeños, cerca de River. Había una cantidad de temas, porque Luis ya en esa época era una máquina de componer, y Emilio y Edelmiro traían lo suyo".

Emilio dice que: "Para nosotros el asunto de los ensayos era religioso, no había justificativo para faltar. Estábamos día y noche hablando de la música y arreglando cositas. De esas charlas interminables salió la coherencia y la unión del grupo. Así surgió también el nombre, que queríamos que tuviera un misterio, un secreto adentro, un fruto. Estuvimos horas tirando nombres entre todos hasta que surgió Almendra".

Luis Alberto también se acuerda del espíritu de la época: "Nosotros éramos pibes de barrio, mucho más ingenuos y 'cosa de mamá' que la gente de La Cueva que conocimos después. Ellos vivían prácticamente en la calle, tocando en cualquier lado. Yo me pasaba el día en mi casa con la guitarra, sacando cosas y componiendo. No era para nada un 'bohemio', que vive por su cuenta y anda por los bares de noche, como ellos. Éramos 'artistas' bajo la mirada protectora de mamá. En el colegio nos obligaban a usar el pelo cortito y eso no tenía remedio. Pero sabíamos que tarde o temprano saldríamos del carril y nos meteríamos en exploraciones vitales mucho más fuertes".

"En esa época era muy importante" –sigue diciendo Luis– "estar todo el tiempo juntos, hablando de la música y del mundo. Habíamos conversado mucho a través de los años y habíamos decidido que Almendra no se iba a quedar con un estilo musical post-beatle o algo así, sino que iba a lanzarse a crear algo completamente libre. Todos veníamos de grupos que no llegaban al voltaje creativo, a la libertad que buscábamos. Nos encantaba Piazzolla (era la época de la ópera *María de Buenos Aires*), íbamos a escuchar a los jazzeros, conocíamos el nuevo folklore de Mercedes Sosa y Ariel Ramírez, estábamos apasionados por todo.

Emilio y yo nos metimos a estudiar Bellas Artes en la Manuel Belgrano. Yo entré un poco en Arquitectura. Todavía pensábamos que teníamos que estudiar y buscar por otro lado, porque la música como profesión parecía imposible. Pero cuando me di cuenta lo que era la Universidad... Bueno, de todas maneras, largué porque justo en una fecha de exámenes me salió una gira con un grupo comercial, laburando pero con música, que era lo que me interesaba. Entre adaptarse y estudiar o salir a la aventura de vivir, siempre elegir la vida. Fuimos a Trelew a acompañar un cantante con Emilio y Chago, del grupo del colegio. Con la guita que hice me compré la Repiso con forma de gota que usé siempre en Almendra".

Para nosotros, formar Almendra y decidirnos seriamente a jugarnos por la música y la visión no robotizante del mundo fue un salto tremendo. Teníamos perfectamente claro lo que queríamos hacer. Una claridad poético-musical y vital que existía en mucha gente de la época, y que hoy no se ve. Nuestra música y nuestras vidas tenían que ser genuinas a cualquier costo".

A GRABAR

Almendra ya tenía mucho material ensayado y listo cuando se les presentó la posibilidad de grabar. Es Rodolfo el que lo cuenta con su habitual coherencia histórica: "Fue durante un ciclo en el Payró en el que participaron Los Gatos, el Cuarteto Zupay, el Mono Villegas, Les Luthiers... Eran conciertos de música popular con debate. Al final del recital de Los Gatos se armó una polémica muy interesante. Estaba Ricardo Kleinman, que tenía el único programa radial que pasaba la nueva música: *Modart en la noche*. Le dijimos que teníamos un grupo y lo invitamos a escucharnos. A los pocos días se apareció por la casa de Luis con Amadeo Álvarez, que era el productor de Los In y había sacado un disco muy bien hecho, con cuerdas y todos los chiches. Kleinman escuchó todo el ensayo y dijo: 'Bueno, graban en RCA'. ¡Era como el sueño del pibe! Nos preguntó qué queríamos y si necesitábamos otros músicos para tocar en el disco.

Así grabamos el simple de *Tema de Pototo*, y *El mundo entre las manos*. Como no teníamos buenos equipos para grabar, nos prestaron los que habían sido de los Tremeloes, un grupo inglés que pasó por Buenos Aires. De pronto se nos habían solucionado todos los problemas. Rodolfo Alchourron, súper músico de jazz, escribió los arreglos de cuerdas para el *Tema de Pototo* y de vientos para *El mundo entre las manos*, siguiendo nuestras indicaciones. En esa época se grababa todo junto al mismo tiempo, y tuvimos que cantar y tocar con una banda de bronces profesionales tocando al lado. Teníamos veinte años, y era todo muy nuevo.

Al principio de Almendra habíamos dicho que no tenía mucha importancia quién era el autor de cada tema, por eso yo figuro como coautor de *El mundo entre las manos* que era un tema de Luis. Nos repartíamos la firma.

El *Tema de Pototo* fue muy difundido en el programa de Kleinman y ascendió a los primeros puestos de un ranking medio fabricado que tenían los tipos. Poco tiempo después grabamos *Hoy todo el hielo en la ciudad* y *Campos verdes*. Estábamos en la radio y se hablaba de nosotros, pero nadie nos conocía, porque no teníamos representante que nos consiguiera actuaciones. Éramos un grupo fantasma. Alguna gente pensaba que Almendra era una mujer, porque Luis tenía una voz bastante aguda, y no circulaban fotos del grupo, era un nombre y una voz.

Tampoco teníamos buenos equipos. En las grabaciones conseguíamos cosas prestadas, pero como no actuábamos no producíamos guita para comprarnos equipos. Y como no teníamos equipos no podíamos actuar. Era un círculo vicioso.

Entonces apareció Aníbal Gruart, que nos ofreció ser nuestro representante y conseguirnos equipos a crédito. El primer trabajo que tuvimos fue ir el verano a un boliche de Mar del Plata, Matoko's. Y poco después la RCA nos mandó a Perú como enviados argentinos al Festival de la Canción de Ancón. En Perú nos fue muy bien, la pegamos más rápido que en la Argentina. *Pototo* entro en el ranking –esta vez real– de los más vendidos y nos produjeron un programa especial de televisión prácticamente dirigido por nosotros.

RECITAL

A la vuelta a Buenos Aires Almendra tuvo su debut oficial porteño: el ciclo Tres recitales Beat del Instituto Di Tella que fue un éxito de público y crítica. Eso fue en marzo del 69.

De ahí a los estudios a grabar el primer álbum. Hubo varios recitales de Almendra junto con Manal, a veces con Moris y otros. El Payró, donde la cana cayó con el camioncito y se llevó a todo el mundo; el Globo, el cine Belgrano en San Isidro. Todo eso remató en el ciclo Beat Baires, en junio, los domingos a la mañana en el Colegio. Allí tocaron Moris, Pappo, Manal, Litto Nebbia, Vox Dei, todos. Por el horario, que les permitía ir a los pibes más jóvenes, y por los grupos y solistas que tocaron, ese ciclo fue importantísimo porque formó un público que fue el que después apoyó la evolución del rock. Por otro lado, el público masivo no separaba todavía a Los Gatos y Almendra de Los Iracundos y Leonardo Favio, porque no se había identificado la música no comercial.

En esa época comenzó nuestro contacto con otros músicos, con la gente de La Cueva. Empezaron las zapadas y el intercambio de ideas. Javier Martínez y Alejandro Medina nos venían a visitar a los estudios. Después vino la presentación de Mandioca, la grabadora de Jorge Álvarez, que lanzó a Miguel Abuelo solista y los primeros simples de Manal.

El álbum tardó mucho en salir, por cuestiones burocráticas de la grabadora. Nos perdieron la tapa que queríamos (después supimos que la habían tirado al cesto de papeles), no se decidían a sacar el disco. Salió en enero de 1970, cuando nosotros ya teníamos otro montón de temas grabados que fueron al segundo longplay".

Spinetta es el autor del payaso triste de la tapa del primer longplay. Para los Almendra era muy importante que eso saliera tal cual. Dice Luis: "Yo había hecho un original súper laburado, y teníamos todo el juego de la lágrima y la sopapa. Los tipos de la grabadora un día nos empezaron a bicicletear que no sabían dónde estaba y nosotros no íbamos a dejar que el disco salga sin eso. Yo tenía el dibujo bien claro en la cabeza, y me fui a casa y lo hice de nuevo. No queríamos dejar las cosas en manos de tipos desconocidos de la empresa que hacen tapas de discos como chorizos.

Después del primer longplay nosotros avanzábamos muy rápido en nuestros cambios personales, y la realidad de la compañía, los recitales y todo eso no nos acompañaba. Entramos en una vorágine de experimentación de vida y de música, y nuestra estructura craneana empezó a cambiar, y de lo que éramos antes solo quedaron partículas que después cada uno reunió como pudo".

Rodolfo tiene una anécdota sobre esto: "Un día estábamos en el bar de la compañía y apareció el presidente, que al vernos nos dice: '¿Tienen algún tema para un simple?'. Le contestamos que sí, que teníamos listo *Hermano perro*. '¿Es muy largo?', nos preguntó, porque ya estaba enterado de que habíamos entrado en una onda experimental, y la preocupación de la época era la difusión radial. En radio no se pasaban temas largos. 'Y, debe tener tres minutos', decíamos nosotros, inventando, porque jamás se nos había ocurrido cronometrar los temas. Y el tipo, como quien pide una rebaja, nos dice: 'Hacemelo dos y medio'.

El disco vendió veinte mil placas de movida –continua Rodolfo–, que para ese momento era una cantidad impresionante. Y sin embargo no trabajábamos bien, ni hacíamos verdaderas giras por el interior. A pesar de que *Muchacha* fue un tema muy popular, el grupo no consiguió penetrar el circuito comercial. Además, nuestro estilo evolucionaba hacia una cosa cada vez más agresiva y loca".

CREATIVIDAD Y COMERCIO

La experimentación también tuvo sus efectos sobre la unidad del grupo, las amistades desarrolladas en épocas de calma. De pronto los "artistas de barrio" estaban sumergidos con toda su locura en un ambiente comercial. Luis peleaba por mantener la magia: "Yo no quería hacer shows de veinticinco minutos en los clubes para gente que lo único que entendía era los 'pechos de miel' de *Muchacha*. Esos shows son los que desgastan el entusiasmo y la creatividad de los músicos. Quería hacer solo recitales, espectáculos bien armados y tener más tiempo para experimentar y ensayar, porque si no te come la marabunta. Y la marabunta nos comió porque no se podía parar la bola de laburo y ponerse a desarrollar ideas para una ópera, por ejemplo.

En esa época nos juntábamos mucho a zapar con todos los músicos, había una gran comunidad de artistas. Pero llegó el mito del hard rock, el dogma del rock y blues de tres tonos y el que no tocaba eso era un blandito. El ambiente se empezó a poner muy pesado".

Emilio también se acuerda de esos tiempos en los que la "magia" comenzó a chocar con la realidad. "Durante años pensamos que los negocios y la situación política eran parte de un mundo 'adulto' en decadencia y no prestábamos atención a lo que estaba pasando alrededor nuestro. Éramos pibes inexpertos y creíamos que podríamos transformar todo con nuestras canciones. Es verdad que la música puede sacudir las conciencias, como lo probaron los Beatles y Dylan, pero la estructura económica y política es tan fuerte y rígida que si no te sabés manejar, te morfa.

Nosotros queríamos grabar, componer y tocar, pero no era una cuestión de hacer 'carrera musical' y tener éxito, como es ahora. No sabíamos muy bien qué pasaría después del disco. No había un 'mercado' del rock. No estábamos preparados, y cuando empezamos a hacer shows la cosa nos pasó por encima. Nos empezaron a rodear unos personajes que nos trataban muy bien y que parecían amigos. Después nos dimos cuenta que se nos acercaban para hacer negocios y nada más".

Luis Alberto rebobina y ubica el momento en que descubrieron que los que parecían apoyarlos los estaban engañando: "Nuestro representante jamás pagó los equipos, y eso que nosotros laburábamos para pagarlos. Convenció a Jorge Pistocchi, que había cobrado una gran herencia, de comprarnos otros equipos, nuevos, para la ópera. Y después Pistocchi no volvió a ver un mango. Por suerte, Jorge es un gran tipo, y se dio cuenta de todo y siguió siendo amigo nuestro. Jorge nos salvó en un momento de dura crisis económica y moral. Cuando supimos que el otro tipo nos estaba bicicleteando se quebró un grupo humano que había sido hermoso.

LA ÓPERA

Era la época del simple *Hermano perro*. Teníamos temas loquísimos, como *Cero*, o como aquel que decía: 'Por eso toma el niño y tiralo al fuego, que el fuego no es algo completamente nuevo'. Una letra angustiante que yo no me explico cómo podía cantar en los clubes. RCA debe tener copias de esos temas. Como el primer disco se atrasó muchísimo, cuando salió el segundo teníamos una cantidad de material enorme, de muchas ondas distintas. Y encima estaba la ópera, de la que no se habló mucho.

Era un proyecto ambicioso sobre la búsqueda interior del hombre, la necesidad de una respuesta a muchos 'por qué'. Un mago busca las respuestas y debe encontrarse con cinco trovadores que iban a estar representados por Litto Nebbia, Moris, Tanguito, Javier Martínez, Roque Narvaja y Miguel Abuelo. Teníamos casi todo compuesto y ensayado el primer acto. Muchos de los temas de la ópera salieron después en disco míos: *Ella también*, *Canción para los días de mi vida* y la *Obertura* del segundo álbum de Almendra".

"La ópera –dice Rodolfo– exigía una puesta en escena y un nuevo sonido. Apareció Jorge Pistocchi y nos compró equipos nuevos. La ópera iba a ser un disco aparte, y había conversaciones para presentarla en un teatro municipal, con apoyo de la Secretaría de Cultura. Incluso se llegó a mencionar el Colón.

A mediados de año habíamos sacado el simple de *Hermano perro* y *Final*. Ya teníamos temas como *Parvas*, *En las cúpulas*, *Rutas argentinas* grabados para el segundo disco. Hay un montón de temas que tocábamos en los conciertos pero que nunca fueron grabados, como *Hombre de luz*, *Chocolate*, *Vine al planeta*. Había un estilo nuevo en Almendra, más rockero, que estaba surgiendo y quedó trunco porque el grupo se separó.

Y cuando decidimos separarnos grabamos una serie de temas para completar un long play doble y dejar por lo menos parte de ese material 'para la posteridad'. Quiere decir que el segundo disco no es un trabajo coherente y madurado como el primero, sino una mezcla de las muchas ondas musicales que estábamos explorando".

Almendra también dejó un libro que reúne dibujos y textos. Pero en el caos del final tampoco eso pudo ser controlado del todo. Luis dice: "Nosotros no participamos en la elaboración del libro. Yo entregué todo mi material a [Carlos] Marcucci y él lo ordenó a su manera. No me gusta cómo quedó, pero tiene buenas fotos y algunos textos que valen la pena.

En la época en que Almendra se separaba, yo también me separé del gran amor que me inspiró todos los temas como *Muchacha* y el *Blues de Cris*. Todo se quebraba, muchos años de amor y de polenta creativa se disolvían en el aire.

El segundo álbum fue muy loco, muy intenso. Había una cantidad de canciones que yo tenía que después salieron en el disco ese que algunos llaman *Spinetta* y otros *La búsqueda de la estrella*. Hay dos temas allí que son de Pappo, pero salieron a mi nombre: *Castillo de piedra* y *Era de tontos*. Ese disco es el remate de la locura del final de Almendra, un disco superhippie, improvisado, lleno de flautitas y coros delirantes. El nombre original era *Spinettalandia y sus amigos*. Lo grabé con la gente con quienes después me fui a Europa. Al mismo tiempo componía y ensayaba los temas para Tórax, un proyecto con Edelmiro, Cutaia y Pomo. Rodolfo y Emilio se pusieron a trabajar buscando músicos para lo que después sería Aquelarre".

REGRESO DE ALMENDRA

En 1979 los cuatro Almendra se reunieron para dar una serie de recitales y giras, y posteriormente grabar un disco. Esta historia más reciente es sintetizada así por Emilio: "Nosotros nos habíamos separado cuando todavía el grupo tenía mucho para dar. Y como éramos buenos amigos, cada tanto nos encontrábamos y pensábamos en volver a tocar. Cuando surgió la posibilidad decidimos hacerlo sin pensar en seguir más allá de esas actuaciones. Al año siguiente nos juntamos para armar un disco –*El valle interior* – y fuimos a grabar a Estados Unidos. Nuestra intención fue sacarnos el gusto de estar juntos y mostrar a los roqueros más jóvenes cómo era Almendra". Luis acota: "Es un disco muy humilde, pero demostró que había un lenguaje, un nuevo folklore enraizado aquí. Porque eso es lo que Almendra fue siempre: una gran raíz".

Y Rodolfo termina la historia de Almendra con una moraleja para pensar: "Lo que simbolizaba Almendra –como los Beatles afuera– era el grupo que es una unión de compositores que se enriquecen mutuamente, cosa que ya no sucede más. Ahora cada tipo quiere sacar 'su' disco solista, y el resultado habitualmente es muy parejo, los temas inevitablemente se parecen entre sí. En aquella combinación de creativos se producía esa 'magia', esa sorpresa de poder hacer muchos estilos diferentes, porque cada uno aporta lo suyo. Además del poderoso magnetismo que tiene un grupo cuando se junta no solo por razones profesionales, sino que sus integrantes son amigos y comparten una visión del mundo y la misma pasión por la vida".

Publicado originalmente en *Canta Rock* Año II, N° 16 (15-VIII-1984), bajo el título "Toda la historia de Almendra".

CELESTE CARBALLO: EL BLUES SALVAJE DE LAS PAMPAS

Señores y señoras, pasen y vean la historia de una niña que comenzó cantándole a su caballo en Coronel Pringles y fue construyendo una síntesis espontánea de la música nacional con una polenta incomparable.

—Mirá, yo canto y compongo desde muy chica. Cuando yo tenía cuatro años, fuimos con mi familia a vivir a Coronel Pringles. Mi viejo tenía una granja de veinticinco hectáreas. Había una quinta con verduras, algunas vacas, y una vez por año sembraba trigo. Mi vieja elaboraba todos los derivados de la leche: queso, manteca, ricota, etc. Pero la economía de la casa se basaba en la huerta de verduras.

En la casa había una cocina enorme. Al atardecer, en invierno, empezaba a hacer mucho frío, y nos juntábamos todos alrededor de la cocina a leña.

Ahí en la cocina yo me largaba a contar lo que me había pasado en el día, cantando. De vez en cuando caían mis hermanas de visita, y venían con Lito Epumer (hoy guitarrista de Spinetta), que es hijo de mi hermana Dora. Él y yo salíamos a jugar al campo. Y a la noche yo me ponía a cantar y contaba todos los sucesos familiares, toda la verdad sobre las discusiones entre mis viejos o cualquier chisme del día. Los grandes me querían hacer callar porque "la nena grita e incendia a medio mundo".

Mi hermana Lila, que ahora se lanzó a cantar, estudiaba la guitarra y me enseñaba algunas cosas. Como en el campo tenés mucho tiempo, nos poníamos a hacer canciones e inventar cosas.

—*¿Ya componías temas?*

—No. Cuando volví a Buenos Aires, a los doce, empecé a tocar la guitarra con un grupo de amigos del barrio, en las típicas guitarreadas, Entonces empecé a darle forma a los primeros temas. Era la época de Los Gatos. Pero yo también le metía al folklore, que me copaba. Mis propias canciones no se las cantaba a nadie, las escondía. Prefería cantar canciones de otros, de Arco Iris, por ejemplo, que me coparon mucho cuando salieron. Era el comienzo de mi adolescencia, esa etapa en la que uno se vuelve mucho para adentro y se llena de secretos, y vive bastante encerrado. Uno se está descubriendo a sí mismo.

Al final, en el 75 me junté con Oscar Mangione, un guitarrista que conocí en Villa Gesell, y él me ofreció armar un grupo. Yo pensé: "¡Y bueno, mandémonos!". Al principio, cantábamos los dos solos los temas de él y los míos, en una onda acústica. Después incorporamos un bajista que también cantaba, y hacíamos unos arreglos complicadísimos de voces.

—*Era la época de la música complicada, la moda sinfónica, Emerson...*

—Exacto. Pero después entró a tocar un baterista y se pudrió el estilo lírico, empezamos a meterle a los rock and roles y los blues, un alarido infernal: de principio a fin. Nada más que un alarido. Hicimos nuestro primer recital en el legendario Auditorio Kraft. El grupo se llamaba Alter Ego (El otro yo). Tuvimos que pedirle guita a mi vieja para los afiches y salir a pegarlos por la Avenida Corrientes. Y al final vinieron solo los familiares y amigos y dos o tres que pagaron entrada. O sea: el típico primer recital. En un momento cayó Pappo a vernos, no sé quién le habría dicho.

Ese recital fue un puro grito pelado. Nos desbordamos en el alarido interminable. Y los habíamos grabado, así que cuando lo escuché, sin la calentura de la actuación, me quise suicidar. Me pregunté: "¿Cómo puedo estar cantando así?". No me gustó nada. Jamás me había oído los chillidos grabados. Decidí abandonar el grupo, que se pudrió.

Yo estaba estudiando psicología y trabajando en la oficina de una compañía de seguros. Me cansé de gritar y ser tapada por un solo de viola infernal. Eran los tiempos en que se enchufaba el bajo, la guitarra y el micrófono en el mismo equipo y se lanzaba la zapada, y todos a máximo volumen. Yo quedaba con la garganta hecha de goma, ensordecida. Mis amigos de la facultad, en esas inevitables y eternas reuniones de estudio, me hacían cantar, sola con la guitarra. Pero yo no quería volver a presentarme.

Uno de mis compañeros de facultad estaba organizando un recital del grupo Alas –que en ese momento era muy importante– en un teatro de Villa Bosch. Y me convenció, después de mis constantes negativas, que tenía que cantar antes de Alas, abriendo el recital. Yo fui con un miedo terrible y una guitarra prestada. Así que aparecí cantando sola en Villa Bosch antes de un grupo que era una aplanadora. Canté algunos temas, y gustaron mucho.

Lito, mi sobrino, estaba tocando en un trío alucinante, Madre Atómica, con Pedro Aznar y el Mono Fontana. Yo iba siempre a escucharlos. Así que andaba bastante entre músicos, pero no quería volver a cantar en público.

En realidad, estaba bastante indecisa. Me tiraba la música, pero me había asustado con aquel grupo de blues gritado y delirante. Estudiaba psicología, porque le encontraba cierta magia, pero después me di cuenta que la mayor parte de la psicología es una especie de sutil policía de la mente, y que la magia se la había puesto yo. Además, la universidad en la época de los milicos era una pálida.

Lo que pasaba era que yo me exigía mucho a mí misma, quería ser una persona "normal", cosa que nunca fui. Quería recibirme de algo y ser licenciada de persona seria. Por suerte, no prosperé, y me licencié de "anormal". Hace poco me dieron el diploma de anormal, de Celeste fuera de los cánones rígidos establecidos. Cada uno tiene que ser lo que es y quiere ser, no lo que le dicen que tiene que ser. Los periodistas me preguntan: "¿Cómo explicás el 'fenómeno' Celeste Carballo?". ¡Qué sé yo, loco! ¡Yo siempre canté lo que me salió! Banqué las puteadas y disfruté los aplausos. No hay otra que hacer lo de uno.

—Es la única manera en que vale la pena vivir. Pero volvamos a la historia de esta original cantante argentina...

—Después del recital con Alas me vinieron a buscar para tocar en Villa Gesell. Y era la primera vez que me ofrecían dinero. Me iban a pagar el doble de lo que ganaba en la oficina de seguros. Y podía cantar mis temas. No tenía que cantar en inglés ni ninguna otra payasada como las que ya me habían ofrecido mil veces. Así que me pasé el verano 76-77 en Villa Gesell, con un grupo que armamos, la Banda del Viento. Como nadie nos conocía, la llamábamos la Banda que el Viento se Llevó. Vivíamos en el Café Concert, y por las tardes salíamos a la playa a distribuir volantes ofreciendo descuentos por ir a vernos, tratando de que vaya alguien. Al final del verano volví a Buenos Aires con algo de guita.

Había largado la oficina, y trabajaba grabando y tipeando las clases teóricas de la facultad. Ese año fue muy importante para mí, porque despegué de la casa de mi vieja y me fui a vivir a San Telmo, con unas amigas. Me bancaba yo misma, empezaba una vida libre en la ciudad.

Creo que ese año también hice un par de recitales. Y te digo que un par de recitales entonces era bastante, porque no había un circuito de pubs para los que comienzan como hay ahora. No había tanto público porque el rock estaba reprimido, las cosas eran mucho más difíciles. Todavía se miraba a los rockeros como una banda de degenerados sucios y melenudos.

Yo andaba media destruida, porque terminaba de hacer los teóricos a altas horas y tenía que estar a las cinco de la mañana en El Borda para las clases prácticas de psicología. Mi vieja me decía: "Celeste, cortala! ¿Quién te obliga a hacer todo eso? ¡Cantá, que es lo que te gusta! ¿Cuánto hace que no hacés un tema?".

—Al revés de todos los jóvenes a quienes los padres no dejan cantar...

—¡Totalmente al revés! A veces la gente no entiende cuando yo hablo tanto de mi familia, porque tienen la idea de la familia común, súper represora, antigua, que no te entiende y no te deja vivir. ¡Pero mi familia mata! Mis hermanas y mi vieja son mis amigas. Además, la familia es parte de lo que uno es, de nuestra cultura interna.

Una vez mi vieja me dice: "Celeste, ¿vos ya te fuiste de casa, ya no vivís más aquí?". Y yo le dije: "Mirá, el día que me lleve la guitarra va a ser el día en que me vaya realmente". Y un día fui y me la llevé. Tenía veinte años, y no volví nunca a vivir a la casa materna.

Al final dejé psicología y me fui a Villa Gesell a hacer artesanía en cuero y me quedé pegada allá hasta julio del 78.

—Pero la gente fue muy dura con vos, porque iban a verte atraídos por el hit de Sandra y se encontraban con una potra salvaje que gritaba "Me vuelvo cada día más loca". Los tipos no entendían nada.

—"¿Cómo la mujer argentina, que es la más elegante del mundo, va a gritar que se vuelve loca? ¡Es una desfachatada!". Como el estilo de Sandra es más melódico y sentimental, se decepcionaban con mis gritos. Los argentinos somos muy tradicionalistas. Tardamos muchísimo en aceptar las cosas nuevas. No es como en España, por ejemplo, donde prenden las cosas nuevas de inmediato. Yo estuve tres meses afuera y me pasé los dos primeros meses despotricando y añorando la Argentina y "nuestro movimiento". Era mi argentino tradicionalista interior que no me dejaba aceptar nada diferente y nuevo. Cuando me di cuenta y me saqué la coraza y miré y vi la libertad y la frescura con que se mueve todo el mundo, entendí que tenía mucho que aprender.

La gente tarda mucho en digerir. Va a pasar un rato hasta que se acostumbren a mí. Hace apenas dos años que empecé a cantar firme y parejo. Ha sucedido todo muy rápido. Por ahora, o me aman o me odian.

Pero yo largo las cosas, porque lo mío es decir lo que siento. No me voy a parar a ver qué es lo que quieren que cante. Cuando salió el primer longplay, la gente ya tuvo canciones mías para entretenerse, y pudo darse cuenta de que canto además de gritar. En el segundo se me fue la mano. Salió muy delicado, muy cuidadito. Quisimos trabajar los arreglos, y para los que me siguen resultó una cachetada, porque es la antítesis del primero. Y probablemente el tercero sea otra cachetada a los esquemas.

Me pasé el verano laburando como loca. A la mañana hacía cuero, a la tarde atendía un negocio de ropa de mujer y a la noche iba a cantar. Así que conocí bien a los turistas. De allí salió *Blues del veraneo*. Estaba feliz porque me sentía libre, sostenida por mis propias fuerzas. Pero me enfermé, tuve un problema en una pierna y me tuve que venir a Buenos Aires a internarme.

Entonces empezó una época pálida, porque no podía cantar en ningún lado, tenía la pata dura, no tenía laburo y había dejado de estudiar. Tuve que buscar apoyo en mis amigos. Estuve un mes internada en el policlínico San Martín y después me fui a vivir a un hotel, en Libertad y Corrientes. Fue un duro aprendizaje, que me hizo crecer mucho.

Yo había musicalizado unos poemas de José Pedroni haciendo canciones que algún día volverán a circulación. Eduardo Criscuolo les hizo unos arreglos de cuerdas muy lindos y armamos un recital en el Teatro de la Cova, en Martínez. Después hicimos con Lito Epumer, el Mono Fontana y otros músicos dos recitales en el Teatro de La Cortada. Entonces salieron un par de notas sobre mí, pero yo todavía no creía posible dedicarme de lleno a cantar profesionalmente.

Pasé años apareciendo en algunos boliches, cantando blues al mango y canciones, pero no pasaba gran cosa. Hasta que Gustavo, de Jazz & Pop, me invitó a cantar allí, los sábados en medio del ambiente de zapada jazzera. ¿Viste esa onda que se quedan todos inmóviles escuchando? Yo mandaba mis blues y rocanrrolles y los tipos no reaccionaban. Pero al segundo sábado ya se movían un poco más y yo de caradura seguía insistiendo. Poco a poco se armó un grupito de gente que iba a escucharme especialmente a mí. Siempre sola con la guitarra, los fui sacando de su modorra y entusiasmando para que cantemos juntos, se muevan, hagan palmas, participen.

De ahí me fui a tocar a Entreacto, en Belgrano, a principios del 82. Ya tenía un pequeño público propio, y conseguía vivir de la guita que sacaba los sábados, estirándola toda la semana. ¡De pronto, sin darme cuenta era "profesional"! Entonces salió el disco de Sandra Mihanovich con *Es la vida que me alcanza*, que se convirtió en un hit.

—*¿El segundo disco es una respuesta a esos que dicen: "¡Esta mujer solo sabe gritar!"?*

—Totalmente. Yo recién empiezo, estoy en pañales, hace apenas dos años que canto firme y parejo. Y tenía que probar otra faceta de mi música, otras posibilidades. Tal vez venda menos, porque la gente no acepta los cambios, pero, ¿qué me importa? Yo soy una persona, no un éxito en los rankings.

Lo que le dio personalidad al segundo LP fue la banda. Estaban Lito Epumer y Lucio Mazaira, que también es mi sobrino, hijo de mi hermana Violeta. Ya ves, es un familión de músicos porque María Gabriela, la hermana de Lito, tiene un grupo que mata: Viuda e Hijas de Roque Enroll, donde son todas mujeres. Mi hermana Lila también está cantando.

Volviendo al disco, mis sobrinos Lito y Lucio trajeron a sus amigos Paul Dourge y el "Canario" González y formamos una banda para tocar los temas del primer álbum y grabar uno nuevo, poniendo cuidado en los arreglos y el sonido. Grabamos temas como *El dueño del cielo azul*, de Claudia Sinesi –que toca en Viuda e Hijas–, y es una melodía hermosa. Porque yo canto ese tipo de cosas también. Pero si hago un rock and roll o un blue, lo hago al mango. ¿Qué querés que haga? ¿Que cante un rock fuerte como si fuese un arrorró? Pero la gente quiere reprimir, no quiere que uno cante como quiera, como lo siente.

—Tampoco dejan vivir como uno quiere. Hay un Patrón del Buen Comportamiento Universal que no se sabe quién inventó, pero que te imponen continuamente...

—Es infernal. Hay gente que dice: "A mí me gusta cómo canta Celeste, pero no me gustan su vida y sus costumbres". ¿Qué tiene que ver? Si te gusta, ¡escuchalo! Yo no me voy a meter en tu casa, nene, ¡no tengas miedo! ¡Despiértense! Así nos van a seguir manejando los autoritarios y represores de todas clases. Porque nosotros nos reprimimos mutuamente, ahorrándoles el trabajo. Nos vigilamos y nos juzgamos los unos a los otros. Antes yo me enojaba mucho con eso, y de ese enojo saqué *Los cerditos.* Ahora lo tomo con más filosofía: "Está bien, ya creceremos".

—Es una suerte que no te asustaste con las críticas...

—¡Más bien! No voy a volver para atrás, volver a la oficina, volver a los diecisiete. Seguí adelante, haciendo lo que me gustaba. Grabé la ranchera *El grito gigante* como debe ser, con Domingo Cura en percusión y Julio Urruty en guitarra criolla. Y la canté con Nacha Roldán, que es una biblia en ese tipo de folklore, y nadie la escucha.

—Lo primero que me gustó de vos es que tenés ese sentimiento de la tierra, y no tenés empacho en mezclarlo con rock and roll...

—La gente se creía que lo de ir al colegio a caballo era un invento en esa onda del "'campo imaginario" que curten los de la ciudad. Lo que cuento ahí es la verdad, y las rancheras me copan porque las bailaba en las fiestas de la Escuela 4, mi escuela rural. Íbamos al bailongo todos en sulky, en chatitas Fort T, toda esa mano. ¡Se armaba una polvareda de baile y chupi que no se podía creer!

Nosotros tenemos todavía el prejuicio de que el folklore es triste. Pero lo triste, lo que pudrió todo, es el folklore de los que se disfrazan de gauchos, los que cantan zambas como si fueran boleros. Con el verdadero folklore, con la música de la tierra, la gente baila hasta las seis de la mañana.

Nosotros somos gente de negar todo. Negamos el folklore, negamos la música pop moderna y divertida. Los argentinos tenemos la tendencia a ser amargos y prejuiciosos, no gozar de la vida como viene.

A mí me hizo mucho bien sacarme la careta argentina de encima y sentirme libre, ahora cuando viajé a España. Crecí un montón. Allá íbamos a un boliche que se llamaba Rockolla, el antro del rock and roll y del punk. No había lujos ni ambiente concheto. La gente iba allá a divertirse. Tipos con cara de malo y campera con tachas, bailando y bromeando sin molestar a nadie. Cada uno bailando como quiere. No como aquí, que salir a bailar es un programa medio cheto, de peinado y maquillaje. La cuestión es: ¿tenés ganas de bailar? ¡Bailá! Solo o en pareja, como se te dé la gana. Metete en el sonido y gozátelo todo. Pero nosotros no podemos hacer las cosas con naturalidad, estamos pendientes de la moda y el qué dirán. No gozamos la vida. Yo quiero que empecemos a gozar. ¿O es que nuestra estupidez no tiene límites? ¡Hay que despertar de tanto miedo!

—*Esa es la función de la generación del rock.*

—Claro, nosotros tenemos que arrancar esas caretas, abrir la vida para que valga la pena vivirla. No terminar todos parecidos como hechos con el mismo molde. Cada uno como se le dé la gana. Hay que hacer un destape mental.

—*En España editaste un disco...*

—Sí, salió una recopilación de los dos álbumes. Y salí de gira para presentarlo por toda España, con otros del grupo, Banzai y Los Ángeles del Infierno. Así que toqué en grandes estadios de Madrid, Barcelona, Zaragoza, Pamplona, etc. Me acompañaban los chicos del grupo U.M.O., dos guitarras, bajo y batería, con mucha polenta, mucha "marcha" como dicen allá.

Yo había estado en varios programas de televisión en la cadena nacional, así que la gente ya me conocía. El público español se copaba mucho con los blues y la música con "marcha".

Toqué en un recital gigante de Santana y Dylan, cada uno con su grupo. Yo entré antes, y había unas veinte mil personas. Cuando terminé, se me acercó el cantante de Santana a pedirme mis discos. "Oh, ¡mujer pequeña de la voz gigante!", me decía.

Después anduve por Ibiza, donde estaban grabando Guyot, Iturri y Toth el longplay de G.I.T., y también andaba por ahí Charly y el legendario Kubero Díaz con su banda Blanco, que tiene un cantante inglés y hace música muy moderna. Tocamos todos juntos en un boliche. En octubre pienso volver para grabar mi próximo disco, aprovechando las posibilidades técnicas que hay en España. Tengo la idea de juntar músicos argentinos con los españoles que me acompañaron, para que empiecen a conocerse e intercambiar ideas.

—*¿Un mensaje final para la juventud sana que te escucha, Celeste? (risas).*

—Sí, loco. Yo no soy la mesías de la libertad ni nada por el estilo, pero descubro cosas dentro mío todo el tiempo y sé que hay muchas más por descubrir. Lo más emocionante de la vida es ir descubriendo eso. Cuando uno tiene el coraje de tirarse a la pileta y vivir al mango conoce realmente la vida. Yo hice esto, yo canto lo mío.

Y vos, querido lector, ¿qué hacés con tu vida?

Publicado originalmente en *Canta Rock* Año II, N° 17 (5-IX-1984).

LOS TWIST:
EL ANTIFOLKLORE URBANO DE LOS TWIST

¿Quiénes son Los Twist? ¿Qué se proponen con esa música pegadiza y esas letras burlonas y desafiantes? ¿Quiénes son los personajes detrás de este conjunto a la antigua que es uno de los más modernos de todos?

PIPO CIPOLATTI: Yo estudio guitarra por la técnica de *Cantarock*. Pongo la eléctrica acostada arriba de la mesa, un café con leche y un atado de Parisiennes. Me concentro y la música me entra por ósmosis.

GONZO PALACIOS: La larga y dura historia de Los Twist comienza en un espectáculo, con perdón de la palabra, que hacíamos con Melingo y otra gente. El asunto se llamaba Ring Club, y participaban Daniel, Miguel Abuelo, Miguel Zavaleta, Cachorro López, Diana Nylon, Patricio Bisso, Los Fabulosos Hermanos Clave, y mucha gente de teatro y gente del absurdo. Sobre todo gente del absurdo. Era un multiespectáculo en el que pasaba de todo, todo el tiempo.

Pero Daniel formó Los Abuelos con Miguel y Cachorro, y Zavaleta hizo lo suyo con Suéter.

Poco tiempo después, nos volvimos a juntar con Daniel para formar una banda donde pudiéramos desarrollar ideas nuevas, y con la intención de que el producto artístico no fuera solo la banda sino también el grupo. O sea, el grupo mismo, su imagen y su manera de ser son arte vivo. Trabajar el look, la parte visual, como una cosa integrada a la música. Decidimos hacer un grupo basado en el twist, porque nos toca a todos, aunque sea porque sonaba cuando estábamos en la cuna. El twist es un folklore moderno, forma parte del recuerdo de todos.

PIPO: ¡El twist es juventud y alegría, señores oyentes! Cuando yo era chiquito los jóvenes bailaban eso. Y me quedo con aquella juventud en su alegría y espontaneidad para divertirse. No se preocupaban tanto.

—Yo gané mis buenos campeonatos de twist...

PIPO: Todos dicen eso. Hasta Antonio Carrizo dice que ganó campeonatos de twist.

GONZO: Dani y yo tocábamos en San Pedro Telmo, éramos los caños del grupo, que tocaba en la plaza de San Telmo, donde está lleno de caños... y por allí merodeaba un curioso personaje de rulos pelirrojos que venía con sus anteojos, su piloto, una infaltable escarapela y su libro de cabecera: *Historia y símbolos de la Policía Federal Argentina*. El hombre nos dejó anonadados, y supimos en el fondo de nuestros corazones que ese era el guitarrista que nos faltaba. Se trataba, por supuesto, del inimitable Pipo Cipolatti.

Lo primero que hicieron Los Twist fue histórico: inaugurar el Café Einstein, el antro número uno de las nuevas corrientes en Buenos Aires, hoy cortésmente cerrado por algún oscuro decreto policial que invoca alguna nunca comprobada inmoralidad. El Einstein canalizó todo lo que fuera nuevo, y fue el único lugar donde se podía actuar sin censura. Y como nosotros veníamos con el estandarte de "¡a joder que se acaba el mundo!", era nuestro lugar ideal. Estuvimos tocando ahí bastante tiempo, con la pequeña sala siempre llena.

PIPO: También tocábamos todos los domingos en el proscenio artístico del Parque Genovés, haciendo bailar a las familias que van a pasar su feliz fin de semana. Después de eso paramos un tiempo, pero se corrió mucho la bola de las fiestas domingueras del Parque Genovés y comenzó a tomar forma la leyenda de Los Twist.

GONZO: Ya teníamos muchos temas armados, incluyendo algunos que salen en el disco nuevo, *Cachetazo al vicio*. Cuando Charly se llevó parte de Los Abuelos (Calamaro, Bazterrica y Cachorro) para presentar *Yendo de la cama al living*, Dani pudo dedicarse más a fondo a Los Twist, y Polo Corbella, el baterista, también vino a tocar con nosotros. Volvimos al colosal escenario bohemio del Einstein Café, y pasamos una temporada alegrando a los parroquianos. Fue entonces que se produjo el encuentro maravilloso entre la estrella del rock, Charly García, y Los Twist. Nos vio y nos propuso grabar con él como productor artístico. Así salió *Dicha en movimiento*, grabado a los apurones en tres días.

—Y allí se vio que Los Twist no eran solo "vamos a bailar mi nena", que las letras movían un par de esquemas...

PIPO: Es que tomamos un estilo juvenil argentino de la década del sesenta, en la ropa, el ritmo, la escenografía, la manera de moverse. Pero las letras son prácticamente de tango, porque son localistas, utilizan los lugares comunes, los refranes y el lunfardo que son típicos de acá. ¡Estamos imponiendo el nuevo lunfardo de los ochenta!

Somos observadores de lo que nos rodea y lo transmitimos en pequeñas pinceladas que son poesías. ¡Qué linda frase, señora!

GONZO: En el fondo somos un grupo moralista. Contamos historias locas, pero no quiere decir que las hayamos vivido. Es una forma de narrar...

PIPO: ¡Nosotros no tenemos nada que ver, oficial! ¡Nosotros no fuimos! Somos recopiladores de folklore actual, como José Narosky.

GONZO: El humor permite decir cosas sin ponerse pesado ni peligroso. Pero no estamos a favor o en contra de nada. Contamos lo que vemos.

PIPO: Son solo palabras. Hay un tema que dice: "comunista, fascista, la droga, cabecita, tirabombas, sargento primero, etc.". Si un grupo como Quilapayún hace una canción con esas palabras, creo que va a ser una canción muy densa. Pero nosotros coleccionamos las palabras más trilladas, esas que de tan usadas no significan nada.

—Son como retazos de noticiero al azar...

GONZO: Y los que escuchan lo sienten o interpretan de acuerdo a su historia personal. Y ahí muestran cómo son. Se descubren solos, cuando reaccionan frente a palabras como "fascista" o "comunista". Cada uno hace su propia película...

—La gente reacciona con Veinticinco estrellas de oro, *el slogan de: "Los Twist, Gardel y Perón". Se preocupan: "estos tipos, ¿qué se proponen?".*

GONZO Ese tema es un homenaje a las grandes figuras de Argentina. Y por eso hay toda una bola de nombres: Perón, Gardel, Alfonsín, Brizuela Méndez, etc. Algunos de nosotros somos de la juventud peronista pituca y gay, pero eso no influye en los temas.

LA FAMA Y EL ÉXITO

—Súbitamente, con el primer long play se hicieron famosos...

PIPO: De pronto estábamos tocando cinco shows por fin de semana.

GONZO: Y se produjo un desgaste tremendo, y en ese desgaste se fue Fabiana Cantilo, ¡la maravillosa voz femenina de tantos temas de éxito!

PIPO: Ahora somos un grupo de varoncitos. Con la entrada sorpresiva de nuestro nuevo baterista, Rolo, nos convertimos en una perfecta unidad móvil.

ROLO (ROSSINI): Yo iba un día caminando por la calle Florida, y recibo un volante que decía: "Oriente su vida hacia el futuro con la astrología". Entonces fui y me hice una carta natal que me informó que iba a ser un hombre longevo, e iba a triunfar con la música. Yo en ese momento tenía cuarenta y cinco años y no me dedicaba a la música. Pensé: "¡esta es mi oportunidad para ser alguien!" y empecé a tender mis redes. Hoy en día tengo veintinueve años, estoy rejuveneciendo, y soy un hombre plenamente realizado, ejemplo de jóvenes generaciones.

—Para un argentino es difícil mantenerse alegre y cordial. ¿Cómo se sienten frente al Fondo Monetario Internacional?

PIPO: Yo siento que me miran de todos lados. Todos los argentinos se miran y se desconfían. Pero hay que sacrificarse un poco más, queridos compatriotas. Ya seremos el gran país que soñaron nuestros mayores. Dios es argentino. Hay que sacrificarse, porque a mayor sacrificio mayor gozo, y viceversa. Este es un pueblo hermoso.

—Ustedes no hicieron grandes recitales en la Capital...

GONZO: Todavía no presentamos el primer disco. Dejamos que el público junte calentura para el súper recital de Obras. Hicimos miles de shows en discotecas grandes, tocando para mil personas, en todo el Gran Buenos Aires y el Interior.

PIPO: El disco ya debe andar por las cien mil placas vendidas, aunque la grabadora declara solo setenta y dos mil. Y no pudimos responder con grandes recitales, porque fue todo muy repentino.

—Tuvieron problemas con la difusión por radio, la censura encubierta...

PIPO: Cuando salió el simple de *Cleopatra* le dieron mucha manija, les gustó. Pero cuando vieron el long play... De catorce temas hubo diez prohibidos, porque los tipos no se los bancan.

GONZO: Tuvimos que hacer un trabajo de difusión hormiga, yendo a las radios y haciéndoles pasar los temas.

PIPO: Ya sacamos un simple del segundo disco a difusión, y nos censuraron los dos temas. Y eran lindas canciones que no dicen nada grave. Son todos unos paranoicos.

GONZO: Los tipos piensan que la gente se puede sentir agredida. Piensan por los demás, no le dan la oportunidad al público de saber si le gusta o no. Pero supongo que con el tiempo eso se superará...

—Se fueron a Ibiza a grabar el segundo disco...

PIPO: Pudimos tirar la chancleta. Grabamos muy bien, en un estudio buenísimo, con un técnico que era un capo. Nos producimos nosotros mismos, supervisando todo el proceso.

GONZO: Creo que el segundo disco es más elaborado, los temas están más armados para el disco. En el primero la parte musical quedó en segundo plano, porque se pensó que lo importante eran las letras. En este cada tema tiene un tratamiento distinto, y tratamos de que se noten los distintos ritmos.

PIPO: Hay tres rockabillies, tres twists, tres ska, hay una cumbia y un pasodoble. Cada estilo tiene un tipo de arreglo adecuado. ¡Y gracias a la inefable técnica del mundo civilizado lo pudimos lograr!

La cumbia, que se llama *Acuarela homosexual* y es uno de los temas prohibidos del simple, es un típico cuartetazo eléctrico. Es breve. Habla de un señor que gana bien, es amoral y anda siempre con muchachos. Describe el típico círculo cerrado gay del barrio norte. En el pasodoble hay castañuelas y palmas, con la colaboración del grupo de Kubero Díaz, el héroe Hippiedólico Transatlántico.

GONZO: El disco es una especie de collage musical. Nos gusta mantener cada estilo de la manera más pura posible...

—Son tradicionalistas, una especie de Academia La Mela de la música pop...

GONZO: El público o los otros músicos a veces no entienden. Hubo un tiempo en que todos decían que éramos la cosa más divertida y fresca del mundo, y éramos los nenes mimados del ambiente. Pero empezamos a vender muchos discos y ya no nos quisieron más. Hay otra gente que nos exige compromisos que no estamos dispuestos a tomar en la música.

—¿Pero ustedes no sienten que han traicionado al underground nacional?

GONZO: Es el underground el que nos traicionó a nosotros. Porque nosotros no queríamos que toda la gente creativa del underground estuviera limitada a ser vista por un pequeño grupo de especializados. Pero acá el tipo underground no es capaz de armar un proyecto coherente y mantenerse firme en su trabajo hasta llegar a la gente. Entonces terminan haciendo un show por año y no consiguen salir de ese circuito.

—Casi todos predicen el fin de la llamada "música divertida" en breve plazo...

PIPO: Lo que predicen es el fin del mundo.

ROLO: ¿Es que no debe haber música alegre y divertida? ¿Está muy mal gozar de la vida?

DANY (que acaba de llegar): ¿Cómo van a matar algo que recién empieza? ¡No se bancan que las cosas crezcan y aparezcan cosas nuevas! Y hubo mucha gente que se puso mal porque éramos un éxito de ventas, pero eso es circunstancial. No tienen por qué tenernos miedo.

—Los Twist son un peligro para la "onda culta" que maneja los medios de difusión. ¡Le faltan el respeto a la cultura nacional!

PIPO: Nosotros somos carne de psicobolches. Es inevitable. Nuestras canciones son como un espejo, como un papel en blanco donde se reflejan los prejuicios del que escucha. Y si los tipos le tienen miedo a la alegría espontánea, allá ellos. Todos arrastran algún pecado original, la obligación de sufrir para ser bueno. Siempre será sacrificarse hoy para un prometido paraíso del mañana.

Publicado originalmente en *Canta Rock* Año II, N° 19 (3-X-1984), bajo el título "El antifolklore urbano de Los Twist".

FACUNDO CABRAL:
LA CANCIÓN VAGABUNDA

Hace veinticinco años que es un rebelde y no afloja. Viaja por el mundo cantando como los antiguos trovadores y gauchos payadores, y a pesar de tener más de sesenta discos editados la industria del espectáculo no consigue someterlo. Su historia sí que vale la pena.

—Yo nací en La Plata y me crie en Berisso. Mi padre era un tipo pintón, de familia rica, con bastante cultura. Mi madre era pobre e inculta, y no podía creer que alguien como mi viejo la amara. Después de tres hijos, mi viejo se piantó con otra mujer. Fue una maldición. Vivimos dos años y pico en la calle. Allí fue que conocí a Perón, en un desfile. Me acerqué a manguearle trabajo y me mandó a un laburo en Tandil. Y esa fue una bendición, porque me alejó de mi familia, me obligó a despertarme y rebuscármelas solo. En realidad, desde chico anduve en la calle. Y ya sospechaba que si mi padre se había ido, había otro padre, intangible, que no me abandonaba nunca, el mismo padre de los cereales y las ratas. Esa idea inocente fue como un faro en la oscuridad. Todo el tiempo anduve tratando de detectar por dónde andaba mi Gran Viejo. Eso me llevó a leer a Whitman, a Rimbaud, a Krishnamurti, a los orientales, a los budistas, a la Biblia.

En Tandil escribía en un diario, *El Eco*. Yo era muy pibe, así que ponían la foto de otro señor y otro nombre firmando mis artículos, porque nadie iba a prestar atención a lo que escribe un pibe de trece años. La columna se llamaba "En contra de nadie y a favor de ninguno". Salía a destruir a la gente todas las mañanas. Me daba la vuelta al pueblo, pasando por la plaza y el bar Ideal y escribía contra todo lo que había visto. Como si ellos tuvieran la culpa de que a mí me hubiera ido mal en la vida. Después me reconcilié con Tandil.

Seguí ejerciendo el periodismo en el *Diario Argentino*, de La Plata, y en *La Capital*, de Mar del Plata. Siempre me resultó fácil contar cosas, mucho más fácil que vivir. Por eso yo estaba convencido de que mi destino iba a ser la literatura. Fue por accidente que entré en la música. Vivía del periodismo hasta que tuve la aventura del Hermitage y empecé a hacer crónicas orales.

—*¿Cómo empezaste a cantar?*

—Fue el 31 de diciembre del 59. Fui al Hotel Hermitage de Mar del Plata y pedí laburo. Me preguntaron qué sabía hacer. "Cantar", dije yo, que apenas si sabía abrir la boca. Pero me dieron bola. Subí al escenario del Salón Versalles y le dije a la gente de gala que había allí: "Yo no sé lo que hago aquí arriba, pero seguramente ustedes tampoco saben qué hacen aquí adentro. Algo voy a aprender. Por ejemplo, yo sé dónde está la plata que a nosotros nos falta. Y voy a aprender nombres de comidas que los pobres nunca comemos. ¿Cómo se llama lo que está comiendo usted, por ejemplo?". Y les hice decir todos los nombres de los platos complicados que comían. La mitad del hotel me quería echar a patadas y la otra mitad me ovacionó. Pero le gusté a [Luis] Sandrini, y me quedé toda la temporada.

Toda mi vida me pasó eso, de dividir a la gente entre los que me odian y piensan que soy una porquería y los que me aman y piensan que soy maravilloso. Y ambos extremos exageran, por supuesto.

—*Entonces saliste como el Indio Gasparino, del cual no te gusta mucho hablar.*

—No es que le esquive el bulto a esa época que me trajo muchas alegrías. Me escuchaba todo el mundo, era el tercero en ventas, después de Palito y Leo Dan, los ídolos de la época. Algunas canciones de entonces siguen teniendo mucha fuerza, como *Vuele bajo*, que es la que más pide la gente. *Juana vente pal corral* era divertida y picaresca. También estaba *La hoja voladora*. La gente cantaba conmigo en los grandes festivales de los clubes. Yo les contaba que mis canciones tenían que transformarse cuando aparecían las Ligas de Madres de Familia, los milicos y los censores a vigilar la moral y la ideología del público. Les decía que había que seguir cantando, colando las canciones por debajo de las puertas.

Llegué a vender ciento ochenta mil longplays, que era muchísimo. Pero no me gustaba el "ambiente artístico" de la época, era muy mediocre. Todavía no había salido la nueva canción de los cafés concert ni la polenta renovadora del rock.

Un día, en una gira por Venado Tuerto, decidí largar todo y me fui. Le di toda la guita que tenía a mi vieja. Ella me dijo: "Vos no me das la plata porque seas un buen hijo sino porque te la querés sacar de encima". Y tenía razón.

VAGABUNDEAR ES CULTURA

Entonces me fui a Mendoza, donde anduve dando vueltas. De ahí pasé a Chile y a la Isla de Pascua, donde me quedé ocho meses, y al Cuzco, donde viví casi un año. Cambié mucho. Me dejé la barba, me dediqué al vagabundaje.

A la vuelta me encontré con Nacha Guevara, que me propuso hacer algo juntos. Saqué muchas canciones delirantes como *Indio Go Home* y *Dale, dale Federico*, que fue un éxito a pesar mío. La agarró Radio Colonia, la radio uruguaya que en esa época tenía mucha audiencia aquí porque contaba toda la verdad de nuestros golpes militares, y le entró a dar manija hasta que la convirtió en un éxito.

Laburé con Pedro y Pablo, que estaban debutando, con Moris, con Poni Micharvegas. De pronto, sin darme cuenta, salí de los clubes de barrio y me transformé en un bicho intelectual. Me hacían notas para los suplementos culturales, andaba en el circuito de café concerts, lleno de psicólogos y escritores. Al principio era divertido andar entre esa gente, ser escuchado por las minorías cultas. Era uno de los personajes de la Galería del Este y el Instituto Di Tella. La censura me perseguía mucho. Pero tocaba en boliches caros, como toda la izquierda elegante, y de pronto había pibes de los barrios del sur, pibes pobres que querían escuchar, pero no tenían guita para pagar entradas altas. Yo me sentía una mierda. Me peleaba con los dueños de los boliches por eso.

Entre censuras y protestas me había hecho mala fama. Un día, en 1971, cae la policía en mi casa. Me llevaron a Toxicomanía acusado de consumir drogas. Lo divertido del asunto es que yo hice de todo en la vida, menos tomar drogas, que no me atraen. Nunca tomé. No estoy ni a favor ni en contra, simplemente no me interesan. Pero los tipos lo que querían era acusarme de algo, arruinarme la vida. Después supe que estaba en la lista de amenazados, cuando le pusieron una bomba a Nacha Guevara.

Pasé la noche adentro, y me trataron muy mal durante dos horas. Hasta que me cansé y lo encaré a uno de los tipos y le digo: "Vos podés hacer lo que quieras conmigo, pero vos no existís. Tu pobre vida es hacer sufrir a los demás. Ustedes no me duelen". En realidad, estaba quebrado, los tipos habían conseguido amargarme. No era verdad que no me dolía, pero yo no quería que el tipo tuviera el placer de verme sufrir. Finalmente apareció uno de los Zupay, que es abogado, y me sacó.

Yo estaba con una depresión terrible, y me fui a buscar algún amigo al Bar Suárez. Me quedé allí toda la mañana hasta que pasó Pepe Parada, que me dice: "Estás amargado. No tenés guita". Se metió la mano en el bolsillo, me dio ochenta dólares. Y como le dije que me quería ir, me ofreció ir a tocar a Venezuela. "Hay poca quita, pero te banco el pasaje y el hotel", me dijo.

Cuando subía al avión me sentí libre, en el cielo, en la tierra de nadie. Era empezar de nuevo. En Venezuela no había trabajo, pero al poco tiempo me salió un contrato por cuatro actuaciones en un espectacular de televisión famoso: *El show de Reny*. Para abreviar: en el Caribe gané 48.000 dólares Volví aquí y le compré una casa a mi vieja con el terreno que tenía al lado. Le compré una camioneta a mi hermano para que labure. Y me volví a ir.

EUROPA Y DESPUÉS EL MUNDO

De allí en adelante anduve viajando por América y después pasé a Europa, y siempre tuve una suerte impresionante. En Europa grabé como cincuenta longplays en vivo en varios idiomas. Y durante años estuve haciendo giras y actuaciones. Llegué a juntar una fortuna enorme. Me compré un Jaguar, no sabía qué hacer con la guita. Le mandé plata a mi vieja para que se compre una casa en un barrio elegante. Se compró una casa de la gran siete, pero a los quince días me llama mi hermano diciéndome que la vieja está triste. No tenía con quién hablar. ¿Cómo iba a ir al mercado a tomar mate y escuchar el radioteatro?

Y yo, ¿qué puedo hacer en Callao y Alvear? No se trata de tener o no tener la guita para vivir allí. No sé moverme entre esa gente. El otro día, en Bragado, un paisano de botas y sombrero me dice: "Mire, Cabral, tengo cuatro entradas para verlo, nos venimos del campo con unos compañeros en el sulky". Con ese tipo sí me vuelvo loco. Ese tipo viene porque realmente necesitaba escuchar algo sincero, no porque yo esté de moda o algo así.

Y, bueno, estaba en Europa con todo ese éxito y esa guita. Y un día me pregunté: "¿Para qué vine yo a Europa?" En realidad, yo quería ir a Bangkok, a Siam, porque me interesaba el budismo. Quería visitar París para ver las viejas cuevas existencialistas. Y de golpe me sentí atrapado. Me había olvidado de qué era lo que realmente estaba buscando...

Decidí que no había venido a Europa a amontonar plata. Dejé el Jaguar en Roma, dejé todo lo que tenía y me fui de viaje a la India, al Lejano Oriente, a Israel, a China Roja. Estuve en muchos mundos diferentes, conociendo y viviendo de primera mano otras culturas, otros sistemas sociales. Viví en un kibutz en Israel, donde trabajan sin parar para fertilizar el desierto y convertirlo en campos verdes, y viví con los beduinos marroquíes, que galopan de una punta a la otra del Sahara en sus camellos pensando que si Alah hizo el desierto por algo será. Estuve en Japón, donde el capitalismo y la industria corren a toda velocidad, y en China Roja, donde un basurero amigo vive en el mismo barrio que un sabio atómico y los jerarcas andan en bicicleta. En China me dijeron de muy buen modo que tenía que irme, porque lo mío era postrevolucionario, para cuando la sociedad justa ya esté construida, que ahora solo servía para distraer a la gente de su trabajo. "Entonces su canción será bienvenida, señor Cabral".

—En todos lados pasa lo mismo: antes de gozar libremente de la vida, tenés que pagar el pecado original, la deuda externa o la dictadura del proletariado.

—¡Ah! ¡Pero de eso no se escapa nadie! ¡Es la zanahoria que hace caminar al burro! Es el ideal y la culpa. Existiendo un ideal que uno cree firmemente que es verdad, entonces todo lo demás es mentira, y los otros son mis enemigos. Rubinstein decía: "Mis únicos enemigos son los que creen que tienen enemigos". Si yo busco un ideal, veo la vida que vivo como algo inferior a ese ideal, como algo imperfecto. Y siempre voy a estar sufriendo.

—Vos sufriste lo tuyo, y sin embargo...

—Tengo cuarenta y siete años, en cuatro años estuve tres veces en estado de coma, me extirparon dos tumores, mi mujer americana murió en un accidente de aviación cuando le faltaban tres días para dar a luz a mi hijo; pasé por Vietnam y ví como los yanquis quemaban un pueblito con napalm, me pegaron once balazos y todavía tengo dos balas adentro, me pasó de todo.

Mi vida fue mágica. La gente me pregunta: "¿Qué hiciste para que te pasaran tantas cosas?". Y yo no hice nada. Yo salí al mundo con una actitud abierta, despierta, sin miedo. Y las cosas empezaron a pasar, las buenas y las malas. Buda decía: "Lo que tiene que ser, será". Debe de haber un plan que rige todo esto. Un plan que incluye la diversidad, la infinita variedad siempre cambiante de la vida. Y vos te bancás la vida o no.

La vida está afuera; si salís, la vas a encontrar. No fuera de tu país o de tu casa, sino fuera tuyo. Porque si te quedás en tu mundito mental no conocés la vida, mamás de tus pobres prejuicios personales.

HOY, AQUÍ

—Los jóvenes están descubriendo eso, se están abriendo...

—Los pibes empiezan a despertar y se dan cuenta de que lo que les enseñó su viejo es poco convincente. Y tampoco pueden aceptar una sociedad que es castradora en todos los planos. Antes estaba la dictadura que no te dejaba vivir, ahora está el "Papá Estado", que es la teta donde maman los ciudadanos, el gran aparato de burócratas, políticos y sindicalistas que decide todo por vos. Si cuando yo tenía diecisiete años alguien me hubiera dicho lo que estamos diciendo ahora arriba del escenario los roqueros y yo, no hubiera hecho falta buscar tanto. Y no hubiera recorrido solo ciento cuarenta países. Hubiera dado la vuelta al sistema solar siete veces, con la polenta de descubrir que mi libertad depende de mí. Hace treinta años, un pibe no podía ser diferente. Ahora la cosa se está abriendo, porque la fachada falsa del consumo y el buen comportamiento se cae a pedazos. Y el mundo tiene que cambiar, porque si no desaparece. Son los pibes diferentes, los que no aceptan la lógica del terror los que van a hacer el cambio. Y no quiero ser apocalíptico, pero el mundo se pudre. 60% de la humanidad come menos de lo necesario. Y otra gente nada en confort y cosas inservibles, pero se aburre. Nadie es dueño de nada en esta tierra, solo de aquello que puede gozar. Uno no es dueño ni de su propia vida.

—Vos aprovechás poco tus capacidades musicales. Cantás y componés poco.

—Porque a mí me gusta la narración, la charla. La mayor parte de las cosas que quiero decir no caben en el formato de la canción. Es difícil poner ritmo y límites a algunas de las cosas que tengo para contar. Cuando vi caer el napalm, por ejemplo. Todo eso prefiero contarlo sin tratar de darle una forma melódica. Ahora estoy reuniendo todos mis apuntes de los últimos veinte años para armar varios libros, que saldrían de a uno por año. El primero se va a llamar *Paraíso a la deriva*.

—Y por eso tus cosas son una mezcolanza de humor, espiritualidad, sexo, protesta, de todo...

—Es como la vida, sucede todo junto, al mismo tiempo. Yo no voy a convertirme en un protestón, en un aburrido cantante "espiritual" o un "humorista". Yo quiero conservar vivo todo lo que siento.

Yo antes pensaba que lo mío nunca iba a ser masivo. Y ahora, que me ve mucha gente, sigo siendo el mismo, no le doy bola a la profesión. Para los pibes jóvenes, yo nací ahora, me conocen desde Ferro Cabral. Ellos están en el momento de empezar a leer a Whitman, a escuchar el primer Spinetta, a tener las grandes experiencias y descubrimientos de la vida. Y cuando pensás que tus canciones están en la lista de los grandes descubrimientos de un pibe que empieza... Yo me quiero morir. Si tuviera que pasar de nuevo todas las cosas dolorosas y todas las cosas hermosas que pasé para volver a cantar en mi país frente a un estadio lleno de gente de todas clases escuchando con atención y participando, haría todo de nuevo. Y cuando salgo a cantar ahora, me doy cuenta que todo lo que viví y busqué sirvió para algo.

Publicado originalmente en *Canta Rock* Año II, Nº 20 (17-X-1984), bajo el título "La canción vagabunda de Facundo Cabral".

LA TORRE:
LA POTENCIA ROQUERA

La historia de La Torre es diferente a todas. Un grupo que empezó cantando en inglés música comercial en los boliches bailables y que tomó conciencia de sus posibilidades creativas hace poco. Siendo los únicos roqueros con formación profesional, las huestes lideradas por la estudiosa Patricia Sosa intentan abrirse camino en el mundo caliente del rock. Aquí lo cuenta Patricia.

—Yo tendría unos diecisiete años y mi mamá, que siempre dijo que yo cantaba bien, me mandaba a lo de una profesora del Colón, Regian Tadia. Ahí aprendí a vocalizar, a solfear y a cantar partituras líricas.

Cuando salí del secundario me metí en Arquitectura. Con algunas compañeras de la escuela de canto teníamos un grupo vocal de folklore. Era un folklore de avanzada con muchas armonías.

Así que estudiaba Arquitectura y cantaba por hobby hasta que en el 74 conocí a Oscar Mediavilla, que era un músico súper roquero y tenía una banda en la onda de Pescado Rabioso.

Entonces mi papá me dijo –me acuerdo como si fuera hoy–: "No te metas con esa gente, porque vas a terminar dejando la facultad". "¡No! –grité yo–. ¡Jamás! ¡Vos sabés que lo que yo empiezo lo termino!".

—Pero tu viejo tenía razón.

—Y, sí. Fui hasta cuarto año de Arquitectura. Decidimos formar un grupo con Oscar y largué la facultad. Ese grupo fue Nomady Soul. Hacíamos temas de los Who, de los Beatles, de Zeppelin. Tocábamos para nosotros y en algunos cumpleaños. Pero un día apareció el dueño de Pinar de Rocha y nos invitó a tocar. Tuvimos éxito y empezamos a laburar firme. Todos los temas que tocábamos eran en inglés, de Donna Summer, los éxitos del momento. Yo hasta ese momento estaba en una oficina de laburos temporarios y grababa jingles para poder mantener la carrera, porque estudiar Arquitectura es muy caro. Cuando apareció la posibilidad de vivir de la música, lo preferí, toda la vida. Hacíamos un show en una discoteque, durante seis meses, y era solo media hora de actuación por noche y nos pagaban bien.

—Tenían todo el show armado, con pilchas y todo el circo bolichero...

—Por supuesto. Vestuario, coreografía, todo. Pero era una cosa que no tenía fundamentos profundos. Mataba para nosotros que teníamos dieciocho, diecinueve años, y estábamos viviendo de la música. Todavía no pensábamos "tenemos que hacer nuestra música". Esa parte más profunda, que a algunos se les despierta de entrada, a nosotros nos vino a los veinticinco años, cuando ya éramos profesionales.

En ese momento no nos cuestionábamos nada. Era una especie de jet set del subdesarrollo, ese mundo de los boliches en que andábamos. Y nos divertíamos. Eso duró casi seis años.

Pero seguíamos componiendo con Oscar, y guardando temas para tocarlos entre nosotros. Cuando queríamos meter un tema nuestro en el show de Nomady Soul, el público del boliche no se lo bancaba, porque iban a bailar, no a escuchar música. Van al boliche a levantarse una minita, y no quieren concentrarse en un show en serio.

Entonces llegó el momento en que nos empezó a molestar el trabajo de músico comercial. Porque tocar una música que no te satisface es peor, a la larga, que trabajar en una oficina. Te volvés resentido con los que pueden tocar lo que les gusta, y empezás a tirar la bronca contra los músicos que son buenos y además venden, te volvés un amargado. Agradezco la voluntad férrea de Oscar, que dijo: "La cortamos y hacemos la nuestra".

Empezamos a presentar nuestro material en las grabadoras, pero no obteníamos respuesta, porque el grupo no tenía una identidad propia. Al final ya no teníamos más ganas de tocar, y tuvimos un juicio con un representante, y lo perdimos. Era un vagón de plata, y tuvimos que vender casi todos los equipos. Así que cortamos todo el trabajo, y estuvimos todo el año 80 sin hacer nada.

Cuando decidimos con Oscar formar La Torre, llamamos a los músicos de Nomady Soul, pero no quisieron prenderse en el proyecto. Quedamos Luis Múscolo, el tecladista, Oscar y yo. Entraron Carlos García López en guitarra, que sigue estando con nosotros, y Gustavo Giles en el bajo, que se quedó en los dos primeros discos, y ahora se fue, entrando Fernando Lupano a reemplazarlo. Jota Morelli entró en batería, aunque el primer disco tocó Ricardo Giles.

Por fin grabamos nuestro disco. Nos dieron setenta y dos horas para hacerlo, nada más. Y el técnico no sabía grabar rock, era el que graba conjuntos folklóricos. Se asustaba con los sonidos fuertes y la guitarra al mango. Nosotros teníamos una pequeña experiencia de estudio, porque con Nomady habíamos grabado varios "cover", versiones de temas hit como *¿Piensas que soy sexy?*, de Rod Stewart, o *Hot Stuff*, de Donna Summer, para los típicos discos *Selección de hits del verano*. Pero nunca habíamos hecho algo propio.

Cuando faltaba poco para que salga el disco, armamos nuestra primera actuación en vivo en el teatro Bambalinas. No nos conocía nadie. Nos pusimos a vender sesenta entradas cada uno de los miembros del grupo. Para salvar los gastos. Fueron los almaceneros del barrio, nuestras tías, cualquiera que consiguiéramos convencer. Era un público de favor.

Despertamos el 17 de setiembre del 82, un viernes, y ese lunes nos llamaron para participar en B.A. Rock. Y de B.A. Rock fuimos a La Falda. Salimos "clasificados" grupo revelación en B.A. Rock y en La Falda. Así que fue una cosa muy rápida.

En La Falda descubrí que esta profesión es medio sadomasoquista. Ese día tocaba Riff después de nosotros. El público era de heavy metal y no le daba bolilla a todos los grupos de rock and roll que pasaron. Pedían Pappo. Cuando subimos nosotros, Amílcar Gilabert, el sonidista, que es amigo nuestro, se jugó todo y nos hizo el mejor sonido que tuvimos jamás. Cuando salimos a tocar la gente que estaba dormida en el pasto se despertó y empezó a saltar y batir palmas. Fue una experiencia impresionante. Nosotros, antes de salir a tocar, hacemos unos minutos de concentración en los que conversamos. Oscar siempre dice: "Todas las deficiencias de sonido que se puedan tener se suplen con la escena, gastándose sobre el escenario para llegar al público a pesar de los problemas técnicos". Y en La Falda, además de que el grupo sonó bien, fuimos los únicos que mostramos pasión sobre el escenario. Y por eso creo que matamos.

—Ustedes están en el límite entre el heavy y el pop. Pueden ser rechazados o aceptados por los dos públicos.

—El otro día fui a ver el festival de heavy metal que se hizo en Atlanta. En general, Oscar no quiere que vayamos a esos recitales porque los grupos heavys siempre nos acusan de conchetos. Y en ese festival, vino un pibe a pedirme un autógrafo y me dice: "A mí me gustan ustedes, pero como tocan con Los Abuelos, a mis amigos no les gusta que los vea". Te das cuenta que es una mentalidad cerrada ridícula, y creo que los músicos son los que generan esas divisiones absurdas.

En Europa el heavy es un género musicalmente muy rico. Es todo lo que sea potente y esté liderado por las guitarras. No como aquí que es una bola de ruido con cantantes que pegan alaridos desafinados como si fueran gallinas. En España fui a ver Iron Maiden y es otra cosa. Es escuchar buena música y divertirse, no ir a pelear y juzgar a los demás y ser dueño de la verdad.

—Los pibes todavía no salieron de las polleras de mamá pero se creen súper poderosos. Y como no tienen coraje para hacer algo nuevo se desquitan atacando a los músicos.

—Mirá el ejemplo del festival de la primavera en Parque Sarmiento. Nosotros veníamos de ver en España a Iron Maiden, un verdadero pesado, y el recital fue tranquilo. Llegamos acá, bajamos del avión y fuimos a tocar al Parque Sarmiento y vimos grupos que quedaron sepultados bajo la lluvia de naranjas. ¿Cuál es la "filosofía" que impulsa a tirar naranjas? ¡Me parece que no la comparto! Nosotros hicimos cuatro temas y no nos bancamos más, aunque nos recibieron bien y no nos tiraron nada. Pero generamos mucha energía, y el público estaba bailando apretado, a los codazos, reventándose y cayéndose. Tocar así no tiene sentido. Sentir que vos ponés polenta y el público en vez de divertirse se mata entre sí, porque no sabe qué hacer con la excitación.

A Nito, que es el tipo menos violento que pueda existir, lo reventaron a naranjazos. ¿Qué es lo que quieren los pibes, que los repriman? ¿Nosotros, qué podemos hacer?

El músico no tiene obligación de señalarle el "camino de la verdad" a la gente...

—Cada uno tiene que encontrarlo solo, no seguir algún rebaño obediente, sea político, sea heavy metal, sea breakdance. Pero hay muchos que no son capaces de pensar por sí mismos, y se meten en algún rebaño con líderes y verdades obsoletas. El rock, al contrario, está para estimular a la vida, a la aventura, a la independencia.

—Por eso, yo no pretendo guiar a nadie. Yo digo lo que siento, y lo único que quiero es no confundir a la gente. Y para mí, encontrarme con que algunos pibes no lo entienden es terrible. Son pibes de quince, que no vivieron la represión, ni se dieron casi cuenta de lo que pasó en el país. Así que no tienen la excusa de ser violentos y boludos por haber sido reprimidos. Se creen que están en un parque de diversiones, y juegan a "Tírele al músico", y el premio es que venga la cana y los reprima. En el festival veías a unos tipos de seguridad con perros gigantes que mordían a los pibes si se acercaban al micro de los músicos. Los tipos, también copados con la violencia, incitaban a los perros a atacar. Así que de los dos lados se copan con la violencia.

—Si los pibes no tiran naranjas o se trepan al escenario, no hacía falta contratar personal de seguridad, que muchas veces termina incitando la violencia y dando palos de más...

—Es el mismo problema que tienen las Madres de Plaza de Mayo con los pendejos militantes que juegan el juego de agresión de los represores. Son los opuestos que imponen su ley de violencia y se apoyan el uno en el otro. Yo no creo que los que tiran naranjas en los recitales sean concientes de que están entrando en el juego. Lo hacen para joder, y terminan consiguiendo que la cana reprima, los organizadores no quieren hacer festivales y los músicos no entienden qué pasa con el público.

En La Falda este año yo vi canas ayudando a los pibes a saltar el alambrado y colarse, para que los canas que están adentro les pegaran por colados. En ese festival no pudimos tocar, porque cuando llegó la hora de que suban los grupos más conocidos a tocar, se largó a llover. Allí terminó el espectáculo y nadie les dijo a los pibes que con la misma entrada podrían volver al día siguiente. Nadie dio una explicación. Nosotros esa noche tuvimos que volver a Buenos Aires. La gente pensó que nos rajábamos y no queríamos subir al día siguiente. Se armó una batahola infernal, como es lógica.

—*Hay un tema,* Blues para una madre, *que habla de tener que irse de casa porque no te dejan hacer música. ¿Te pasó eso?*

—No, yo no tuve ese problema. El tema fue compuesto para una obra de Pepe Cibrián, en donde yo personificaba a una chica que tenía ese problema.

En general, a los padres no les gusta que los hijos quieran hacer música, porque se imaginan no sé qué cosa terrible del ambiente de rock. Pero cuando el pibe sale por televisión o viaja a Europa, como nos pasó a nosotros, la cosa cambia. "El nene es artista". Además hay una cuestión económica. Los padres no quieren gastar plata en una guitarra eléctrica o un equipo, que son bastante caros. Pero son pocos los casos en que hay que irse de casa para poder hacer lo que uno quiere.

—*¿Ustedes trabajan los temas entre todos? ¿Funcionan como grupo?*

—Sí, todos ponemos ideas, pero generalmente Oscar tiene la última palabra. Es lo mismo con los temas. Yo compongo a veces música y letra, pero firmamos Oscar como compositor y yo como letrista porque yo todavía no di el examen de música en SADAIC.

Yo compongo folklore también, porque me sigue gustando. Me he juntado con Chany Suárez para pasarle temas. En el 80 hice un par de recitales de folklore con sintetizador y bajo eléctrico. Luis hacía unos solos de minimoog en las chacareras que no se podían creer. Hay que traer la tecnología al folklore.

—*Vos sos la que más da la cara en el grupo, la que más habla, la que sale más fotografiada. ¿Nunca se te ocurrió hacer una carrera solista?*

—No me interesa en absoluto. Me siento mejor trabajando en grupo.

—*¿Seguís estudiando canto?*

—Sigo. Estudio danza, teatro, técnica escénica, muchas cosas. Todo eso ayuda mucho, porque cuando subís al escenario tenés otros recursos de expresión, además de la voz. Y creo que nuestra experiencia de años en shows y espectáculos con Nomady Soul y el interés que ponemos en desarrollar la parte escénica fueron fundamentales en el rápido ascenso de La Torre. Porque en esa época los grupos no se movían en escena, la música tenía que ser tomada con cara de preocupación. Yo aprendí a manejar el público de boliche, que es el más indiferente y snob que hay, y frente a doce mil personas en los recitales de Barrancas de Belgrano, esa experiencia te sirve de mucho.

—*¿Cómo es el nuevo álbum?*

—Descubrimos definitivamente que nos gusta el rock and roll. Entonces este es un longplay de rock and roll. Todos los temas son nuestros, menos uno, de Arthur Hamilton que se llama *Llorame un río*, y que fue grabado por Duke Ellington, Frank Sinatra, Barbra Streisand, Aerosmith y La Torre. Es un blues impresionante.

También hay una letra que pregunta: "¿Para qué la guerra en Medio Oriente?". Suponete que yo estoy con alguien y de pronto cae un misil y solo ves muertos a tu alrededor. Una masacre tras otra, ¿por cuántos metros cuadrados? La pobre gente que vive ahí... y no tiene salida. En otro tema hablo del imperio inglés de los piratas, y la guerra de Malvinas, con la que nos engañaron a todos, y ahora Nicaragua atacada por Estados Unidos. Son cosas que me salen mientras leo el diario y me agarro las broncas que se agarra cualquiera que vea lo que pasa.

El disco lo grabamos en cincuenta y ocho canales, con un técnico impresionante, el yanqui Dennis Herman. Tardamos quince días. Allá se manejan con otro nivel, con una permanente búsqueda de la perfección.

El primer LP fue grabado en ocho canales, en setenta y dos horas, con un técnico buena onda, pero sin experiencia de grupos electrónicos. El segundo está grabado por ION, sin límite de tiempo –doscientas horas– y con Jorge Da Silva, el tipo que grabó a casi todo el rock nacional. El tercero está grabado en Ibiza, en uno de los mejores estudios del mundo. ¿Dónde iremos a grabar el cuarto? El disco no tiene toques tecno, a pesar de haber sido hecho allá, donde el tecno copó todo. No nos interesa el sonido de esas baterías electrónicas, nos gusta el baterista que sude y se esfuerce. Nuestra música es música de vida. Nuestro rock and roll es un rock de carne y hueso.

Publicado originalmente en *Canta Rock* Año II, N° 21 (31-X-1984), bajo el título "La potencia roquera de La Torre".

SANDRA MIHANOVICH:
LA PIRUETA MUSICAL

Hace dos años, Sandra Mihanovich pasó de pronto a la cumbre del éxito, arrastrando hacia arriba con ella a una camada nueva de compositores. Hoy, con una larga experiencia de actriz y una gran popularidad como cantante, Sandra cuenta la extraña historia de cómo llegó y hacia dónde se dirige.

—En mi familia la música es un integrante fundamental. Entonces canto desde muy chiquita. Mi abuelo nucleaba a un montón de gente organizando cuartetos vocales y todo tipo de rejuntes musicales. No se dedicaban profesionalmente a la música, solo lo hacían por gusto, para cantar y tocar en reuniones de amigos y fiestas. Pero tenían un nivel de ensayo y seriedad igual que un grupo profesional. No componían, salvo mi tío Raúl, que ya murió, y Sergio, que pertenece a la camada de Lalo Schifrin, Gato Barbieri y los López Ruiz, toda gente destacada del jazz argentino. Sergio compuso mucha música de películas, algunas importantes como *Los jóvenes viejos* y *La mala vida*, y una de sus canciones fue grabada por tipos como Sérgio Mendes y Bill Evans.

Bueno, dentro de ese ambiente muy musical, yo tuve mi primera guitarra a los once años, y empecé a acompañarme yo misma. Cantábamos mucho a dos voces con mi hermano. En el colegio también cantaba mucho, en las actividades extraescolares. Mi madre, que trabajaba en televisión, no quería estimularme a ser una "niña prodigio", así que dejaba que yo me desarrollara sola, sin intentar aprovechar prematuramente mi facilidad para el canto.

Desde chiquita mi sueño era ser una gran cantante. Pero también quería trabajar como actriz, ser una intérprete integral. Cuando, a los catorce años, viajé a los Estados Unidos y vi por primera vez una comedia musical, me quedé asombrada: allí estaba todo lo que me gustaba. Había una cosa mágica que unía el canto, el baile y la actuación. Cuando volví a la Argentina no supe cuál era el camino para llegar a eso. Primero me metí en la Universidad Católica a estudiar música, porque allí se la enseña muy intensamente. Pero me cansé, porque había que estudiar siete años, y yo quería cantar ahora, estar ya sobre un escenario. La teoría era muy interesante, pero yo quería práctica.

Entonces hice el ingreso al Conservatorio de Arte Dramático. Al poco tiempo me llamaron para hacer una publicidad. Yo no tenía pensado meterme en publicidad. Pero tenía diecinueve años y podía cantar una canción de mi hermano, *Falta poco tiempo*, entonces era una oportunidad enorme, porque en el aviso yo actuaba y cantaba una canción elegida por mí. Cumplía todos mis objetivos.

Al mismo tiempo entré a grabar mi primer longplay con una libertad impresionante. Yo elegí todos los temas y le di el estilo a los arreglos. La mitad de las canciones eran en inglés, porque en aquel tiempo yo tenía un repertorio medio internacional, no había tenido tiempo de madurar una selección propia de temas. Todas las canciones en castellano eran de mi hermano, porque yo no conocía otros autores. Cuando el longplay salió, la publicidad la estaban pasando por la televisión y el cine. Entonces el disco tuvo un gran éxito, porque tenía una manija tremenda. A partir de allí empecé a cantar en pubs todos los fines de semana, y estuve cinco años sin grabar, armando mi propio repertorio.

Y en ese período también desarrollé mi faceta de actriz, porque me llamó Alejandro Doria para trabajar en televisión con Selva Alemán y Norberto Suárez en *Identidad*, donde yo hacía una chica que cantaba, de manera que dentro de la misma serie yo tenía mi refugio en el canto. Fernando Ayala me vio en televisión y me llamó para actuar –sin cantar– en *Los médicos*. En el 78 actué para Alejandro Doria en una gran película argentina, *La isla*, donde aprendí muchísimo.

En ese mismo año me integré a un grupo para armar la comedia musical *Aquí no podemos hacerlo*, de Pepito Cibrián. Pepito es probablemente el único creador de comedias musicales en la Argentina y se juega mucho. La idea de él es trabajar en grupo, toda gente joven. Fue la única vez que trabajé en un equipo donde éramos todos iguales, teniendo que bailar y cantar y actuar al mismo tiempo, superando todas mis vergüenzas y mis conflictos con el cuerpo. La presentamos en el Embassy y tuvo bastante éxito de público y crítica.

Mientras tanto yo seguía cantando en boliches. Fue entonces que conocí a Alejandro Lerner, y al año siguiente entró a trabajar conmigo haciéndome los arreglos y acompañándome con lo que era su grupo, Solopororo. Entonces empecé a contactarme con otros músicos y a sentir la necesidad de que el público me entendiera, no solo cantar canciones que me gustaran, en inglés o castellano.

Pasé esos años tocando en boliches, madurando. Hice otra película, *Los miedos*. En el 81 Alejandro dejó de tocar conmigo y volvimos a formar un grupo con mi hermano. Presentamos un recital en la Universidad de Belgrano, donde nos vio Ricardo Kleinman, que fue productor de muchos grupos de la historia del rock y la música argentina. Me escuchó cantar y le pareció que tenía que grabar. Era perfecto, porque yo ya estaba madura, había reunido un repertorio que me gustaba porque me sentía muy identificada con las canciones, y tenía un training de ensayos y actuaciones bastante grande. En la grabadora no había mucha confianza porque era un momento en que no se vendían discos en el país, y nadie quería arriesgarse con cosas nuevas. Grabamos un simple, con *Puerto Pollensa*, de Marilina, y *Simple*, de Lerner. No le dieron mucha difusión, porque no le daban difusión a la música nacional en esa época.

—Todo era disco music, Julio Iglesias y María Martha Serra Lima....

—Pero el 2 de abril del 82 empezó a escucharse música argentina por la radio. Los programadores se encontraron con un disquito que tenía *Puerto Pollensa* y lo empezaron a poner. Fue un gran boom. Hasta Bernardo Neustadt lo pasaba en medio de sus charlas políticas. En ese momento salió el álbum, arreglado por mi hermano, y con dos canciones en las que me acompañaba Lerner. Era un disco homogéneo, y todas las canciones tuvieron éxito. *El asfalto, Cuatro estrofas, Es la vida que me alcanza...* A partir de allí se empezaron a conocer esos compositores: Marilina, Lerner, Fontova... Cuando yo le dije a Marilina que quería grabar *Puerto Pollensa* ella se entusiasmó, porque estaba prohibida, y no sabía cuándo iba a poder grabar. Hacía seis meses que Marilina había llegado de España.

—A través tuyo vino toda una camada de compositores, como con Baglietto aparecieron otros. Hasta entonces, la música popular eléctrica argentina estaba limitada a cuatro o cinco: Spinetta, García, Porchetto, León... No había tenido oportunidad de crecer, porque estaba perseguida.

—El disco se vendió muchísimo, muchísimo, más de ciento cincuenta mil placas. Eso era una barbaridad en una época en la que la música nacional no llegaba al gran público. Un día Ricardo Kleinman me dice: "Che, Sandra, ¿no querés hacer un Obras?". Yo pensé que estaba loco. Porque yo no soy roquera, y además soy una mina, y todavía no habían salido mujeres a cantar. Pero lo hicimos, en octubre del 82 hicimos dos funciones con Obras lleno. Fui la primera mujer que lo llenó.

—¿Cómo te sentiste cuando te encontraste ante tu nuevo público, mayoritariamente joven, que era muy diferente al público de los pubs y del music hall?

—Yo me sentí bien, pero en esos momentos uno no tiene mucha conciencia de lo que está pasando. Son cosas que te superan y te arrastran, tiene que pasar un tiempo para que lo concientices. Yo hago lo que me gusta, elijo las canciones que me gustan. Y lo máximo que puedo pedir es que eso guste a todo el mundo. Yo quiero ser una buena intérprete, poder cantar canciones de otros con personalidad propia. Aquí no había intérpretes, los primeros fuimos Baglietto y yo. A partir de allí, todo lo que apareció, joven y popular, se llamó rock. Yo no me considero roquera, pero no tengo inconveniente en que me llamen así, pero entonces el término nombra algo más amplio que lo que significa rock en otros países...

—Claro que es más amplio que eso. Rock se le llamó siempre aquí a la música joven que tiene una actitud de libertad y desafío, de Soy como soy. *Letras que describen la realidad, pero no responden a ningún compromiso más que la verdad. Nuestra revista se llama* Cantarock *y pone en su tapa a tipos como Silvio Rodríguez y Facundo Cabral mezclados con Los Twist y Spinetta. Todos ellos comparten el coraje de ser lo que sienten y decir lo que les parece. Y viven el mundo de hoy. Al final el rock es solo una palabra, pero es la que se usa para lo que no pertenece al show business habitual o a la música panfletaria.*

—El rock ya había tenido mucho éxito en la época de Almendra, Sui Generis, Los Gatos. Pero después lo pisotearon y no lo dejaron seguir adelante, hasta el boom de las Malvinas. Ese fue el puntapié inicial para que surgieran un montón de cosas, y se permitiera a tipos como Charly o Spinetta aparecer en la radio.

—Vos también hiciste de puente para muchos pibes que, influidos por el Proceso, estaban copados con la música disco, y a través tuyo llegaron a la música argentina.

—Yo estoy en el medio. Es un lugar muy difícil. Al principio estaba en un camino nuevo, que nadie había transitado. Yo me sentía un paria, no pertenecía a ningún ambiente en especial. Pero durante esos cinco años que estuve sin grabar me permitieron definir mi personalidad, y poco a poco la fui imponiendo sin necesidad de meterme en ningún movimiento específico. Ahora tengo esa libertad de cantar tangos si me gustan (hay un tema medio tanguero que grabé, *A vos ciudad*) o un bolero antiguo que me gusta mucho, como *Una mujer*. Yo estoy contenta de tener esa amplitud y esa libertad...

—Cuanto más abras el abanico de posibilidades, mejor...

—Creo que si parto de ser coherente conmigo misma, no voy a meter mucho la pata. Si la meto, bueno, más vale probar que quedarse sin hacer.

—¿Cómo fue el segundo álbum, Hagamos el amor?

—En el primero yo no tenía ninguna exigencia, porque podía grabar lo que quería sin pensar en el público, los críticos, los productores. Tuve detrás cinco años de trabajo y selección de temas. El segundo salió en pleno éxito, y Sandra Mihanovich ya era una persona importante, y había que responder a una gran expectativa. Y yo sentía que tenía que seguir superándome. Era difícil superar el primer disco, que fue fruto de cinco años y tenía muchos temas buenísimos. Pero conseguí salir adelante con un disco que me gusta muchísimo. Grabé *María, María*, un tema que me apasiona, y *Vuele bajo*, de Facundo, en un tiempo en que Cabral casi había sido olvidado en la Argentina. Grabamos con Amílcar Gilabert, que es un ingeniero de sonido de larguísima trayectoria en el rock, y supo darnos un sonido moderno. Lógicamente, el disco no tuvo el éxito del primero, porque ya el ambiente estaba lleno de figuras nuevas y el primero había sido un gol demasiado grande.

Después de ese disco necesité parar un poco. Le dije a mi hermano y a los del grupo que me hacía falta aislarme un poco, digerir todo lo que había pasado. Fue una ruptura difícil, porque nos queríamos mucho. Sobre todo con mi hermano, con quien estoy cantando desde chiquita. Pero fue muy sano, porque pude pensar.

A principios de este año grabé el longplay nuevo. Participaron dos arregladores: uno es Ángel Mahler, que está tocando ahora conmigo, y el otro es Leo Sujatovich. Me dio mucho placer trabajar con dos arregladores muy distintos, que me ampliaron el horizonte musical. Creo que el disco salió muy equilibrado en el trabajo de los dos. Tiene una riqueza musical muy grande.

Mi hermano, por su lado, grabó un longplay que ya está prácticamente terminado, tocando con los mismos músicos que me acompañaban. Él compone y canta la mayoría de los temas en ese disco. De manera que para él también fue un crecimiento la separación, porque ahora sale como solista con su nombre: Vane Mihanovich.

Y ahora estoy empezando la gira por todo el país haciendo un material nuevo. Me gusta ir al interior con cosas nuevas, y la banda suena muy bien, así da gusto.

Este es un país muy difícil, en el que tenés que estar cuidando mucho tu carrera y todo lo que hacés, porque si te descuidás desaparecés de un día para el otro. Por eso todavía no me metí en ningún espectáculo que aproveche mis posibilidades de actriz, porque no encontré ningún proyecto que me enriqueciera, y mi carrera de cantante está yendo muy bien y me da muchas alegrías. Por eso tampoco compuse muchas canciones, y las que tengo no las grabo. Me da la impresión de que soy buena como intérprete, pero no sé si tendré el mismo nivel como compositora. Creo que me paraliza un poco la idea de que nunca voy a lograr lo que hacen Marilina o Lerner.

Le puse música a dos poemas de poetisas uruguayas. Estoy probando algunas cosas. De todas maneras, yo recién empiezo, tengo toda la vida por delante.

Publicado originalmente en *Canta Rock* Año II, N° 22 (14-XI-1984), bajo el título "La pirueta musical de Sandra Mihanovich".

NITO MESTRE: DE SUI GENERIS A HOY

Nito fue la mitad del conjunto más famoso de la música argentina. Y le costó mucho ir definiendo su personalidad a partir del inolvidable *Adiós Sui Generis*. Aquí está su historia completa.

—Cantaba desde chiquito. En el colegio primario me hacían cantar, pero era un embole, porque me obligaban. Un tiempo después nos juntamos con tres pibes más y empezamos a cantar folklore, las típicas zambas de Los Chalchaleros y eso. Usábamos los ensayos para los espectáculos del colegio como excusa para ratearnos. Ahí fue que empezó a gustarme en serio.

Julio Ricardo, el relator de fútbol, era mi maestro de quinto y sexto grado. Y me apoyaba para que siga cantando. Con Mario Carlos Piegari y otro pibe hicimos un trío de guitarra española, flauta dulce (que yo estaba empezando a tocar) y una batería compuesta de redoblante y platillo solamente. Era medio ridículo lo que podía sonar eso. Hacíamos unos temitas de Piegari, cantados en castellano.

Un día Piegari fue a comprar un disco y cuando llegó a la disquería no se decidía entre Rita Pavone y el primer longplay de los Beatles. Decidió comprar el de los melenudos. Yo lo escuché en su casa, y me dio vuelta, especialmente el tema *Twist y gritos*. Me lo grabé en mi viejo Geloso y me pasaba el día escuchándolo. Ahí se definió todo. Nos cambió todo el panorama. Empezamos a sacar los temas, a cantarlos, a tratar de vestirnos como ellos, con las botitas y los pantalones ajustados. En las fiestas del cole salíamos con zambas y temas nuestros nada más, no nos animábamos con los Beatles porque eran muy movidos.

Después agrandamos el grupo, el baterista completó su instrumento y conseguimos un bajista. Este conjunto se llamó The Century Indignation, la indignación del siglo. Ya estábamos en el colegio secundario. Íbamos por la mañana, y un tal Carlos García Moreno iba a la tarde, y también tenía un conjunto, To Walk Spanish. Una vez, en tercer año, fuimos con Piegari al colegio a la tarde a ver una cosa y nos encontramos con Charly tocando rock y blues en el piano de la sala de actos. Era raro encontrar un pibe que tocara esa onda en el piano.

Nos empezamos a contactar con Charly y su grupo, aunque en las fiestas éramos rivales. Me acuerdo que en las fiestas yo cantaba *La promesa*, de Los Gatos. Una vez, mi hermano estaba organizando un desfile de modas, y necesitaba un grupo. Me invitó a mí, por supuesto, para que todo quede en familia. Pero necesitábamos más voces, así que decidimos juntarnos con el grupo de Charly, formando de ahí un solo grupo.

Trabajando juntos a partir de eso, Piegari, Charly y yo, nos metimos en un proyecto totalmente descabellado: hacer una ópera rock. Se llamaba *Teo*. Íbamos a las grabadoras ofreciendo la ópera y algunos otros temas, pero nos rechazaban. La ópera era todo un tema sin interrupción que pasaba de la bossa nova al tango y al rock, contando la historia de este tipo Teo. Como había que hacerla toda de un tirón, nos salía bien cada muerte de obispo.

La ópera duraba veinte minutos, así que era muy corta para un longplay. Y era invendible, porque no nos conocían ni los perros. Buscábamos las grabadoras en la guía e íbamos a presentarnos, sin recomendación ni nada. Nos comimos cualquier cantidad de esperas y verdugueos de los burócratas de las compañías, que no creían en el rock. Consultábamos a la vieja de Charly sobre contratos y todo eso. Fuimos una vez a una grabadora berreta que tenía discos de cantantes desconocidos pegados en la pared y nos dijeron: "Fantástico, mañana firmamos contrato para hacer un disco para vender en el exterior". Cuando miramos un poco el contrato vimos que era esclavizante, que incluía casi limpiarles la oficina y atenderles el teléfono a los tipos.

Nos rebotaban de todos lados. A nadie le interesaba Sui Generis, no le veían futuro. Nuestro caballito de batalla era *Cuando comenzamos a nacer*, porque todavía no teníamos *Canción para mi muerte*. Otro que mandábamos al frente era *Monoblock*, que nunca salió. Giramos tres años por las grabadoras. Mientras tanto, estábamos todo el tiempo juntos los del grupo, que éramos seis, y tocábamos en fiestas de amigos. Ensayábamos en un garage, en la casa del baterista. Hubo muchos cambios en la formación del grupo en ese período, porque los tipos no se bancaban la paciencia que hay que tener al principio.

¡NOS ESCUCHARON!

Para laburar con el grupo acompañábamos a un cantante que se llamaba Nelson, a quien representaba el Gordo Pierre. Una vez, en una grabación de prueba que hicimos con el tipo, metimos dos temas nuestros en el medio de la cinta, de manera que Pierre nos tuvo que escuchar. Y le gustó.

Pierre nos empezó a llevar a tocar en lugares medio subterráneos. Los viejos de Piegari se asustaron en el ambiente, y Mario tuvo que dejar el grupo. Hacíamos giras durmiendo en el auto, tocábamos en la calle en La

Boca, cosas super rascas. No ganábamos un mango. Pero a Charly y a mí no nos importaba, porque lo que queríamos era tocar y salir, y la vida bohemia nos copaba. En una gira acompañando a Nelson, en el show de Lincoln, metimos dos temas nuestros: *Quizás porqué* y *Mariel y el capitán*. Nos tiraron de todo. Entonces nos escondimos detrás de los equipos y respondimos el fuego con las mismas cosas que nos tiraban. Por supuesto, al rato cayó la cana y se cortó el recital. Hicimos giras por la costa en el verano, y muchas veces tuvimos que rajar por la ventana del hotel porque no estaba pago.

Debutamos realmente en un ciclo en el ABC con Roque Narvaja, Pedro y Pablo y Fontova con su Expreso Zambomba. Tocábamos todas las noches de jueves a domingo pasada la medianoche. Ahí empezamos a conocer a los músicos de rock de la época: Spinetta, Manal, Pappo... Todos ellos venían a zapar. Estuvimos como tres meses con ese ciclo. Habíamos descubierto que los dos solos (Charly y yo) llegábamos con más fuerza al público, así que en el ciclo estábamos en dúo por primera vez.

La gente se copaba con nosotros. Un día nos fue a ver Jorge Álvarez y dijo que le interesábamos para grabar en su sello Talent, dentro de Microfón. Charly había compuesto *Canción para mi muerte* en la colimba, de donde zafó enseguida, y a Jorge y a Billy Bond les gustó ese tema y otros más. "Bueno, llévense una muestra del contrato y mañana vienen a firmar", nos dijeron. No les creímos, porque ya nos habían bicicleteado tanto en otras oportunidades... Pero al otro día firmamos, ¡era en serio! Justo en ese momento Raúl Porchetto estaba grabando su primer álbum, *Cristo Rock*. A Charly lo llamaron para grabar teclados en algunos temas.

Empezamos a grabar en septiembre del 72. Me acuerdo claramente, el primer tema fue *Amigo mío, vuelve a casa pronto*. Nos metieron en la película *Hasta que se ponga el sol*. El día que la película se iba a filmar llovió y se pospuso hasta el sábado siguiente. En esa semana nos metieron de invitados en el festival y tocamos cuatro temas. *Canción para mi muerte* quedó filmada, y la película se dio en la misma época en que salió el disco. Mientras nosotros hacíamos la gira veraniega por la costa y seguíamos sin ganar un mango, *Canción para mi muerte* pegaba en Buenos Aires. Cuando volvimos, en abril, en un festival de grupos nuevos, la gente nos pedía "¡Rock para mi muerte!", "La canción esa de la muerte". Nosotros nos mirábamos y nos preguntábamos: "¿De dónde la conocen?". Nos abrazamos y dijimos: "¡Por fin!".

EMPIEZA LA VIDA

El longplay empezó a venderse de entrada. Muchos se sorprendieron de la velocidad del triunfo de Sui Generis. Porque todo el esfuerzo de tres años y medio de caminar grabadoras pasó desapercibido para la gente que no nos conocía. Por eso a veces me da risa cuando los pibes protestan de que hace seis meses que recorren grabadoras... Pero hay que tener una fe ciega en lo de uno, si no, no pasa nada.

El resto es historia conocida. A partir de ahí empezamos a hacer shows y recitales solos Charly y yo, pero pronto sentimos la necesidad de una banda, y llamamos a nuestro antiguo baterista, Pratti, y a Alejandro Correa para el bajo. Éramos un dúo con acompañamiento. Al poco tiempo nos metimos a grabar *Confesiones de Invierno*. En las grabaciones, tanto de *Vida* como de *Confesiones*, se armaban unos despelotes extraordinarios porque participaban todos los músicos de la época: Claudio Gabis, Alejandro Medina, Kubero, el negro Black Amaya, David Lebón, y nos gastaban porque éramos nuevos y medios suavecitos, y esos eran tiempos de música fuerte, con La Pesada en pleno. Billy Bond mismo era nuestro productor. Fue una época densa. Nosotros éramos ingenuos tipo Heidi, llegábamos con un globito, y los monos andaban en una muy pesada, de rock furioso.

En *Confesiones* ya estábamos más cancheros y controlábamos la cosa. Además, como Sui Generis se vendía todo, podíamos exigir más en la grabación y algunos arreglos de orquesta. Hasta ahí tocábamos con el piano acústico de Charly, mi guitarra acústica y mi flauta y el bajo y la batería de acompañamiento. Pero empezó a llegar la onda de los instrumentos nuevos: sintetizador, mellotrón, pedales... Todos los elementos que usaban Yes y Emerson. Para Sui Generis eso fue una revolución. Era la posibilidad de ampliar el sonido enormemente sin salir del grupo que teníamos. Charly se re-copó.

De las regalías que cobramos por la venta de discos, invertimos todo en instrumentos. Y el sonido del grupo empezó a cambiar. Pero en ese momento se empezó a gestar *La Biblia*, una nueva versión de la obra de los Vox Dei, organizada por Jorge Álvarez. Era un proyecto medio faraónico, con muchos músicos tocando y cantando. Tardó mucho en armarse y atrasó el trabajo de todos. Había una transa para lanzar con todos los chiches al grupo Espíritu y a nosotros no nos dieron mucha bola a nivel producción. Era justo el momento en que preparábamos *Instituciones*, que iba a cambiar mucho la onda de Sui Generis. Fue todo un año muy loco, entre *La Biblia* y los instrumentos nuevos. *La Biblia* estuvo bien montada, pero resultó un papelón en definitiva, porque era un rejunte de gente. Llevó una producción de la gran siete y hoy nadie se acuerda de *La Biblia*. Tanta escenografía, tanta planificación, ropa especial, de todo, para que al final saliera duro, poco natural, como una superproducción de Broadway.

HEAVY GENERIS

Y el cambio que estábamos haciendo en Sui Generis no le gustaba mucho a la gente, acostumbrada al dúo medio folk. Y además ya se empezaba a perfilar la censura de la derecha peronista. El disco *Instituciones* iba a ser un garrotazo a las instituciones cada vez más represivas de la época. Tuvimos que levantar dos temas, *Botas locas*, que cuenta la historia de cómo salió Charly de la colimba, y uno dedicado a la policía, que casi nadie conoce, aunque está grabado completo, sabe Dios guardado dónde. Hablaba de un tipo que se arrepentía de haber estado en la policía, porque se había dado cuenta de que era un ser humano, no Juan Represión.

Tuvimos que cambiar la letra del tema *Instituciones*, del otro que habla de la censura y de *Para quién canto yo entonces*. Estábamos preparando el recital en el Coliseo, y Charly, Rinaldo y yo discutíamos sobre qué íbamos a hacer con el disco. Porque si empezábamos a serruchar todo había que decir las cosas de otra manera. Porque las cosas había que decirlas igual.

A todo esto, habían entrado a Sui Generis Rinaldo Rafanelli en bajo potente y Juan Rodríguez en batería. Empezamos a trabajar juntos antes y ya en *Instituciones* estaban totalmente integrados. Para muchos, ese fue el fin de Sui, porque se convirtió en un grupo fuerte. Pero tenía que pasar. Los que nos iban a ver, esperando el dúo acústico, se quedaban helados.

A principios del 75 presentamos el disco en el Coliseo, en unos recitales impresionantes con David como guitarrista invitado. A mí me gustaba mucho cómo sonaba el grupo en esa época. Sonaba grosso.

Pero a partir de ahí comenzó la debacle. Nos empezamos a tirar a chanta, porque las cosas se habían puesto más complicadas. El habitual delirio del éxito y el cansancio de luchar para imponer el nuevo sonido... Dejamos de pensar en el futuro de Sui Generis. Nos veíamos muy de vez en cuando con el flaco. No ensayábamos mucho. Llegó un punto en que en los shows hacíamos cualquier cosa. Y como a la gente no le gustaban tanto los temas nuevos con electricidad, y nosotros estábamos cansados del dúo acústico... No sonábamos bien porque no ensayábamos, y la base de Rino y Juan se copaba en correr y zapar. Cada vez se metían más notas complicadas, más piruetas sonoras, bien en la onda que llegaba de afuera. Yo pedía orden, ensayo, prolijidad, pero la cosa no andaba. Además repartíamos toda la guita en partes iguales entre los cuatro. Era como un grupo distinto con el mismo nombre.

Hicimos un ciclo en el Astral, que fue un desastre, porque no habíamos ensayado. Charly ya había hablado conmigo que quería disolver el grupo. Yo le dije: "Aguantemos un poco más a ver qué pasa". Cuando terminamos el recital del Astral nos juntamos y dijimos: "Sí, no hay duda, hay que separarse".

A partir de ahí cambió la onda. Nos empezamos a juntar para ensayar, a hacer todas las cosas bien. Fue como el último estertor. Cuando supimos que preparábamos la despedida y se terminaba todo, empezamos a trabajar en serio. Por eso la despedida salió tan bien.

NITO, ESE DESCONOCIDO

Durante los últimos tiempos de Sui Generis yo viví en la casa de Rinaldo. Al poco tiempo de la separación me fui, porque quería estar solo y pensar. Pasé unos días en Córdoba, con un grabador que me había regalado Charly. Fue un fin de semana fundamental. Me fui con la viola, y empecé a componer. Entonces me salió *Fucsia*, *Y las aves vuelan* y otro tema más. Ahí, por primera vez, me di cuenta de que podía componer. Porque siempre había tenido un buen compositor al lado que no paraba de hacer temas que mataban, entonces nunca me había largado por mi lado.

Le llevé a León la música de *Las aves* y le expliqué lo que sentía con los pájaros y todo eso, y él hizo la letra. Casi enseguida me llamó Leo Sujatovich y me dijo: "Me gustaría grabar con vos". Empezamos a llamar músicos y se fue armando un grupo sin que yo me lo propusiera demasiado. Al final Leo no quedó, pero se formó una super banda con Alfredo Toth, Rodolfo Gorosito, Osvaldo Caló. Y yo tenía ganas de que cante una mujer, así que la llamé a María Rosa. Tenía la idea de hacer un grupo de folk-rock que suene muy bien con un buen trabajo de voces. Así se formó Los Desconocidos de Siempre.

Empezamos a ensayar a todo vapor. Era un grupo muy consciente, muy trabajador. Yo vivía en un hotel donde también vivía Charly, en la pieza de al lado. Los dos estábamos bastante asustados con la nueva etapa, porque siempre habíamos estado juntos. Yo le mostraba lo que pensaba hacer con Los Desconocidos y él me hablaba de sus planes para La Máquina de Hacer Pájaros. Sui Generis nos pesaba como un bloque de cemento en la cabeza. Empezamos a ir al psicoanalista para limpiar un poco tanto despelote mental. Estábamos sin guita, empezando una nueva aventura cada cual por su lado. Nos aconsejábamos y nos apoyábamos. A veces hay que caer en un bajón terrible para dar un paso adelante. Yo no tenía un mango, tuve que dejar mi cámara de fotos porque no tenía con qué pagar el hotel. ¡Veníamos de llenar el Luna con Adiós Sui Generis y no nos quedaba guita! La verdad es que no supimos manejar la guita que ganábamos. Toda la vida habíamos invitado a todo el mundo a comer y habíamos andado en hotel y taxi permanentemente, porque el éxito nos tomó desprevenidos.

Vivimos con amigos durante un período, porque no era cuestión de volver a la casita de los viejos después de todo lo que había pasado.

Por fin estuvieron listos Los Desconocidos, y dimos un ciclo de recitales en el Teatro Estrellas. Fue impresionante, porque me sentía como en mi casa. Estábamos felices porque sonábamos bien y el público nos escuchaba relajado. Y salió el primer longplay, que fue excelente, porque tuvo mucho apoyo de la grabadora y había un entusiasmo inmenso. Nos fuimos de gira por todo el interior.

El segundo disco de Los Desconocidos, en cambio, tuvo problemas de sonido porque la mitad lo grabamos en Brasil y la mitad aquí, era desparejo y tenía algunos temas flojos. Me costó un poco salir adelante de ese bajón y volver a entusiasmarme. Pero levantamos mucho la puntería en el tercero, *Saltaba sobre las nubes*, que fue un muy buen disco. Pero el grupo, después de cuatro años, ya estaba un poco desgastado. Y como en el espíritu del rock está ese asunto de renovarse, de no seguir las cosas cuando ya no te entusiasman, decidimos disolver el grupo, aunque estábamos trabajando bien y los discos se vendían.

LA LUCHA SOLITARIA

Yo ya tenía algunos bocetos de cosas, y tenía ganas de cantar solo, de elegir los músicos que quisiera en cada tema, de manejar los arreglos, de probarme solo. Era hora de empezar una nueva historia. Eso fue *20/10*, mi primer disco realmente solista. Yo llamé a cada músico y le dije: "Hay que hacer esto, esto y esto. Quiero que suene así". Fue un disco que me dio mucho placer porque resultó muy bueno y le gustó a la gente.

Y sonó muy bien. Cuando fuimos a Uruguay, con Serú Girán y mi banda, fue una maravilla. Abrimos nosotros el recital y después nos juntamos con Charly para hacer unos temas de Sui Generis. Serú remató el concierto. Teníamos ganas de probar cómo sería Sui Generis hoy, pero pensamos que si lo hacíamos en la Argentina se iba a convertir en un acontecimiento, y no tendríamos posibilidad de relajarnos. En Uruguay podía pasar un poco más desapercibido. El público uruguayo es muy cálido, y eso fue lo que me decidió a hacer un disco en vivo, que lo grabamos en una gira que hicimos después con la banda.

En mi último álbum, *Escondo mis ojos*, metí temas como *Te recuerdo Amanda*, que hace mucho tiempo quería grabar. Y me di el gusto de cantar con Mercedes Sosa.

Si ando en un momento en que no se me ocurren temas nuevos, en un período de cambio, el habitual cambio cíclico que tenemos los rockeros, entonces prefiero juntarme con otros a cantar y tocar. *Porque cantamos* me dio esa oportunidad. Tocar con gente como Celeste, Baglietto y Oveja Negra es muy estimulante. Además, en esta gran gira que hicimos se creó un clima de hermandad entre nosotros que hace mucho tiempo que no sentía.

Publicado originalmente en *Canta Rock* Año II, N° 23 (28-XI-1984).

MERCEDES SOSA: COMPARTIR LA EMOCIÓN CON TODOS

Mercedes Sosa es la voz que corporiza un sentimiento latinoamericano. Porque representa la tierra y la gente que vive en el interior del continente y porque se comunica con otros artistas, tendiendo vínculos profundos que borran las fronteras. Y porque su voz extraordinaria sigue teniendo la misma fuerza y emoción a pesar de los años de trabajo y de triunfo.

—Sabemos que curiosamente naciste un 9 de julio en Tucumán, pero no conocemos mucho sobre tus comienzos musicales...

—Empecé a cantar en el colegio, a los quince años, más o menos. En realidad, canté siempre. Parezco un fonógrafo ambulante. Cuando todavía no me contrataban, cantaba para los chicos, imitaba a la gallega Gumersinda, que era un personaje del varieté. Imitaba también a Lolita Torres, que en esa época era jovencita.

Hasta que gané un concurso de LV 12 de Tucumán, con la zamba *Triste estoy*, de Margarita Palacios. Me dieron un contrato de dos meses, y después me agregaron más. El comienzo en la radio fue muy duro, porque yo no tenía repertorio. Tenía tres canciones, nada más. Había un amigo de mi padre, un guitarrista a quien yo llamaba "tío". El tío Navarro. Él me empezó a pasar canciones.

Yo en esa época era estudiante, y en Tucumán se respeta mucho a los estudiantes, porque son luchadores. Por eso también los reprimen y los matan como todos sabemos que ha sucedido. Y bueno, se me acercaba la gente a darme canciones y apoyarme, porque estudiaba y cantaba.

En ese tiempo no existían los grabadores, apenas teníamos radio, y había que memorizar las canciones que pasaban por la radio. Era un camino largo y trabajoso, ir armando el repertorio e ir llegando. Ahora los cantantes y compositores tienen más posibilidades. Además, hasta que llegaron Los Chalchaleros y Los Fronterizos, la música folklórica estaba mirada un poco despectivamente. Después se generalizó la costumbre de andar cantando con guitarra y bombo.

—Poco después te contactaste con [Armando] Tejada Gómez y [Oscar] Matus...

—Sí. En el 62 fundamos el Movimiento del Nuevo Cancionero con poetas y músicos que traían un concepto nuevo del folklore. Pero nos iba mal, éramos desconocidos y no teníamos difusión. Nos apoyábamos mucho entre nosotros. La gente conservadora del folklore nos miraba con un poco de lastima. Es increíble que Margarita Palacios, una mujer que vestía y hablaba como una coya del norte, nos comprendía y nos ayudaba, por eso es que yo la quería tanto. Es notable que esa mujer haya tenido más visión que alguna gente que se las tira de culto. En general la gente del folklore es muy conservadora, y eso es una de las cosas que más me molesta de ese ambiente. Yo no tengo esos ritos del asado y el vino. No hago un mito de las empanadas. Mi madre hace humita, pero no hace mitos.

—En aquella época, Ariel Ramírez...

—Huy, ¡el era muy famoso ya! Había compuesto *La tristecita* y la *Misa criolla*. Era muy famoso pero también muy bueno. Fue muy gentil conmigo en aquella época.

Andábamos siempre en un boliche en Yerbal y Condarco, en Flores, y solo nos iban a ver los jóvenes. La gente grande nos miraba con desprecio. Fue una época difícil, porque la pobreza nos rondaba de cerca. Mi hijo Fabián había quedado en Tucumán, nosotros vivíamos en una pensión. Pero éramos jóvenes, y los jóvenes que quieren algo nuevo siempre pasan por momentos difíciles.

En el 65 fui a Cosquín, y grabé *El romance por la muerte de Juan Lavalle* con [Eduardo] Falú y Ernesto Sabato.

Eran tiempos de batalla. Por eso me atrajo Violeta Parra, y me sentí tan cerca de ella. Cuando supe de su muerte y de su vida tan sufrida... Por eso hice ese disco en homenaje que tanto me emocionó, y que ha quedado como uno de los clásicos de mi discografía. Ese disco, y el de homenaje a Atahualpa Yupanqui, fueron muy importantes en mi vida. Y los dos fueron prohibidos. En el 78, que yo estaba totalmente prohibida, fue cuando salió el homenaje a Yupanqui, y fue un fracaso de ventas, a pesar de ser el disco más hermoso que grabé. Lo que pasa es que no tuvo ninguna difusión. Me querían apretar para que yo me vaya del país, porque era una figura urticante. No diría que yo era peligrosa, porque si hubiera sido peligrosa me hubieran matado, pero era molesta.

También en esa época había muerto mi marido, y yo me estaba quedando en Buenos Aires. Todavía no viajaba tanto como ahora.

—Esos viajes te han enriquecido mucho el repertorio, porque conociste a los brasileros, a los cubanos, a tantos músicos latinoamericanos...

—Sí, pero fijate que afuera les gusta más cuando canto folklore, porque me ven como una cantante folklórica, sobre todo en Europa. Pero a mí me ha hecho mucho bien gente como Milton Nascimento. Cuando grabó conmigo Chico [Buarque] una canción que se llama *Cio da terra*, fue que me abrió el panorama. Ahí me di cuenta de que yo podía desarrollar otro camino, y sin embargo lo dejé pasar, porque la maduración no viene por decreto, sino que es un proceso muy lento. Eran cosas muy nuevas para mí, y además cantadas en portugués, tardé en darme cuenta lo que significaba.

—¿Y tu contacto con la gente del rock?

—Yo no canto rock. Canto canciones bellas de Charly, León o Litto Nebbia. No sé si se llama rock o cómo se llama. Para mí son grandes canciones, grandes poesías. A mí me gusta *Cuando ya me empiece a quedar solo*, creo que es una reflexión bastante profunda sobre la vida de los artistas o de cualquier ser humano que en un momento se queda solo. Ese impudor de hablar de la soledad con total sinceridad es una cosa muy valiosa. Y estos jóvenes, aunque uno piense que son muy nuevos para hablar de soledad, sin embargo la miran de frente. Antes no hablábamos de eso. Antes no había esta soledad de las ciudades, la gente siempre tenía un pariente cerca, se vivía más en comunidad. Ahora la gente vive más en soledad. Como dicen los franceses, "se protege tanto el individualismo que después la gente anda hablando sola por la calle". Eso es un poco peligroso, ese culto de la soledad, ese "yo me banco sola" que se usa ahora. Todos los seres humanos tenemos malos momentos, pero tenemos la salida a través de los amigos. Porque son los amigos y la perseverancia en el trabajo lo que te ayuda. Yo nunca tuve apoyo oficial, por ejemplo. Todos mis viajes y mis recitales por el mundo los saqué de mi propio esfuerzo y de la gente que me conoce.

Ahora voy a pasar el año viajando: Méjico, Colombia, Estados Unidos, Europa...

—Vos sos uno de los pocos argentinos a los que les va bien en el exterior...

—Sí, pero no soy de los que sueñan con "triunfar" en Europa o Estados Unidos. Hay gente que todavía está pensando en París como "La ciudad Luz", como si fuera el ombligo del mundo. Yo voy a trabajar en Europa, en Colombia, en Japón, a cualquier lado donde la gente me quiera escuchar. Pero es muy doloroso ver esa gente pendiente de triunfar en Europa.

—Es una vieja costumbre de ciertas clases argentinas, soñar con Europa o Estados Unidos y darle la espalda al país real...

—A nosotros nos tiene que interesar Comodoro Rivadavia, Caleta Olivia, la gente de nuestro país. A mí a veces se me cae la cara de vergüenza cuando los locutores dicen que "triunfé" en Europa. Para mí triunfar es cantar bien en un lugar del interior y que la gente se emocione y me aplauda.

Y ahora tengo más facilidad para llegar a la gente, porque me conocen más, han escuchado mis discos. Hubo una época en que estaba prohibida, mis discos no circulaban, no se pasaban por las radios, la gente no los escuchaba.

Pero el "triunfo" y el "fracaso" son relativos... Un artista puede ser quemado por un productor que lo maneja mal. Y no tiene que sufrir por eso, tiene que seguir luchando y creando. Tampoco tiene que sufrir si un día desafina. Porque a lo mejor durmió mal o anda embromado del hígado. Si los instrumentos varían con los cambios de temperatura y humedad, cómo no va a variar la voz o la afinación de un artista que, además, está sujeto a cambios emocionales.

—*Por eso es tan importante el trabajo de apoyarse entre músicos, como hacés vos, como hace Milton, como hiciste en tu regreso a la Argentina.*

—Los músicos argentinos me ayudaron a mí, cuando volví con el inevitable miedo de comunicarme de nuevo con mi público. León y Charly me ayudaron mucho. Como también me ayudaron Fagner y Milton, abriéndome el panorama brasilero. Eran momentos muy difíciles para mí.

Yo adoro a Charly García. Adoro sus canciones, su desafío permanente. En otros países no comprenden que yo cante *Cuando me empiece a quedar solo*, vestida con poncho, en medio de un repertorio básicamente folklórico. Pero nunca dejo de cantarlo, porque yo no uso a la gente. No es que lo haya cantado para poder comunicarme con la juventud. Lo canto en todas partes, con todos los públicos. Ahora compramos un sintetizador y [Oscar] Alem lo toca en ese tema, hace cosas maravillosas.

Y León es una persona extraordinaria. Cuando Milton escuchó los discos de León que le mandé, me dijo: "¡Qué hermosas que son esas canciones!". Y yo le contestaba "¡vas a ver cuando lo conozcas a él!". Por eso yo quería traerlo a Buenos Aires. Y por eso también es que siempre le insisto a León: "Aunque no compongas, cantá. Vos sos un gran cantante, y podés interpretar las canciones de otros. Porque la gente quiere escucharte a vos, no te contratan como compositor".

Los artistas tenemos que estar unidos. A veces somos un poder, porque llevamos gente. Porque la gente se une para decir sus cosas, a veces para gritar sus dolores y sus frustraciones. Somos un poder para expresar el alma del pueblo. Afortunadamente no somos un poder para matar.

Somos un poder para transmitir emoción, para humanizar la tierra. Porque compartimos una enorme emoción uniéndonos, en base a la admiración que nos tenemos, y eso le llega a la gente, es una gran emoción que nos hace bien a todos.

Publicado originalmente en *Canta Rock* Año II, N° 25 (27-XII-1984).

LOS ABUELOS DE LA NADA: RECUPERAR LA ALEGRÍA DE VIVIR

No son los mismos Abuelos que fueron pioneros del rock nacional. Son otros, aunque los siga liderando Miguel Abuelo y la pasión musical sea la misma. Pero Los Abuelos de hoy son como un viento fresco y vital que sabe por qué suena como suena.

—¿Cómo ven ahora, después de varios años, la historia del grupo?

CACHORRO LÓPEZ: Al principio, cuando llegamos Miguel y yo de Ibiza con la idea de formar una banda dinámica, nadie nos creyó, no le veían posibilidades. Era una especie de quijotada. Pero después la cosa anduvo, Los Abuelos de la Nada fueron muy bien recibidos. Y detrás vinieron una serie de grupos a los que la prensa y cierta gente calificó como de "música divertida", pero nosotros nunca tuvimos la intención de ser abanderados ni líderes de un "movimiento". Lo "divertido" es una faceta de Los Abuelos, pero no la única. "Divertido" no es una palabra que sintetice lo que tienen para ofrecer Los Abuelos. Cierta gente nos calificó así, pero fijate que cuando el furor de lo "divertido" pasó, nosotros seguimos tan fuertes como antes.

MIGUEL ABUELO: Tendría que haber doscientas bandas argentinas con carácter jovial, porque aquí falta alegría de vivir. Pero Los Abuelos van más allá, y la prueba es *Himno de mi corazón*, que no es un tema "divertido", pero es un tremendo hit. Y seguiremos cambiando y mostrando otras facetas de Los Abuelos.

CACHORRO: El nuevo disco es el trabajo que más satisfechos nos ha dejado hasta ahora. Sentimos que tenemos una identidad y un estilo más definido que nunca. Nos costó bastante, pero logramos el sonido que buscábamos.

—¿Era necesario ir a Ibiza para grabarlo?

CACHORRO: Era necesario grabar con un técnico como Robin Black, un tipo con mucha experiencia que nos enseñó muchos secretos de los estudios de grabación. Además, era necesario vivir todos juntos en medio de las colinas ibicencas, en medio de esa magia tan fuerte que tiene la isla. Los nuevos Abuelos comenzaron hace varios años en Ibiza, cuando nos juntamos Miguel y yo para cantar y preparar una idea de grupo para volver a Buenos Aires. Entonces, estar con el grupo ya sólidamente afirmado, tocando de nuevo en Ibiza, fue como hacer un repaso de la historia, ver con perspectiva nuestra evolución.

ANDRÉS CALAMARO: Por eso, cuando volvimos, llegamos con ideas nuevas y ganas de dar un viraje de timón al grupo. Lo llamamos a Juan del Barrio para tocar otros teclados y cambiamos los arreglos de los viejos temas, adaptando todo al nuevo sonido.

—Ustedes son varios que componen. ¿Cómo eligen y elaboran los temas?

ANDRÉS: No hay una forma fija de trabajar. Estamos, desde ya, en contra de todo tipo de dictadura. El grupo va desarrollando una especie de "inteligencia orgánica", y hay un acuerdo profundo entre nosotros sobre lo que queremos de Los Abuelos. Cada uno compone sabiendo que es para el grupo, que tiene el sello característico de Los Abuelos.

CACHORRO: Con Miguel muchas veces hacemos temas juntos, tenemos una especie de matrimonio de música y letra. Pero no hay estructuras rígidas. Si alguno trae un tema lo trabajamos entre todos. En este último disco sucedió que varias veces el autor de un tema ya tenía la idea del arreglo en su cabeza, y nos gustó, y lo hicimos como él quería. Nos acostumbramos a componer y arreglar para el grupo. Agarramos un tema y lo tocamos varias veces, le vamos dando forma, puliéndolo parte por parte. Estamos siempre cocinando el puchero juntos. Maduramos el estilo del grupo entre todos.

—A pesar de esa unión, varias veces se corrió la bola de que se separaban....

CACHORRO: Ya llevamos varios años tocando juntos. Hemos grabado tres discos. Tuvimos un éxito muy fuerte y sobrevivimos, cosa que es muy difícil. Andrés y Miguel hicieron sus discos solistas, pero el grupo siguió unido. Sobrevivimos también a que tres de nosotros salieran de gira con Charly, y todo el mundo pensó que nos separábamos. Siempre están diciendo que nos vamos a separar. Pero somos muy estables, tenemos una relación muy clara entre nosotros. Lo que pasa es que no es habitual en la Argentina que un grupo sobreviva a todas estas cosas. Aquí los grupos se separan enseguida, sobre todo si tienen éxito.

MIGUEL: Pero Los Abuelos somos una unidad orgánica, un núcleo vivo que utiliza sus diferencias para crecer, no para pelearse. Lo que pasa es que el periodismo se copa con la necrológica, con la muerte, la pelea y la separación. La Argentina debería convertirse en un gran hospital, donde se cuiden las emociones y los talentos de cada uno, tratando de impulsarlos a crecer. Si a vos te falta un dedo, hay treinta mil monos señalándote como defectuoso, y no hay nadie que te explique cuántas cosas podés hacer con los otros nueve.

— "Yo quiero ser un enfermero", dice Charly.

ANDRÉS: Es que la música de ahora le está diciendo "¡NO!" a todo ese veneno...

MIGUEL: Y proponiendo un mundo más sutil, más delicado, más gracioso, más amable. Un placer para todos que no tiene fronteras, porque suena en todas partes.

CACHORRO: El rock es como el *Carnavalito Humahuaqueño*, que no necesita decir: "Soy argentino y popular", no necesita de la ideología, porque es indudablemente representativo.

ANDRÉS: Y hace quince años que viene diciendo lo mismo. Toda esta propuesta de vida pasó a través de los cambios políticos y sigue proponiendo lo mismo, con una coherencia que nadie tiene en este país.

MIGUEL: Los Abuelos están para acompañar al tipo que labura en un torno o en una verdulería, para armonizarle la vida al presidente o al último preso maltratado, para devolverle su himno del corazón y su alegría de vivir al ciudadano común. En un tema de Andrés, en una frase muy cortita, se ha sintetizado lo que buscamos y muchas veces encontramos con los Abuelos. El tema se llama *Hombre lobo* y dice: "En un mundo casi ya sin ley, nosotros somos el amor".

ANDRÉS: Mucha gente ya se dio cuenta que las cosas en este mundo no son como parecen, que los líderes y los presidentes no son señores ejemplares, que muchas veces son verdaderos lobos. Y nosotros tampoco somos un rebaño de idiotas, podemos elegir vivir como nos parezca. Me gusta que Miguel elija esa frase, porque medir las cosas por el amor y la alegría es una forma de mantenerse vivo en medio de la Gran Mentira. Este es el mundo del poder, el mundo del dinero, el imperio sin ley de las multinacionales. Yo no creo que en el Vaticano se hable de religión, en la Casa Blanca hablen de libertad y en el Kremlin de comunismo. Creo que el lenguaje de esa gente es el lenguaje del poder, de dividir para reinar.

MIGUEL: En cambio, la mayoría de los artistas del mundo estamos tratando de elevar la vitalidad de la humanidad, de dar las señales de vida que hacen falta. Por eso los que hoy en día se rebelan contra la sociedad lo hacen de una manera graciosa, de una manera vital. Ahora hay que trabajar muy concentradamente en devolver esa vida, en recuperar nosotros esa vida en un mundo casi ya sin ley que está a punto de explotar. Pero los músicos de rock tenemos una suerte inmensa: estamos condenados a la cadena perpetua más deliciosa. Porque, ¿qué más puede querer un tipo joven que tocar la guitarra y estar obligado a evolucionar permanentemente, tener que aprender y soltarse, ser más libre y mejor cada día?

Publicado originalmente en *Canta Rock* Año II, N°26 (9-I-1985).

ALEJANDRO LERNER:
APRENDIENDO A VIVIR

Alejandro sigue vendiendo discos como siempre, y sigue tan sincero como siempre. No quiere dejarse marear por el éxito, y confiesa que está aprendiendo, que su último longplay no tiene cosas nuevas, que está preparándose para una nueva etapa. Lerner sigue creciendo.

—Este año me borré durante todo el año. Estaba harto de discutir con productores, estaba harto de pensar solamente en mi trabajo. Se me estaba volviendo medio pesado el éxito y las relaciones del negocio del espectáculo. Todo el mundo te está exigiendo que produzcas, que labures como un burro y que seas Gardel todo el tiempo. Me di cuenta que era muy famoso, pero me estaba volviendo loco. Y habiendo tanto trabajo, las cosas ya no salen perfectas. Tus compañeros empiezan a protestar. El éxito, que debería ser placentero, se vuelve una cosa conflictiva y dolorosa.

Cuando terminé la temporada de recitales, en marzo, en vez de descansar me puse a ensayar. Era tal la máquina que tenía que no sabía parar. Me di cuenta de que no había compuesto nada, porque estaba tan saturado de cosas. Tenía que darme un tiempo para elaborarlas, para metabolizarlas. Tenía que prestar un poco de atención a lo que me estaba pasando. Entonces paré de trabajar, desarmé la banda, y me separé de la agencia en la que estaba. Aprendí mucho en ese período de locura. Me di cuenta que tengo que preservar mi salud y mi equilibrio, que es lo que me va a permitir seguir creando y viviendo.

Poco tiempo después me tomé un avión y me fui solo a Europa. Lo que quería era viajar, volver a andar por la calle como un tipo cualquiera, sentirme libre de nuevo y reconectarme con mis propias experiencias. Estuve solo por España, Francia, Italia... Reencontré viejos amigos que viven allá y que me conocen como persona, no como estrella de la música. Vivir las cosas que surgen espontáneamente cuando uno viaja libremente, cuando nadie te conoce, es muy refrescante, te recuerda la persona que sos realmente. Por primera vez estaba contento todo el tiempo, aprendiendo de la vida.

De ahí me fui a Nueva York. Lo llamo a mi amigo –gran guitarrista– Ignacio Elisavetsky que está trabajando en Hawai, para que se una a mi grupo, cumpliendo una promesa que yo había hecho de juntar a mis amigos músicos cuando tuviera posibilidades.

—*¿Y volviste a la Argentina con nuevas ganas...?*

—Sí, empecé a pensar en una nueva etapa. Me compré un equipo de luces propio para manejar todos los detalles de mis espectáculos. Ahora mi productor soy yo. Puse una oficina con el productor de Valeria Lynch, para mover nosotros mismos todos los detalles de mi carrera. Es más difícil, pero uno hace las cosas como quiere, formando un verdadero equipo de trabajo.

Renové la banda con todos mis viejos amigos. Empezamos a hacer giras por el interior que fueron impresionantes. Somos un equipo de veinticinco personas que sale de gira, y es difícil, es un aprendizaje grande mantener un grupo así con buena onda y con eficiencia.

En noviembre cambié de compañía discográfica, y la nueva empresa decidió apoyarme e invertir para que yo vaya a grabar a Estados Unidos con todos los chiches.

Entonces lo llamé a Daniel Freiberg –un argentino que trabaja en Norteamérica haciendo arreglos y grabaciones– para que fuera mi productor artístico. Se vino para aquí y empezamos a seleccionar el material. En una semana nos fuimos con los bocetos de los arreglos y con Jorge Alfano, que toca bajo conmigo y es un gran amigo. De esa manera yo me sentía jugando de visitante, pero con equipo propio, tenía con quién consultar y discutir las cosas.

Jorge y Daniel (que tocó algunos teclados) eran los únicos músicos argentinos. Todos los demás eran súper músicos americanos de sesión, a quienes yo no conocía, contratados especialmente para grabar el disco. Tipos muy profesionales, a quienes le das la partitura básica del tema y en poco tiempo ya empiezan a improvisar de acuerdo a tus directivas. Fue una experiencia muy fuerte para mí, darle instrucciones a tipos que saben tanta música... Yo les explicaba lo que quería, les traducía las letras para que comprendan el espíritu de cada tema. Y se copaban, porque en general las letras de la música norteamericana, cuando son de amor, son medio superficiales. Y mis temas hablan de cosas que me pasan, traté de que sean lo más sinceras y profundas que puedo.

Uno, como buen latinoamericano, se subestima a sí mismo frente a esos gringos "avanzados". Y resultó lo contrario. Los tipos se recoparon de que hubiera músicos argentinos con swing y entusiasmo, porque están metidos en la rutina del músico profesional, y de pronto descubrieron alguien que se apasiona con lo que hace. Vieron que podían divertirse y crear. Y yo fui un poco a aprender de ellos, porque son tipos que tocan este tipo de música de taquito. Todos los técnicos eran americanos también, menos el hijo de Horacio Malvicino, que vive allá y estuvo de asistente de grabación, y nos hicimos muy amigos.

Durante el período de la grabación y el mezclado me vinieron a ver muchos tipos importantes del negocio de la música allá. El mánager de Cyndy Lauper, por ejemplo, se interesó en mis cosas. El editor de los temas de Lennon y McCartney también. Como yo puedo cantar en inglés, a los tipos les interesan mis temas para el mercado yanqui. Me trajeron contratos para firmar ya, y yo me asusté un poco. Porque quiero manejar despacio mi carrera y dar cada paso con seguridad. Ellos necesitan compositores, porque allá hay buenos intérpretes, los fabrican y los lanzan muy bien, pero no tienen compositores con riqueza melódica y gancho. Y mis temas evidentemente tienen gancho.

—¿Vos recién estás empezando a desarrollarte como compositor?

—Claro. Mi carrera de cantante fue tan fuerte que tapó un poco mi trabajo de compositor, no me deja tiempo para desarrollarlo, yo no me veo a mí mismo como un intérprete, sino como un tipo que compone canciones, y por ahora le toca cantarlas. La carrera de cantante es muy sacrificada, te la pasás de gira, dependiendo de los sonidistas, los mánagers, las empresas grabadoras. Si componés, lo hacés en tu casa, curtiendo una vida saludable y tranquila. Y si llegás a tener éxito con un tema, que se difunda en varios países, es un gol económico también. Como cantante tenés que yugarla sin parar, y a veces te va bien, a veces te va mal. Estás todo el tiempo ocupado en los problemas de la gente que trabaja por vos.

—¿Y cómo sentís el disco ahora?

—Mirá, no es un disco que muestre hacia dónde va mi música. Porque en estos últimos tiempos no estoy componiendo mucho. Yo podría componer canciones vendedoras, pero no quiero. La mayoría de los temas del disco son viejos, cosas que yo tenía y que si no las sacaba ahora iban a perder actualidad. Lo importante en este disco es la parte técnica, ya que tuve la oportunidad de hacer un álbum bien grabado, con buen sonido, bien interpretado. Aprendí mucho haciéndolo. Es un longplay de transición, que cierra una etapa. Las canciones no son las mejores que he hecho, y no representan lo más profundo de mi corazón. Pero son temas que respeto y que quiero, porque pertenecen a una época. Una canción como *Pienso en ti*, que habla de la muerte de mi padre, o *Mi tiempo está solo*, que es sobre una amiga que hace años se tuvo que ir del país. No es un disco que tiene una propuesta nueva, porque la propuesta nueva todavía la estoy masticando en esta etapa de mi vida, en la que pasé por muchos cambios. Estoy madurando, y eso se verá en lo que haga en el futuro.

—¿Qué vas a hacer en el futuro?

—Mi disco va a salir en España, aprovechando que Miguel Ríos, el cantante de rock más fuerte de allá, me invitó a ir. Porque grabó *Todo a pulmón* y se convirtió en un hit, vendió más de ciento cincuenta mil discos. Entonces yo voy a empezar allá con mucha polenta.

Ahora en mi trabajo quiero hacer las cosas despacio. No voy a caer de nuevo en la carrera loca del éxito que te arruina la vida. Quiero trabajar con más placer y más calma. Prefiero tener menos seguridad económica, ganar menos, pero mantener mi salud y seguir creando, no desgastarme.

Y me están pasando cosas lindas. Tengo una oferta del Conservatorio Municipal para ser asistente en la cátedra de Música Popular que están por crear con Roque de Pedro, un tipo que sabe mucho.

También me llegaron ofertas para tocar en el Colón con la Orquesta Sinfónica. Son cosas que exigen claridad, que tienen que estar bien hechas, con responsabilidad. También quiero ayudar a músicos jóvenes del interior, porque hay algunos muy talentosos, y les es muy difícil llegar a los centros de poder musical.

Otra cosa que quiero hacer es un seminario de técnica de grabación. Quiero traer técnicos americanos para que nos enseñen a trabajar en un estudio.

Los argentinos tenemos la manía de criticar a los que hacen cosas, a los que trabajan, a los que crean algo nuevo a su manera. Y eso tenemos que superarlo, porque estamos malgastando la energía maravillosa que nos tocó en esta vida y que se puede utilizar para descubrir cada día el misterio del mundo.

Publicado originalmente en *Canta Rock* Año II, N°27 (24-1-1985).

RAÚL PORCHETTO:
LA PAZ ES REVOLUCIONARIA

Raúl sigue con su trabajo lleno de amor, con su sincera búsqueda de lo mejor de sí mismo y de lo mejor de los demás. Y el producto de esa búsqueda es una música cada vez más depurada y un ser humano de corazón limpio como pocos.

—Yo empiezo a pensar en el próximo disco seis o siete meses antes. Empiezo a imaginarme el nuevo sonido, los detalles de producción, las letras... Pero este último longplay fue saliendo solo, casi sin proponérmelo. Muchas canciones surgieron durante los ensayos y las pruebas de sonidos.

Yo siento que es un disco que me muestra como soy, el tipo que soy todos los días. Y la banda suena impresionante. Todos los del grupo colaboran mucho, aportan cosas a la música. Yo doy la idea de cada canción, y trato de que los músicos propongan cosas, porque ellos son los especialistas de sus instrumentos. En general, cuando hay comunicación con los músicos, los arreglos surgen solos.

—*Contame sobre Lila, a quien le dedicaste un tema.*

—Lila es una mujer que vive en Las Lomitas, en el Noroeste de Formosa. Trabaja con los aborígenes. Está en una escuelita con noventa chicos matacos y pilagás. Les enseña, les da de comer, los trae a la mañana y los lleva a sus casas de noche. Dedica su vida a esos chicos. En estos últimos tiempos me estuve interiorizando de muchas cosas sobre los aborígenes y la gente que los ayuda. De allí salieron las ganas de componer esta canción. La melodía la había compuesto antes, pero no le encontraba la letra, hasta que conocer a Lila me inspiró. Me entusiasma hacer saber a la gente que todavía hay personas que trabajan por los demás en este planeta.

—*El pibe que vive en Buenos Aires está desconectado de todo eso...*

—Es que Buenos Aires no es la realidad del país. El interior es otro mundo. En la Capital se vive una ficción, se vive la película fabricada por la publicidad y los medios de comunicación. Las metas, las escalas de valores, todo es diferente en el interior. A mí me apasiona conocer esos otros valores, y tener la posibilidad de elegir lo que me gusta, no quedarme solo con la realidad que me han querido vender. Hacer mis cosas, pero conectarme con todo tipo de gente.

—Los rockeros estamos encerrados en nuestro propio video...

—Sí, ya casi parecemos tangueros, diciendo "lo que no es como lo nuestro no es bueno". Es necesario salir del propio agujero y ver qué pasa afuera. Todavía estamos con el complejo del machito argentino, el piola, el que pega más fuerte. Ese machito argentino se fue canalizando a través de distintas modas, pero siempre conservó esa mentalidad. Y ahora parecemos todos salidos de una gran fábrica en la que nos hacen a todos iguales, nos van poniendo las etiquetas y entonces nos vestimos todos con la misma ropa y el mismo corte de pelo, usamos los mismos formulismos para hablar y hasta tenemos las mismas tristezas y alegrías. Estamos todos programados...

—Y la esencia del rock en un principio fue, justamente, desprogramarse de toda la basura que nos quieren imponer.

—¡Claro! Al principio la pauta era no tener pautas fijas. Pero terminamos metiéndonos en nuestra propia cajita, obedeciendo una nueva escala rígida de valores. Asumiendo enterita la moda que nos imponen.

—Y en este país tan grande y con tanto para hacer...

—Un país enorme y riquísimo en el que el Norte no se parece para nada al Sur, cada región tiene costumbres totalmente diferentes. ¡Hay tanta variedad! Y lo mejor que le puede pasar a un pibe que está creciendo es conocer todo para después elegir entre muchas posibilidades de vida. Porque si obedece lo primero que le venden y no se pone a investigar un poco más, con los años se da cuenta de que se metió en un camino equivocado que no lo hace feliz, y no se preocupó en averiguar qué otras posibilidades tenían. Creyó que estaba eligiendo, pero estaba actuando de acuerdo a lo que le habían programado.

Nosotros tuvimos mucha suerte porque nuestra generación produjo tipos como Lennon, que nos mostraban otras posibilidades de vida. Pero las generaciones posteriores empezaron a recibir todo envasado.

—Vos siempre hablaste de Dios en tus discos, pero en este hay una canción sobre María, que tiene todos los elementos de una canción religiosa, católica.

—Hay muchos prejuicios con la religión. ¿Por qué yo puedo hacer una canción para mis hijos y no una a María, que es una mujer que yo amo y que me inspira lo mejor? Yo no pertenezco a ningún ejército, ni rockero, ni religioso, ni nada. No llevo ningún uniforme. Pero amo a esa mujer y mis canciones siguen respondiendo a lo que pasa en mi corazón y en mi cabeza.

Yo no me voy a pelear con Dios porque no me gusten algunos de sus representantes en la tierra. Si tengo que visitar a un amigo, no me voy a detener a pensar si el portero del edificio me gusta o no. Yo siento a Dios y a María dentro mío, con mucha fuerza, Y trato de no tener prejuicios que me impidan decir lo que siento.

Esa canción de María sacó una mención en el Festival de la Canción Navideña. Yo la había compuesto para Navidad, justamente. Y es la primera vez que me premian una canción, cosa que me alegró mucho.

—En este último disco parecés más cerca de la vida cotidiana que nunca...

—Quiero volver a lo fresco, a lo mágico que puede ser tocarse, mirarse, estar juntos. Las canciones son momentos que uno atrapa, como en una película, y que las sintetiza en tres minutos o a lo mejor en una sola estrofa, y la siguiente ya habla de otra cosa. Yo quiero reflejar esa vida real que nos sucede a todos, y seguir conectado con la gente. Estoy orgulloso de ser músico popular.

Tardé quince años en llegar a la gente, en salir de mis manías personales y comunicarme con la gente en un lenguaje que les llegue a todos. No es que ellos hayan aprendido a escucharme. Yo aprendí a escucharlos a ellos y hablar un lenguaje común. La profesión de cantante a veces te aísla de la gente, y yo quiero ser un tipo cualquiera. Y la canción es una forma de afecto, porque lo que todos estamos pidiendo es eso: afecto.

—El mundo puede mejorar *es un mensaje insólito en este momento de bajón y falta de perspectivas...*

—Es que es una maniobra política la que les saca la fe y la esperanza a la gente. Martin Luther King decía: "Si alguien me convence de que el mundo termina mañana, yo igual sigo plantando mi manzano". Esa fe es necesaria.

Hay quienes piensan que yo quiero decir que el mundo está fenómeno. ¡No! El mundo está peor que nunca, y se están haciendo las porquerías más grandes de la historia. Pero de todos modos, puede mejorar. Si no creemos que se puede mejorar, nos estamos prestando al juego de que todo siga así.

Lo más subversivo que hay es la paz y la fe de que se puede mejorar. Y lo más infantil es la respuesta violenta a un sistema que vive de la violencia. Con la respuesta pacífica rompés el juego de violencia y separación en que nos tienen metidos. Todo te está diciendo que amar es imposible. Si vos pensás que el hombre puede ser feliz, sos un revolucionario. Yo no estoy levantando una consigna o una orden de "tenemos que mejorar el mundo". Yo soy un cantautor chiquito que va diciendo que la vida da para mucho más. Que podemos ser felices si queremos.

Publicado originalmente en *Canta Rock* Año II, N°28 (7-II-1985).

MIGUEL MATEOS:
ZAS EN ACCIÓN

Debutó en el recital de Queen, frente a sesenta mil personas que no tenían ganas de ver a un grupo desconocido. Pero metió *Va por vos* en boca de todo el mundo. Y poco a poco fue haciéndose un lugar en el rock nacional a fuerza de letras contundentes y música con punch. Hoy rebobina el cassette de la memoria y dice algunas cosas más.

—Tengo treintaiún años, y empecé a meterme con la música a los doce, en séptimo grado, cuando tenía un conjunto. Mis viejos, que son de clase media baja, hicieron un esfuerzo enorme por mandarme a un colegio inglés, porque decían que el inglés es el idioma que domina al mundo. Mi viejo me había comprado una viola criolla y me mandó a estudiar folklore, pero abandoné enseguida, porque no me gustaba. Pero un amigo me enseñó los tonos de varios temas de los Rolling y los Beatles. Entonces me compré una viola eléctrica berreta y formé mi primer conjunto: Cristal.

Tenía quince años cuando nos presentamos con un tema mío –en inglés– al Concurso Pinap en un anfiteatro de Palermo. Salimos finalistas y tocamos al lado de grupos como Almendra y Vox Dei. Después de eso, nos metimos a tocar en fiestas y casas de familia. Poco a poco fuimos perdiendo el entusiasmo. A pesar de todo, yo seguía escapándome de casa para ir a ver los recitales de trasnoche de aquella época.

A los dieciocho decidí dejar todo, porque me sentí muy limitado musicalmente, y me copé con la música erudita. Di el examen de ingreso en el Conservatorio Municipal Manuel de Falla, coincidiendo con el primer gobierno peronista del 73, que puso de director del conservatorio a Augusto Rattenbach, estableciendo sistemas modernos de enseñanza. Allí estudié piano, armonía, composición, etc. Me juntaba con los otros alumnos para tocar obras clásicas. Al mismo tiempo estudiaba para licenciado en Administración de empresas en la Facultad de Ciencias Económicas.

Cuando vino el golpe del 76 dejé el Conservatorio, porque volvieron los viejos métodos de enseñanza y nos prohibieron el pelo largo a los varones y los pantalones a las mujeres. Entonces seguí estudiando por mi cuenta.

Poco después formamos un grupo de fusión con mi hermano Alejo. Ese fue el germen de Zas. Volví a componer y cantar. Tocábamos en los primeros pubs que empezaban a abrirse. Poco a poco fui reencontrándome con el rock que estaba dormido dentro mío. Pero como no tenía muchas oportunidades de trabajo, decidí irme a Estados Unidos. Hice una cinta con temas en inglés para probar suerte allá.

USA Y QUEEN

En Nueva York conocí a Fabián Ross, ex productor de Almendra, que me conectó con gente de salsa, y allí me surgió la posibilidad de tocar teclados en un grupo. Pero yo extrañaba mucho la Argentina y decidí volver.

Ese cassette que había grabado me abrió las puertas al volver, porque [Alfredo] Capalbo lo escuchó y decidió, casi sin conocerme, que yo podía ser telonero de Queen, que él estaba por traer. Entonces formé la banda y nos pusimos a ensayar para el recital de Vélez.

—*¿Y cómo te sentiste, sin ninguna experiencia, tocando en un recital masivo en Vélez?*

—La gente decía: "¿Quién es este tipo? ¡Debe ser algún acomodado!". Nosotros nos encontramos en medio de ese gran despelote de producción y público. Ensayamos diez temas. Y en nuestro debut tocamos ante sesenta mil personas. Todavía no puedo entender lo qué pasó, ni digerir lo que sentí allí arriba. Tocábamos con equipos de cuarta, sin probar sonido, como si estuviéramos en una fiesta de cumpleaños, ante un público inmensa que no nos conocía.

Pero fue un aprendizaje tremendo. Viendo cómo trabajaban los de Queen, me di cuenta de que el rock era una cosa seria, no medio chanta como se hace en general en la Argentina. Tuve que ponerme al día de golpe, tener un grupo que suene, un repertorio y una manera de relacionarme con el público.

Con ese mismo grupo grabamos el primer LP de Zas. Yo asumí la producción del disco, sin ningún conocimiento de estudio de grabación. Y el disco salió con los típicos errores de un longplay debut, pero tiene muchas cosas interesantes.

El tema *Va por vos* tuvo mucha difusión, pero el grupo en sí no fue muy conocido. Cuando tocamos en B.A. Rock, por ejemplo, tuvimos que conquistar a la gente a fuerza de polenta, porque al principio no nos daban bola. Allí estrenamos el tema *Huevos*, con Cantilo cantando también. La gente estaba bastante agresiva, y yo les dije que en vez de pelearse entre ellos o atacar a los músicos, fueran a la Casa Rosada a tirar naranjas. Ahí entendieron y se calmaron, empezando a gozar de la música. Todos estuvieron de acuerdo en que lo que hace falta son huevos.

Poco después grabamos el álbum de *Huevos*, con Pablo Guyot en guitarra –que enseguida se fue para formar G.I.T.– y Fernando Lupano en bajo.

Terminado el disco la banda se abrió y me quedé de nuevo solo con mi hermano Alejandro, el baterista. Como veía la formación de Zas siempre muy insegura, decidí poner "Miguel Mateos, Zas", en la tapa del disco, para darme a conocer y así poder seguir en caso de que Zas no cuajara. Ese disco, que a mí me gusta mucho, también tuvo un par de temas muy difundidos, sobre todo *Huevos*, pero no fue un éxito de ventas. La carrera de Zas parece ser muy gradual, creciendo de a poco, porque la gente se tiene que ir acostumbrando al sonido y las letras.

Fue después de *Huevos* que se formó la banda actual con Raúl Chevalier en bajo y el "Chino" Sanz en guitarra, un tipo que tiene una larga experiencia musical, que empezó con el Trío Galleta allá por el setenta. Con esa banda grabé *Tengo que parar*, que creo que es un longplay más maduro, con imágenes que me parecen buenas.

—Vos tenés un estilo letrístico a la vez cotidiano y desafiante. Pinta casi siempre a un tipo perdido en la gran ciudad. ¿De dónde sale eso?

—Las letras me cuestan bastante esfuerzo. En general primero compongo la melodía canturreada en un idioma sanata, y le armo todo el arreglo. Recién ahí empiezo a pensar en la letra. Muchas veces me viene una imagen a la cabeza, que se convierte en el título y síntesis del tema. Los títulos generalmente son el resumen de mi historieta, el núcleo de la canción.

—¿Y los juegos de palabras irónicas que usás mucho?

—Es que trabajo sobre la fonética, usando palabras que suenen y acentúen la melodía para que las letras sean musicales también. Y veo las cosas cinematográficamente, como si la canción fuera un video de la vida. "Como un estúpido bajo la lluvia, corriendo taxis sin saber qué hacer", por ejemplo. Yo trato de capturar las imágenes mentales en una buena frase. No me paro a intelectualizar o preguntarme por qué. Otra imagen que me parece buena está en *Tirá para arriba*, y dice: "Tengo a un ruso y a un yanqui en mi habitación que se juegan mis zapatos y mi foto de graduación en un Atari". Es una imagen que tiene lado político, su lado cotidiano, tiene muchas facetas. Y no hace falta analizarla o explicarla. Es el impacto que te causa, las sensaciones que despierta lo que me importa.

—¿Por qué un ruso y un yanqui?

—Porque el mundo está dividido en dos, y nos tironean de ambos lados. El poder en el mundo está en manos de dos centrales gobernadas por viejos sin alegría. Parece que no hubiera alternativa entre una derecha agobiante donde están mezclados los elementos represivos de la religión, la guita y el militarismo, y una izquierda autoritaria que acaparó las grandes palabras como "Democracia" y "Justicia".

Pero los temas políticos despiertan furias terribles a veces. Yo digo que tengo que parar de imaginarme a "Reagan, Jimi Hendrix y Evita en el Sheraton deshojando margaritas". Y yo amo a Evita y varias veces voté por Perón, así como Jimi Hendrix es uno de mis ídolos. Pero los veo en el Sheraton juntos porque están en el mismo andarivel de las limousines y los guardaespaldas, atrapados dentro de ese mundo. Hace poco se me acercaron varios pibes de dieciocho años que me querían agredir por faltarle el respeto a Evita. Y yo les dije: "Flaco, calmate, vamos a conversar para ver qué sabés de Eva Perón". Y no quisieron, porque viven una fantasía, como gran parte de la política.

—No le creas a los cabezones que aparecen en televisión con gesto reprimido y palabras grandilocuentes.

—Otra clase de papás que te obligan a tomar la sopa y no creen en el amor... En *Bulldog* hay unos gritos primitivos: "Papá, ¡estoy enamorado!... ¡Callate, nene, no hables boludeces! Mamá, ¡tengo hambre!. Hay sopa de pollo en la heladera. Odio la sopa de pollo. ¡Tomá la sopa o llamo a la policía!'". Son cosas que están metidas en nuestras cabezas, y que el público corea porque lo siente muy hondo. Lo de "no hables boludeces" me pasó realmente cuando era pibe, mi viejo me contestó así. Y creo que a todos nos pasó algo parecido.

—Tenés la suerte de poder expresarlo en dos palabras, y no tener que hacer una larga y aburrida proclama intelectual sobre el paternalismo y la represión. Me parece que ese mensaje directo es la esencia del rock.

—Yo creo en eso, en el mensaje claro y contundente, sin rodeos. Por eso me gustan los instrumentos electrónicos modernos, me gusta la computación, me gusta el video. La síntesis directa y el punch. Yo estudié informática y computación, pero tuve que largar porque no podía hacer tantas cosas. Pero ese mundo me atrae mucho. Porque estos son tiempos para decir cosas de frente.

Publicado originalmente en *Canta Rock* Año II, N°29 (21-II-1985).

PIERO:
VOLVER FUE NACER DE NUEVO

A casi cuatro años de su regreso al país, Piero se toma una pausa para revisar la intensa experiencia que significó conectarse con el público a pesar de las amenazas, fundar las "Buenas Ondas" y tratar de encarar una carrera musical fuera de los carriles habituales del negocio.

—*Te costó empezar de vuelta en la Argentina, pero saliste adelante.*

—Si yo te digo que sabía lo que iba a pasar en la Argentina, no me vas a creer pero es así. De alguna manera lo había soñado, lo había visto. Cuando estaba en España, viviendo en el molino con mi huertita, pensaba que quizás no iba cantar más. No tenía nada que decir. Porque yo no soy un músico, soy un tipo que cuenta historias. Y después de tanta muerte en el país, después de tanto quebranto, yo también estaba quebrado por dentro. Estuve dos años sin agarrar la viola.

Pero después de la experiencia de trabajar en la huerta, de vivir solo y tranquilo, repensando mi historia, se me restableció mi orden interno, me volvió la fe en la vida. Y empecé a ver un montón de cuentos para contar, cosas que eran para mi país, porque Europa es un mundo que no me pertenece, la gente tiene otras historias.

Cuando llegué a Uruguay, tratando de acercarme de vuelta a la Argentina, me di cuenta de que lo que me había pasado era muy válido, que tenía cosas para decirle a la gente aquí. Fue entonces que compuse *Soy pan, soy paz*... Y entonces también tuve la intuición de lo que podía pasar con la gente, de que quizás nos engancháramos de otra manera, y empezáramos a sumar fuerzas. Unir todo lo que está vivo, para mejorar la tierra para sembrar, igual que en una huerta.

Cuando vi que mucha gente que había estado perseguida, como Marilina o Héctor Alterio, volvían al país y podían actuar, decidí llamar a algunos de los chicos de Prema, con quienes estábamos por empezar a tocar en España, y les dije que se vinieran, que nos largábamos aquí.

Fui a todas las grabadoras, pero los tipos estaban asustados. Me decían: "Esperá un poquito, que se abra más el ambiente". Armamos un Obras para presentar la banda, y el día antes del recital nos dijeron que no se podía hacer. Parece que les daba miedo que se juntara mucha gente. Teníamos que hacer algo más chico, y Romay fue el único que se animó a pesar de que lo amenazaron. El segundo día de recital en el Nacional dijeron que habían puesto una bomba, pero finalmente nada sucedió. Como se puede ver, el comienzo fue muy duro, y hacía falta tener fe. En Rosario, la primera vez que actuamos, como estábamos prohibidos, hubo que poner en los carteles: "El grupo Prema con un cantante italo-argentino". Cosas así todo el tiempo. Pero seguimos adelante, salimos a flote y todo eso se convirtió en una experiencia que nos fortificó, que nos unió más con el público.

TODO ESTÁ POR HACERSE

—*Los chicos fueron los que te aceptaron más rápidamente...*

—Sí, los que tenían la cabeza más abierta, con menos esquemas. Porque toda nuestra generación me consideró un traidor por venir con "buenas ondas", y me miraban con bronca. Hay tanta rigidez en las ideas de la gente a veces... Harían falta muchas "pequeñas aclaraciones"...

—*Y sería bueno que vayas "sacando todo afuera", explicando eso, en canciones o en reportajes...*

—Es muy fácil explicarlo. Es cuestión de agarrar este baldío que nos dejaron y empezar a mejorarlo, sacándole toda connotación política, religiosa, o la que sea. Empecemos a laburar, a hacer cosas, después cada uno tendrá su bandera, su corazoncito, lo que sea. Yo ya no creo en eso, pero hay que dejarle lugar a todos. Porque te atacan desde las religiones, te atacan desde los partidos, cada uno con su teoría. Cada uno opinando sobre lo que yo debería cantar...

Canciones como *Que se vayan ellos* o *Para el pueblo* son cosas de hace diez años, y eso ya pasó. Yo fui y volví, y hubo gente que se quedó enganchada en eso. Cuando, al llegar de España, Jorge Pistocchi me hizo el primer reportaje, yo le decía que estaba seguro que los únicos que me iban a entender de entrada eran los pibes jóvenes. Y fue así.

Todos estamos esforzándonos para cuidar la democracia, pero uno siente que el país no tiene un plan, no hay nadie que haga goles. No hay un código que nos una para ponernos a trabajar. Estamos todos desparramados. Entonces aquel que propone hacer algo ya con lo que tenemos, es acusado de demagogo. Pero el quiebre, la falta de fe, son tan profundos, que llegó la hora de lo concreto: basta de verso y hagamos algo, que si sirve va a dar resultado.

—*"El que piensa y no hace engendra peste", decía no sé quién. Y, ¿cómo va la actividad de los Centros de las Buenas Ondas?*

—Hay ocho escuelas en marcha. Y creo que de ahora en adelante no vamos a hacer más escuelas estatales. Vamos a construir guarderías, talleres, huertas comunitarias, escuelas de oficios útiles y cercanos a la realidad. Porque en las escuelas estatales, no sé qué clase de educación les dan a los pibes...

Porque el país está armado sobre cimientos viejos que ya no sirven. Ideas viejas, maneras de hacer las cosas que no dan resultado. Y todavía estamos peleando alrededor de esas viejas ideas...

La gente joven tiene que salir al campo, a ocupar este enorme país deshabitado, a formar grupos de familias o comunidades o lo que sea, pero poner manos a la obra. Y creo que eso de a poco está empezando...

—Dejar de pensar a quince y treinta días, como los plazos fijos, y pensar en veinte años, que es lo que tarda un árbol en crecer...

—Es un montón de gente la que necesita eso, que está queriendo trabajar así, salir de la desesperación. Y mientras tanto seguimos cantando, seguimos viviendo y divirtiéndonos. Yo hablé con [Carlos] Menem, gobernador de La Rioja, y [Felipe] Sapag, gobernador de Neuquén, y ellos están copados en que vaya a instalarse gente que quiera trabajar en serio.

—Esa fue la idea de convertir el Fan Club de Piero en Centros de Buenas Ondas. Es fantástico que en vez de intercambiar pósters se junten para hacer algo concreto, Pero, ¿qué resultado dio?

—Mirá, hubo una época, cuando hicimos los recitales en Atlanta, en que estábamos deslumbrados por lo que se estaba generando. Pero después se desinfló un poco, nos dimos cuenta lo difícil que es empezar a hacer cosas. Y uno tiene poca paciencia, quiere que dé resultado ya. Pero se formaron más de seiscientos grupos en todo el país, y es como un semillero de gente que está aprendiendo a manejarse sola, inventando todos los días una democracia en pequeña escala. Esos grupos, una vez que empiezan a pensar: "¿qué hacemos?" y estimulan su imaginación, se conectan con otra gente que está laburando en algo útil... Hay mil formas de hacer cosas, lo importante es que esos pibes ya empezaron. Y en el camino se aprende.

CACHUZO RANTIFUSO

—¿Cómo ves tu carrera ahora?

—Yo no soy músico. Tengo ideas. Entonces me junto con músicos y organizamos algo. Por ejemplo, tengo el plan de hacer un longplay con Roberto Goyeneche, porque compuse tres tangos a partir de letras de José. Lo llamé al Polaco y se lo propuse, y se enloqueció con la idea.

También compuse una ópera para chicos con Alejandro Mayol, con quien ya hicimos un disco para chicos: *Sinfonía inconclusa*. Estoy armando un grupo de chicos para tocar la música y actuar. Es la historia de Cachuzo Rantifuso, que era un tipo feo y raro, pero todos lo querían porque tocaba la Conga Mistonga que te despertaba el bichito de la felicidad que todos tenemos adentro. Él andaba por ahí con su charanguito despertando la felicidad, pero lo convencen las compañías publicitarias de que necesita otra imagen. El tipo viene con la nueva imagen a triunfar en su barrio y la gente no lo quiere, porque el que ellos quieren es el verdadero Cachuzo. Finalmente se saca todo y vuelve a ser como antes, con su charanguito, despertando la felicidad. Queremos utilizar toda nuestra experiencia para hacer algo que mate con los pibes, en un estadio.

Ahora que dejé de tocar hace tres meses, desde la despedida de Prema, voy a tener tiempo de desarrollar todas estas ideas. Me compré una chacra en las afueras de Buenos Aires, donde voy a poner un estudio de grabación, y tener una huerta, y frutales. Empezar a desarrollar cosas concretas. Estuve componiendo con José este verano, y salieron unos temas que me gustan y me dan ganas de hacer un disco.

—¿Por qué hiciste esa canción de las Malvinas en un momento en que nuestros legítimos derechos se están manejando como gancho político de los extremismos, muchas veces violentos?

—Quisimos contar la historia de un acto de piratería real. No tiene nada que ver con los cuatro gatos que se quejaron y amenazaron por la venida de Yes. Porque sabemos que Yes no tiene nada que ver con esa piratería. Hay ingleses que son maestros, como los hay de todos los países, y de ellos hay que aprender. Yo no estoy muy de acuerdo con machacar el "guerrerismo patriótico", porque no importa de quién es el Beagle si tanto los chilenos como los argentinos de allá abajo están muy mal, muy abandonados. Pero ese tema muestra cómo vienen de afuera los monstruos y copan por la fuerza. Es una canción, nada más.

—¿Estás por grabar en Brasil?

—Le produje un disco a Teresinha, una cantante brasilera del sur. Lo hicimos con Tarragó Ros y tengo muchos amigos en Brasil, desde la época de los festivales, hace como quince años. Y siempre decimos "vamos a hacer algo juntos". Pero hay que conseguir el momento en que todos puedan, y es difícil. Entonces lo que voy a hacer es ir allá, grabar las bases de los temas, y entrar a invitar amigos para grabar cuando tengan tiempo. Amigos como Martinho da Vila, Zé Ramalho, Caetano, Iván Lins, y el poeta Vítor Martins me va a hacer las traducciones al portugués. Pero todo eso requiere una elaboración, y creo que es prematuro hablarlo, aunque hace tiempo que lo tengo en mente. Pero hay tanto para hacer, que es mejor ir despacio y llegar lejos, manteniendo esa fuerza de la fe y la amistad, no moviéndose por los vaivenes del negocio.

Publicado originalmente en *Canta Rock* Año II, N° 30 (7-III-1985).

JUAN CARLOS BAGLIETTO:
TRATANDO DE CRECER

Apareció de golpe hace tres años en todas las radios del país, traía una voz extraordinaria, una sensibilidad a flor de piel y una banda de amigos rosarinos de asombroso talento. Entre todos abrieron un camino nuevo en la música nacional. Hoy Baglietto reflexiona sobre la vida en Buenos Aires, el éxito y muchas otras cosas más.

—*¿Cómo te sentís ahora, después del éxito repentino de* Era en Abril, *cuando ya han pasado varios discos y muchas experiencias?*

—Creo que he hecho cosas positivas y cosas que no lo fueron tanto. Pero asumo toda la responsabilidad. Sé que aprendí mucho y dejé de lado muchos prejuicios. Imaginate, yo hace años que toco, pero en Rosario llevaba cien personas a los recitales. Y de pronto empecé a llenar estadios y vender discos. Volví a Rosario y actué cuatro veces en El Círculo, lleno hasta el tope. Y ese tipo de experiencias te pegan muy fuerte. Tenés que estar bien parado, porque si no te podés confundir mucho.

Al principio no entendía la sofisticación que rodea al éxito aquí en la Capital. Tuve que superar muchos prejuicios. Cuando estás en el interior tenés más conciencia del país en el que estás, pero también tenés muchas más represiones y preconceptos.

Fijate que nosotros nos vinimos en masa desde Rosario. Y la gente nos pregunta: "Pero, che, ¿la Capital no los modifica?". Y la verdad es que sí, no nos deforma, pero nos modifica. Con el tiempo vas asimilando inevitablemente el lugar en el que vivís, a menos que te pongas un impermeable mental.

A mí lo que me interesa de los lugares es la gente que los habita, y yo tengo mi kiosquito con mis amigos aquí. Todavía me tira Rosario porque allá quedaron algunos amigos, quedó mi viejo. Y yo nací y pasé las aventuras de mi adolescencia allá. Pero estoy metido de cabeza en el mundo de la música en la Capital. Me paso el día en los ensayos, en las grabaciones de los amigos, es una cosa apasionante, como un vicio. No sé cómo me sentiría ahora en Rosario en una de esas tardes en las que no hay nada que hacer.

—*¿Y tu relación con el ambiente de rock?*

—Al principio me costó mucho acercarme a los otros músicos, porque me puteaban sin conocerme. "¿Quién es este mono que apareció de pronto con afiches por todo Buenos Aires, y que vendió cualquier cantidad, llegando al disco de platino en dos meses? ¿De dónde salió? ¿Quién lo fabricó?".

Y como yo tengo esa cosa bien de provinciano de no querer molestar a los demás, no me acerqué a los otros músicos, por timidez. Me moría de ganas de conocer al flaco Spinetta, pero jamás le fui a tocar el timbre, por ejemplo. Ahora que nos hemos ido acercando con los otros músicos, me doy cuenta de que me he ganado su respeto. Todos somos un poco pibes de barrio, y yo era el que venía de otra "barra". Tardaron en aceptarme en la "barra" de la Capital. Además yo siempre me mantuve un poco refugiado en el grupo de "rosarinos en Buenos Aires".

—Pero a pesar de tu integración al "mundo sofisticado del jet set musical" (risas)vos sos un tipo muy estable, que ha mantenido su banda, su estilo y hasta su pelo largo. No te marearon mucho las luces del centro...

—Yo creo en el esfuerzo de trabajar en una sola dirección. Y hacerlo intensamente. Si vos cambiás de músicos todos los días, tu sonido también va a cambiar y no vas a tener tiempo de profundizar las posibilidades de la banda. Yo no tengo una gran formación técnica. Mi mayor recurso es la sensibilidad, por eso me junto con tipos que apuntan en el mismo sentido, para ir desarrollando las cosas.

Por otro lado, yo valoro las modas que se dan tan fuertes aquí. Creo que es bueno que las cosas se renueven. Pero si cuando todo el mundo se corta el pelo para arriba vos también te lo cortás, quizás es que no estabas muy seguro de lo que querías. Si un día me corto el pelo así será porque yo he asimilado profundamente la cosa.

—En estos últimos tiempos también te encontraste con el mundo de los productores, las grabadoras, el mercado de la música.

—Las agencias y los productores son un mal necesario. Yo soy muy consciente de que si hiciera las cosas a mi manera no ganaría un mango jamás. Es necesario tener un productor que tenga la visión comercial del asunto. Pero creo que hay que lograr un equilibrio. No llegar al extremo de la empresa puramente comercial que se dedica a alquilar "números" sin que le importe nada, ni tampoco hacer la agencia "La Joda Loca" en la que somos todos re-amigos pero es un caos y las cosas no salen bien.

Cuando teníamos el grupo en Rosario, Irreal, éramos independientes. Nos manejábamos nosotros como podíamos. Pero no porque quisiéramos conservarnos "vírgenes", fuera del mercado comercial. Éramos independientes por necesidad. Nos escuchaban doscientas personas. Pero creo que no hay que quedarse en eso. Lo que mata es empezar así y aprender el lado duro del trabajo, pero terminar llegando a mucha gente sin tener que cambiar tu onda. Porque uno quiere ser escuchado, y poderlo hacer cada día mejor, con más medios técnicos, mejor sonido y mejores espectáculos. ¿Para qué sirve hacer algo extraordinario si solo te escuchan diez tipos?

—En este momento hay muchos pibes que quieren escuchar buenas cosas, y si vos no tenés difusión nunca se van a enterar de lo que estás haciendo.

—Exacto. Si podés hacer lo que te gusta, llegar a muchos y vivir de eso, ¿qué más querés? Esta no es una época para quedarse encerrado en tu grupito de amigos pensando que vas a salvar el mundo. No queda mucho tiempo. Los misiles están listos para dispararse. Pero ya sabemos que somos una generación golpeada a nivel ideológico y a nivel físico. Vivimos con la guardia levantada, sospechando de todo porque nos han mentido y perseguido tanto...

DEL ÉXITO AL TRABAJO CONSTANTE

—¿Cómo ves tu evolución ahora?

—Hoy no tengo el auge de ventas discográficas que tuve con el primer álbum. Sé que el interés por el rock y por mi música no ha decaído, pero la gente no tiene guita para comprar discos, y todo el mundo está vendiendo menos. Pero, por ejemplo, los recitales gratuitos de Barrancas de Belgrano llevan veinte mil personas llenas de entusiasmo.

Yo personalmente he perdido público, porque mucha gente que no escucha este tipo de música se acercó por *Era en Abril* y después yo ya no hice más temas de ese estilo. Saqué un segundo longplay enseguida para separarme de *Abril* y de *Mirta de regreso*, que podían convertirse en una especie de cárcel, me iban a acabar sepultando. Me di cuenta de que podía perder público con *Tiempos difíciles*, pero no podía limitarme a la onda de esas dos canciones, que me cansaron.

Yo no sé si voy a volver a tener un éxito como aquel. Pero eso no importa tanto como mantener un ritmo constante de comunicación con la gente. Y quizás es hasta una suerte no seguir teniendo un éxito desmesurado, porque es peligroso.

Otra cosa que aprendí es a no limitarme con los ritmos. Me parece que la coherencia viene a través de la temática que encarás y los climas que creás. Ahora soy capaz de meter una chacarera al lado de un tema disco, y no sentirlo como una contradicción, porque ambos tienen mi onda. Por suerte el público argentino es bastante abierto y no se ata tanto a los esquemas. La gente que me escuchó cantar temas dramáticos como *Era en Abril* no me rechaza porque baile y salte en el escenario, o haga un rock and roll. En España, en cambio, eso no lo entienden. Si vos cantás con letras densas son un cantautor, y tenés que sentarte en una silla con la guitarra y poner cara de preocupado, en la onda de los cubanos. No entendían que yo cantara ese tipo de temas con una banda eléctrica y potente y me moviera por el escenario. Para ellos el rock es AC/DC. Nuestro rock ha roto esos límites. En Latinoamérica la gente sabe que hay un "rock argentino" que tiene la intención y la polenta del rock, pero con una onda totalmente propia.

—*Todo el grupo de gente que se vino con vos (Adrián Abonizio, Jorge Fandermole, Rubén Goldín, Lalo de los Santos, Fito Páez, Silvina Garré) empezó su carrera solista en estos últimos tiempos. ¿Te quedaste huérfano de compositores y compañeros?*

—Yo siempre supe, cuando tocaba con Fito, Goldín y Silvina, que esa banda iba a durar poco. Porque veía todos los días la cantidad de talento que había esperado turno. Todos ellos tenían alas como para volar solos, y yo era la cabeza de puente, el primero que abre la puerta. Siempre intenté apoyarlos para que tuvieran su oportunidad, como la tuve yo. No me parece que pierda porque ellos hacen lo suyo, me parece que se suma, que nuestra música se enriquece si ellos graban y salen al frente.

—*Contá algo del nuevo disco.*

—Por fin me doy el lujo de meter orquesta, y no tener que reemplazarla con sintetizadores. Donde tiene que haber violín, hay violín. Grabé temas con Rubén Juárez en bandoneón, Lucho González en guitarra criolla y Alejandro Santos en flauta. La banda de base sigue siendo la misma: Sergio Sainz en bajo, Marco Pusineri en batería y Eduardo Rogatti en viola. El Pollo Raffo, que toca los teclados, está haciendo todos los arreglos.

Es un disco lindísimo, porque tiene de todo: chacareras, baladas, tango, música disco. No sé si tiene grandes hits, pero es el laburo de producción más cuidado que hice hasta ahora. Y ya estoy imaginándome el espectáculo del disco, que saldrá a fines de abril. Va a ser un buen ejemplo de toda la música que estoy encontrando en los últimos tiempos, en los que aparentemente estuve parado y la grabadora sacó ese disco de recopilación contra mi voluntad, confundiendo a la gente.

Tengo una idea para más adelante: hacer un álbum histórico de homenaje al rock. Grabaría veinte temas de diferentes épocas y autores, temas que matan y que a lo mejor pasaron desapercibidos, como *Separata* de García, *Escúchame entre el ruido*, de Moris, *El otro cambio, los que se fueron*, de Litto. El proyecto es grabar con los autores, para que el tema conserve su espíritu original, pero usando toda la técnica que hemos aprendido en estos años. Como soy intérprete, me puedo dar el lujo de elegir lo que me gusta y cantarlo a mi manera y creo que todo el mundo sabe que voy a hacerlo con respeto y cariño. Para mí es un viejo sueño grabar *Laura va* con Luis Alberto.

Publicado originalmente en *Canta Rock* Año II, N°31 (21-III-1985).

VIUDA E HIJAS DE ROQUE ENROLL:
SE DESNUDAN PARA USTED

Al principio, a los machistas que abundan por todos lados les parece imposible que haya un grupo de mujeres que componen y arreglan sus propios temas. Pero es así. Mavy [sic] Díaz, hija del talentosísimo campeón de la armónica, Hugo Díaz, canta desde chiquitita, dirigió los coros del colegio, estuvo en el grupo Globo y hoy compone y arregla la mayor parte de los temas de las Viudas. María Gabriela Epumer hace años que viene tocando viola eléctrica, tanto que acompañó durante un tiempo a María Rosa Yorio y tocó infinidad de veces con los amigos de su hermano Lito, hoy guitarrista de Spinetta. María Gabriela y Claudia Sinesi tuvieron un grupo de mujeres que no llegó a trascender: Rouge. Y Claudia Ruffinatti también desde chiquita está metida en la música, a través del piano y los teclados.

La oportunidad de las Viudas vino de golpe, cuando en Interdisc las escucharon y les vieron posibilidades, dándoles cita para grabar. El disco salió antes de que el grupo estuviera maduro, y recién ahora lo están puliendo y definiendo a través del fogueo de las constantes apariciones en vivo. "Hace tiempo que somos amigas", dice Mavy, "desde la época en que yo cantaba en Globo y ellas estaban en Rouge. Siempre nos juntábamos a charlar y divertirnos con la idea de tener un grupo algún día. Y ahora que el grupo salió y estamos trabajando en serio nos divertimos más que nunca".

HABLEMOS DEL DISCO

Estoy tocando fondo: Mavy Díaz, joven cantautora argentina, declara: "Fue uno de los primeros temas que hice, y me salió un día sentada en casa, todo de un tirón. Es un tema político-romántico. Es un tema de amor a George Bush (vicepresidente de Estados Unidos, ex capo de la CIA) y a mi novio (risas)".

Con esta banda no hay historia: "Es la verdadera historia del grupo", dice María Gabriela. "Todas venimos de casas de músicos, y por eso somos las viudas e hijas del rock, seguimos el camino. Por otro lado, yo estuve en lo de [Roberto] Galán cuando tenía como siete años, y tengo testimonios gráficos que lo demuestran", asegura Mavy entre risas generales.

Potpurrí: "Es una mezcolanza de viejos temas de éxito y se pueden hacer concursos para ver cuántos reconocen", propone Claudia Ruffinatti.

"Además, todas soltamos nuestros esfínteres y batimos nuestros cerebros como aconseja la canción. Nosotras hacemos siempre lo que tenemos ganas, no estamos dispuestas a caretear, ni en nuestras vidas ni arriba del escenario. Y este grupo fue una liberación, porque decidimos hacer lo que se nos cantara, y promover que todo el mundo haga lo que se le cante. Todo debe ser respetado, hacé lo que quieras. Y somos directas para decirlo". ¿Y eso de atendeme la planta baja? "Bueno, seguí la frase y te darás cuenta", explica Mavy. "Somos muy actualizadas, y queremos adherirnos al destape. Además, tenemos perfectamente estudiado el Kama Sutra" (más risas).

Carolina Amoníaco: "En los shows siempre explicamos este tema, porque hay gente que no lo entiende. Y en el escenario cada una representa un personaje de la historia, y Claudia hace de Carolina, y 'bate superada'. Nuestra intención es narrar cosas que le pasan a la gente cotidianamente en el lenguaje común de los jóvenes. Todo esto es parte de la realidad, narrado con humor".

Bombacha cha cha: "Es una historia como la del hombre-gato o cualquiera de los esquizoides que andan por ahí. Está todo dicho, las mujeres del barrio se mueren de ganas".

Bikini a lunares: "Es un tema viejísimo, pero la letra dice otra cosa. Las cosas están vistas desde el punto de vista de las mujeres, cosa que no es habitual, ya que siempre la música contó las cosas de los hombres. Y las chicas se sienten identificadas, y los tipos se divierten al enterarse de las preocupaciones femeninas", analiza Claudia Sinesi. "La depilación, tema tabú y fundamental en la vida de una mujer".

Te encargo mi modernidad: "La piba que fue a la fiesta a conquistar un chico y le sale todo mal. Al principio era larguísimo, porque se nos ocurrían tantas cosas que le pasan a cualquier chica. Lo tuvimos que cortar. Deja en claro los peligros de seguir la moda, de querer parecer. Porque estas cosas pasan cuando la ropa que tenés puesta no sale de adentro, sino es una copia y si te equivocás, morís".

Hace base: "La piba que no se anima, y le pide al chico que se tranquilice, que se quede en el molde, haciendo base. 'Sacate el cebador'. Nosotras hablamos así todo el tiempo, con metáforas callejeras. Refleja también el miedo de muchas chicas, un momento bravo. Por eso le pide quo no se apure, que la escuche".

El templo del azulejo: "El baño es la biblia", dice Mavy. "Desde los cuatro años mirás la caca que hiciste, pasando por los catorce que te encerrás para encontrarte con el Edén, hasta que tenés cincuenta y te mirás las arrugas en el espejo. El baño es el único lugar santo donde nadie te molesta y pelás, hacés lo que sentís y lo que tenés ganas. Hacés muecas, te mirás y te tocás el cuerpo, de todo. Puro placer y descubrimiento". "Y el tema saca a la luz lo que nos pasa a todos", interviene Claudia R. "Sin tener vergüenza por esas hermosas sensaciones. Lo que pasa cuando uno está solo en el baño es lindo, es sano, es curativo. ¡Aproveche su baño!".

VIUDAS CON FUTURO

Haciendo este disco nos matamos de risa. Lástima que por la radio pasan solo el simple que tiene *Fondo* y *Bikini*. Ya estamos preparando el próximo que no va a tener tanta onda de los sesenta, va a ser más actual, aunque el estilo se mantenga y las letras sigan nuestra línea habitual. Va a ser una onda nueva pero seguirá siendo Viudas, que es una forma de decir mostrate como sos, divertite, hacé lo que quieras, gozá de la vida que te tocó vivir.

Publicado originalmente en *Canta Rock* Año II, N°32 (3-IV-1985) bajo el título "Viuda e Hijas de Roque Enroll se desnudan para usted".

LEÓN GIECO:
LA MÚSICA DE LA TIERRA Y LA GENTE

A pesar de la inmensa popularidad conseguida gracias a temas como *Solo le pido a Dios*, traducido a varios idiomas y convertido en himno antibélico en Europa y Latinoamérica, el santafesino no es conocido en profundidad. Quizás porque a través de su extensa carrera eligió servir de puente entre los jóvenes rockeros y los auténticos folkloristas sin prestar atención a las luces del superestrellato. Hoy, León Gieco nos cuenta su verdadera historia.

—El primer recuerdo que tengo con respecto a la música es una acordeoncita que me regaló mi padre cuando tenía tres años y todavía vivía en el campo. Ya en el pueblo de Cañada Rosquín, uno de los laburos que consiguió mi viejo fue como cantante en la orquesta del pueblo, y yo siempre iba a los bailes donde tocaban. Un día me animé y subí a tocar las maracas. Como a los seis años ya trabajaba, tuve la iniciativa de ir a comprarme mi primera guitarra, marca Calandris. Al principio el tipo no me tomó en serio porque era muy chico, pero finalmente se dio cuenta que la cosa era de verdad. Ahí empecé a tocar, sacaba canciones folklóricas, los primeros temas de [Jorge] Cafrune, y al mismo tiempo me puse a estudiar con un profesor. Me fui perfeccionando y a los diez años cantaba en los actos del colegio y además bailaba danzas folklóricas, era el preferido de la maestra de música. Ya por esa época empecé a sentir la respuesta de la gente, los elogios, era algo que me gustaba.

Después formamos un conjunto de música folklórica con amigos más grandes que yo, Los Nocheros. A los doce años, cuando entro en el primer año del bachillerato, me agarra toda la mano del rock. Una de las primeras cosas que escuché fue el Spencer Davis Group, con Stevie Winwood. Enseguida me metí con Los Moscos, un grupo que ya existía. Tocaba la guitarra eléctrica y cantaba, paralelamente seguía con el conjunto folklórico. Mandábamos a pedir las revistas *Pinap* a Buenos Aires y ahí nos informábamos de qué pasaba con el rock. Empezamos a encargar discos de los Beatles, Rolling Stones, Jimi Hendrix. El grupo sonaba bien, y teníamos nuestros fans que venían a vernos desde pueblos vecinos. Hacíamos también temas de [Salvatore] Adamo, Richard Anthony, Bobby Solo, y las primeras cosas de rock nacional, sobre todo los temas de Litto Nebbia con Los Gatos y algunos de Almendra, como *Muchacha ojos de papel*.

Recuerdo que una cosa que me movilizó muchísimo fue escuchar por la difusora del pueblo la versión de *Mr. Tambourine* de Dylan, por los Byrds. Yo no sabía quién era Dylan ni quiénes eran los Byrds, pero esa emoción la recordé hace poco en Australia, cuando una chica se acercó a decirme que había llorado con *Solo le pido a Dios*, aunque no entendía la letra. Ahí entendí que la canción, además de la letra y música, tiene algo muy especial, que es lo que no hay que perder. Te emociona o no. Muchas veces lloré con un tema sin saber qué decía, es como una intuición que va al frente con todo. Las canciones que te salen al hilo, en cinco minutos, están cargadas de esa cosa intangible, es algo que permanece en el recuerdo de la gente.

—*¿Todavía te llamabas Raúl?*

—El nombre León me viene de poco después de haber entrado a Los Moscos. Desarmé un equipo para revisarlo y puse dos cables pelados bien unidos. Cuando fuimos a tocar y enchufamos saltaron todas las luces del pueblo. Al revisar mi equipo se dieron cuenta de la animalada que me había mandado y ahí me pusieron León, el rey de las bestias.

Ya desde los doce años tenía la idea de venirme a Buenos Aires a cantar, quería hacerme famoso, pero no sabía muy bien qué iba a hacer porque yo cantaba desde folklore hasta rock y música melódica. A los catorce años el Rotary Club me dio una beca para ir a Bolivia. Hicieron una encuesta en el colegio sobre quién tenía los mejores porcentajes y aunque estaba en el décimo lugar, finalmente me eligieron, con el enojo consiguiente de los pibes que estaban encima mío. Así fue como en el tren preparé una charla para el Rotary Club de Santa Cruz de la Sierra. Hablaba y pasaba diapositivas y al final cantaba un par de zambas con la guitarra. Armé una especie de show, que tuvo un éxito bárbaro. El presidente del Rotary me organizó una gira por toda Bolivia, y me pasé un mes dando charlas en Cochabamba, La Paz, Oruro y Potosí.

Eso me sirvió mucho porque cuando pensaba en venirme a Buenos Aires y estaba muerto de miedo, me decía que si a los catorce años había estado en Bolivia, ¿por qué a los dieciocho no me iba a ir a Buenos Aires? A todo esto ya había conocido a Droopy Gianello, un día que tocábamos con Los Moscos y él estaba como baterista de Juan y Juan. Fuimos a hablarle con Horacio [Fumero], el bajista del conjunto que se vino conmigo a Buenos Aires, y él fue muy amable, nos dio la dirección donde enseñaba y nos dijo que fuéramos a verlo, que si podía nos iba a dar una mano. Cuando llegué acá, era la única dirección que tenía.

LA GRAN CIUDAD

Yo laburaba en Entel y vivía con Horacio en una pensión donde tocábamos bastante, pero ahí se dio una separación musical muy tajante: él se fue por el jazz y yo me fui por el folk. Hasta el día de hoy es así, yo hago mis temas y él es bajista de Tete Montoliu, un famoso tecladista español, y acompañó al Gato Barbieri. Ahí empecé a componer temas. Los primeros que hice fueron: *Todos los caballos blancos, María del campo.* que presentaban una especie de comparación entre el campo y la ciudad. Porque me resultaba muy chocante vivir en Buenos Aires, pero a la vez me encantaba. Y una de las cosas que más me impulsaba a continuar durante esa época en que pasábamos un hambre bárbaro, era el orgullo de demostrarle a mi pueblo que yo iba a hacer algo. Me acuerdo que me perdí el primer festival B.A Rock porque estaba trabajando y no podía ir.

De casualidad lo conozco a Gustavo Santaolalla, me enteré por el programa *Modart en la Noche* que estaba enseñando guitarra y me fui a anotar para estudiar con él. Nos hicimos amigos, y él me empezó a hacer escuchar Crosby, Stills & Nash, Dylan, Joan Baez, toda esa música. Yo le mostré mis primeros temas y le gustaron, y me ofreció grabar un LP, donde él se encargaría de la producción. Fue un personaje muy importante en mi carrera, él ya había entendido lo que yo quería. Pero yo había tenido un ofrecimiento para grabar en RCA con Horacio Malvicino temas de Jacko Zeller y de los Bee Gees en castellano, me querían convertir en una especie de cantante melódico comercial. Se lo conté a Gustavo y me dijo "si vas a grabar con Malvicino en RCA no te consideres más mi amigo". Estuve una semana sin ir a trabajar pensando qué decisión tomar. Cuando finalmente entramos con Gustavo en el estudio para grabar el primer tema no lo podía creer. A él le debo la honestidad de hacerme cantar mis temas, y fue el único LP en que tuve un productor hasta ahora, en que estoy nuevamente con él produciendo mi próximo álbum.

Antes de eso participé en el *Acusticazo*, organizado por [Daniel] Ripoll, que se grabó en vivo. En el disco apareció *Hombres de hierro*, fue el primer tema que grabé. Era la época de la corriente acústica, con Raúl Porchetto y Miguel y Eugenio, hicimos muchas actuaciones juntos, y también con Litto Nebbia, con el que nos hicimos muy amigos. Me parecía, mentira al año y medio de haber llegado a Buenos Aires, ser amigo de un tipo como Litto, de quien yo cantaba sus temas cuando tenía catorce o quince años.

Después armé un conjunto para presentar el disco, que se llamó La Banda de Caballos Cansados. Con ellos grabé el segundo LP, donde también tocó Alejandro Lerner, fue la primera vez que apareció en un disco. Lo produje yo mismo, pero de todos modos es el LP que menos me gusta.

PORSUIGIECO

Paralelamente nos veíamos mucho con Charly y Nito; nuestros discos habían salido para la misma época y entre nosotros había hasta cierta competencia, pero sana, que te empujaba a hacer cosas. Tanto que nos reunimos para hacer PorSuiGieco. Como tantas cosas, surgió de casualidad. Hicimos una reunión con Porchetto, Charly y Nito porque queríamos hacer una editorial propia para editar nuestros temas. La cosa era muy difícil por problemas legales, pero en esa reunión a Charly se le ocurrió hacer un recital todos juntos, con un nombre que no lo conozca nadie. Lo llamamos PorSuiGieco y su Banda de Avestruces Domadas y salimos nosotros a pegar los afiches por la calle para hacer una función en el Auditorio Kraft. Se fue corriendo la voz y cuando llegó el día había tal aglomeración, que tuvimos que hacer tres funciones y dejar un montón de gente afuera. Después hicimos una gira, un par de programas de televisión y el LP, que vendió muchísimo.

Cuando me separé de la Banda de Caballos Cansados, lo llamé a [Oscar] Moro, le pregunté por un bajista y él me recomendó a Alfredo, y ahí empezamos a tocar con Moro, Alfredo y Gorosito. Después viene el tercer LP, donde toqué con Charly, Nito, Moro, Alfredo Toth y Gorosito, una banda muy linda. El disco me hubiera gustado si hubiese salido como realmente lo grabamos, pero ahí empezó la censura con las letras y finalmente salió cualquier otra cosa. Se llamó *El fantasma de Canterville*, y era algo bastante raro titular el disco con el nombre de la única canción que no me pertenecía. Me acuerdo que antes de mostrármela, Charly me dijo: "Compuse una canción, pero es para que la cantes vos", y empezamos a hacerla con PorSuiGieco. Charly es uno de los músicos que más respeto, me encantan sus últimos LP. Creo que vamos a hacer cosas juntos en algún momento, porque cada vez que nos reunimos para hacer algo, sale bien; lo último fue *Yo no quiero volverme tan loco*. Él se ofreció para producirme un LP en algún momento, y creo que va a salir una cosa hermosa.

Ahí hubo un corte, porque me cansé de pelear con la censura y me fui a vivir a Estados Unidos, después de hacer una gira por Latinoamérica. Para mí fue muy importante preparar ese viaje, porque era otra de las cosas que había soñado hacer desde chico. Y estando en Estados Unidos comprendí algo fundamental con respecto a mi carrera, relativo a la originalidad del rock, porque escuchando un rock por la radio lo entendía perfectamente. Y las primeras cosas que empecé a componer, que después se convertirían en las canciones que iban a integrar el 4° LP, eran totalmente folklóricas.

Volví un mes a tocar aquí y con la plata que gané me fui a conocer Europa, y a ver qué pasaba con mi material allá. Vuelvo a Estados Unidos y Gustavo, que ya se había ido a vivir a Los Ángeles, me marcó casi todos los músicos con los cuales yo grabé el 4° LP. Me dijo que tenía que conocer a Sergio Polizzi, a Dino Saluzzi, a Jorge Cumbo. Y así salió el disco, que tiene en su mayoría ritmos y cadencias folklóricas. Es algo que se da después de estar en Estados Unidos y ver el rock como el desarrollo del folklore de un determinado país. Pero sin descartar nada. La cosa es sumar. Escuchar una chacarera o una zamba y poder gustar de eso, y lo mismo con un tango o un rock.

En ese LP aparece el chamamé. El hecho de haber compuesto un chamamé es algo que al principio me resultó un poco extraño, pero a la vez me gustó. Fue un poco como que se refrescó esa onda, y a partir de ahí quise relacionarme con la gente que hacía ese tipo de música. Conozco a Tarragó Ros, con quien descubrí cosas como que la armónica tiene las mismas notas que la acordeona chamamecera, y por lo tanto podía tocar chamamé con armónica. Además me ayudó a asentarme dentro del chamamé, y yo lo introduje al público que compra mis discos; fue el único folklorista que participó en el Festival de Solidaridad.

Para el siguiente LP, que fue *Pensar en nada*, me fui a Estados Unidos a que Gustavo me produjera tres temas, que los escucho hoy y todavía me encantan, *Pensar en nada* y *Bajo el sol de Bogotá*. Pienso que ese disco –a partir del cual no volví a grabar– sintetiza bastante lo que yo soy, porque hay folklore y hay rock. A mí me entra todo y todo me sirve, y que salga lo que me salga.

—*Con la guerra de Malvinas,* Solo le pido a Dios *se convierte en una especie de himno.*

—Mercedes Sosa, que vivía en Europa porque acá no podía cantar, pide escuchar material de la gente joven de acá, y le mando un cassette con material mío. Cuando viene para acá me llama por teléfono y me dice que había llorado con mis canciones estando en Europa y que iba a grabar *Solo le pido a Dios*, para mí era algo increíble. Después sucede todo lo de Malvinas y la gente se prende de esa canción para manifestarse en contra de la guerra, aunque el tema había sido compuesto mucho tiempo antes, en ocasión de la posibilidad de guerra con Chile. Se da el auge de música nacional por radio, a partir de la prohibición de pasar música en inglés, y comienzan a difundir ese tema. El COMFER [Comité Federal de Radiodifusión], que anteriormente me había prohibido tantas canciones, la declara de interés nacional.

A partir de la guerra de Malvinas se infla mucho el movimiento de rock, pero en realidad la cosa era una cavada de fosa, porque después de ese boom es como que el rock viene en decadencia respecto a los grandes festivales, porque además de lo que transmitían los músicos, la gente se sentía bien de ir a manifestarse en un festival de rock, era un gesto de rebeldía. Cuando vino la democracia, la cosa se desmitificó un poco, porque participar de un recital dejó de tener ese contenido rebelde. Y la impresión que tengo ahora es de que viene una especie de rearme, donde los músicos ya no están unidos en torno a un movimiento, sino que cada uno sigue su carrera individual, y eso dará sus frutos. El rock ya está aceptado como parte de la música nacional. Yo siento que toqué con Pappo y con Mercedes Sosa, y que los dos matan. Todo lo que es bueno, lo que moviliza, está bien.

LA MÚSICA DE LA TIERRA Y DE LA GENTE

Yo creo que es hora de que dejemos de depositar afuera lo que está dentro nuestro. Si algo no te gusta, no te interesa y se acabó, seguí tu camino y mirá otra cosa, pero siempre con respeto. En este último recital, el Gran Concierto, sentí que en algunas partes en que yo toqué mucha gente no se sintió a gusto, y escuché unos cuantos silbidos. Nunca me había pasado algo así, y por eso mismo era algo bastante excitante, y yo lo rescato como algo positivo mientras me sienta bien con lo que estoy haciendo, porque a toda la gente que yo admiro la han silbado en algún momento de su carrera.

—Durante todo este tiempo te relacionaste con un montón de gente, músicos de distintas tendencias.

—Tenés que tener cierta aceptación para poder compartir la música con personajes tan variados. Es algo real, yo puedo hacer distintos tipos de canciones porque es diversa la música que escucho a diario. Entonces puedo compartir un tema con Mercedes Sosa, Pablo Milanés, Iván Lins, Pappo, Porchetto, Charly, Gustavo, Los Carabajal, Leda Valladares, Tarragó Ros, Sixto Palavecino, el bagualero Tomás Vázquez, y otros que se han ido sumando durante la grabación del LP *De Ushuaia a La Quiaca*, como la Banda de Monteros, en Tucumán, o los Veteranos de Tilcara, en Jujuy. Me ha tocado poder sentir todo esto, y es una búsqueda que no veo que nadie haya hecho, tener el gusto y la inspiración de querer compartir la música con gente tan diversa.

Yo sentí una contradicción terrible cuando paré de cantar y la gente me preguntaba qué me pasaba. Paré de cantar, pero no paré la búsqueda, y el tocar con toda esa gente me dio una experiencia increíble, que redondeó una cabeza universal con respecto a la música. Y el tomar conciencia de eso te hace saber el lugar donde estás parado, donde naciste y vivís. Los folklores son regionales, no de países. Hay una región que es el altiplano y abarca el norte argentino, Perú y Bolivia; otra que comprende Mendoza y Chile, otra es el litoral y el sur de Brasil. La cosa no es con límites ni con banderas, ahí entra su contradicción la música con la parte política, porque hay una gran diferencia entre los intereses económicos y la inspiración musical.

Entrevista realizada junto a Claudio Kleiman publicada originalmente en *Canta Rock* Año II, N° 32 (3-IV-1985).

LUIS ALBERTO SPINETTA: MANTENER VIVA NUESTRA REBELDÍA

Luís Alberto está listo para seguir explorando el alma humana con su trabajo continuado y coherente. Preparando su gran recital del año, habla sobre sus últimos discos y su visión del mundo de hoy.

—Yo llevo adelante dos proyectos paralelos: uno personal, individual, llamémosle "solista", cuyos últimos emergentes fueron los álbumes *Kamikaze* y *Mondo di Cromo.* Y el otro es el grupo de rock, el trabajo de varias personas juntas alrededor de una idea de sonido, una exploración continua y coherente, que es Spinetta Jade.

—*Dentro de eso, ¿qué fue* Bajo Belgrano?

—Es Spinetta buscando que la gente no lo disocie de la realidad que vivimos todos. ¿Así que yo no sé narrar historias cotidianas? A ver, si lo intento, ¿qué tal les parece? Bajo Belgrano es una zona porteña. Son todas cosas que responden a la iconografía natural del bonaerense. Interviene ese río tan perlado que nos ha dado una añoranza tremenda, una permanente melancolía. Yo soy de ahí, y siento esa realidad del bajo que ahora está mezclada con tanta muerte que hubo injustamente en la Argentina, esos cadáveres que aparecen en el río. En ese disco están también los personajes típicos, el tipo que se evade tomando pastillas, y está listo del bocho, y los viejos tienen guita y le pagan un pasaje a Río de Janeiro, a donde va con su walkman. Y está Agueda que se da con el psicoanálisis, y engorda a pesar de todo. Y está el argentino normal, el "mersa" que somos todos en parte, aunque nos cueste aceptarlo. Ese tipo va a pescar y arma su tanza con el alba para darle la espalda al mundo cruel y gozar del día, y de pronto, como saca un pescado también saca un cadáver "NN" dentro de una bolsa de nylon. *Bajo Belgrano* es un collage de realidad, una zona geográfica y un pedazo de porteño de todos nosotros, y creo que en la tapa se refleja un poco eso también.

—*¿Y* Mondo di Cromo?

—Es un álbum íntimo, hecho de borradores, de pruebas. Se perdió un poco porque lo sacaron muy cerca de *Bajo Belgrano*, y cada álbum representa un estado diferente y tiene un sentido propio. Los arreglos estaban armados por mí, en casa con los aparatos, a diferencia de los discos de Jade, en los que todo el grupo trabaja los arreglos. Los discos solistas presentan el estado normal de Spinetta, las cosas que tengo acumuladas en el placard, una mano de silbar a la salida del baño.

A mí me encanta hacer discos que presenten realidades o facetas diferentes de lo que soy yo y somos todos, y que la gente se tome su tiempo para digerirlos y meterse en ellos.

—¿Y el nuevo Jade, de Madre en años luz, *con el Mono Fontana y Lito Epumer?*

—El Mono sustenta cualquier arreglo en que se meta con una dosis creativa abrumante y composiciones brillantes. El Mono tiene temas como para formar el repertorio de un grupo maravilloso, lo que pasa es que Jade es básicamente Spinetta, y su participación es fundamentalmente poner todo ese bagaje en plantear arreglos para mis composiciones. Hay momentos en que tocando con el Mono y Lito yo estoy gozando acompañándolos a ellos, y yo cumplo la función de poner en movimiento esa nave que es Jade. Por momentos desaparezco en esa riqueza musical del grupo. Estamos explorando, y no nos quedamos con la tranquilidad que produce adoptar una fórmula y repetirla.

Para mí cambiar fue siempre como un trampolín al vacío total. Cuando tengo ganas de hacer un disco quiero que sea muy diferente al anterior y de esa manera voy determinando mi línea de trabajo. Estoy siempre dispuesto a sacar de mí lo que "es", lo que tiene peso del alma. Para eso tiene que haber como un oleaje en uno, un movimiento personal que hace salir las cosas. Todos nos estamos moviendo por dentro, y si vos seguís tus mareas, te jugás la vida por lo que sentís como si fuera la primera vez, entonces vale la pena.

—Esa búsqueda del rock es uno de las pocos signos de vida, en un país en el que la búsqueda esencial es la del dólar.

—Todos los músicos se están rompiendo por hacer algo que sea un paso adelante en sus vidas, empecinados en crear algo vivo y nuevo, un brote de luz en la oscuridad. Y la esencia del rock es esa rebeldía creativa, ese negarse a aceptar como inevitable la pesadilla y la chatura contemporáneas. A veces se pone tan extremo que se expresa en los mismos términos que los líderes fascistas a los que enfrenta, como unos punks que me insultaron el otro día por la calle en los mismos términos que usaría un argentino antiguo y bajoneante, como si todos estos años de tratar de crear algo diferente a la vieja idiosincrasia hubieran sido en vano. Pero eso forma parte del país en el que estamos, que ha sido reprimido y derogado adrede, tratando de sumergirnos a todos en la escoria.

Pero en todo tipo que pulse una guitarra eléctrica hay un rebelde fenomenal. Una rebeldía interminable frente a un mundo que ya no tiene frescura y quita alas a la imaginación. Se trata de una intensidad de vida que disuelve los duros arrecifes de coral de nuestras cabezas.

—*La rebeldía de saber que, a pesar de todo, el mundo es maravilloso...*

—"Más allá de toda pena siento que la vida es buena hoy", dicen Los Abuelos. A pesar del hiper tecno de la muerte que se viene con la Guerra de las Galaxias que propone Reagan, también vamos a buscar en la computadora el pasaje a un mundo más luminoso, la puerta para descubrir lo mejor de nosotros mismos. El sonido digital, por ejemplo, suena mucho más, tiene más rango que el que alcanza a captar el oído humano. Suena desde el ciclo cero hasta los veinticinco mil ciclos, y el hombre escucha desde los cuarenta hasta los diecisiete mil ciclos. Ahí tenés un dato para tomar conciencia de cuánto debiéramos abrirnos para percibir el universo.

Y esa rebeldía, ese trabajo de abrirte contra toda mediocridad es irrenunciable si te lo has tomado en serio. Aunque los signos indiquen que todo está peor, que las cosas no van hacia donde uno quisiera, uno tiene que obedecer a su propio mensaje, a su necesidad de crecer y de creer porque si no te jugás, no vivís. Tenemos que desarrollar esa parte nuestra que no se queda en el mundo de la destrucción y de la sangre, en el mundo moderno de la injusticia y la culpa. Antes el emperador más cruel degollaba unos cuantos miles de personas en una guerra de cien años. Ahora uno de estos viejos aprieta un botón y nos mata a todos. No deja más oportunidad de vida y de alegría sobre la tierra.

Por eso tenemos que mantener esa supervivencia amatoria, esa raíz humana aunque todo indique lo contrario, porque hay muchos misterios que todavía no llegamos a entrever. Nosotros no somos ni anarquistas ni comunistas, ni sindicalistas ni derechistas. Somos tipos que se proponen hoy en día hacer las cosas mejor que nunca y me parece que esa es la fuerza que puede renovar el planeta.

Publicado originalmente en *Canta Rock* Año II, N°33 (18-IV-1985).

VIRUS:
CONECTÁNDOSE CON LA VIDA

Cuando Federico Moura, habitual portavoz y cantante de Virus, se pone a hablar, muchas cosas se aclaran, además de la historia del grupo. Es que estos precursores del rock moderno argentino tienen mucho que decir, y saben decirlo bien.

—Cuando era chico, en mi casa había un piano y yo ya jugaba a hacer música a los siete u ocho años. Mi madre me enseñaba algunas cosas. Pero nunca me puse a estudiar firme, nunca fui un obsesivo. No se me ocurrió nunca ir a un conservatorio, porque lo sentía como una comisaría. A los quince formé mi primer grupo, que duró cuatro años. Era la época del surgimiento del rock nacional, y yo iba a ver a Almendra, a Manal y a Los Shakers, que eran fantásticos. Nuestro grupo se llamaba Dulcemembriyo, así, ¡todo junto! Allí tocaba Daniel Sbarra, que también es de La Plata, y ahora ha vuelto a tocar con nosotros.

Pero el rock se había vuelto muy caótico, y los conciertos eran decepcionantes por el mal sonido, los delirios personales de los músicos de la época y la decadencia general. Era todo como una copia de décima de los grandes de afuera. Así que yo terminé el secundario y me fui a Londres en el 72. Estuve un tiempo allá viendo cosas de la música y de gente creativa de todo tipo.

Cuando volví anduve medio desconectado de la música de aquí. Estuve más conectado con dos amigos. Aprendí muchas cosas en esa etapa. Aprendí de los "artistas" la seriedad y el rigor con que se toman el trabajo de expresarse. Esa cosa meticulosa que tienen los pintores, los escenógrafos, la gente que hace vestuarios para teatro; ese cuidado por los detalles –porque los detalles son importantes– me enseñó mucho. El rock en ese sentido era medio chanta en esa época, se pasaban por alto muchas cosas, y todo se limitaba a un tipo tocando largos solos para demostrar su virtuosismo. Yo sentía que tenía mucho para ver y aprender, y viajé todo lo que pude. Me fui de vuelta a Europa, fui varias veces a Nueva York, viví un año en Río de Janeiro. Al mismo tiempo me juntaba con algunos músicos de La Plata, íbamos desarrollando ideas... Estaban Mario y Ricardo Serra, y mis dos hermanos, Julio y Marcelo, con quienes yo jamás me hubiera imaginado que iba a hacer un grupo. Julio desde chico tocó, y siempre supo que iba a ser músico, pero yo nunca pensé que nos íbamos a juntar. Julio y Marcelo tenían un grupo con el que hacían algunas actuaciones en la costa. También estaba Sirso Iseas, que después tocó con Porchetto.

Era una época nebulosa para el país, todo era difícil y había mucha paranoia, y nosotros nos juntamos para trabajar, darle forma a una música, tirar para adelante. Yo pasé un período largo en Brasil, recuperando el optimismo y la alegría con esa fuerza y naturalidad que se respira allá, después de la pesadilla que se vivía en Buenos Aires, en plena época del Proceso.

DESAFÍO DE VIDA

Cuando volví, los chicos tenían que tocar en un show en La Plata. Así que nos largamos. Era hora, después de mucho viajar y ver, de tomar la responsabilidad de hacer algo en serio, y estábamos dispuestos a cumplir con el compromiso de un trabajo constante, teníamos la decisión de crecer.

Julio y yo habíamos venido componiendo cada vez que nos juntábamos. Y teníamos muchas canciones. Nos pusimos a ensayar hasta que la banda sonaba muy compacta. Habíamos decidido imponer el grupo, porque era un desafío de vida muy poderoso. Siempre la música de Virus fue parte de nuestra realidad dicha de una manera directa, como un puñetazo con humor. Sentíamos que teníamos un sonido nuevo y creíamos que era necesario renovar la música argentina. Como cualquiera que empieza, teníamos la omnipotencia de creer que tenés la posta, la cosa nueva.

Y teníamos un montón de ideas, que salieron todas juntas en el primer longplay, aquel de *Wadu Wadu*. Fue un disco muy creativo, me parece, con ese humor musical que nosotros usamos siempre. Lo de "Wadu Wadu" era una canción de Julio, que siempre hace imitaciones y quedo así, como una humorada.

—*Era un momento muy serio del rock, y ustedes salieron con esa onda de Cuarteto Imperial...*

—¡Totalmente! Era un juego, una ironía. Nosotros ensayábamos en Chascomús y nos empapamos de la vida de pueblo y los bailes del sábado a la noche. Yo pasé de Nueva York a Chascomús. Ensayábamos en el galpón de una fiambrería. Y nos estimuló toda la onda de humor popular, de no tomarse tan en serio uno mismo. Por ejemplo, había una canción que nunca grabamos que le tomaba el pelo al rock en la época que se volvieron a formar los viejos grupos. Cantábamos con acento inglés: "De los grupos argentinos / no me importa un pepinou / aburridas sus canciones / culpa de sus pretensiones". El rock en ese momento tenía olor a museo, con todos los viejos próceres saliendo al balcón a través de las reuniones de Manal y Almendra y el regreso de Moris. El rock siempre ha sido una actitud de vivir en el presente, no en el "todo tiempo pasado fue mejor".

—*Y siguieron con las críticas en el* Bandas chantas arañan la nada, *del segundo longplay* Recrudece.

—Esa es una de las letras brillantes de mi amigo Roberto Jacoby. Hay cosas muy locas en ese disco, un poema de [Francisco de] Quevedo adaptado, y pedazos del genial argentino Oliverio Girondo en *Entra en movimiento*. El tipo en 1930 dijo: "A la música hay que levantarle la pollera".

Todo ese disco y el espectáculo que hicimos en el Olimpia tenían muchas cosas de arte moderno, de la onda del Di Tella. Estaba Patricio Bisso, un actor cantante muy loco que hacia una voz de mujer en el disco. Y en el espectáculo aparecía Jean-François Casanovas jugando con las palanganas para lavar las bandas chantas. Estábamos todos vestidos de nylon y Jean-François, disfrazado de Violeta Rivas, le daba nylon a la gente para que se envuelva. Terminamos llenando de nylon el teatro y a la salida esparciendo nylon en varias cuadras a la redonda.

Creo que *Recrudece* fue un disco muy fuerte, en las letras y en la música, pero no sonó como nosotros hubiéramos querido.

—*En la época de* Agujero *estuvieron medio cerca del heavy, se los asoció bastante con el rock pesado...*

—Pappo siempre estuvo cerca nuestro, él viene siempre a vernos. Y los hermanos Peyronel nos produjeron el disco. Yo creo que Riff, por ejemplo, es muy representativo de cierta gente que no tiene nada, pero tiene ganas de luchar aunque les han arrebatado todo. Es una de las frecuencias, una de las versiones del rock. Vos ves una noticia en el diario: "Tiroteo en la Panamericana" y en la foto ves escrito "Riff" en la pared. Representa a la gente que vive en una situación muy difícil y su voz es el rugido del metal. Es energía ciega, pura.

—*¿Y la moda del satanismo?*

—Es un juego de niños, no lo integro del todo, pero yo respeto todo. Porque un grupo como Riff le habla a la gente que la liga siempre, a los pibes marginados y pobres que siempre van en cana, que son los que mandan al frente en la guerra, que nacen y crecen en barrios pesados y no tienen tiempo para las delicadezas de otros tipos de música.

Volviendo a *Agujero interior*, nosotros nunca fuimos realmente heavy, pero tuvimos un periodo muy fuerte. Y hubo una foto que nos presentaba en una actitud de ese tipo. El disco es muy directo.

—*Y con* Relax *hubo un cambio...*

—Nos dimos cuenta que generábamos mucha polenta, pero el público quedaba medio ansioso, como que no sabía qué hacer al fin del recital. Y nosotros queríamos que participen, pero que la energía se canalice. No manejar al público como hacen algunos que dicen: "Ahora aplaudimos todos. Ahora cantamos esta parte". No me gusta la idea verticalista de "manejar al público". Que la gente aprenda a manejarse sola, loco.

Bueno, el asunto es que la gente quedaba muy cargada, y un poco la onda de *Relax* es una energía más tranquila, no gastar al público con una topadora, sino invitarlo a gozar. En los conciertos del mes pasado en el Astros me pareció que sucedía eso. No había fanatismos estúpidos ni locura descontrolada.

—Los temas son sencillos, hechos con frasecitas musicales claras...

—Comunicación básica. La simplicidad musical es uno de nuestros argumentos principales. No buscamos para nada el malabarismo instrumental, nos gusta que la técnica no se note. La cosa de la "gran técnica" es una deformación cultural, pertenece al ámbito de la Gran Señora Cultura en la que los músicos son Los Grandes Intérpretes. El rock siempre fue criticado como música estúpida por los cultistas. Pero yo ahora escucho buenos rockeros del cincuenta y me doy cuenta que sonaban simples a propósito, porque buscaban una comunicación directa. No es que no pudieran tocar más complicado o no supieran hacer armonías. Y eso también pasa con nosotros. Yo quiero transmitir sensibilidad, comunicarme.

—Eso es lo que es el rock: comunicación directa. Vos dijiste alguna vez que el rock es revolucionario...

—¡Es que es algo en continuo movimiento, siempre cambiando! Creo que el país y la gente necesitan cambiar, necesitan moverse y salir del estancamiento. Sacarse las telarañas. Porque las ideas y las costumbres terminan convirtiéndose en cárceles. Por eso hay que cambiar de piel, sacarse las viejas estructuras, entrar en contacto con otras cosas. Creo que el rock bien entendido es eso: ganas de hacer cosas nuevas. Exigirse a uno mismo una nueva visión de las cosas, darle una vuelta mas a la vida. El movimiento y el cambio son los signos de la vida.

Uno tiene que abrirse, hacer el esfuerzo por entender y crear y cambiar, no ajustar la realidad a las teorías inmóviles que uno tiene, como hacen generalmente los políticos y los intelectuales.

En este momento hay que ponerse a prueba, ver cuánto somos capaces de dar, hay que exponerse y enamorarse y arriesgarse. Ponerse en carne viva frente al mundo.

Todos nos acostumbramos a reprimirnos, a que las pulsaciones de vida dentro nuestro queden reducidas al mínimo, porque hemos pasado una época en la que el terror se te metía adentro del living de tu casa, la paranoia te entraba bajo la piel. Quisimos pasar desapercibidos por miedo, ser todos iguales, como nos querían las autoridades. Es un daño psicológico tremendo el que nos han causado a todos. Fueron diez años de miedo profundo, de atmósfera enrarecida. Este es un país que convive con la muerte y el miedo.

Pero las mentalidades pueden cambiar con las nuevas generaciones. El país puede tomar otras direcciones, y también podemos hacerlo cada uno de nosotros. No es que estemos destinados inevitablemente a este bajón que nos quieren imponer. No hay que aceptar el dolor y la muerte como forma de vida.

Este movimiento de rock es ejemplar en ese sentido, siempre ha seguido adelante. En las buenas y en las malas, perseguido y criticado, en los momentos de decepción y bajón, siempre mantuvo viva la creatividad. Eso es algo que no pasa con las demás artes populares de la Argentina: el tango, el cine o el teatro, que a veces tienen cosas bien hechas, pero en general están atados a viejos esquemas. Los que están siempre cambiando, siempre buscando, siempre incorporando tecnologías y estilos para dar un mensaje permanente de vida son los rockeros.

—*Porque en este momento, la vida pasa y si te lo perdés, nadie te lo devuelve. Tu vida es tuya. Es uno el que la hace.*

—Por eso hay que salir a la calle y cagarse encima, hacer lo que tenés necesidad de hacer, ser espontáneo a pesar de todo.

Los más jóvenes están vivos y tienen fuerza. Creo que no van a tener miedo de largarse a vivir.

Publicado originalmente en *Canta Rock* Año II, N° 36 (29-V-1985).

CHARLY GARCÍA:
LAS SORPRESAS DEL SEÑOR GARCÍA

Puede que no haya aprendido a vivir, pero aprendió a hablar claro y hacer música poderosa. Señores y señoras, el dueño del Piano Bar, en esta pequeña interpelación para todos uds.

—*El espectáculo de* Piano Bar *fue una verdadera sorpresa.*

—Sí, salió muy bien. Al principio cuando empezamos a planear el show, Renata Schussheim, la encargada de la escenografía y el visual, dijo: "Me gustaría usar gente como escenografía viva y tener varios niveles por los que la gente circule". Pero cuando vimos lo costos nos quisimos morir porque era un fangote. Se empezó a hablar en la onda típica de argentino actual, cajoneado: "¡Eh, pero con la situación que hay en el país no se puede arriesgar tanto! Mejor poner unas lindas luces, un buen sonido y listo".

Pero finalmente decidimos jugarnos y hacerlo con todo, porque hay que llevar adelante las ideas, no dejarse asustar tan fácilmente por el bajón nacional.

Yo al principio tenía miedo por algunas cosas, sobre todo el cambio de imagen. El afiche de la calle, el maquillaje. Porque mi público es netamente rockero, y el disco que presentamos también. Por un momento pensé que algunos no iban a entender la onda de la imagen. Pero Renata en la parte gráfica y Jean-François Casanovas en la dirección de actores la hicieron muy bien. Lograron el equilibrio justo. Tuvieron claro en todo momento que se trataba de un show de Charly y no una obra de teatro, entonces la música y las canciones eran lo fundamental. Al principio habíamos preparado más números que incluían actores, pero los sacamos, para equilibrar el espectáculo.

—*Estuviste tranquilo durante el recital, no saltimbanqueaste mucho...*

—Eso es en parte porque sabía que estaba apoyado en una coreografía que respondía a los climas, y me pude relajar y ocuparme solamente de cantar y hacer sonar el grupo. Además, yo estoy más tranquilo en general. Me da mucha alegría hacer un recital sin excitación al pedo, con polenta que sale de la música y las letras, con una onda clara y directa.

A veces vas a tocar a un recital como si fueras a la guerra, totalmente histérico: "O me aplauden o los mato". Y los aplastás con una bola de ruido, acción y actitudes que quizás confunden a la gente. Yo ya pasé por eso cuando era muy criticado y no estaba dispuesto a rendirme. Salía a pelear y a ganar. Esta vez fue diferente, porque estoy más tranquilo y tenía ganas de que gocemos todos.

Además escuchar a la gente cantando todos los temas era perfecto, emocionante. Cuando empezamos *Promesas sobre el bidet* y escuché a todos cantar no lo podía creer.

—¿Qué me decís de tu nuevo "look" con gomina? ¡Estuvimos tantos años con el rock tratando de sacarnos la gomina!

—Bueno, esto era solo para el recital. ¡No te creas que voy a seguir usándola! (risas). Era un toque onírico, cinematográfico, diferente. Pero hay que tener cuidado con este asunto de la imagen, porque después se te queda pegada, tenés que obedecer a un estilo determinado. De todas maneras, no me preocupa. Hoy me pongo gomina, mañana me la saco. La gomina de antes, de nuestros viejos, era en serio. La nuestra es como un juego humorístico, divertirse cambiando y siendo libre. Y la gomina es bien ciudad, noche, Gardel, Piano Bar...

Hemos pasado tanto tiempo tratando de ser "normales" al pedo. Haciendo música con libertad, pero al mismo tiempo intentando "conectarse con la realidad" y decir cosas "normales". En *Demoliendo hoteles*, por ejemplo, salió eso de decir: "¡Ma, sí! Yo que pasé por Videla, estoy a mil revoluciones por minuto, la gente me critica y soy como un bicho raro en mi propio país". En ese momento me hizo bien ir al choque, decirles a los monos que no me iban a domesticar así nomás.

Cuando sucedió todo el despelote de Córdoba, el juicio famoso, y me hacían notas sensacionalistas en todos los diarios, poniéndome como un inmoral, yo no me dejé avasallar y enfrenté la pálida. Eso me hizo mucho bien.

—¿Cómo terminó lo del juicio?

—Había mucho de cholulismo en todo eso. Cada vez que iba a los Tribunales de Córdoba, tenía que saludar a todos los abogados, los jueces, los empleados. Era como una gran patraña en la que todos querían figurar y hacerse los Petrocelli, hacer declaraciones sobre la moral y la libertad. Y al mismo tiempo estaban fascinados de tener atrapada a una estrella del rock. Al final quedé libre de culpa y cargo. Fue todo una puesta en escena ridícula, pero yo no aflojé, y me sirvió para hoy estar tranquilo sin haberle regalado mi alma a los caretas. A pesar del clima negativo –querían suspender mis actuaciones–, salí a tocar y mostrarme como soy. Terminé ganándola.

Hay veces en que uno se convierte en chivo expiatorio de la bronca que tienen los demás. Hubo artículos en diarios y programas de radio en los que me pintaban como el Anticristo, decían que yo corrompía a los jóvenes con mensajes cifrados en mis canciones. Un delirio gigante.

Pero la gente se dio cuenta de que solo soy un tipo que canta y tira para adelante. Que no estoy proponiendo nada tan peligroso.

—¿Qué vas a encarar ahora?

—Una gira por Latinoamérica, comenzando en un gran festival en Perú, donde se calcula que irán cien mil personas. En Perú mis últimos discos pegaron mucho. Después vamos para Chile, a tocar en el Caupolicán, el estadio más grande de Santiago. De ahí sigo para arriba, por Ecuador y Venezuela, tocando en algunos lados, y presentando el disco para la prensa en otros. El disco se editó en casi todos los países de Latinoamérica.

—Nuestra música empieza a salir...

—Es que por fin los argentinos tenemos un buen sonido de grabación que se puede presentar en cualquier país. Siempre tuvimos un movimiento muy creativo, pero nos faltaba el nivel técnico para salir a España y Latinoamérica, donde escuchan mucha música anglosajona bien grabada.

—¿Y las giras nacionales?

—Lo que pasa es que los chicos están muy ocupados. Willy, Pablo y Alfredo tienen mucho trabajo con G.I.T., Fito ya está al mango con su carrera solista. Entonces es difícil armar una gira. Y yo quiero tocar con ellos, porque nos sentimos muy bien, somos como un verdadero grupo. No tenemos ganas de separarnos. Mata tocar con músicos creativos y de tanta polenta. Fito, por ejemplo, ya se está ganando a la gente, porque ellos se dan cuenta cuando un tipo es sincero y tiene talento. Y los G.I.T. son unos monstruos.

ESCUCHO UN TANGO Y UN ROCK

El tema *Piano Bar* es bastante tanguero, pero tiene cosas de Gershwin también. Mi fantasía es que el tango de Gardel y la música americana del treinta tienen mucho que ver, tienen el mismo aire de noche en la ciudad... Los arreglos de orquesta de Gardel para las películas son netamente americanos, no obedecen a los patrones típicos del tango. Es todo muy "vaporoso", es muy expresivo a través de climas melódicos...

Después del tango de esa época, no hubo nada que saliera de la Argentina. Aquí hay un corte tremendo entre el tango y las nuevas generaciones. En otros lugares de Latinoamérica, la música tradicional y la música joven se alimentan mutuamente. Pero vos le hablás de tango a un pibe de aquí y vomita. Nosotros tenemos algo de culpa, porque se generó un movimiento muy fuerte, y fuimos al choque contra todo lo que viniera del pasado.

—Y cuando el Flaco Spinetta salió con los bandoneones en El jardín de los presentes, *se armó una gran polémica entre el "tango rock" y el rock. Y el Flaco solo quería probar sonidos nuevos, pero rompió los esquemas...*

—Pero poco a poco nos vamos acostumbrando a aceptar esa parte de nuestra herencia. Le vamos poniendo un poco de eso a nuestro rock and roll, porque también es parte de nosotros.

Nos hemos sacado todos esos fantasmas y paranoias y estamos experimentando con libertad, dándonos permiso para equivocarnos.

—Piano Bar *es un disco directo, desnudo...*

—Es como construir una casa y dejarla pelada, sin decoración. Toda la grabación es así, tal cual, sin retoques. El video también. El disco está grabado en tres días, tocando en vivo en el estudio. Ya estaba podrido de la onda de arreglos modernos muy elaborados, con efectos y máquinas de ritmo.

Normalmente tardo mucho en preparar los discos, soy muy detallista con el sonido y los arreglos. Después de *Clics*, que estaba lleno de sobregrabaciones y efectos, llegué a la síntesis. Quería rescatar el sonido verdadero de un grupo: bajo, guitarra y batería tocando ahí, con toda la polenta y con los errores que surjan. Es muy interesante poner micrófonos de ambiente que capten el grupo en general, y no al platillo por un lado, el bombo por otro, etcétera.

CALAMBRES EN EL ALMA

—*¿Así que no aprendiste a vivir?*

—No porque sea Charly García y todo el mundo me conozca quiere decir que tengo todas las soluciones. *Promesas sobre el bidet* habla de eso, de que a veces estoy tan "down" y que es tan difícil comunicarnos y ponernos de acuerdo, porque nos está pasando a cada uno lo suyo. Es otra manera de decir "bancate ese defecto", mostrate como sos, viví la vida tal como sucede. Creo que nos está pasando a todos. Después de que el sueño terminó, vino un bajón tremendo, pero ahora soy un enfermero, ahora viene la aceptación de que la vida sigue, que la vida nos está pasando por encima, y que no tenemos ninguna posta, solo se trata de vivir. Que cada uno es diferente al otro, pero a pesar de eso tenemos que conectarnos, ponernos de acuerdo, porque estamos en el mismo barco.

—*Pero la Argentina careta no parece dispuesta a aprender todo eso.*

—Continúa inamovible. Es como si hubiese dos países diferentes compartiendo el mismo territorio. Hay un tajo generacional entre los que aceptan la vida como un permanente cambio, los que quieren lo nuevo, y aquellos que están agarrados con uñas y dientes a una vieja visión del mundo.

Lo "moderno", que quiere decir estar despierto y aprendiendo siempre todo de nuevo, solo aparece en las nuevas generaciones. Vos ves la televisión, por ejemplo, y te das cuenta que es lo mismo de siempre, como si nadie hubiera aprendido nada en todos estos años. El mismo tipo con la misma voz impostada y los mismos ademanes artificiales hoy te dice "estamos en democracia", como antes te decía "nuestra tradición occidental y cristiana".

Por eso hay que insistir en el derecho de todos a renovarse como personas, y creo que los pibes traen una nueva onda que va a dar algún resultado. Por eso creo que no hay que explicar el rock, no hay que definirlo, no hay que defenderlo. Hay que dejarlo que suceda. El rock es un suceso que te pega o no, vivas en La Tablada o en Acassuso. Son las ganas de vivir que nos conectan a todos y que pueden sacudir un poco tantos años de vivir con miedo y andar almidonados tratando de ser normales.

Publicado originalmente en *Canta Rock* Año II, N° 37 (13-VI-1985) bajo el título "Las sorpresas del Señor García".

FACUNDO CABRAL: ¡PROFETIZATE ALGO, FACUNDO!

Unos dicen que es un charlatán, otros, que es un grande. Es un cantor que casi no canta, da sermones llenos de rebeldía. Sus recitales parecen rituales religiosos. ¿Hacia dónde va Facundo?

—*Quiero que hablemos del futuro, porque vos siempre hablás del pasado.*

—Es verdad, siempre vuelvo para atrás. Pero yo estoy todo el tiempo recuperando cosas maravillosas que suceden, personajes que conozco por ahí. Me encontré, por ejemplo, con el último cacique tehuelche puro que queda vivo. Tiene ciento seis años. Vino a verme en un estadio en Trelew el año pasado, con un frío descomunal. Me dijo: "Nosotros somos iguales. Nos hemos quedado solos. Yo soy un cacique sin pueblo". Y yo le digo: "Pero esta gente que está en el estadio, no es un pueblo?". "No", me contesta, "esa gente todavía no es un pueblo. Usted también está solo".

En Mendoza, en un programa de radio, llama un oyente para hablar conmigo y la hacen salir al aire. Dice: "Tengo dieciocho años, quedé embarazada, mi pareja se asustó y huyó. Mi padre me dijo que en su casa no quería locas como yo. Hace dos meses que ando vagabundeando por la calle. Ahora pensaba abortar, pero te escuché hablar y decidí tener al bebé, porque no quiero que se pierda el mundo del que vos estás hablando".

¡ESO ES LO MÁS GRANDE QUE ME PASÓ EN MI VIDA!

En todos esos viajes me encontré con un pueblo que no conocía. Hasta ahora he venido contando lo que le pasaba a Cabral, porque me parecía digno de contarse, porque lo que me pasó es un éxito de la fe. En mí la gente no aplaude a un artista, aplaude a un sobreviviente.

Y todos somos sobrevivientes en esta época de locura, entonces la gente no viene a escucharme a mí, sino a verse a sí misma reflejada. Y yo no quiero perderme ninguno de los personajes vivos de un país que necesita vida. Por eso amo a esas nuevas generaciones que vienen llenas de fuerza y a esos viejos a quien nadie respeta. ¡Pensar que toda esa gente está pagando una deuda externa que los está matando de hambre y que ninguno de ellos contrajo!

—¿Y la fama?

—Si no aprovechás cuando sos famoso para devolver todo lo que la gente te dio, ¿cuándo? Porque la fama es casual. Hoy es famoso Borges, mañana el dúo Pimpinela. Cualquiera puede ser famoso, porque los medios de difusión necesitan gente que sea noticia, y si no tienen "famosos" los inventan para tener algo que vender. La máquina devora a la gente todos los días. Y los tipos comunes desaparecen. El obrero que tiene un conflicto va al sindicato, y los que hacen la trenza y obtienen fama son los jefes del sindicato, que ganan poder con los problemas del tipo común.

CABRAL ELÉCTRICO, CABRAL PROFETA

Yo quiero salir con más fuerza a decir todo esto, por eso me compré una viola eléctrica (saca una Fender Telecaster, típica viola de rock and roll), y si le agarro la mano voy a hacer el Apocalipsis según San Juan con una banda de rock a toda potencia, invitando a Pappo y a Moro, mostrando cómo se está cayendo el mundo de la ambición y el autoritarismo. Y terminar con una música calma, porque la vida vuelve a empezar renovada.

—Hablando del Apocalipsis, vos te estás volviendo una especie de líder o profeta religioso. ¿Cómo te sentís en ese papel de santo?

—Mirá, creo que la gente me escucha por eso que yo te decía antes, porque soy una especie de triunfo de la fe. Se me acercan y me dicen: "Yo tenía miedo a la muerte, y a través suyo perdí el miedo. Yo cuando me siento mal escucho sus cassettes". Claro, vienen a verme en sillones de ruedas porque saben que yo fui paralítico. Los ciegos saben que tuve desprendimiento de retina. Y yo soy como un mal ejemplo de triunfo de la fe, porque en mi vida hice las peores cosas que un tipo puede hacer y con todas las enfermedades que tuve estoy vivo y tengo muchas ganas de vivir. La gente se pregunta: "¿Qué pasa con Cabral? Tiene una gran fuerza de voluntad o el Espíritu o Dios lo visitó? ¿Qué es lo que pasa?".

Yo no me di cuenta de eso hasta que lo vi reflejado en los que me escuchan. Y solo te creen cuando contás tus propias cosas, tus experiencias verdaderas. Si yo me planto y digo: "Yo era alcohólico a los dieciocho años, odiaba al mundo entero, era pobre, estuve al borde de la muerte varias veces... Pero cuando escuché el Sermón de la Montaña me cambió la vida". Eso le toca algo muy profundo a la gente porque saben que es verdad.

Antes era inmensamente desdichado, porque no había compuesto una gran canción como *Eleanor Rigby*, de los Beatles. Después me di cuenta de que yo estoy acá para dejar una experiencia, una vida desastrosa que se pudo recuperar hacia la felicidad. Yo he cambiado porque me he dejado invadir por cosas que antes solo respetaba en los libros. Y ahora la gente se confunde. Piensa que cuando digo el Sermón de la Montaña soy yo, Facundo

Cabral, que lo está diciendo. Pero yo solo repito cosas que me pasaron o que me ayudaron. Pero todos saben que lo que digo y lo que cuento lo viví.

Cuando actué en el Festival de Folklore de Cosquín, la gente me recibió muy bien. Pero el cura, que tiene la iglesia enfrente del escenario, tiró la bronca. Dijo que yo era un blasfemo, un hereje.

Al mes siguiente, en febrero, fui de vuelta a actuar a la plaza de Cosquín durante la Semana de la Música. Y encaré derecho. Dije desde el escenario: "No sé si me escucha, padre, pero mire usted lo que es la vida. Miles de personas de frente a mí que soy la anarquía, el hereje, el blasfemo, el que todavía cree que hay que ir como San Francisco a decirle al Papa: '¿Qué hace aquí adentro del Vaticano, si los pobres están afuera?'. Todas esas miles de personas están de espaldas a su templo y de frente al hombre del camino". La plaza hervía, te imaginás. Después los periodistas le preguntaron al cura qué opinaba. Y el cura dice: "Estuve escuchando los cassettes de Cabral y pensé: 'Cuidado, este hombre también va hacia Dios. Este hombre tiene más chance de evangelizar a la gente. Aunque vaya por un camino que uno discute, indudablemente es un camino hacia Dios".

EL AMOR A DIOS DE UN ANARQUISTA

A veces siento una especie de éxtasis en la comunicación con el público, es como si me levantara del suelo. Y sin embargo, me parece que me falta algo, que todavía no me largué del todo en lo que creo, como quien está haciendo el amor y no llegó al orgasmo, no se suelta. Creo que tengo miedo de que si acepto todo lo que siento, sea muy fuerte para mí. Me acuerdo de la contratapa del libro *Ilusiones*, de [Richard] Bach: "Y si el mismísimo Dios de los Cielos, bajara ahora a la tierra y les dijera: 'Les ordeno que sean felices, ¿qué harían?'". No soportamos la buena noticia.

La gente quiere saber: "¿Usted qué es, Cabral? ¿Cristiano, budista, evangelista?". Y uno no puede pasarse la vida explicando, por eso elegí en el cristianismo lo que suma el resto de las cosas que uno siente. Las similitudes entre todos los mensajes espirituales son absolutas, cambian las formas, y las formas son boludeces. Elegí a propósito para no confundir y distraer del mensaje que quiero dar. Quiero sacar el hueso, el núcleo filosófico de la Biblia para expresar esas verdades desnudas y vivas. Yo creo que, por otro lado, todavía sigo buscando estas formas de la música y los escenarios, porque siento que tengo la obligación ante la gente, ante mí y ante Él (señala el cielo) de no aceptar que soy un religioso, de mantenerme como hombre común.

—Es que vos también le decís al público: "¡Elegí por vos, flaco!" y decís que sos anarquista. Y te tirás contra los poderes terrestres y contra los dogmas.

—La gente me ha ido poniendo en este lugar. Y la gente fue eligiendo lo mío, lo religioso. Yo creía que lo más fuerte de mi trabajo era esa rebeldía de cagarme en las formas sociales y ser un francotirador. Pero la gente no escuchó la parte de odio que había en mi mensaje. Eligieron el 10% de amor a Dios, lo que tiene que ver con la armonía. ¿Qué pasó? Yo no subí al escenario a decirle a la gente que venía a hablarles de Dios, yo subí a cagarme en todo. Yo siempre cuento que llegué a Jesús a través de una puta de mi pueblo, la Cardo Seco. Mi lenguaje sigue siendo rebelde y violento.

—*Hay algo que llama a la gente y crea ese clima de unión en tus recitales...*

—Claro, los tipos vienen buscar otra cosa. En el laburo le va como el culo. Con el Estado no sabe qué hacer. No entiende cómo es la mano de que en los juicios aquel dijo que el otro dijo y todavía están todos sueltos cuando hay mil datos de las barbaridades y los asesinatos que hicieron. El padre está totalmente incomunicado con el hijo y el hijo con el padre. Si pone el televisor lo bombardean con la mierda más grande que hay, y si pone la radio es lo mismo. Todo el tiempo le están ofreciendo heladeras y coches que no puede comprar. El tipo quiere escuchar otra cosa. Y se pregunta: "¿Cómo hace este Cabral para no vivir sometido en la calesita?".

Antes yo tenía un súper coche último modelo, pero me deshice de él y me compré un Citroen. Porque no me gustaba el efecto que causaba en la gente. Era como decirles: "Ojo, yo soy el protagonista, vos sos público". Y como eso no es verdad, porque todos somos protagonistas... A mí los coches me vuelven loco, pero ahora la fiesta viene por otro lado. Hay algo en el fondo que te dice "cuidate que todo esto es una mentira". Porque yo ya estoy en un ritmo de vida que no me interesa. Prefiero seguir cerca de la gente, con la alegría que da saber que la vida es un milagro.

—*¿Cómo ves el futuro, profeta?*

—Se viene una crisis de la san puta. Los ricos súper poderosos de Estados Unidos no consiguieron la felicidad, sus hijos no los respetan, están rodeado de psicoanalistas. Los pobres están resentidos porque ven a través de la televisión cómo viven los ricos. Los políticos están obligados a seguir mintiendo, porque no hay salida para la crisis económica y la realidad de los misiles atómicos. El japonés es un ejemplo de productividad pero vive una vida de mierda, si un pibe sale mal en el ingreso a la universidad, se suicida, porque no pueden soportar la derrota. Muy poca gente tiene una vida que vaya más allá de los mangos y la pilcha. Y esa poca gente espiritual no tiene poder. Yo no le veo salida. Veo al socialismo como castrando al individuo y al capitalismo convirtiendo a todos en ovejas consumidoras. Los ciudadanos sueñan con la jubilación y la televisión del fin de semana. A mí me parece que el Apocalipsis, el fin de todo esto, es una buena noticia. Porque solamente cuando se quiebra todo hay un cambio. Borges dice: "Si no hubiera policías, nos mataríamos y robaríamos entre todos". El ser humano perdió el rumbo, perdió la semejanza con el Creador. Si estás en una carrera contra todos, siempre va a haber alguien que esté encima tuyo.

Hemos perdido la virilidad, hemos perdido la fuerza de hacer nuestra vida a nuestra manera. Los hombres hoy son timoratos y cobardes. Y no encuentran satisfacción, porque por más cosas que tengan, sus vidas son pobres. Y están dejando que los gordos destruyan el mundo.

Yo quiero volver a lo más simple. Vos salís de la ciudad, en donde no te hablás con tu vecino, y en los barrios empezás a ver a la gente junta, peleándose y tomando mates juntos. El campesino de Arrecifes es el mismo campesino que en Polonia. Es la gente que está cerca de la tierra, de la vida, de las cosas simples.

Publicado originalmente en *Canta Rock* Año III, N° 39 (10-VII-1985), bajo el título "¡Profetizate algo, Facundo".

SODA STEREO:
EL ROCK DE LA VIDA MODERNA

Chispeante, vitamínica y digestiva, esta nueva Soda dietética te caerá bien, joven argentino formal y cortés. Es hora de parar la oreja para los peinados nuevos.

GUSTAVO: Soda Stereo se formó justo antes de Malvinas, en febrero y marzo del 82. Pero la historia viene de antes, de cuando nos conocimos con Zeta estudiando Publicidad en la Universidad del Salvador. A los dos nos copaba la música, y habíamos hecho algunas cositas sin importancia. Zeta estaba en un grupo que tocaba los éxitos en inglés, donde también estaba Calamaro. Yo era guitarrista en un grupo de jazz-rock-candombe: Vozarrón. Eran músicos jóvenes que tocaban muy bien, con los que aprendí mucho. Ya tenía el proyecto de hacer algo como Soda, e incluso formé un grupo, Triciclo, que llegó a grabar un demo de prueba y a veces nos pasaban por la radio.

ZETA: Pusimos una agencia de publicidad para ganar los mangos, pero nos fue bastante mal, porque nos pasábamos el día escuchando música. Así que decidimos jugarnos en la nuestra.

GUSTAVO: Lo conocimos a Charly, que andaba cortejando a mi hermana y escuchaba toda la música nueva, punk y post-punk, que también nos copaba a nosotros. Sex Pistols, Elvis Costello, Cars, Police...

CHARLY: Gustavo empezó a tirar unos temas y quedó formado el trío. Nos pareció que necesitábamos un cuarto integrante, y nos pusimos a buscarlo, pero no aparecía.

GUSTAVO: El primer tema que ensayamos fue *Jet-set*. Poco a poco fue saliendo un repertorio. En ese momento nos llamábamos Los Estereotipos. Y a pesar de que buscábamos siempre un cuarto integrante y probamos a varios músicos, el trío se iba afianzando a través de los ensayos. Cada vez resultaba más difícil la entrada de otro que no estuviera en la onda que empezó a tomar forma. Debutamos en una discoteca, y como nos fue bien, nos mandamos a hacer pubs, especialmente los del circuito underground: Zero, Einstein e incluso el Stud. Nos metimos en el ambiente en el que tocaban Los Twist, Sumo, Alphonso S'Entrega, La Sobrecarga y un montón de grupos que eran nuevos.

ZETA: Aparecieron tipos de varias compañías discográficas que se interesaron en nosotros, nos vieron potencial comercial.

GUSTAVO: Teníamos miedo de pasar los típicos años golpeando puertas de grabadoras, pero tuvimos suerte, ellos nos buscaron a nosotros.

CHARLY: A la tercera presentación que hicimos apareció Horacio Martínez de CBS y nos propuso grabar.

—¡El "Gordo" Martínez! Horacio fue el primer mánager del rock nacional, fue mánager de los Beatniks de Moris y de los primeros Gatos. ¡Les tocó un prócer!

ZETA: Sí, es un tipo que siempre descubre talentos nuevos, pero no tiene el reconocimiento que merece.

GUSTAVO: Al poco tiempo ya estábamos grabando y teníamos una agencia que nos conseguía actuaciones en boliches con grupos grandes.

PEINADOS NUEVOS

—Así que entraron a grabar cuando el grupo todavía estaba fogueándose...

ZETA: Nos agarró un poquito verdes. Yo tomé conciencia de algunos temas cuando los escuché grabados.

GUSTAVO: *Jet-set*, *Vitaminas* y *Dietético* eran tres temas que ya habían salido mucho por radio e incluso nosotros armamos el video de *Dietético* por nuestra propia cuenta, antes de la salida del álbum. Alfredo Lois, un compañero de facultad y viejo amigo, fue el que ideó las pautas para grabar un video casero con nuestra propia guita, pero que tuviera un mínimo nivel. Creo que está logrado.

De entrada, cuando empezó a tomar forma el grupo, quisimos hacer algo estético, que tuviera una imagen propia. Pensamos en la idea, el concepto del grupo, cómo teníamos que vestirnos y aparecer en público. Todo eso fue pensando por nosotros mucho antes de grabar, y desde entonces queríamos hacer videos.

CHARLY: La imagen, la ropa, el peinado, forman parte del mensaje que uno quiere dar. Normalmente los grupos no se calientan por ese aspecto, aparentemente "superficial" de la cosa.

GUSTAVO: Así que teníamos una idea de lo que tiene que ser Soda Stereo, pero tuvimos que aprender a desarrollarla sobre la marcha. En la grabación, por ejemplo, nos ayudó mucho la producción de Federico Moura, que conocía bien el estudio (Virus grabó allí su primer disco) y sabía cómo manejarse. Había cinco técnicos diferentes con horarios distintos, porque en los estudios generalmente hay esa mentalidad burocrática de hacer discos como chorizos, cumplir el horario y decir que no a cualquier idea nueva que tengan los músicos. Federico nos ayudó con eso.

CHARLY: Por suerte, el disco pegó fuerte en el público, sobre todo a partir del verano. Como no tuvimos mucha difusión, fue necesario que la gente nos fuera conociendo de a poco, acostumbrándose al sonido.

—Y despegaron rápido del circuito underground, en el que a veces se quedan navegando grupos muy buenos.

GUSTAVO: Hay gente que nos rechaza ahora porque somos más populares y no nos quedamos en ese circuito. Hay otra gente, en cambio, que anda por los boliches underground porque sabe que de allí surge lo nuevo y lo desafiante, y esos tipos no tienen tantos prejuicios.

Ahora nosotros sonamos mejor que antes y conservamos toda la calentura. No hemos cambiado nuestra manera de encarar las cosas con la inevitable profesionalización que trae el éxito relativo que tenemos.

Pero tratar de mantener el éxito sería un error. A veces los grupos que suben muy rápido también caen muy rápido. Nosotros no queremos marearnos y perder la chispa ni tampoco repetir las fórmulas seguras. Tocar tantas veces los temas en distintos escenarios desgasta mucho, por eso fue un gusto poder parar un tiempo para preparar el recital del Astros y empezar a pensar el nuevo disco.

¿MÚSICA PLÁSTICA?

—Hay quienes los acusan de plásticos, de frívolos....

GUSTAVO: No nos preocupan mucho las críticas. Cuando la gente nos escucha bien, generalmente cambia de opinión. Sabemos que hay una contradicción en nosotros, como la hay en todo tipo que vive en la ciudad, y es que nos oponemos teóricamente al consumo, pero estamos rodeados por publicidad y consumo. El joven odia el consumo y la televisión, pero al mismo tiempo la ama. Esa contradicción la rescatamos todo el tiempo en nuestras letras, sobre todo en el primer longplay. Hay muchos que nos piden una ideología política, una militancia, pero nosotros estamos más interesados en los medios de difusión...

CHARLY: ...que son como un espejo de lo que realmente está pasando, de las fantasías de todos.

GUSTAVO: Por eso en el Astros montamos una escenografía de plástico, con dunas de telgopor y un mar de celofán...

CHARLY: ...Era hecho a propósito, para llevar el "plástico" a sus últimas consecuencias. Son cosas que surgen espontáneamente a partir de lo que vemos y oímos, de las opiniones de los demás sobre nosotros.

—¿Y cómo es la nueva onda de Soda?

GUSTAVO: Hay más equilibrio entre la melodía y el ritmo. Al principio éramos pura energía, puro ritmo, desenfreno desatado. Ahora la temática es más intimista, quizás más romántica. Se sigue manteniendo esa manera de escribir llena de imágenes porque yo trabajo así, como si estuviera viendo un video. Canciones llenas de imágenes que se van uniendo en una historia. Seguimos siendo rítmicos, porque lo fundamental del rock es la energía que genera, y nosotros incitamos bailar y que la gente baile lo que hacemos. Pero ahora quizás estamos cuidando más la otra parte, la melódica.

—De todas maneras pertenecen a una generación nueva de rock fuerte, con mucho humor y ritmo.

ZETA: Ahora hay más dinámica. Antes los grupos tardaban diez años en salir y se endurecían en el camino. Grupos como Los Twist o Virus o las Viudas salen más rápido porque hay un nuevo público esperando y el entendimiento es instantáneo.

CHARLY: Nosotros somos consecuencia de ese público nuevo. Hay un montón de grupos trabajando en la misma dirección. Es una generación que viene con un mayor desprejuicio, que no se toma las cosas solemnemente.

GUSTAVO: Y hay más energía circulando. Esa es una de las cosas positivas que dejó el punk, esa energía, ese pulso salvaje. Es indudable que hay muchísima gente que viene a nuestros recitales a bailar, sin importarle nada más. A mí no me parece mal.

—¿Quién dijo que bailar y divertirse es menos profundo o revolucionario que estar sentado en un bar analizando el último discurso de Vicente Saadi?

GUSTAVO: Esa polenta innata es lo que alimenta al rock. Lo demás se puede lograr con buenos equipos, o con estudio. Nosotros queremos rescatar esa fiebre y esa pasión rockera. No hay nada más que eso, porque el músico no es un guía ni un maestro de nada, es un canal de energía. Hay veces que nos vienen a pedir que digamos grandes verdades y eso es absurdo. Nosotros no tenemos nuestra vida resuelta ni somos profetas de ninguna verdad. A mí me parece terrible que haya tipos que te aconsejen cómo tenés que vivir, y menos usando la música.

—Es que los pibes miran a los músicos porque no tienen a quién creer.

GUSTAVO: Pero ahí está el caldo para la demagogia. Por eso nosotros terminamos riéndonos hasta de cómo nos vestimos, porque no queremos ser modelo de nada ni ejemplo para nadie. Nosotros nos mostramos como somos, cambiamos el ritmo del mundo, vivimos la vida. No esperes más de mí.

Publicado originalmente en *Canta Rock* Año III, N° 40 (24-VII-1985).

MIGUEL MATEOS:
"NO LO PUEDO CREER"

De pronto, el grupo liderado por Miguel Mateos llenó cuatro veces el estadio Luna Park, juntando más de cincuenta mil personas. Y el nuevo disco, *Rockas vivas,* trepó en los rankings, vendiendo sesenta mil placas en pocos días. *Cantarock* quiso ver de cerca este fenómeno y charlar con su protagonista.

—No sé qué pasa. Yo estoy alucinado. No puedo creer la comunicación que tengo con la gente. En los conciertos le comentaba al público: "Pensar que hace unos años yo hacía cantar a cien o ciento cincuenta personas en un boliche como La Esquina del Sol, dividiéndolos en grupos para hacer coros y contrapunto. ¡Ahora resulta que divido catorce mil para hacer los mismos contrapuntos!".

—Eso de manejar al público ha sido muy criticado...

—Yo me expongo tranquilamente a la crítica. Pueden decir que es demagógico o propagandístico, pero yo vi la felicidad en esas miles de caras y creo que eso es lo que cuenta.

Los críticos nunca me han sido favorables, desde el comienzo tuve comentarios adversos. No creo, sin embargo, que esa sea la causa de que pasaran varios años antes de que Zas llegue a un público masivo. Por otro lado, viene bien haber hecho una carrera lenta y progresiva, porque llego a este punto con cierta madurez y conociendo bien mis posibilidades, así que no me voy a marear tan fácilmente con el éxito.

Y como primera medida, no quiero manejar comercialmente este buen momento, aunque me convendría sacarle el jugo. Pero quiero parar. Ahora tengo una responsabilidad enorme sobre mis espaldas, porque hay mucha gente escuchándome. Quiero parar para ver qué es lo que hice hasta hoy, qué es lo que voy a hacer de hoy en adelante y entender por qué pasó todo esto. Parar para ver qué es lo que quiero dar y cómo lo quiero dar.

—Estás esperando este éxito toda tu vida, pero cuando llega decís "¡a la pelota!".

—Esto es lo que quiere cualquier tipo que se sube a un escenario, llegar a la gente, hacerse entender, gozar juntos. Y vender discos también, porque el que diga lo contrario, miente.

Es indescriptible lo que uno siente cuando está con una multitud dispuesta a que le entreguen música de rock and roll, dispuesta a cantar todos los temas, a tener un rato de alegría. Cuando estaba ahí arriba me acordé de cuando debutamos con Queen, y también había cincuenta mil personas, pero ellos querían ver a Queen, no a nosotros que éramos unos desconocidos. Aquella vez yo salí al frente sin estar seguro de mí. En cambio, ahora yo sé muy bien lo que hago, y entonces las cosas cambian.

El rock and roll es emoción en movimiento, es lo que da esa gente lanzando su energía al ritmo de un tema y una letra que les llega. Y yo veo que la gente entiende mi código, entiende mis canciones, me entiende a mí.

—*¿Cómo surgió la idea de la escenografía?*

—Con Graciela Beccari, mi mujer, que es arquitecta, tuvimos una especie de ensoñación sobre el mundo moderno, las calles vacías de una gran ciudad, edificios, autopistas, fábricas... Queríamos traer máquinas viales, de esas que se usan para construir caminos, pero pesan más de tres mil kilos y el piso del Luna no las iba a aguantar.

Graciela explica un poco su diseño: "Queríamos mostrar las manifestaciones del hombre a través de las ciudades que fue creando, desde los dólmenes prehistóricos, pasando por las pirámides, la época del industrialismo con sus grandes fábricas, y todos los edificios actuales, la gente viviendo apretada, la autopista... Y a un lado, una pareja semidesnuda besándose dulcemente. Porque Miguel, en sus letras, habla de toda la opresión y también marca salidas para la opresión. Es que el ser humano quiere retomar las cosas esenciales. La sociedad avanza por un lado, como si estuviera ciega, y el ser humano quiere tomar otro camino".

Bueno –retoma Miguel la charla–, yo reflejo todo eso a través de mis visiones personales. La realidad con un toque de ficción. Un día, yendo para el Luna, descubrimos que lo que se ve detrás del estadio es muy parecido a la escenografía que hizo Graciela: las chimeneas y techos con las luces extrañas del puerto.

—*Y el vuelo, ¿cómo surgió?*

—Fue una idea de Oscar López, mi productor. En la primera función no lo pudimos hacer, porque no teníamos todos los elementos, Así que en la segunda, el viernes 9, me lancé sin ensayo previo. Al principio tenía miedo de que quedara ridículo, pero decidí asumir mi propio ridículo y que la gente se divierta con eso también. Fue una fiesta, una gran algarabía. Para mí fue una gran conmoción, porque yo ya venía de tocar más de dos horas al mango y cantar con catorce mil personas. ¡Fueron unos conciertos alucinantes!

Publicado originalmente en *Canta Rock* Año III, N° 42 (17-VIII-1985).

MORIS:
"TOCO Y ME VOY"

Moris ya no es el trovador callejero que estuvo en los orígenes del rock nacional. Es un tal "Sr. Rock", que trabaja mucho en España y que vino a la Argentina a presentar su último disco de canciones simples y directas frente a un público que lo conoce por el pasado lejano.

Cuando Moris llegó a España, a principios de los setenta, no había grupos españoles cantando en castellano. Aquelarre –que llegó casi al mismo tiempo– y él abrieron la brecha. Moris, hoy de paso por Buenos Aires para presentar en Obras su nuevo longplay, *Sr. Rock*, lo recuerda bien. "Los españoles imitaban a Pink Floyd, Yes, Genesis, cantaban en inglés y se presentaban vestidos a la usanza del rock sinfónico, capas y encajes, grandes melenas rubias. Yo venía de acá con otro tipo de cosas, más cercano al rocanrol. Tuve tres años muy fuertes de trabajo, hasta que empezaron a salir las nuevas generaciones de rock español, que son unos desaforados, con grupos como Kaka de Luxe. Ahora hay cuatro o cinco mil grupos en España, y todos quieren ser heavys o punk".

Moris organiza personalmente todos los detalles de sus presentaciones y ni en sus momentos de mayor éxito ha caído en la torre de cristal del artista alejado de la producción. Lo veo en el hotel charlando con los iluminadores, haciéndoles planos a los sonidistas, cuidando todo. "A mí me gusta estar en la puesta del espectáculo. Aprendo cosas. Siempre fue así, desde la época en que salíamos a cantar por las calles de Buenos Aires".

El viejo rockero se entusiasma con el nuevo disco, cuarto en su producción española: "Le he quitado al rock todos los clichés habituales, los largos solos de guitarra, los cortes de bajo y batería, la cosa demasiado improvisada. Es un longplay más orquestado. Y hemos tenido mucho cuidado con el ritmo, con que las cosas no suenen justas y precisas".

"Me costó mucho armar la lista de temas para el recital en Obras", dice Moris, "porque no era cuestión de tirar todos los temas uno detrás de otro, había que armar climas mezclando canciones de épocas muy distintas que guardaran alguna relación entre sí. De todas maneras hay mucha coherencia entre lo que yo cantaba hace quince años aquí y lo que canto en

España. Lo que hago es un poco más simple, más directo, con más marcha, como le dicen allá al ritmo fuerte".

Europa, rodeada de misiles atómicos, parece tener menos utopías que hace diez años, y las nuevas canciones de quien fue alguna vez trovador pacifista, reflejan esa visión irónica de la vida, quizás influenciado por el ambiente juvenil español. "En España hay un desencanto muy grande", explica Moris, "no hay demasiada esperanza. A la gente no le importa mucho el futuro. Quieren pasarla bien y divertirse hoy. Yo no pienso así. Yo creo que hay que hacer bien las cosas que le tocan a uno y trabajar por la comunicación".

"Pero yo no puedo imponerle mi manera de pensar a los demás, no puedo ni me interesa obligar a los demás a que sean como yo. No voy a cambiarle la cabeza a nadie. Mi mundo termina donde empieza el del otro. Nosotros –los músicos– hacemos lo que tenemos que hacer. Y cuando terminamos nos vamos. Lo que sí te puedo decir es que en España hay muy poca respuesta, el público no se interesa por preguntarte cosas sobre las letras, conversar con vos, conocerte. Van a divertirse y después, a otra cosa. Aquí la gente se te acerca, se comunica, se interesa. Hay muchas inquietudes. En la Argentina veo a todo el mundo con muchas ganas de hacer cosas".

Publicado originalmente en *Canta Rock* Año III, N° 44 (19-IX-1985).

CHARLY GARCÍA:
LA GRAN FIESTA DEL ADIÓS SUI GENERIS

Antes del *Adiós*, el rock nacional era un fenómeno oculto con un carácter netamente subterráneo. Los dos recitales del Luna Park desataron, hace justo diez años, la popularidad de una nueva música nacional. Hoy lo recuerda todo Charly.

"¡El rock nacional empezó con un adiós!". Charly se ríe cuando comienza a recordar. Y después, más serio, comenta: "Me viene una buena sensación a la cabeza cuando me acuerdo de aquello. Fue muy bueno decir no por primera vez. Es como si vos estás en una fiesta en la que todo el mundo la está pasando bien menos el dueño de casa, porque está cansado y todo está hecho un despelote y él no se está divirtiendo, así que de pronto dice: 'Bueno, se acabó, me voy a dormir, se terminó la fiesta', porque Sui era una gran fiesta para todos menos para mí. Entonces se produjo el fin de esa fiesta falsa y la afirmación de algo polenta, de la rebeldía, de la voluntad de decidir: 'Voy a ser yo mismo, no me van a llevar de aquí para allá'.

Los que nos rodeaban estaban seguros de que Sui Generis iba a darle de comer a todo el mundo hasta el fin de los tiempos. Yo era muy pibe todavía, y era absurdo entregarme tan joven con las manos atadas. No pensaba casarme todavía, y menos con Nito. Quería seguir probando cosas, corriendo riesgos. Cuando ya está todo seguro y la música o lo que hagas es como trabajar en una oficina, yo prefiero cortarla y empezar algo nuevo. Vos podés ver que lo mismo hice con La Máquina de Hacer Pájaros, y con Serú Girán. Pienso seguir así toda mi vida.

Ya en esa época, antes del último long play de Sui, yo ya tenía otro sonido en la cabeza. Quise tirarme a la pileta metiendo en Sui todo eso nuevo, los sintetizadores y los melotrones, en un grupo que hasta entonces había sido prácticamente un dúo acústico. Acá los músicos siempre se quejan de que el público no los entiende. Pero lo que pasa es que a veces uno pide mucho, porque si siempre le diste música acústica y muy melódica, y el tipo va a comprar el disco y descubre que vos sos otro... A mí no me parece que la gente tenga la obligación de asimilar un nuevo mensaje al instante simplemente porque lo dice García, Spinetta o Pirulo. Creo que con el tiempo se define cuáles canciones son buenas.

En realidad, yo estaba buscando empezar de nuevo, tocar para menos gente, en un clima más íntimo y una música más loca, más moderna. Y eso fue lo que pasó después con La Máquina, aunque tardó en pegarle al público. Lo mejor que hay es volver a empezar de abajo, porque tenés todo el camino para crecer. Si empezás de arriba, solo te queda ir para abajo...

LA GALLINA DE LOS HUEVOS DE ORO

Algunos me decían: ¡Estas matando la gallina de los huevos de oro! Pero la gallina de los huevos de oro soy yo. Porque hay dos posibilidades: o yo tengo el talento para hacer lo que me gusta y que funcione, y entonces puedo inventar algo nuevo en cualquier momento, o encontré una veta comercial y no me animo a salir de ella por temor a perder los mangos y el éxito, y entonces la cosa se pone aburridísima.

Al cambiar el estilo y meter una música más densa, en *Instituciones*, de alguna manera estábamos boicoteando el proyecto comercial de Sui Generis. Había algunos pibes que se copaban con una música más pesada que el viejo Sui, y respondieron bien al cambio. Así que de todas maneras el grupo seguía pegando en el público, pero el aparato comercial que nos rodeaba nos insistía con que íbamos por el mal camino, y yo a veces me la creía. No pensaba que me había equivocado, pensaba: 'Ok, me metí en una nueva, voy a tener que darle fuerte para que la gente lo entienda. ¡De todos modos voy a defender esto a muerte!'.

RECITAL

Me acuerdo que un día le dije a Jorge Álvarez: 'Mono, esto no va más'. Por supuesto, trató de convencerme de que estaba equivocado, de que ya se me iba a pasar el mal cope, etc... Pero como es un tipo inteligente, al rato se dio cuenta de que la cosa no daba para más. Entonces retrucó: '¿Qué hacemos? ¿Qué podemos inventar?'. Y se nos ocurrió hacer un recital de despedida.

Los preparativos para el concierto nos devolvieron la pasión, la alegría de tocar en el grupo, era como si recién empezáramos. Pusimos mucha onda en todo, porque ya no nos importaba nada, ya no nos sentíamos atrapados. Era una manera de terminar bien las cosas. Y de paso darle un empujón al rock, porque nunca se había hecho algo tan grande, con filmación y grabación en vivo.

LA PELÍCULA

Apareció [Leopoldo] Torre Nilsson que era amigo de Álvarez, creo que porque se conocían del hipódromo, burreros los dos. Se les ocurrió producir la película. Lo llamaron a Bebe Kamin para que la dirigiera.

Yo tenía muchas ideas para la película, pero no les dieron lugar. Algunas cosas se filmaron, pero finalmente no fueron, como por ejemplo Rinaldo en pollera de bailarina clásica danzando su solo de bajo de *Casandra*, o Juan Rodríguez, el baterista, disfrazado de Superman... Yo quería hacer una escena pidiendo limosna en el subte mientras tocaba todo los sintetizadores. Era como un video clip, pasa el subte y cuando se vuelve a ver el andén de enfrente estoy yo tocando y cantando *Tango en segunda*.

ADIÓS

Cuando dije 'no va más', no tenía idea de lo que iba a hacer después. Quería disfrutar de Sui Generis sin las obligaciones que imponen las actuaciones permanentes. Cuando parás una cosa que te costó mucho trabajo, empezás a gozarla realmente. Tenés que disfrutar lo que hacés. Onda 'paro cinco minutos, me tomo un té' (risas).

Estuve un año para elaborar lo que vendría después. Fui al psicoanalista, porque quedé shockeado por tanto movimiento. Quería comprender lo que había pasado".

¿DONDE ESTÁS AHORA, NATALIO RUIZ?

El recital de *Adiós Sui Generis* en el Luna Park se fijó para el viernes 5 de septiembre de 1975. La idea inicial del productor Jorge Álvarez y la grabadora (Microfón) era hacer una función a las 20:30, pero una semana antes del show ya se habían agotado todas las entradas e inmediatamente se pusieron a la venta tres mil localidades más. Insólitamente, contra toda suposición inicial, estas también se vendieron completamente, así que recurrieron a la inusual idea de agregar otra función más. Según José Luis "Conejo" García, "nadie lo esperaba, ¡para nada!", y Daniel Grinbank lo confirma al decirnos que "hacer dos Luna Park era algo inalcanzable para la época". Los números son más que elocuentes: la primer función sumó 14.600 personas (cifra récord del estadio) y la segunda llevó once mil más. Buscando la razón de semejante convocatoria no queda respuesta alguna salvo el mensaje de Sui Generis, ya que la difusión fue la habitual: cinco mil afiches dobles en Capital y Gran Bs. As, radio y flashes televisivos para anunciar la segunda función.

¿Los detalles? Charly vistió el polémico smoking blanco ("cirquero", le dijeron los ortodoxos de siempre), aparentemente a sugerencia del productor Oscar López. La escenografía eran unas nubes colgadas. Y el sonido (en sala, Tedy Goldman; y para el LP, Robertone) era muy precario para los patrones actuales... Grinbank califica al sonido de "ridículo" pero aclarando que era lo mejor que había para ese momento. A pesar de eso, nadie recuerda que sonó mal... Eso sí, varios espectadores tienen presente que hubo instantes donde la euforia de la gente era tan grande que no se escuchaba la música de Sui Generis.

Para entrar, hubo quienes hicieron la cola desde las siete de la mañana (¡trece horas antes!) y para salir hubo problemas porque –por un lado– los de la primer función querían quedarse y los de la segunda empujaban por entrar. Otro detalle es que no hubo invitados a raíz de la venta masiva de localidades; por ejemplo, la madre de Charly no recibió la invitación esperada.

Algo que pocos recuerdan es que Sui Generis no se despidió en el Luna Park, sino que hubo una especie de "gira de despedida" programada para tocar en Córdoba, Rosario, Comodoro Rivadavia y Mendoza: el ultimo recital de Sui Generis fue ante apenas cien personas en Caleta Olivia, y a la vuelta –¿simbólicamente?– el camión volcó y Charly se quedó sin instrumentos para llegar a Mendoza. En noviembre se edita el disco grabado en vivo y en febrero se estrena la película de Bebe Kamin, absurdamente calificada prohibida para menores de dieciocho años.

¿Después? Charly y Nito subieron juntos a escenarios, pero infernalmente (como en el Festival Amor del 77). Salvo la actuación en Uruguay en diciembre de 1981 ante quince mil personas; porque a pesar de la incomodidad de recurrir a resucitar a Sui Generis, Charly y Nito aceptaron para poder presentar a sus bandas respectivas y su música actual. Había otra fecha en Chile, pero el gobierno de Pinochet los prohibió por el "previsible" temor a juntar a tantos jóvenes. Grinbank asegura que Charly rechazó varias veces ofertas concretas (y hasta doscientos mil dólares por un fin de semana) para resucitar al dúo, y siempre se negó.

Publicado originalmente en *Canta Rock* Año III, N° 44 (19-IX-1985) bajo el título "Sui Generis: La gran fiesta del Adiós".

ROQUE DE PEDRO: ¿QUÉ HAY DE NUEVO EN LA ENSEÑANZA MUSICAL?

Los Conservatorios siempre fueron vistos como aburridas máquinas de fabricar músicos clásicos, provocando que muchas veces uno tenga que optar por algún tipo de enseñanza particular o privada. Pero de la mano de alguna gente con inquietudes, últimamente la cosa está mostrando algunos signos de cambio. Para averiguar más en detalle lo que está pasando, entrevistamos a un funcionario muy especial, Roque de Pedro, conocido fundamentalmente a través de su labor como periodista y crítico musical, pero también autor, compositor, músico, profesor y, en la actualidad, Director General de Educación Artística y Especial. Si querés enterarte qué es todo eso, leé la nota que sigue.

—¿Cómo te definirías a vos mismo? Sos músico, educador, periodista...

—Nunca pude actuar en una sola dirección, me interesa enriquecerme a través de la multiplicidad de posibilidades que hay alrededor de la música.

—¿Vos sos compositor de música contemporánea?

—Soy un compositor con silencios y sonidos. Eso me permitió participar en grupos de experimentación musical muy libre, como el movimiento Música Más, con el que hacíamos desde eventos callejeros hasta obras en el Teatro Colón. También escribí un Concierto para piano y orquesta, que recibió un premio del Fondo Nacional de las Artes. Últimamente he trabajado cosas para coro hablado y tengo terminados tres blues. También hice cosas para juegos de dados, donde las estructuras musicales se tocan de acuerdo a los números que van saliendo en los dados. Además, me gusta mucho enseñar. Por ejemplo, enseñar armonía en grupos, donde me importa que se aprenda componiendo.

—¿Cuál es tu cargo en este momento?

—Director General de Educación Artística y Especial, de la Secretaría de Cultura de la Municipalidad de la Ciudad de Buenos Aires. Además soy profesor del Conservatorio Municipal, tengo cátedras de Armonía y de Contrapunto. Esto implica tres institutos, que son el Conservatorio Municipal Manuel de Falla, la Escuela Municipal de Arte Dramático y el Instituto Vocacional de Arte, que antes era el teatro Infantil Labardén.

Tenemos muchos proyectos, pero el presupuesto apenas si da para sobrevivir, así que debemos apelar a la imaginación, que es lo que estamos tratando de hacer en el Conservatorio Municipal. Es difícil, porque el sistema tiende a la inercia y la rigidez. La época del Proceso era terrible. Si estabas con vaqueros o zapatillas, te echaban. Yo hacía una trampita: me iba con un traje de jean.

—*¿Cuánta gente estudia en el Conservatorio?*

—Alrededor de dos mil alumnos, que oscilan desde los doce años, los chicos de Introducción, hasta abuelos. Pero el promedio general está entre los quince y veinticinco años.

—*¿Qué le ofrece el Conservatorio a esos chicos?*

—Grandes contradicciones. Hacia los años 72-74 hubo una apertura, que fue lo que permitió que mucha gente cercana al rock se acercara al Conservatorio, sobre todo por cómo se planteaban materias como audioperceptiva. Después del 76 se quita audioperceptiva. En este momento nos estamos replanteando todo lo que tiene que ver con creatividad. Hemos conseguido, a través de un convenio con la Secretaría de Educación, que nos presten escuelas primarias después de las 17.30 hs., para instalar anexos del Conservatorio para el Ciclo de Introducción, donde estamos proponiendo una atención del alumno totalmente distinta. Hasta el año 82-83 se le daban dos horas de Lenguaje Musical (lo que era Teoría y Solfeo), en grupos que oscilaban entre veinte y cincuenta personas. Ahora el alumno cubre dos horas de Lenguaje Musical en grupos de no más de catorce personas, y el mismo grupo trabaja un instrumento (que puede ser piano, guitarra o flauta) durante dos horas. Además, practica un par de horas de coro. Nuestra idea es incorporar folklore, también durante el primer año de Introducción, estudiado en forma integral: baile, guitarra, ritmos, historia. Lo que queremos para el Conservatorio es que llegue a ser una especialización en música popular, una carrera, y que además los elementos de música popular tengan que ser conocidos y practicados por los estudiantes de cualquier carrera del Conservatorio. Que el tipo que aprende piano clásico en algún momento tenga que tocar folklore, jazz, y un tango en el bandoneón, por ejemplo. También nos gustaría crear un taller de luthiería.

Pero para todo eso tenemos que modificar la estructura del sistema. Estamos haciendo una reestructuración del Estatuto del Docente Municipal para Áreas Especiales, como esta, donde enfatizamos mucho el adjunto y el ayudante de cátedra, además del titular. Si lo conseguimos vamos a poder dinamizar la enseñanza con trabajos de tipo cuatrimestral, seminarios, etc. Además, esta misma Dirección tiene el Departamento de Educación Permanente, que funciona en el Teatro San Martín, donde organizamos seminarios paralelos a los que concurren alumnos del Conservatorio y también mucha gente de afuera. Por ejemplo, hemos hecho cursos sobre ejecución de piano y violín en jazz, a través de un convenio con el Club de Jazz.

—¿Cómo continúa la carrera, a partir del Ciclo Introductorio?

—Después de los dos años del Ciclo de Introducción, se entra en la carrera propiamente dicha, que son especializaciones en distintos instrumentos, y tiene dos etapas: la primera abarca el perfeccionamiento en el lenguaje musical y el instrumento, y en la segunda se profundiza lo que es armonía, contrapunto, historia de la música, y además materias pedagógicas, porque se sale con un título docente, Profesor de Cultura Musical. La primera parte dura tres años y la segunda cuatro; queremos reducirla, lo ideal sería cinco años.

—¿El que entra al Conservatorio necesita saber leer música?

—Para el ciclo introductorio, no, solo precisa interés por el estudio.

—Hay toda una teoría sobre el mal oído, o el músico "nacido". Los M.I.A. hicieron mucho para desmitificar todo eso.

—Yo soy un convencido de que todo el mundo puede disfrutar haciendo música, en distintos niveles. Creo que lo principal de un Conservatorio zonal, como el nuestro, es lograr que la gente que lo habita pueda llegar a manejar el fenómeno de la música desde un punto de vista creativo.

—Uno tiene la idea del Conservatorio como una fábrica de músicos clásicos.

—También mucha gente de adentro tiene esa idea, así que otra tarea es crear docentes de música que instruyan a partir de la realidad. Pienso que un educador musical debe saber componer, manejar más de un instrumento, conocer distintos géneros musicales, y también saber cómo trabajar con chicos y adolescentes. Creo que debemos partir de los intereses del alumno, y compatibilizarlos con las exigencias de la sociedad. No hay que tenerle miedo a la música viva.

—¿Cómo compatibilizás el trabajo de funcionario y tu labor como músico?

—Como funcionario trato de manejarme como si fuera un compositor, arreglando, dirigiendo y viendo cómo puede aparecer mi estilo en todo eso. Pero en algún momento de mi vida hice una opción por la enseñanza, sabiendo que eso me iba a restar tiempo para la creación. Yo trato de componer en cierta medida a través de mis alumnos, además de mi propia obra. A su vez, mi relación docente me ayuda a proyectarme en lo creativo, y lo de funcionario me abre una puerta para conseguir una transformación en una institución relativamente rígida. Y bueno, estamos viviendo, y tratando de crear dentro de la vida algo que se asemeje a nuestra imagen; esto es una opción más.

Entrevista realizada junto a Claudio Kleiman publicada originalmente en *Canta Rock* Año III, N° 45 (3-X-1985).

FITO PÁEZ:
"SE ME QUEMÓ EL CEREBRO"

Fito Páez es aquel famoso niño prodigio de Rosario que compuso obras maestras como *Tiempos difíciles* o *Tratando de crecer* a los dieciocho, para que Baglietto las cante. Pero después se largó a caminar solo y en un par de años se convirtió en una figura poderosa que canta lo suyo con sinceridad desgarradora. Ahora déjenlo hablar un poco.

—Justo hoy se me dio vuelta todo. Escuché por primera vez un disco de mi vieja, que era pianista. Yo no la llegué a conocer casi, porque murió cuando yo tenía ocho meses. Mi viejo me pasó este disco que ella grabó para la Radio Municipal de Rosario, con dos obras de Mozart súperbien tocadas, llenas de matices.

Entonces creo que hay cosas misteriosas, tal vez genéticas, que tienen que ver. Algo me debe haber quedado de ahí. Mi viejo también influyó porque me hacía escuchar Jobim, Sinatra, Piazzolla, algo de tango y folklore, con la idea de que "el nene tiene que ser culto".

En la primaria me mandé a tocar el bombo en un grupito de folklore que armamos. Me gustaba porque cantábamos en los actos, le caíamos bien a las chicas, estábamos arriba de un escenario.

Salí de la primaria en el 75, en la época de la separación de Sui Generis. Ya había empezado a escuchar rock nacional. Armaba una batería con un bombo y unos tachos y acompañaba temas de Invisible y otros. Lo primero que escuché de los Beatles fue *Let it Be*, cuando tenía diez años, y sentí una cosa nueva, un cambio de vida.

La otra cosa fundamental para mí fue mi primer concierto de rock, cuando La Máquina de Hacer Pájaros fue a tocar a Rosario, en el Teatro Astengo. Fue en el año del golpe y no se podía salir a la calle. Tuve que pelearme con mi viejo para que me dejara ir. Los conciertos eran el único territorio en el que teníamos un poco de libertad, pasaba algo distinto a lo que nos imponía Videla. Yo era muy pendejo, y al lado mío había un flaco melenudo que saltaba con la música, re copado. Me dio miedo, pensé que el tipo se iba a volver loco y pelar una navaja o algo así... ¡Era mi primer recital!

Yo tocaba algo de batería, pero no me alcanzaba porque quería componer temas, entonces agarré el piano que había en casa. Estudié ocho meses con una profesora del barrio y con el profesor que le enseñó a mi vieja. Pero yo era muy vago para leer música. Así que escuchaba lo que el tipo tocaba y me lo aprendía de memoria. Lo practicaba un poco en casa y después se lo repetía como si estuviera leyendo la partitura. De manera que lo que toco ahora no es por haber estudiado mucho, si no de andar con músicos, copiar discos, mandarme solo contra las teclas de puro caradura...

De movida empecé a componer porque ya me creía Rick Wakeman. Por suerte, siempre me la creí, en el sentido de estar seguro y tirarme a la pileta.

Tocaba con unos grupos que armé en la escuela para los festivales de la primavera. Y después formé Neolalia con Fabián Gallardo. En esa época yo era corresponsal del *Expreso Imaginario* en Rosario. Una vez a los catorce me largué solo para Buenos Aires a buscarte a vos y al negro Fontova que hacían el *Expreso* con Pistocchi, traje un cassette con unos delirios que habíamos grabado y como ustedes no estaban se los hice escuchar a la secretaria. Le expliqué que yo quería ser corresponsal de la revista. ¡Yo era un caradura tremendo! Lo peor es que ella me dijo que sí, que escribiera nomás. Gracias a eso se empezó a hablar de Baglietto y los rosarinos en Buenos Aires, en el 77, 78...

Neolalia fue el primer grupo más o menos serio que armé. Pretendía ser una cosa solemne y progresiva, como se usaba en aquella época. Pero íbamos al frente y hacíamos cosas en un momento muy difícil. En Rosario empezaron a darse conciertos de grupos cada vez más seguido. Eran como los primeros síntomas de vida en una ciudad asustada por la represión. En esa época Abonizio compuso *Mirta de regreso*, por ejemplo.

Después de Neolalia armé Staff, un grupo ya más coherente con el que hice algunas cosas que todavía me gustan. Los temas que componía tenían más estructura musical, aunque las letras eran adolescentes, tipo: "No me gusta el colegio, mi viejo me trata mal, la iglesia bla bla...".

Pero el gran paso lo di cuando conocí a Rubén Goldín y entré en su grupo, El Banquete (por *El banquete de Severo Arcangelo*, un libro de Leopoldo Marechal del que también salió el nombre de Los Abuelos de la Nada). Con Rubén aprendí muchísimo. Él me mostró acordes más complejos, toda la herencia del jazz, y toda una cosa letrística y musical más densa, más profunda, menos adolescente. Después Rubén se fue del grupo y quedé yo medio de líder por un tiempo más.

BAGLIETTO Y CÍA.

Juan Carlos tuvo que disolver Irreal, el grupo con el que venía haciendo cosas buenísimas hace tiempo. Creo que todo el mundo sabe a esta altura que Irreal tuvo problemas con el gobierno y no pudo seguir. Pero Juan no es ni lerdo ni perezoso, y se largó a tocar solo. Un día me lo encontré en la calle y me dijo: "Fito, quiero empezar un ciclo en Arteón, un fin de semana con temas de Beto Corradini, otro con temas de Rubén y otro con temas tuyos". Era como un sueño, porque Baglietto era lo más de Rosario. Eso finalmente no se hizo, pero desembocó en la primer banda de Baglietto, cuya formación es la que sigue: Rubén Goldín en guitarra y composición, Piraña Fegundez, percusión y flauta, Raúl Giovanolli, clarinete, Maxi [Ades] en batería, Eduardo Poloni en guitarra, Jorge Llonch en bajo, Silvina Garré en voces y yo en composición, piano y voces. Una noche que estábamos zapando a mil por hora nos fue a ver Julio Avegliano, productor porteño fallecido hace poco.

El tipo la vio. Le dijo a Juan: "Vamos para la Capital". Y salió la posibilidad de grabar el disco. Yo había disuelto El Banquete y estaba tratando de armar un grupo propio, mientras tocaba con Baglietto. Nos trajeron a Buenos Aires para grabar con Juan y la banda finalmente quedó así: Silvina, Rubén, Zappo Aguilera en percusión, Marco Pusineri en batería, el "Muerto" Sainz en bajo y yo en teclados. El disco tuvo un éxito tremendo como es de público conocimiento, y empezamos a trabajar muchísimo. Es sorprendente que gustaran también temas tan deformes como *Puñal tras puñal* –mío– o *Sin luna* de Rubén. Nosotros dos éramos el lado delirante y retorcido de la banda, queríamos meterle a Juan cosas que a lo mejor no eran naturales en él, que es un gran intérprete de canciones populares. No entendíamos nada con el éxito abrumador, y nos ligaban muy fuertemente el afecto, pero también había las inevitables peleas por desacuerdos con el repertorio y a veces líos con la guita. Éramos muy nuevos y pasaba todo muy rápido.

Imaginate que en La Falda tocábamos a pleno éxito frente a siete mil tipos, después de apenas llenar los teatritos de doscientas personas en Rosario. Enredados entre los mates y las amistades rosarinas también nos iba entrando el ritmo acelerado de Buenos Aires. Allá es todo pueblo, son unas pocas cuadras para cada lado, vos conocés todo. Acá es el mundo desconocido, la "lleca", los personajes –tipo "el loco en la calesita"– que yo nunca había visto en Rosario. Todos nosotros queríamos cantar, salir al frente también, pero la gente iba a ver a Juan, y al principio no se copaban mucho con Rubén y conmigo. Yo era un nene ansioso de dieciocho años que componía cuarenta temas por día, sentía que tenía buena música para mostrar, no me bancaba mucho ser "el tecladista".

En esa época de la banda de Baglietto yo componía como un animal, pensando en formar mi propio grupo y salir al aire. Desde chico me gustó mucho ensayar y tocar con otra gente, juntarme con músicos a improvisar. Eso no se hacía, porque tocábamos tan seguido en shows y giras, que no había tiempo para juntarse e improvisar. Yo sentía que eso no era "mi grupo", aunque éramos súper amigos. Fue como una manera de foguearnos impresionante, como músicos profesionales pero con onda. Con toda esta actividad y todo lo nuevo que conocí en Buenos Aires, yo estaba cada día más ansioso y con ganas de armar mi propia banda. Entonces me tocó producir cinco temas del primer longplay de Silvina, que fue muy útil como entrenamiento para mí. Y también hicimos un dúo con Rubén en el que metimos todas las ideas que no cabían en la banda de Juan. También hicimos el Rosariazo, donde tuve la suerte de tocar con Litto Nebbia, un ídolo de toda la vida. Cuando lo vi cantar *La vida es una moneda* me largué a llorar y no podía parar. Pasaron muchas cosas muy rápido.

SE ME VOLÓ LA CUCA

Y cuando estábamos dando los recitales del Astral con Baglietto, presentando el tercer disco de Juan, y yo estaba empezando a preparar temas para un longplay, me llama Grinbank para decirme que Charly quiere que toque con él. ¡Se me quemó el cerebro!

¡El pibe de barrio que va a tocar con Invasión Extraterrestre! Eran una pandilla con Melingo y Fabiana Cantilo y los G.I.T., todos tipos súper curtidos capitaneados por el flaco... Un rosarino en el hipercandombe. Creo que nunca tuve tanto miedo en mi vida. Para peor el flaco no explicaba nada: "Bueno, vamos a tocar...".

Nadie me decía nada, ni siquiera qué acordes había que hacer. Tocábamos y yo no sabía qué pasaba. Hasta que un día Willy me dice: "A Charly le copa mucho cómo estás tocando". Ahí pude relajarme un poco.

Salimos de gira, y para un rosarino medio intelectual y solemne era como ir por el mundo con los Rolling Stones. Me reencontré con el rock and roll, con cosas de mi infancia como la alegría y el humor. Se me voló la cuca. Llegamos a hacernos muy amigos, e incluso Fabiana, que cantaba en la gira, hoy es mi mujer. Yo siempre había estado con gente muy analítica, que pensaba y elaboraba todo y es una formación intelectual fenómena. Pero me vino muy bien entrar en acción directa, en esa cosa de los Beatles y el rock, de hacer lo correcto sin pensar de más, "dejándose ser", espontáneamente viviendo lo que pasa.

Esa comunicación instantánea que logra Charly y que también es algo bien de pueblo, eso que interpretó en cierta época el peronismo, con "menos teoría y más vida" me enseñó mucho. Yo tenía demasiados libros y poca calle. Pero me bastó esa gira para perder los frenos y el miedo. Yo, como típico hijo del Proceso, vivía lleno de culpas y miedo y paranoias que no me dejaban ser lo que soy. Sacarse eso cuesta pero tenés que hacerlo si no querés desperdiciar tu vida.

Cuando subo al escenario quiero generar ese vértigo en el que nadie sabe muy bien qué pasa, nadie está calculando fríamente nada. Es la búsqueda de lo desconocido, lo nuevo, lo fantástico, como decía Marechal.

A la vuelta de esa gira grabé y largué *Del 63*, que tiene muchas influencias de García, pero también tiene asomando al Fito que yo quería encontrar, el de temas como *Tres agujas*. Sobre una melodía relativamente simple, un tejido armónico donde pasan cosas nuevas. Por ese lado me empieza a gustar el asunto. Yo estaba muy inseguro, porque venía con toda la máquina y la vorágine de la gira. Yo estaba medio indefinido entre cosas folklóricas que me copan y el pop que era nuevo para mí y me estaba tentando.

Creo que en *Giros*, este nuevo longplay, me sinceré más conmigo mismo: "Bueno, yo hago folklore, soy rockero, me gusta el tango y hago canciones. Me las banco todas". Al final, mi generación es así, absolutamente anárquica y con todo tipo de información. Después de los Beatles, cabe cualquiera. No es como ese folklore "progresivo" que es una bola de poleras cantando sobre la "revolución latinoamericana" y es un plomo que el pueblo no se banca. Hay que desmitificar por completo a ese folklore caretón y grandilocuente hecho a fuerza de consignas y con una música fría y antigua. Si querés folklore volado y con humor miralo al Cuchi Leguizamón. Y Charly, a cierto nivel, hace folklore y tango. El folklore es la música de la gente, del pueblo, divirtiéndose, revelándose, haciendo el amor, levantando polvareda. No esos latinoamericanistas que se llenan la boca de discursos. Creo que la gente a la larga sabe quién está cantando desde el fondo de lo que siente.

Volviendo a *Giros*, hay una baguala que conserva el canto desgarrado de la baguala, pero está tocada 1985, con máquinas de hoy. Creo que me animé a hacer cosas que nunca me había animado. Hay un rock and roll como *Taquicardia*, porque también soy eso. Y está ese tanguito que habla de los pibes en el bar de Corrientes, y esa vueltita gardeliana de *Giros*, cuando dice "parece de otro tipo pero soy yo"...

Creo que ese disco es auténticamente lo que soy yo. Es como decir: "Cortale con el papo del folklore y el papo del rock and roll y ponete a hacer música". Yo tenía prejuicios tipo: "Si le gusta a la gente es berreta". Pero si le gusta a la gente es porque vos supiste expresar con sinceridad lo que te pasa a vos, que es lo mismo que le pasa a todo el mundo. Creo que empecé a ir al grano. A veces hacer una canción simple cuesta un huevo, pero el resultado lo entiende la tía Chola, mi papá, vos y yo. Y todos contentos.

Publicado originalmente en *Canta Rock* Año III, N° 45 (3-X-1985).

LOS ABUELOS DE LA NADA:
¡¡¿SE SEPARAN?!!

Los Abuelos de la Nada no se han disuelto, pero Andrés Calamaro ha abandonado sus filas, lo cual obliga a un replanteo. "El nombre lo tengo registrado yo, y con él trabajo desde el 68", afirma Miguel Abuelo en este crudo reportaje donde aclara todo lo sucedido y hasta se aventura a pronosticar el futuro de su grupo.

—Los Abuelos de la Nada siempre fueron un grupo madre, creador de posibilidades. De esta banda nacieron personas desconocidas en el campo de la música y la poética (entre las que me incluyo), que recibieron un enorme espaldarazo. Pero la gente echa alas y cuando uno se siente preparado para volar no es necio emprender el camino.

Esto no implica que se separen los Abuelos, porque existieron siempre y han transitado períodos y regiones diversas. Es una agrupación que se ha cimentado a través de mucha gente que pasó por ella. Es como una marca en donde la garantía de la calidad es lo que se hace.

Tendremos un impasse a partir de este mes de octubre, hasta aproximadamente el mes de abril del año próximo, en el que vamos a sacar un nuevo álbum con la nueva formación, con muchas sorpresas y una estructura tecnológica nueva. Volveremos a empezar desde abajo con Cachorro... Sin embargo, creo que esto nos vendrá bien.

La idea inicial no era parar: teníamos treinta y cinco shows vendidos acá, en Uruguay, Chile, Paraguay y Perú, y días antes de comenzar esta gira Calamaro tuvo una "jaqueca"... Dijo que no quería seguir más, que se sentía mal... y a mí no me gusta tocar con enfermos...

Da la casualidad que él está armando una bandita sola, de él, para promocionarse a sí mismo... Es un poco triste para mí, porque me abandonó en medio de algo que podría haber terminado absolutamente bien. No lo culpo ni lo escarnio, pero la realidad es que había gran expectativa con Los Abuelos de la Nada y tuvimos que levantar muchas fechas por este capricho.

Las actuaciones que se hicieron (como el caso de Rock & Pop) ya estaba lanzada y estaba pagada la publicidad, y nos amenazaron con juicio si no cumplíamos. Como yo no soy una persona caprichosa, sino un tipo hiper-responsable, me negué a ir a juicio. Entonces Calamaro, que es muy hábil, decidió hacer esos diez shows pendientes para no pagar y poder levantar los otros veinticinco. O sea que le hicimos un favor para que se vaya tranquilo... El resto del grupo es gente de "inteligencia caleidoscópica" (sic), pueden hacer muchas cosas simultáneamente, cambiar, mutar, tocar con otros. En mi caso personal, yo ya comencé con mi carrera solista. Cachorro López también... Él es un gran productor, planea trabajar con Nito Mestre y Divina Gloria... aunque no es cantante como Calamaro o yo, claro está.

Como solista, yo voy a hacer una gira. Pero no como trovador y poeta –ese es otro mercado–, sino con una muy buena banda de apoyo donde seguramente estará Polo Corbella y un bajista de diecisiete años que se llama Chocolate Fogo.

Los Abuelos de la Nada nos retiramos por voluntad propia y porque además grabamos un LP en vivo con muchos temas hits de Calamaro. Y (esto lo sabe cualquier productor y el público en general) cuando vos hacés un longplay tenés que apoyarlo, ¿cómo íbamos a tocar nosotros los temas de Calamaro sin él? Este muchacho metió sus temas ahí adentro, abrió bien grande la boca anunciando con pitos y cornetas que estaba vivo, pero se autoeliminó.

Si hubiésemos sabido de antemano que se iba, no poníamos tantos temas de él en el disco. Pero, claro, Calamaro está –como dice Olmedo– "bloqueado"... Yo no me dedico a romperle el bloqueo a nadie. Si no se lo rompe él mismo, ¿quién? Yo ni siquiera vengo de buena cuna como él, ni tengo el apoyo que ha tenido él toda la vida, pero siempre me rompí mis propios bloqueos sin joder a nadie.

Entrevista realizada junto a Eduardo Berti publicada originalmente en *Canta Rock* Año III, N° 47 (X-1985), bajo el título "¡¡¿Se separan Los Abuelos?!!". Como complemento se incluyó una entrevista de Marcelo Fernández Bitar a Andrés Calamaro dando su punto de vista acerca de la separación del grupo.

CELESTE CARBALLO:
CELESTE Y LA GENERACIÓN FUSILADA

—Hace más de dos años que yo no hago nada mío. El *Porque cantamos* se hizo de goma, no terminaba nunca y generó un toco de desgaste. Yo me borré de todo lo que venía haciendo de la productora y todo el ambiente musical, y volví a la calle, a tocar y componer, sin "orejeros" a mi alrededor. Salí de los "corrillos habituales" del ambiente y sentí la necesidad de estar con gente nueva, que se sienta virgen igual que yo.

Está muy bien que las estrellas de rock brillen y estén en el cielo, pero las personas están en la Tierra.

Entonces agarré y puse un aviso en un diario de La Plata: "Cantante profesional busca músicos jóvenes". Armé un grupo con tipos nuevos, que no pertenecen al mismo circuito de siempre. Y salí a tocar porque no me iba a quedar esperando que los músicos que me gustan del ambiente tuvieran tiempo para ayudarme a grabar mis nuevos temas. Me dije: "Ma sí, yo nunca necesité de un disco para salir a tocar. Yo siempre me la banqué tocando sola o con quien sea". Y formé esta banda para volver a la acción, tocar en boliches, cantar de una vez los nuevos temas.

Fue entonces, en nuestra primera actuación en Shams, que nos vio Charly y se copó. Fue idea de él hacer un disco, entrar a grabar ya como estábamos, con esa banda de tipos que nunca habían pisado un estudio. Y grabamos todo de un tirón, un tema detrás de otro, prácticamente en vivo. Así es la cosa... Sangre nueva.

—¿Es "La Generación Fusilada"?

—No, ahora se llama "La Generación" nomás. Lo de la generación fusilada surgió como nombre porque hay un tema que dice: "Se pusieron todos en el pelotón de fusilamiento, y yo adelante, gritando: ¡Por una bala menos! Me quedé sintiéndolas entrar en mi cuerpo". Pero de todas maneras, ahora quedó La Generación, que es más directo, más simple.

—Cuando volviste de España y salió Porque cantamos *habías cambiado mucho tu imagen...*

—Mirá, no era una imagen. Yo estaba como me veía, así me sentía. En realidad, todos estamos como nos vemos.

Yo en ese momento tenía el alma cortajeada como mi pelo, mi cerebro estaba con todas las terminales nerviosas eléctricas como mi pelo parado. Mis expectativas y mis esperanzas estaban tan bifurcadas y descontroladas como las líneas que me hacía con los ojos. Yo estaba así, era tal como aparecía. En ese momento no me daba cuenta, y nadie entendía nada. Pero ahora veo las fotos y veo claramente la expresión exterior de lo que me estaba pasando.

Estoy sacando un disco nuevo. El disco es nuevo y la manera de trabajar es nueva también, porque está grabado casi en vivo. Habíamos ensayado un par de meses para tocar en boliches, pero no teníamos el plan de grabar. Fue Charly el que me convenció cuando nos vio en Shams y se recopó con hacernos grabar, ser nuestro productor, con el grupo tal cual estaba.

Entramos en el estudio y grabamos un tema detrás del otro. Yo armé la banda para tocar, porque no me bancaba más estar esperando que algunos músicos que me gustaban tuvieran tiempo para entrar a grabar conmigo. Y me dije: "Si yo nunca dependí de un disco para salir a tocar. Formo una banda con pibes nuevos y voy al frente. Después veremos".

Lo que pasa es que ya ni yo me creía todo el verso que me habían hecho para convencerme de que yo era Celeste Carballo, cantaba de esta manera y me comportaba así y asá. "Loco, córtenla, déjenmé ser y no me vendan nada más".

—*La nena buena de Coronel Pringles...*

—Esa también la fabrican ellos. Yo no me puedo hacer responsable por todo lo que los demás esperaban de mí. Necesité cortar con todo. Y ahora hay gente que me mira y tiembla de miedo.

Algunas personas, quizás sin querer, lograron que me sienta desesperada. Y yo en estado de desesperación funciono mucho más. El miedo no me paraliza, me hace buscar más, moverme, activarme. Combato el miedo con la acción.

—*Actitud punk de enfrentar todo así nomás....*

—En un momento, en febrero, pensé que mi próximo disco iba a ser punk. Pero todo cambia, nada se queda quieto en su cajoncito...

—*Gracias a Dios, si no la vida sería un plomazo, toda estática y controlada...*

—¡Exactamente! Por eso, hoy no sé cómo calificar lo que es es el disco, aunque creo que tiene un germen punk. Es un rock bastante desprolijo, bastante crudo, bastante directo.

—*¿Qué es el punk en la Argentina?*

—Cualquier cosa que se queda estructurada y fija en un nombre y una fórmula no significa nada. No significa absolutamente nada. Es una postura más, nada más. Yo hace mucho tiempo que salí a la calle, loco.

Hace poco llamé a un guitarrista medio punk para tocar conmigo. Cuando supo que era Celeste, se puso despreciativo. Y yo le dije: "¿Qué te pasa, loco? ¡Vos sos de los que se van a quedar toda la vida con el pelo parado, como los tangueros, toda la vida con el bigotito!". El tipo me desprecia porque hablo del campo, es un cerrado que no entendió ni una. Es como el que me decía: "Vas a tener que hacer algo para gustarle al público punk". ¿Qué te pasa, loco? Yo sé quién soy, no necesito que nadie me crea, no tengo nada que demostrarle a nadie. ¡Yo soy yo! Yo sé quién soy, los demás que hagan lo que se les cante. No voy a esperar a leer una revista para enterarme quién soy, a ver si mi nuevo peinado surtió un buen efecto.

Uno está vivo, y todo lo vivo se tiene que transformar. No es que ahora estoy en tal época de mi vida. Todos los días son la vida.

Publicado originalmente en *Canta Rock* Año III, N° 50 (12-XII-1985).

LUIS ALBERTO SPINETTA:
MÁS SUELTO QUE NUNCA

1985 fue un año bastante movido para Luis Alberto Spinetta. Tras lanzar el disco *Madre en años luz* y presentarlo en un gran recital en el estadio Luna Park, disolvió Spinetta Jade. Luego se embarcó en un proyecto junto a Charly García que, tras generar muchas expectativas, quedó trunco. Finalmente, en los últimos meses del año, se encerró a registrar un trabajo solista llamado *Privé* y así terminó el agitado 1985.

En cambio, este año comenzó con una tranquilidad que se refleja en el rostro de Luis. Terminó su disco y a fines de enero dio dos memorables recitales gratuitos en Barrancas de Belgrano. Con su guitarra acústica y el ocasional acompañamiento de Juan Carlos "Mono" Fontana, la poesía y la música de Spinetta se convirtieron en un bello cuadro el día domingo 26, cuando el cielo nublado se fue aclarando durante el concierto, para finalizar en un marco de estrellas y una brillante luna detrás del escenario.

—Spinetta Jade pasó por un periodo bastante crítico hace ya un año, cuando cambiamos de agencia y nos quedamos sin producción. También fue ahí cuando empezó el último ciclo del grupo, con el Mono Fontana en el lugar de Leo Sujatovich. En realidad se suponía que ese período iba a durar más, e incluso hicimos lo imposible para tratar de reflotar una cantidad de situaciones antes del Luna Park, que fue un concierto muy lindo y bastante importante, con la escenografía de Renata Schussheim. Lo que ocurrió fue en el seno del grupo, un desfallecimiento ideológico que por poco me infarta. Hubo planteos ajenos a la parte musical que me dieron el puntapié que faltaba para terminar con Jade. Básicamente, fueron exigencias de dinero totalmente ridículas, extemporáneas en una formación musical en que se repartían todas las ganancias por partes iguales. Digamos que fue un revés desde el punto de vista profesional y ético. Así que para el Luna Park se descargó la tormenta de los cachets y si bien yo no me dejo pisar, en ese momento me dejé pisar para no llegar a lo que hubiera sido un aplazamiento quince días antes del recital. De alguna manera, generó que si yo tuviera que pagarle a esta gente lo que quería, yo me comprometía a mí mismo a no volver a poner en funcionamiento a esa formación.

El mecanismo que había obró en forma al revés de lo esperado, ya que se supone que en una banda donde todos cobran por igual no puede haber celos, y si un Spinetta se baja de ahí es porque siente que lo está haciendo por un objetivo fundamental que todos podamos disfrutar y participar colectivamente. Desgraciadamente, quizás hubo quien pensó que había una situación financiera excesivamente abundante, y nunca fue así. Todo era un sacrificio en Jade. Así que tras aceptar los condicionamientos para el Luna Park, me declaré a mí mismo la cesación de la formación. Hicimos seis shows más y murió Jade.

—Después no se supo más en qué andabas...

—Me quedé entre la nada y la eternidad. Difícilmente vuelva a tener una formación del nivel que la última, con Paul Dourge, Lito Epumer, el Mono, Pomo y yo. Y a pesar que los quiero a todos, estoy seguro que quizás soy yo el responsable de haber generado una actitud negativa con respecto a lo que era la parte profesional y comunitaria. Entonces me encanuté, pero de golpe apareció rondando el proyecto con Charly, que ya empezó con un mes de atraso y de movida no me gustó que arrancara tarde. No obstante eso, lo anunciamos en televisión y a los pocos días terminó de derrumbarse hasta nuevo aviso. El proyecto quedó abierto y en algún momento se va a dar.

—Quizás ustedes necesitaban encarar algo así con mucha tranquilidad y tiempo...

—¡Pero se podía hacer! Pienso que lo más que puede llevar a que un proyecto así no se le entienda el gollete es que a alguno de nosotros –los protagonistas– tengamos alguna clase de prejuicio en la cabeza. Ese es el único peligro. No hay que condicionar nada, por más que seamos Charly y Spinetta, quienes en cierta forma tenemos que reunir algo de por sí.

ROCK AND POP

—Hay una pregunta que nos enviaron varios lectores: ¿cómo llegaste a grabar el aviso de la radio Rock & Pop en el marco del tema Camafeo*?*

—Mirá, hay quienes dicen que no debería haber usado un tema mío. Otros dicen que yo jamás debería haber hecho eso. Y me imagino que otros se lo gozan. Personalmente, te digo que lo hice porque es un apoyo a la radio. Es excepcional que exista una radio que en poco tiempo se puso a la cabeza de las FM y que pasa rock and roll, cambiando y exigiendo otro margen de cosas en las demás radios. Simplemente lo hice porque lo quise hacer. Sin que me lo pidiera nadie...

—La mayoría cree que atrás hubo un montón de guita....

—¡Nooo! ¡Nadie puede suponer eso! Que yo hiciera eso por guita... Pero, ¡puta! lo hace Andrés Calamaro, la gente de La Torre y lo puede hacer cualquiera de nosotros. ¿Por qué yo soy tan ajeno? ¿Qué es lo que represento, un oficialismo del rock? Aparte de presentar a la gente o a una cantidad de inquietudes que se comparten, yo represento lo que me gusta. A mí me encanta que haya una radio de rock en Argentina, y toda la vida me pareció que debería haber una radio y un canal de televisión para el rock.

PRIVÉ

—Del proyecto con Charly quedaron algunos temas terminados que incluiste en Privé, *¿no es así?*

—Asumí la producción de tres temas que por lo menos eran candidatos para el disco con Charly. Uno de ellos era firme, que es *Rezo por vos*, que al igual que a *Una sola cosa* y *La pelicana y el androide*, les cambié los arreglos y los hice a mi gusto, a piaccere. Lo que ocurrió es que me quedé con una cantidad de temas que había preparado para hacerlos con Charly, pero que ni se los había presentado a él porque recién estábamos demeando y pasándonos las primeras datas. Y bueno, que quedé con todo ese material y fui e hice un disco, que es *Privé*. Es un álbum muy Spinetta, pero estoy rodeado de gente como el Mono Fontana, Fito Páez, Andrés Calamaro y Ulises Butrón, cantan Fabiana Cantilo e Isabel de Sebastián, está Héctor Starc en un solo de guitarra, Sergio Fernández hace coros, y León Gieco está en armónica.

—En cuanto a llamar gente para cada tema y no trabajar con una banda estable, se parece a la forma en que encaraste Mondo di cromo.

—Sí, en realidad es como un *Mondo di cromo*, pero un poquito más avanzada y sin lirismo. O sea, el lirismo está muy subvertido, condimentando la fuerza de los ritmos. Se usaron un montón de canales para la grabación... hasta cincuenta y seis canales. Hicimos un poco de sampling, como ser de un lavarropas en funcionamiento, bichos feos, un gol de [José María] Muñoz en un partido Argentina-Italia, mi voz en un solo de guitarra sintetizada, y también el sampling de un fósforo al encenderse para reemplazar el crash de los platillos.

—¿Qué es "samplear"?

—Con un instrumento se puede sacar una foto a un sonido y procesarlo digitalmente al samplearlo. Es una técnica por la cual se copia un instante de sonido. Es como una instantánea Polaroid o Kodak de un sonido. Por ejemplo, vos con un micrófono y un sampler podés tomar el ruido de un pájaro y luego gatillarlo cuando querés por medio de un teclado especial (MIDI), incluso haciendo acordes polifónicos del sonido de ese pájaro. No es algo muy nuevo, pero creo que acá se usó poco y nada. Es simplemente una forma de extender un poco los delirios y la imaginación. Si el producto musical de esa técnica te está inspirando algo, es porque está bien usado.

En el disco las cosas están metidas en forma subyacente de la música. Aparte, como el sampling es una hiper-simulación no está haciendo sino reafirmar la importancia del instrumento al cual simula. Digamos que se reafirma la importancia de la momia original (risas).

PLANES FUTUROS

—¿Y qué vendrá de aquí en más, qué tenés planeado?

—Tomar unas vacaciones, que bien me merezco porque estoy bastante cansado. El disco demoró tres meses incesantes. Y como hice los bajos con un sequencer en tres temas, hubo todo un trabajo pre-estudio de grabación hasta poder llegar a aflorar con el esqueleto de la producción. Después llevó mucho tiempo y la parte de las mezclas fue muy desgastante porque se hicieron sesiones de hasta veinte horas corridas. Terminé medio al filo de la navaja y el disco no pudo salir en el 85, sino que saldrá en marzo y es el primero del 86. Ahora voy a descansar con mi familia y ver si preparo un trabajo solista, exclusivamente de Spinetta. Un *Kamikaze* sin acompañamientos de nadie, sin teclados ni nada: solamente con guitarra. Voy a hacerlo en mi propia máquina con mi flamante consola del estudio La Diosa Salvaje, intentando hacer un disco en condiciones que jamás hice: con el mínimo de gasto y con toda la polenta.

—En La Falda mencionaste que Privé *tiene letras muy polenta. Habías explicado que las metáforas se daban por vía directa, sin usar tanto el "como tal cosa": "Entonces es como dar amor", "Ludmila, penetró como un más allá".*

—Sí, creo que probablemente estas letras son más simples que cualquiera de las letras que se encuentran en mis discos. Los temas son profundamente simples. Tiene una simpleza que es la del oficio de estos años y derivación de un propio cambio personal que es una captación más inmediata de los lenguajes: tanto el rítmico como el de los acordes de basamento y las temáticas.

—¿Hay un giro hacia la gente?

—Hay un giro de entrega. Yo quiero disociarme de los que abuchearon a Charly cuando lo presenté en el Luna Park. Quiero disociarme de los timoratos que piensan que Spinetta es un tema volado y nada más. Quiero disociarme de un lenguaje que por ahí debido al eclecticismo y el momento que vivimos no cuaja entre la gente. Permanentemente tengo el impulso de mis hijos, que son en parte el termómetro de la música a la que yo apelo en *Privé.* Y por otro lado no te olvides que con Charly se iba a hacer un disco fuertísimo, y que yo recogí parte de esa fortaleza por las mías. Es como que me contagié del concepto del disco que íbamos a hacer aunque ya venía incluyendo temas en Jade que podían anticipar una etapa más suelta, más directa, para golpear y pegar. Por ejemplo, *Ludmila* y *Camafeo*. Aquí ya no hay ningún *Chiquitos* ni un *Tango cromado*, sino que el material está hecho uno para el otro. El título *Privé* surgió porque yo le estaba contando a Modesto Vázquez mis últimas penurias y mi anulación del proyecto con Charly, y entonces me dijo que tenía que hacer un disco "privé". Al instante lo bautice *Privé*, pero también porque mucha gente va a pensar que un disco en la onda Manfred Eicher... Sin embargo, es un disco de rock. Es un disco hard y estoy contento de hacerlo así, y espero que me siga inspirando.

Entrevista realizada junto a Marcelo Fernández Bitar publicada originalmente en *Canta Rock* Año III, N°54 (II-1986).

MEMPHIS LA BLUSERA: UNA NUEVA MÚSICA

Aunque hace años que vienen trajinando los escenarios, mucha gente recién ahora se entera de la existencia de Memphis La Blusera. "Los Memphis", como son conocidos, están decididos a salir de una marginación impuesta en parte por el medio y en parte por su propia actitud, y con un segundo LP –*Medias de seda negra*– en la calle, unas próximas presentaciones a todo trapo en el teatro Astros, el 11 y 12 de abril, nueva música y toda la polenta, se disponen a encarar con todo esta decisiva etapa de su carrera. De estas cosas y otras que se filtraron en el diálogo, nos sentamos a conversar con Rubén Alfano (guitarra), Daniel Beiserman (bajo) y Adrián Otero (voz), Integrantes fundamentales de esa aceitada máquina de blues, boogie woogie y rock and roll.

—*¿Por qué tardaron tanto en grabar el segundo LP?*

RUBÉN: Hay que reconocer que nos quedamos un poco, nos cansamos de ir a la grabadora y que no nos dieran bola, y dejamos de ir por dos años. Cuando volvimos a aparecer nos dijeron: ¡Tanto tiempo que no vienen por acá! ¿Ya tienen el disco? ¡Vamos a grabar! Así de fácil.

—*Pero durante todo ese tiempo siguieron tocando.*

ADRIÁN: Eso lo mantuvimos y lo vamos a seguir haciendo. De todos modos, teníamos claro que queríamos grabar un disco que fuera trascendente, porque a esta altura de nuestra carrera o grabamos algo que nos deje bien plantados frente al futuro, o no grabamos nada. Entonces planteamos que queríamos grabar con Ángel Mahler, porque necesitábamos un productor artístico y nos habían hablado de él.

—*¿Qué otros trabajos había hecho?*

DANIEL: Él había sido miembro de Espíritu. Hace música de comedias musicales, de películas, de espectáculos para niños, y es el arreglador y tecladista de Sandra Mihanovich. Su último trabajo fue hacer los arreglos de un LP de boleros de Rubén Blades.

RUBÉN: También a él le interesó nuestra propuesta, porque tenía ganas de tocar rock. Él se hizo cargo realmente de lo que debe ser la producción artística de un disco. Escribió las partes, tocó, llamó a los músicos, consiguió el sonido, se ocupó de los horarios de grabación.

ADRIÁN: Se encontró con un grupo de músicos que quería ponerse al servicio de una obra, y no al revés. Entre nosotros siempre el grupo prima por sobre las individualidades. Con ese criterio hemos llegado hasta aquí, con toda la polenta y la experiencia como para empezar a hacerla en serio. Y esto significa haber abandonado lo anterior, de lo cual no renegamos, pero sí el haber evolucionado durante los tres años en que no grabamos, que fue el tiempo que nos llevó poner a punto nuestra nueva música, y conseguir el sonido y las condiciones que queríamos. Hay mucha gente que graba sin haber madurado el material, se ve que está hecho a los ponchazos para grabar un disco. Nosotros en este momento ya tenemos buena parte de los temas para el tercer LP, que pensamos grabar a fin de año, y en el cual nos escapamos todavía más de la estructura tradicional del blues, aunque nunca vamos a perder el ritmo del blues, del boogie, del funk y del rock and roll. La gente ortodoxa protesta porque cambiamos, pero no hay que cerrarse, nosotros tocamos juntos hace seis años y no vamos a seguir para siempre haciendo ritmo y blues como en el año cuarenta, eso fue una etapa de aprendizaje, ahora queremos hacer nuestro blues, ya estamos en condiciones de aportar nuestra propia creatividad.

Además, el público se ha renovado, tenemos un público totalmente eléctrico. Hay tipos de treinta años y otros que tienen la mitad. Ves pibes con corte de pelo punk o la torta en la cabeza, tipos con pinta de botón, chicas con taco aguja, gays de ambos sexos, es increíble. Inclusive tipos con ideología política, que se imaginan cosas que no tienen nada que ver.

—*Hablando del público, los Memphis tienen cierta fama de que en sus actuaciones se producen desórdenes.*

ADRIÁN: Lo que pasa es que si hay gente pesada en nuestros recitales, esa gente es de verdad, y forma parte del eclecticismo del que hablábamos.

—*¿Pero a ustedes les parece que hay algo en su música que lo promueva?*

ADRIÁN: Sí, la calentura del ritmo. Entonces a una mujer que tiene la fiebre, se le da por revolear el corpiño, o hacerse toquetear por cinco que tiene alrededor, y a un homosexual se le da por arrojarse hacia una bragueta, y a un tipo que está dado vuelta se le ocurre pegar un mamporro. Pero, ¿qué problema hay? Si no podemos expresar lo que sentimos, o si la música que se hace no produce nada, es mucho peor. De todas maneras, no te creas que siempre se arma despelote. Igual, es una situación que nosotros tenemos que controlar desde el escenario.

—*¿Qué están preparando para el Astros?*

ADRIÁN: Paramos de hacer pubs y nos encerramos a ensayar en una sala con el sonidista y el iluminador que van a estar en el teatro, para presentar un show a lo grande, aunque vos sabés que lo hacemos por nuestra cuenta y no tenemos el apoyo de ninguna agencia. También es posible que insertemos alguna cosita extra que tiene que ver con los temas, pero va más allá de la banda plantada sobre el escenario tocando, la idea es presentar un espectáculo integral. Musicalmente va a constar de dos partes: la primera va a tener blues, boogie woogie y ritmo y blues tradicional, y la segunda los mismos estilos, pero hechos con un sonido actual. Pensamos presentar los temas de los dos LP.

—*¿Va a haber músicos invitados?*

ADRIÁN: Sí, un montón. Ángel Mahler en teclados, Víctor Morel en trompeta, Víctor Cejas en tumbadoras, Jorge Ferreras en armónica. También va a estar Willy [Crook], el saxofonista de los Redonditos.

RUBÉN: Él nos escuchó en un show y se ofreció a tocar, y para nosotros es un gusto, porque los Redonditos es un grupo análogo a nosotros en muchos aspectos, no en la música pero sí en la manera de pensar.

ADRIÁN: Además es un homenaje a toda la muchachada que nos viene siguiendo, porque durante mucho tiempo fuimos ignorados por los medios, y eso si no estás muy bien parado puede resultar desmoralizante.

—*Creo que eso tiene que ver con cierta marginación social. Memphis es un grupo suburbano, y ya se sabe que esa gente ha sido postergada.*

ADRIÁN: Y lo que queremos hacer nosotros es eso precisamente, expresar a esa gente. Y sobre eso no tuvimos ninguna duda desde el primer día que nos juntamos a tocar, porque venimos de ahí y somos fieles a nuestro origen. No tenemos por qué sentirnos culpables de hacer una música que en sus orígenes fue norteamericana, porque todo el mundo sabe que nos criamos con el rock, que en esa época era furor absoluto, y crecimos escuchando esa música. Y cuando éramos chicos nos juntábamos con una guitarra criolla en la estación de Floresta y la hacíamos con la misma autenticidad con que Juan de Dios Filiberto hablaría de tango con Quinquela Martín en La Boca, y en eso no hay ninguna contradicción, porque el tango también venía del África, igual que el rock y el blues.

—*El nuevo LP es un paso adelante en el sonido de la banda. Hablemos de los temas.*

RUBÉN: *Háganse a un lado* fue el primer tema que escuchó Mahler, y fue transformado para vender discos.

DANIEL: Él hizo un arreglo conservando el ritmo y la melodía, pero agregó teclados y batería electrónica, como para que pueda sonar en las radios y discotecas y gustar a los pibes más jóvenes. *Nena seguí de largo* y *La bifurcada* son dos rock and roll. *Esto pasa ahora* es ritmo y blues, *Medias de seda negra* es discotequero, *Boogie del preso* es un terrible boogie woogie y *Montón de nada* es un rock lento, con un aire de los años cincuenta.

ADRIÁN: A nosotros nos gusta el disco, y esperamos que esta vez la compañía haga un esfuerzo por difundirlo.

—*¿Ustedes cómo componen?*

DANIEL: Trabajamos juntos. Generalmente Adrián trae una letra y en torno a eso trabajamos la música, con la idea de que haya una unidad, y no sea una letra que encaje a la fuerza. Eso es importante, porque en nuestro medio hay una costumbre de hacer la música sanateando en inglés, y después agregarle una letra que muchas veces no pega.

ADRIÁN: La banda tiene una propuesta estética definida, sabemos lo que queremos y a quién queremos expresar. Esta es una etapa de trabajo. Hubo una época en que la música que hacíamos se asociaba con el nihilismo y la desesperanza, pero si nos quedamos en esa nunca vamos a salir adelante, y lo mismo corre para el país. Es como dice la letra de *Esto pasa ahora*: "Hay pocas ganas, tristeza y desidia / no hay laburo, se especula, se codicia / Zapatos viejos y emparchados pantalones / para acordarse que es ciega la justicia / Hay quien nos hace políticas promesas / para comerse todo el queso en su mesa / Para que no quede nada de la tierra / poderosas industrias de la guerra".

Entrevista realizada junto a Claudio Kleiman publicada originalmente en *Canta Rock* Año III, N° 58 (3-IV-1986).

CHARLY GARCÍA Y PEDRO AZNAR: GRANDES VALORES DEL TANGO

Charly y Pedro se llevaron la esquina y el farolito a New York, donde registraron un particularísimo mini-LP con algo de tango, algo de jazz, una buena dosis de rock y muchas –pero muchas– horas de encierro en el estudio, en una carrera contra el tiempo. De regreso al arrabal, obtuvimos de ellos el siguiente reportaje.

—*La pregunta que se hace mucha gente es si* Tango *es por un disco o si sigue.*

PEDRO: Inicialmente fue por un disco y ni siquiera habíamos pensado en tocar en vivo. Luego nos entusiasmamos con presentar en vivo todo el material, llamamos a Casey Scheuerell, aceptó venir, y de un día al otro se armó una gran gira nacional. *Tango* termina el 7 u 8 de mayo, en el Luna Park. Luego, cada uno de nosotros va a ponerse a trabajar en su respectivo disco solista. La idea de *Tango* es que sea un grupo comodín, que se reúna eventualmente, cuando tengamos tres o cuatro meses libres.

CHARLY: *Tango* va a durar lo que tenga que durar. A mí me gustaría sacar, más adelante, otro disco con Pedro. Incluso puede ser que hasta se agrande la formación, puede ser que el próximo LP la hagamos con Luis Alberto, por ejemplo. Bah, él no sabe nada... (risas). Lo digo como podría mencionar a Fito, qué sé yo...

—*Casey Scheuerell, el batero yanqui que los acompaña, ¿va al interior con ustedes?*

CHARLY: Sí, sí. Hace los dos meses de gira. Desde la época en que grabé *Clics modernos* que quiero que Casey venga acá. Mientras estábamos grabando el LP en New York le sugerí a Pedro que lo invitáramos. Lo llamé a Los Ángeles, se copó, tenía estas fechas libres, y acá está... Yo todavía no lo puedo creer. Te pone medio nervioso tocar con un tipo así.

PEDRO: Además está Fernando Múscolo en teclados, quien tocó en La Torre y también en mi nueva banda.

CHARLY: Sí, no queremos hacer playbacks. Es todo en vivo, hay mucha "pelada". Casey copió todas las partes de batería eléctrica y las hace igual. Los primeros días de ensayo estuvimos un poco desajustados, pero después empezamos a sonar súper bien. Tuvimos poco tiempo para ensayar, así que fuimos sacando dos temas por día y llegamos bien.

UN TANGO APURADO

—*¿Cómo nació* Tango?

PEDRO: Charly llegó a Nueva York, adonde había viajado originalmente para descansar, y me llamó para hacer "algo". Yo justo terminaba de un año y medio de giras con el Pat Metheny Group, hacía una semana que me había ido del grupo. Pero nos entusiasmamos con Charly y grabamos todo en cinco días.

CHARLY: Fue todo muy rápido. Tuvimos tres días para componer; después nos volvimos a juntar y nos mostramos todo lo que teníamos. En realidad, no compusimos juntos. Es imposible componer con Pedro. Lo que hacemos es mostrarnos temas y decir "acá la melodía es muy larga". Yo le digo "sacale doscientos acordes" y él me responde "esto es superfluo"... (se ríe). Pedro es un personaje muy especial, un músico muy grosso, con él admito que hay otro punto de vista y mi intención es no ser omnipotente con este proyecto. Aunque la música que hagamos sea diferente, hay un punto en que nos enganchamos mucho.

—*Hace mucho, Charly, que no compartías...*

CHARLY: Sí, que no compartía cartel y que no compartía el hecho de componer. Es buenísimo. Me gusta. Aunque cuando toco los temas de él tengo que leer doscientos mil acordes en un segundo (risas).

—*Hicieron el disco tan rápido que algunos pueden pensar que está hecho "de taquito".*

PEDRO: ¡Ojalá! No sabés cómo laburamos esos cinco días; no te hablo de no dormir, hablo de no comer y no respirar. Era una locura absoluta. Tanto que si escuchás el disco suena a doscientas horas de estudio y apenas tiene setenta. Pero en esas horas se laburó de un modo increíble. Por ejemplo, estaba García metiendo las voces y yo estaba en otro rincón escribiendo la letra de una canción. Terminaba y me gritaba "vení", entonces yo tocaba una parte y él se ponía a componer con el Casio o a hacer el arreglo de otro tema. Así, todo el tiempo, sin parar.

CHARLY: No pensábamos nada... no había tiempo para pensar.

PEDRO: Nosotros quedamos muertos, pero te encargo lo que fue Joe Blaney, el técnico de sonido. *La gente es la misma* fue el último tema que se mezcló. Charly fundió bielas y motor, esa noche capotó –pobrecito, fueron dos días sin dormir– y terminé yo en el estudio a las once de la mañana. A las seis de la tarde me tomé el avión para venir acá.

CHARLY: Yo me quedé un día más y cambié la batería de *Pasajera en trance*. Ya no me quedaba guita para el estudio, pedí prestada y fui. Cuando Joe me vio de nuevo, me quiso matar (risas). Ahí cambiamos la batería original, que era demasiado pesada, por otra. Para hacerlo, le robamos un sonido de tambor a Yes, lo sampleamos de su último disco. El mono se pasó mil horas buscando el sonido y nosotros se lo curramos (se ríe). Pero eso lo hace hoy todo el mundo. Ya van a sacar una "ley del sampling", me imagino. Es muy alucinante eso del sampling, es como la Polaroid del sonido.

—Hablemos un poco de los seis temas que conforman el disco.

CHARLY: *Hablando a tu corazón* lo tenía desde la época en que estábamos grabando con Luis. La letra original estaba en inglés, medio en serio y medio sanateado... "guareschoi in the morning" (risas) ¡A la vieja usanza de Los Shakers! Al final lo traduje al castellano pero respetando la letra original. Los otros dos temas los escribí allá.

Ángeles y predicadores me salió de un tirón. Estaba haciendo el tema en el hotel y el "preacher" apareció en la tele. Además, ahora está de moda poner uno, todo disco que se precie tiene que poner un cura como hizo Joni Mitchell... ¡Un poco de religión!

Pasajera en trance está inspirada en una historieta española de un tipo que viaja siempre en avión. El tipo nace en un avión, viajando de Nairobi a París, los padres no sé qué problema político tienen y no los dejan desembarcar en ninguno de los dos lados, entonces se pasa toda la vida haciendo la línea. Y dice: "Como nunca toco tierra estoy más capacitado para juzgar al mundo"... Bueno, la letra está inspirada en eso.

PEDRO: De mis temas, el único que estaba totalmente escrito era *Gramercy Park Hotel*, al que Charly le escribió la letra.

CHARLY: La hice ahí mismo, en una servilleta del hotel.

PEDRO: *Culpable eternamente* estaba casi terminado. Completé la letra y algunos detalles en el estudio. Creo que la letra es producto de mi amor a Cortázar. Él siempre está hablando de asesinatos con implicaciones metafísicas, y creo que la idea de un tipo que comete un crimen, la justicia nunca lo agarra, pero él siempre vuelve a través de viajes en el tiempo, es muy onda Cortázar.

Por último, *La gente es la misma* se compuso ahí. Tenía una célula del tema, que es el patrón de la batería digital, y unos acordes. A Charly le copó esa parte y me entusiasmó a seguir explorando. Así nació la parte "B" del tema.

—La letra de La gente es la misma *es como el espíritu del LP.* Tango *es un disco de viajes y hoteles. Como dice la letra de* Pasajera en trance, *es "como vivir en aeropuertos". ¿No es cierto?*

PEDRO: Sí, totalmente. Yo venía del hastío total de los aviones y los hoteles. De ver caras y caras de gente con la cual no te podés comunicar. Gente que se acerca, te saluda, te felicita por el concierto, pero con la cual no mantenés una conversación. Es muy loco eso. Por un lado, te reconforta que te feliciten, pero por otro lado la comunicación siempre es de ida, en dirección hacia vos, y nunca de ida y vuelta. Todos te conocen pero vos no conocés a nadie.

CHARLY: Hasta la tapa tiene que ver con viajar. Yo había visto la foto hace más de un año y ya me había impresionado. Mucho tiempo después, estando en New York, me llama Mariano Galperin y me mostró unas cuantas fotos suyas. En ese pilón estaba la foto de la tapa. Recién ahí me di cuenta de que tiene un pasaje de avión en el bolsillo del saco.

¿SERÁ SERÚ?

—¿Cómo ven el disco ahora?

PEDRO: Me gusta mucho.

CHARLY: Y a mí también. No sé... no es muy moderno. Tiene temas "para escuchar", esa onda. Algo recuidado, un poquito de jazz...

—¿Hay muchas presiones para que a partir de Tango *se reúna Serú Girán? Me imagino que varios les habrán sugerido incluir a David o a Moro...*

CHARLY: Serú es Serú. Por eso no hacemos temas de esa época con Pedro, salvo *Cinema verité*. No vamos a hacer *Peperina*, cuando entra la parte de viola, ¿quién la va a hacer? ¡Nadie! ¡Solo David la puede hacer! Pero sí, varios nos sugieren eso. Ayer estábamos hablando con Daniel Grinbank y nos decía: "¿Y por qué no meten un poquito a David? Unos temitas... No lo anunciamos, después hacemos cinco Luna Parks más. Después sube Moro, que de casualidad pasaba por ahí" (risas). Además, está claro que si se reflota Serú, habría que hacer un disco. Y también está comprobado que los regresos nunca son lo mismo.

—Ustedes van a realizar ahora una gira nacional y, se sabe, las giras generan composición. ¿Esto tornaría casi inevitable el hecho de sacar un segundo disco?

PEDRO: Sí, es cierto. Yo estoy seguro de que esto tiene un futuro; de que hay, por lo menos, un disco más y quizás una gira más.

CHARLY, TANGO Y DESPUÉS

—¿Qué pasa con tu nuevo grupo? ¿Sigue?

CHARLY: A mí me gusta mucho mi nueva banda, estoy super copado. La gira por Chile fue buenísima. Y después de que termine lo de *Tango* voy a seguir con ellos, me siento muy bien con los pibes. Al volver de Chile me tuve que adaptar bastante para tocar con Casey y Pedro, es muy distinto. Pero a mí me gusta el desafío, el objetivo de *Tango* es hacer otra cosa que no sea exclusivamente "Charly García".

—¿Lo de Chile fue algo así como el túnel del tiempo, con toda la gente gritando "se va a acabar"?

CHARLY: No. Porque no gritan "se va a acabar", gritan "se va a caer" (risas). Además gritaban "Coca Cola" porque la empresa que auspiciaba el recital era una gaseosa competencia de la Coca. Y todo el público coreaba la competencia, ¡Co-ca-co-la! (más risas). Además, al final yo hacía subir a todos, al Movimiento Gay, a los Hare Krishna, y juntos cantamos *Demoliendo hoteles*, donde cambié la letra por "yo que crecí con Pinocho". Pero el asunto no era tan político, era más "rock n roll furor". O sea, ¡estoy de moda en Chile!

—¿En qué quedó el disco con Spinetta?

CHARLY: Quedó ahí en "stand by". Quiero aclarar que no hay mala onda para nada, algo que mucha gente puede pensar. Es mi ídolo, sigue siendo mi ídolo. Lo que pasó es que éramos dos ídolos, muy ídolos, y entonces a mí se me hacía raro estar con él. No sé cómo explicarlo, por ahí él pelaba cosas que me mataban. Y cuando se cortó fue porque dijimos "dejémoslo ahí". El clima que se vivía en Interdisc era de mucha presión, muchísima. Toda empezó re-bien. Nos juntábamos los dos en casa, tocábamos cancioncitas, comprábamos vinito. Pero de repente se empezá a agrandar la cosa, se armó una expectativa enorme alrededor nuestro, y fue demasiado. Justo el día que nos presentamos en TV se me incendió mi casa y ahí me dije: "Flaco, hay mucho fuego acá". Esto hay que hacerlo más tranquilo.

Otra cosa que quisiera aclarar es que el tema *Rezo por vos* que incluyeron en ese disco recopilación es un demo, una improvisación cualquiera, y ni siquiera lo pusieran a Luis como intérprete. Esto te muestra la presión, ya ves cómo lo vendieron. Pero es así. No esperan a que tengas la casa hecha, ya empiezan a meter las manos. ¡Estás haciendo la pizza y ellos ya están vendiendo la aceituna!

PEDRO, TANGO Y DESPUÉS

—¿Qué proyectos tenés para después de la gira de Tango?

PEDRO: Estoy terminando de mezclar la música que compuse para la película *Hombre mirando al Sudeste*, de Eliseo Subiela, que se va a estrenar en junio, calculo. Hay cosas instrumentales y cosas vocales. Toco todos los instrumentos menos el saxo, a cargo de Andrés Boiarsky. Y tengo la idea de largar esa banda de sonido como una cara de mi próximo disco, que del otro lado incluiría material nuevo.

Además, aún debo la presentación oficial de *Contemplación*, así que pienso formar una banda para hacer una girita. Seguramente me voy a juntar con el mismo grupo con el que estuve laburando en Shams, en febrero pasado; Pomo en batería, Fernardo Múscolo en teclados y José Pedro Beledo en guitarra y teclados.

—¡Por fin te llaman para hacer música en cine!

PEDRO: Sí, es algo a lo que le tenía ganas desde hace tiempo. Yo sabía que varios directores estaban barajando mi nombre, pero nunca se daba.

—Además grabaste un disco en EE.UU. con un dúo de pianistas, ¿no es cierto?

PEDRO: Los pianistas se llaman Mark Knobel y Mike Gerber. Son dos verdaderos capos de allá. El disco es importante, porque están Danny Gottlieb y Mark Egan (ex Pat Metheny Group), Manolo Badrena (ex percusionista de Weather Report) y Eddie Gómez (ex "todo el mundo"). Yo toqué algunas cositas, pero principalmente mi rol fue de cantante, aunque suene raro. Un poco mi carrera se fue para el lado de cantante, quién lo hubiera dicho hace unos años. Pero me encanta, me abre mucho el espectro y es más personal. La voz es "el" instrumento, es la raíz más profunda. Fijate que los tipos que no cantan, por ejemplo, los músicos de jazz, siempre dicen que buscan "su voz" –ellos usan esos términos– en su instrumento. Siempre se refieren a la voz como el colmo de la expresión personal.

Por último, hay otro proyecto que espero que se concrete. Hace unos días me llamó Kleiton Ramil, del dúo Kleiton y Kledir, para que les produzca su próximo álbum. Si podemos coincidir fechas libres, seguramente me iré para Brasil a trabajar con ellos.

***

En lo que alguna vez fue una planta generadora de electricidad, Charly García y Pedro Aznar se presentaron con todas las luces prendidas. Un simple decorado, donde la palabra "tango" se encendía y apagaba, bastó como escenografía. El marco lo dio el gran entusiasmo del público, que aclamó a los músicos e invocó a gritos el ya mítico nombre de Serú Girán.

Sin embargo, hubo poco lugar para la nostalgia. Apenas un tema de los Beatles, perfectamente cantado por Pedro en inglés, y *Cinema verité* (de los "Beatles argentinos"). El resto fue un contundente desfile de temas nuevos: *Nos siguen pegando abajo*, *La noche sueña el día*, *Hablando a tu corazón*, *Pasajera en trance*, *Bancate ese defecto*, etc, etc, de la mano del profesionalismo de Múscolo, el talento de Aznar (en guitarra sintetizada), la fuerza de Casey (que además realizó un festejadísimo solo en *Peluca telefónica*) y todo el delirio y el genio de Charly, con sus gestos, su polenta y sus permanentes alusiones a Daniel Grinbank.

"Tango no se va", cantaron los espectadores. Y Charly, tras aclarar que "somos un grupo nuevo, tenemos pocos temas", dio por terminada la noche al son del irresistible *Hablando a tu corazón*.

Este fue apenas el primer compás de un tango que recién comienza. Luego de la gira nacional, esperamos la nueva cita en el Luna Park. Allí, seguramente, el cuarteto estará más maduro y más "a punto punto".

Entrevista realizada junto a Marcelo Fernández Bitar y Eduardo Berti publicada originalmente en *Canta Rock* Año III, N° 58 (12-XII-1985).

CELESTE Y LA GENERACIÓN: TEMA X TEMA

—Para grabar el disco conservamos la esencia del grupo tocando en vivo. Fuimos al estudio como si fuéramos a un show... ¡Me acuerdo que al final todos terminamos saltando en la cabina! Claro que después canté las voces otra vez porque cuando registramos todo se mezclaba con el sonido de los instrumentos. La mayoría de los temas ya los venía cantando desde hace meses, así que ya estaban a punto.

El disco abre con *¿Seré judía?*, que se conocía hace mucho porque cuando toqué en enero del año pasado en un pub de San Telmo, en el aviso ponía "Hoy: Celeste Carballo, ¿seré judía?". La historia detrás del tema es que un día estaba bailando en la terraza de mi casa y de golpe descubro que desde el edificio de enfrente me está mirando un tipo con binoculares. Así qué entré y me puse a gritar "¡Norma, me están persiguiendo los nazis! ¿Qué pasa, seré judía?", y estuve todo el día jodiendo con eso. En esa época yo anotaba todas las cosas que decía diariamente porque me parecía que si no las palabras se me iban a ir en el viento. Quería retener algunas cosas que me surgían espontáneamente Y otro día también estaba bailando en casa, y mientras miraba un feísimo edificio dije: "Esta es la danza verdadera, la que se mueve con la tierra; y no la dura, rígida y formal danza de los duros rígidos y formales". Así que al tocar la guitarra con el cuaderno a mano, me salió el tema y me divertía pensar que nunca lo iba a poder tocar en vivo. Aparte, era una época en que escribía muchas cosas muy raras.

Los poetas de Latinoamérica fue escrita en España, después de leer un libro de Neruda que encontré allá y que cuenta sus viajes por Europa. ¡Y la parte de España es impresionante! Es súper directa, desgarradora y contemporánea a la vez. Así que me sentí muy conectada con Latinoamérica... pero eso no significa que me gustaría que el Cuarteto Zupay haga una versión a veinte voces. ¡Jamás! ¡¡Detesto a los psicobolches!! Bueno, y con este tema pensé que sería ideal ponerle una música de rock bien al mango.

Sabemos que vuelvo pronto es un tema viejo, del 83, sobre una cosa que yo había escrito antes. Creo que lo empecé a hacer en la gira de *Porque cantamos*, pero esta es una nueva versión que hicimos con Gustavo Donés, quien ayudó muchísimo para preparar los temas.

Buscábamos vida lo canté muy tranquila, una noche que estaba Spinetta en el estudio. La armonía del tema es de Roxana Curras, a quien le pedí que me grabara la secuencia para poder usarlo en algún momento. Ese es mi sistema de trabajo. No tenía la letra ni nada, y cuando un día estaba husmeando los cassettes, lo redescubrí y cantando sobre la música del cassette hice la letra. Pero lo quería más simple; entonces fui a la casa de Eduardo Criscuolo (su guitarrista) para que me simplificara la armonía sacando algunos acordes. No sé... de diez acordes quedaron tres o cuatro. La hizo y luego traté de describirle la onda que quería para el bajo... una mano "robot humano". Y al final, esa misma noche, hicimos un demo en su máquina de cuatro canales, haciéndolo tal como yo lo quería. Ya era otro tema.

El lado B abre con *No me voy a olvidar*, que en realidad es casi todo un tema que hice a los catorce años. El año pasado le agregué el estribillo, que dice "No me voy a olvidar, no voy a parar, porque para ser feliz me sobra con lo que Dios me da". Siempre lo cantaba para mí, aun cuando tarareaba cosas de Manal y Arco Iris.

Autosuficiencia es un tema que escuché mucho en España. Es del grupo Parálisis Permanente y lo canté tanto que finalmente quedó una versión mía. Siempre tuve miedo que mi versión fuera demasiada pop, pero hace unos pocos días recuperé el cassette de Parálisis Permanente y me asusté, ¡es un tema re-blandito, muy pop!

Más que imaginación es el único tema que compuse a último momento. Se lo pasé a Marcelo (Montolivo, su guitarrista) el día del último ensayo antes de entrar a grabar. Le avisé que íbamos a hacer otro tema más, y ahí mismo –en casa– se lo pasé. ¡No teníamos grabador ni nada! Así que se fue a la sala de ensayo cantándosela por la calle para no olvidarlo. ¡Estas son las grandes anécdotas del rock argentino! Se llevó el tema en la cabeza, y mientras lo cantaba iba pensando en los arreglos.

Trabas emocionales tiene una aceleración increíble, va a mil. Lo hice después de darme cuenta que había pasado mucho tiempo en mi casa y que me costaba comunicarme con la gente. Me di cuenta que tenía trabas emocionales por todas partes. Y ahí vi que es el problema de todos: "Cómo pueden seguir viviendo engendrando en la pantalla del televisor los domingos y todos los días que siguen igual. Engendrando cada vez más trabas emocionales". Recuerdo que lo ensayábamos con Gustavo Donés, Jorge Minissale y Mario Serra, y yo les decía que la velocidad era al mango, hasta que les quedara la lengua colgando afuera. ¡Más rápido, cada vez más rápido!

Por una bala menos en realidad es una canción de amor. Sí, en serio, es una canción de amor dedicada a un matrimonio... ¡uff! Mejor me callo.

Hubo un tema que quedó fuera del disco, que es *Queja*, el poema de Alfonsina Storni que canté en la época de *Porque cantamos*. ¿Saben qué?

Hace unos días cumplí diez años cantando en serio. Mi primer recital fue el 1° de abril del 76 en el Auditorio Kraft con el grupo Alter Ego. Me acuerdo que fue Pappo, con quien tocamos juntos por primera vez hace apenas unos días... Se vino con los Marshall y todo, fue impresionante. Además, como va a hacer Paladium con Riff a fin de mes, me pidió que fuera a tocar como invitada y que hiciéramos *Desconfío* juntos.

Este año, en enero, alquilamos esta oficina y pusimos el kioskito propio. Desde acá vendemos los shows y hacemos todo. Somos personas no egoístas y nos comunicamos con todos. ¡Me paso yendo de un lado del escritorio al otro! Es buenísimo y me divierte mucho, estoy realmente al tanto de todo. Me busqué la manera de sacar mis cosas adelante, y está saliendo bien... Y ahora la misma persona que hace un año no quiso producirme el disco me dice que quiere venderme algunos shows y que pasa mis temas por su radio. ¿Él se equivocó, yo me equivoqué? No sé... el disco está listo y hay gente que lo comprende, lo escucha, y le sacude. Entonces yo quizás represento a mucha gente que "está equivocada". Mi misión en la vida no es tener el banco repleto de cuentas... Aunque por ahí también me gustaría, aparte de hacer lo mío. Ya estoy llena de cuentas y valores en mi cabeza. ¡Tengo millones, hasta cajero automático Banelco! Tengo crédito en mucha gente, hay muchos con la misma frecuencia emocional que yo. ¡Así que tengo sucursales por todas partes!

Entrevista realizada junto a Marcelo Fernández Bitar publicada originalmente en *Canta Rock* Año III, N° 59 (18-IV-1986).

FITO PÁEZ:
IN RÍO, RUMBA EN BRASIL

"Cuando Caetano vino acá me escuchó en *Badía y Cía.* y le gustó. Entonces me mandó a llamar por medio de Zoca, la mujer de Charly. Yo fui con el cassettito *Del 63.* Humildemente fui, se lo dejé, había onda para ir a comer pero había una bola de modelos, tipo Susana Giménez, y él tampoco es muy afecto a ese tipo de cosas pero tenía que estar ahí careteando y entonces le dejé el cassette ("mató, me encanta lo tuyo") y me fui.

Y después hice el tema *Yo vengo a ofrecer mi corazón* y me pareció que tenía mucho que ver con él, no sé por qué. Y lo llamé a la casa, en São Paulo; me atendió y le dije "mirá, mataría grabar un temita...". ¡Qué caradura, llamarlo a la casa y decirle eso, yo que apenas había vendido diez mil discos! Tengo un temita que es medio chacarera, así, asá...". Y el loco me dijo: "Bueno, mató, llamame y vemos cuándo lo hacemos".

Pasó el tiempo y no se pudo grabar por un lío de fechas con la compañía, etc... Y ahora vienen los Blitz a Argentina y ellos están con Grinbank. Entonces hay un enganche tipo: "Blitz para Argentina, Fito Páez para Brasil", con todas las posibilidades de apertura de mercado. ¡Sería una cosa monstruosa! Además, el rock argentino está pegando en toda Latinoamérica, en Perú, Venezuela, Chile. Yo vi gente allí con las *Cantarock* y me venían a hacer los reportajes con las revistas en la mano y me decían: "Vos hiciste esto, hiciste lo otro". ¡Sabían todo, loco!

La manager de Blitz, Ivone [de Virgiliis] (que es divina), nos va a ver al Luna y le encanta y le dice a Caetano que hay un proyecto, etc. Un día me llaman por teléfono y me invitan a un programa de Caetano y Chico Buarque, allá en Brasil, invitando también a Piazzolla. Bueno, mató. Le dije a mi mánager que arreglara todo. Entonces hablamos con Caetano y me querían hacer grabar en Phonogram, pero como van a editar *Giros* allá, en castellano, querían poner un tema en portugués, y no tuvieron mejor idea que grabar *La rumba del piano,* que era el tema que le gustaba a Caetano. Y bueno, grabamos la rumba.

Kledir, de Kleiton y Kledir, hizo la introducción e intervinieron los músicos de ellos: el bajista y el batero además del saxofonista de Djavan y el percusionista de Gilberto Gil. Lo hicimos en tres días. En dos días armamos las bases y después fuimos con Caetano y pusimos las voces. ¡Es gracioso escuchar *La rumba* en portugués!

Caetano mata. Yo conocía sus cosas y me re-copaba, y ahora está en una onda bien moderna, con mucha polenta.

—*¿Es la primera vez que grabás en Brasil?*

—Sí, grabamos en un estudio en Río de Janeiro, ciudad maravillosa. El estudio estaba bien, pero aquí tenemos algunos mejores, Panda y Moebio, por ejemplo. Fue una cosa súper simpática, llamarnos, divertirnos, grabar. Quedamos en que vuelvo a Brasil en junio para tocar con Chico y Caetano en su programa. También está confirmada la edición de *Giros*, que sale justo en la misma época que el programa. También vamos a hacer una gira grande con el grupo por todo Brasil. Vamos a tocar de teloneros con Caetano, Gilberto Gil, Kleiton y Kledir, Rita Lee, Os Paralamas do Sucesso, todos. Una vez con cada uno, en un lugar distinto, aprovechando que en esa época todos están de gira presentándose en el interior.

Latinoamérica comienza a asomar como un mercado para el rock nacional. *Giros* se edita en Perú y Chile, donde seguramente iré a tocar también. Nos invitaron al festival de Baradero, en Cuba, hay muchas aperturas al exterior...

—*¿Ahora estás ensayando material nuevo?*

—Sí, tengo unos temitas muy fuertes, con mucho teclado programable, mucha energía. Yo no quiero complacerme con nada, seguir probando al mango, estar siempre al palo. Creo que estoy más rockero que nunca. Los temas nuevos se llaman, por ejemplo, *Corazón clandestino* y *Nunca podrán sacarme mi amor*.

—*¿Estás por grabar?*

—Teníamos la idea de grabar algo con Luis (Spinetta), pero todavía no nos juntamos a ver las fechas posibles. Haríamos una cosa bien tranquila, con hermosas melodías, no necesariamente demasiado rockero. Hasta pensamos meter un tango, *Grisel*. Pero seguramente le meteremos toda la mano "computer programming" que nos está copando a los dos. Yo ahora estoy en una posición en la que la gente me escucha y los discos se venden, entonces estoy haciendo música medio deforme. Cada vez más fuerte, con más energía, con toda la tecnología. Quiero todo.

Entrevista realizada junto a Daniel Curto publicada originalmente en *Canta Rock* Año III, N° 61 (14-V-1986) bajo el título "Fito in Río: Rumba en Brasil".

LEÓN GIECO:
BUSCANDO UNA POLENTA UNIVERSAL

Ante la próxima aparición del álbum doble que completa (aunque solo momentáneamente, como ya veremos) su obra *De Ushuaia a La Quiaca*, nos sentamos con León Gieco a hablar de algunos aspectos poco conocidos de una producción que por momentos adquirió características de epopeya. Así fueron desfilando anécdotas, personajes, lugares y situaciones que nos acercan a una cultura rica y variada, mucho más amplia que el limitado segmento que suelen ofrecer los medios de difusión capitalinos, y que sin embargo está aquí nomás, a la distancia de un boleto de tren. Señores, súbanse a bordo que el viaje está por comenzar.

UN POCO DE HISTORIA

Hablar de *De Ushuaia a La Quiaca* me inspira a hablar de Gustavo (Santaolalla), cuyo empuje fue decisivo, al punto que hemos llegado a pasar varios días peleados porque consideraba que sus exigencias eran demasiado, pero ese empuje es el que me falta a mí para poder concretar las cosas. Con Gustavo cada vez que nos reunimos hicimos cosas importantes para mi carrera: el primer recital en que yo participé cuando vine a Buenos Aires fue uno que se llamó "Gustavo Santaolalla y sus amigos", en la Sala Planeta con Miguel y Eugenio, y nos presentó Facundo Cabral. Después nos reunimos para hacer mi primer LP, que junto con Arco Iris fueron las primeras producciones independientes que se hicieron en el rock. La primer pelea que tuve con Gustavo fue cuando yo iba a estudiar guitarra con él –y en vez de estudiar guitarra escuchábamos Crosby, Stills & Nash, Joan Baez y Bob Dylan–, y me propusieron grabar en RCA canciones de Jacko Zeller, con la orquesta de Horacio Malvicino. Yo me puse contento, iba a ser famoso. Y cuando se lo comenté a Gustavo se puso blanco y me dijo que si grababa eso dejara de considerarlo su amigo.

Son cosas importantes, como cuando pasé por Los Ángeles antes de grabar el *4° LP*, y me marcó a Jorge Cumbo, Dino Saluzzi y Sergio Polizzi como tipos que yo tenía que conocer. Otra reunión fue cuando fui a Estados Unidos a grabar el tema *Pensar en nada* con Wet Picnic, junto con *Bajo el sol de Bogotá* y un tema de Gustavo, *Vení que te digo algo*. Yo titulé el LP con ese tema, y además fue un éxito que se escuchó mucho por las radios. Siempre se la pasó tirándome ondas muy fuertes y determinantes para mi carrera.

EL PROYECTO

Y todo este trabajo de *De Ushuaia a La Quiaca*, cuando lo planteamos en Los Ángeles fue de casualidad, porque yo pasaba por allí de vuelta de Australia y Gustavo me estaba esperando en el aeropuerto, diciéndome "mirá, estoy desesperado por estar con un amigo, quiero estar con vos los días que estés en Los Ángeles, y que hablemos de todo". Y así fue, estuvimos los cinco días juntos y ahí salió la posibilidad de ofrecerle que me ayudara en este trabajo. Él estaba escuchando mucha música étnica, y con una cultura general muy avanzada.

El proyecto era hacer un LP en el interior, con música de todas las provincias, y uno en la Capital, pero la idea mía era que la gente de las provincias viniera a grabar a Buenos Aires. La idea de él fue decir "vayamos a grabar a los lugares donde esa música fue compuesta y fue hecha". Además se vino de Estados Unidos con una Fostex de ocho canales, porque sabía que aquí siempre las cosas se demoran, entonces me dice "yo sé qué vamos a estar al pedo en el hotel durante bastante tiempo". Y fue lo que pasó. Y con la Fostex hicimos demos de los temas que íbamos a grabar, entonces cuando entramos al estudio ya teníamos hecho un trabajo de pre-producción.

Las posibilidades que quedaban para este año son dos: una, que venga Gustavo a terminar el video, pero como no hay guita no lo podemos hacer, y la otra era armar el grupo con él y Aníbal Kerpel y salir a tocar. Tal vez las cosas se den vuelta y se pueda hacer, pero en este momento la situación es difícil, porque los costos son tan altos que cualquier grupo que va a tocar al interior deja agujeros terribles. Por ahora voy a juntarme con algunos músicos y empezar a armar algo. Si el día de mañana llega la posibilidad de que se pueda incorporar Gustavo sería brillante, porque además sería el que me estaría pegando una patada en el culo todos los días para ensayar y que las cosas salgan bien.

También fue importante la participación de Pity (Iñurrigarro), que se encargó de conseguir la guita para poder terminar todo esto. Pero yo también le aseguré que le iba a dejar un LP para el inversionista que pusiera la plata, así que de alguna manera fui pagando. Pero fue fundamental para la gira y se jugó en dos cosas: una fue conseguir la plata y poner plata suya para hacer el video. Y cree totalmente en el proyecto, y cree en mí, fundamentalmente. Y la otra fue el saber con qué artista está trabajando, ya que durante los tres o cuatro años que estuve sin actuar profesionalmente en ningún momento me apuró o me presionó. Siguió trabajando conmigo dentro de la agencia, haciendo prensa, mandando discos afuera y tratando de editar el material en otros países.

MÁGICAS COINCIDENCIAS

Los dos LP que van a salir ahora están ecualizados y compaginados por Gustavo (que se encargó de ecualizar todo el material, no solamente el que va a salir editado, sino que queda como para otro LP más), y para mí son dos discos maravillosos, porque es una música que te va paseando por los paisajes de todo el país, y yo lo escuché en mis peores estados de ánimo y siempre me produjo una sensación sumamente relajante. Además el sonido, que mezcla la grabación holofónica con la grabación estéreo en dieciséis canales, no es un sonido de estudio sino un sonido de recopilación, como que vos estás en el lugar. Casi podés visualizar el ambiente, podés escuchar el ruido de la gramilla, de las piedras, gallos que aparecen en la grabación mientras estamos cantando. Y hay coincidencias increíbles, como por ejemplo cuando estoy cantando con un pibito en la estación de Curuzú Cuatiá, y justo que estoy por empezar a tocar la guitarra suena la bocina de un tren exactamente en el tono del tema. También hay bichofeos que cantan antes de empezar un tema, un crespín que canta con Gustavo y conmigo durante toda una canción. Los discos están llenos de detalles como esos, y de muchos de ellos nos dimos cuenta recién cuando nos pusimos a escuchar el material. Son los sonidos de la realidad, y cuando vas a rescatar eso se producen cosas mágicas.

EL VIDEO

También fue importante Gustavo en el sentido de que todo eso quedara registrado en video, y nadie se lo tomaba en serio hasta la noche anterior a que saliéramos de gira en que se plantó frente a Pity y le dijo que si no había una máquina de video para visualizar aunque sea lo que estábamos grabando, él no salía. Y me acuerdo que Pity le preguntó por qué era tan importante, y él dijo "porque el día de mañana, cuando hagamos esta gira y grabemos todo lo que vamos a grabar, si eso no está registrado me puedo llegar a clavar un puñal durante toda mi vida". Mirá a qué nivel se había metido en el proyecto. Para mí era un alivio tenerlo a Gustavo, porque aparte es una fiera que se pelea con todo el mundo y consigue lo que se propone, cosa que yo no puedo hacer.

Y hay que tener en cuenta que no fue fácil, porque este es un proyecto artístico y no comercial, aunque también puede llegar a serlo, ya que es algo que se puede pasar en el exterior, es la música pura existente en el interior del país ahora, con raíces folklóricas muy pesadas.

LA GERÓNIMA

Como el caso de Gerónima Sequeida, que es uno de los personajes que más me quedó marcado de esta experiencia. Tal es así que fue una de las dos personas con las que no pude compartir la música, cantando o tocando. Es un canto muy delirante, no se le puede agregar nada. Yo veía que me faltaba muchísimo para llegar a ese "groove" que ella tiene tocando la caja y cantando, y Leda y Gustavo lo mismo, nadie se animó a intervenir en esa cosa tan mágica y tan fuerte. Además coincidió con una etapa fundamental de su vida. Cuando fuimos a los Valles Calchaquíes a grabar a la reservación de los indios Quilmes, de los que ella es descendiente, se sintió muy conmovida de tocar en ese lugar, y posteriormente lo mencionó en un reportaje como que esa fue la última vez que cantó con toda la polenta. Por ese entonces ella estaba muy delgada, y en un momento le comentó a Leda que se iba a morir, porque tenía Mal de Chagas y andaba mal del corazón. Nosotros estábamos haciendo los trámites para hacerla atender en Buenos Aires, pero después de la grabación su enfermedad avanzó muy rápido, y al final se murió. Y cuando yo le pregunté qué iba a grabar me dijo "la baguala para mi muerte", y comenzó a cantar coplas que hacían referencia a eso, como por ejemplo: "Cuando muera esta Gerónima / no le recen ni un bendito / hagan de cuenta que ha muerto / de la majada un cabrito".

Son cosas que quedan para toda la vida, y la gente cuando lo descubra se va a morir. Como yo me morí cuando hicimos el recital para los inundados del Chaco cuatro años atrás, en el Sindicato del Seguro, que fue cuando conocí a Gerónima. Cuando ella estaba cantando yo me fui para atrás para escuchar mejor, y ahí descubrí que buena parte del público estaba llorando.

EL CUCHI

El proyecto está realizado con una ideología muy fuerte y determinada, y sobre todo de mucho respeto. Siempre estuvimos al pie de esa gente, y eso se nota. Como le dije al Cuchi Leguizamón, que fue el otro personaje con el que no pudimos compartir un tema, porque el ritmo de zamba que yo hago tiene que ver con lo que se conoce popularmente a través de gente como Cafrune, y el Cuchi escapa de eso absolutamente, tiene otro tiempo totalmente diferente al cual yo no me podía acomodar. Entonces me pregunta: "¿Qué hacemos?". Y yo le dije: "Grabás vos, a mí lo que me interesa es tu tiempo. Si querés no cantes, o no toques, simplemente hablá, yo lo que quiero es un pedacito de tu tiempo para que la juventud tenga un puente para conocerte". Y el tipo lo entendió perfectamente, y se cantó una versión de *Maturana*, que es la primera vez en su vida que la graba, que es increíble. Porque antes de cantar él me dice "yo no sé cantar: además cantar y tocar el piano a la vez no me gusta, porque me hace pensar. Y yo lo que no quiero es pensar". Lo escuchás cantar *Maturana* y te rompe la cabeza, y eso viene en el LP después de un tema con el Cuarteto Leo. Porque dentro de todo lo que grabamos, una de las actitudes más riesgosas que asumió Gustavo fue la de grabar la música de cuartetos. Porque él estaba convencido que el folklore de

Córdoba es el cuarteto, y es así efectivamente. Tuvimos el buen tino de ir a consultar con Leonor Marzano, que es la hija de [Augusto] Marzano, el inventor del Cuarteto Leo, que creó todo un género musical que se transformó en un movimiento con sus propias radios y publicaciones, y es la música que escucha la gente de Córdoba.

Cuando escuché *Maturana* después del Cuarteto Leo le pregunté a Gustavo por qué las había ubicado en ese orden, y me dice "por las dudas, para aquel pelotudo que no le guste el Cuarteto Leo y piense que cómo Gieco va a grabar con el Cuarteto Leo. Bueno, no te gustó esa, bancate la que viene".

LEDA

La otra persona que me ayudó muchísimo y me parece uno de los músicos más lúcidos del país es Leda Valladares. Sus conceptos sobre la música, la vida y la política son increíbles, y tiene una apertura totalmente universal que es la misma que puede tener gente como Charly, Spinetta, Pappo o Mercedes Sosa. Además es una artista totalmente avant-garde, inventora del canto masivo. Ella pensó que eso se podía hacer y el día de mañana trasladarlo a las escuelas, para que se cante en lugar de los cánones a cuatro voces, que son de origen europeo y sumamente difíciles de cantar para un pibe. Leda dice "aquel Jorgito que pasó por las armas de la profesora de canto, que es la que arma el coro, y fue rechazado, no canta más en su vida. Y no solo eso, sino que se carga a sí mismo diciendo que tiene un toscano en la oreja, desde los seis años". Ella sostiene que por ese tipo de cosa es que no somos un país tan cantor. Y el canto masivo que hicimos en el dique de El Cadillal, con mil quinientos chicos de distintas escuelas, ella ya lo había hecho (y filmado, aunque precariamente) durante la época de los militares, con gente que le decía "mire que si se cae un chico al agua usted va presa". Ella cree que el canto masivo se tiene que pasar en los colegios (ya se hace en algunas escuelas de Tucumán gracias a su insistencia), que es una manera de enseñarle a cantar a los chicos, con bagualas y vidalas de los indios que tienen cuatrocientos años de antigüedad, y han permanecido a pesar de los conquistadores y la iglesia.

Cuando le hicimos un reportaje en el Pucará de Tilcara, y lo filmamos en video, Leda termina diciendo "al final, los maestros son discípulos y los discípulos son maestros". A eso no hay con qué darle.

EL SUR

Yo había entablado una relación con Isabel Parra, nos encontramos en un recital de Piero y hablamos de que a los dos nos gustaría mucho grabar juntos. Cuando llegó el momento de viajar a Ushuaia, la imagen que se nos ocurría del Sur era la del Canal de Beagle y la posibilidad de guerra con Chile. Entonces decidimos grabar canciones de Violeta Parra, que ya hablaba de la guerra en aquella época. En *Los pueblos americanos* dice: "Por un puñado de tierra, no quiero guerra". Y la filmación es increíble, porque estamos pisando suelo argentino, y las montañas que se ven atrás son chilenas, un país donde Isabel Parra, que es de esa nacionalidad, no puede entrar. Inclusive para filmar tuvimos que esperar que se corrieran unas nubes que tapaban los picos chilenos, así salían en el video.

EL PRIMER LP

Otra de las ideas de producción de Gustavo para el primer LP de *De Ushuaia a La Quiaca* –que te aclaro que es el LP que más me gusta de todos los que hice, no me importa que se haya vendido menos porque pienso que la gente lo va a ir descubriendo de a poco, me parece un disco muy fuerte, muy riesgoso– fue poner en la mitad del tema *Don Sixto Palavecino*, que lo tocamos con batería electrónica, una frase en quechua dicha por Sixto que significa "se va la segunda", y poner su foto en la contratapa del LP. O meter en el tema que compuse con Uña Ramos –cuya letra en realidad está dedicada a Gerónima Sequeida– la voz de Gerónima al final, cantando con su caja, y por eso su foto también está en el disco. Y la tercera foto que aparece en el LP es la de un gallito, que es el otro artista invitado, aparece cantando en la mitad de un tema. Por eso las tres fotos que aparecen en la contratapa son los artistas invitados que tuvo el LP.

Sixto Palavecino es otro de los personajes mágicos que tuvo este proyecto. El dijo que una vez intentó venir a vivir a Buenos Aires y se fue porque "caminaba, caminaba y no encontraba la orilla". Conocer a Sixto era un sueño mío desde la época en que estaba de gira y escuché un cassette suyo, y fue increíble poder cantar y tocar con él, desde el principio entendió la propuesta sin ningún problema. La primera vez que me llama por teléfono a Buenos Aires me dice algo en quechua que yo no entendí, y enseguida me aclara "le acabo de decir buenos días en quechua", mirá la primera onda que me tiró. Yo terminé de hablar por teléfono y le compuse el tema, fue una experiencia muy "high". Ahora todo el mundo lo conoce a Sixto, es un personaje maravilloso que estaba totalmente escondido por no tener nadie más o menos representativo –como podría ser la televisión o la radio– que lo presente. Ya hablamos de componer temas juntos, es una relación que tiene que seguir.

EL TRABAJO RECIÉN EMPIEZA

Después tengo que ir a tocar a Múnich con Mercedes Sosa, que me invitó, y hay posibilidades de hacer una gira por Estados Unidos con Pete Seeger, uno de los primeros cantantes folk de protesta, maestro de Dylan y Joan Baez. Con él participamos de un festival de unidad latinoamericana en Ecuador. Yo lo vi tocar y me morí, porque no sabe hablar una palabra de castellano pero canta

Guantanamera y se entiende con todo el mundo. Entonces cuando terminé de actuar viene Pity al camarín y me dice "Pete Seeger te quiere felicitar". Yo por poco me caigo. Y un día recibo una carta suya, e inmediatamente le compuse el tema, *Para Pete*, que dice "la enseñanza del tiempo te hizo desaprender", que es como decir que todo lo que le enseñaron en el colegio y en todas partes es exactamente lo contrario de lo que él está haciendo, ya que es un norteamericano que toca para Latinoamérica. Él ahora recibió el álbum y se puso muy contento de que yo le dedicara un tema, y está copado con la idea de hacer una gira juntos por Estados Unidos, y después venir y hacer una gira en nuestro país.

O sea que mi idea en este momento es ir a conocer a Pete Seeger, a gente como Pete Townshend y Peter Gabriel, que tienen una organización llamada WOMAD en la cual tienen cabida todos los que trabajan rescatando las culturas folklóricas; a gente como Mark Knopfler, Alan Stivell, Ry Cooder, Jackson Browne, y hacerles conocer el material. Alan Stivell es íntimo amigo de Uña Ramos, con el cual compusimos juntos; Jackson Browne, cuyo último LP habla sobre Latinoamérica, trabaja junto con Holly Near, que es una cantante que quiere editar mis discos en Estados Unidos. Así que las posibilidades están, la onda es seguir laburando al taco con toda la polenta que uno pueda tener.

UNA POLENTA UNIVERSAL

La misma polenta que tiene el rock está en las músicas étnicas y populares de todas partes del mundo, y allí es donde hay que buscarla. A mí el rock me cambió la cabeza cuando lo vi en vivo, hasta ese momento me la pasaba pensando en qué dirección tenía que crear, si yo pertenecía al rock o al folklore. Hasta el año 78, en que fui a vivir a Estados Unidos, y conocí también Inglaterra, los dos países que son las fuentes en donde se originó el rock, y pude ver personalmente a gente como Dylan, Joni Mitchell, Stanley Clarke, Grateful Dead, Johnny Winter. Ahí me cambió la cabeza, y cuando volví compuse *Cachito, Campeón de Corrientes, Solo le pido a Dios*, que tiene ritmo de huayno, *La cultura es la sonrisa*. Recién ahora me está saliendo tocar un chamamé con la misma polenta que un rock, y que me ponga la piel de gallina de la misma manera que antes me pasaba tocando un rock. Por eso cuando alguien se me acerca y me pregunta si abandoné el rock por el folklore yo le digo que es exactamente lo contrario: sumé una cosa a la otra. Quiero probar todo, y que salga lo que salga. Así pasaba en la gira de *De Ushuaia a La Quiaca*: terminamos de grabar con Gerónima Sequeida y nos subíamos al micro y escuchábamos el último cassette de Dire Straits o Talking Heads. Hay una especie de polenta universal, y por ahí estoy buscando.

Entrevista realizada junto a Claudio Kleiman publicada originalmente en *Canta Rock* Año 3, N° 61 (14-V-1986).

MAVI DÍAZ:
UNA VIUDA CON ÉXITO

Tras el agitado verano en la costa atlántica, las Viudas no han descansado minuto alguno. Shows, un disco que vendió muy bien, más shows, presiones y exigencias, un Luna Park lleno de gente, súbito viaje a Nueva York y los preparativos para el nuevo show, presiones y exigencias, más shows. Para ver qué pasa con una Viuda, charlamos con Mavi Díaz entre los canastos de mudanza y tachos de pintura de su depto a estr.

—En realidad no me doy cuenta del éxito, salvo cuando voy a tocar o salgo a la calle y la gente me saluda o –¡socorro!– me esperan chicos con biromes en la mano. ¡Los veo por todas partes! El otro día tuve un sueño donde (ríe nerviosa) escuchaba que me llamaban desde la calle, asomaba la cabeza por la ventana y veía un montón de chicos con biromes. Y justamente hoy estaba cantando una melodía que seguramente se convertirá en *El ejército de chicos con biromes* (se ríe). En momentos como ese te das cuenta del éxito. También hay muchas cosas por hacer, todo muy seguido y sin descanso así que no hay mucho tiempo para decir "¡qué éxito!". Por ejemplo, apenas terminamos el Luna Park nos fuimos a Nueva York y ahora cada niña se encerró en su kiosco para componer temas con los aparatitos que nos trajimos de USA porque ya tenemos que entrar a los estudios de grabación para el nuevo disco. Y seguramente mientras grabemos saldrán más cosas aún.

—*Es que una de las características del éxito es la híper-actividad...*

—Claro, se vive con mucha vorágine. Pero por ahora me gusta que sea así de lindo. Antes me gustaba ir disfrutando cada cosa que parecía no llegar jamás, y si no venía me bajoneaba. Ahora disfruto todo pero a veces sí necesitás tener un rato más. Es buenísimo estar acá, en casa, pintando y quedándome junto a Danilo (su bebé). Cuando no soy una viuda, soy una re-mamá.

—*¿Y cuáles son las presiones y exigencias?*

—Hay muchas exigencias, básicamente las del público. Al ser un número más importante la gente pide cosas más grandes. Aunque por suerte el público de las Viudas es de muchas edades, estados de ánimo y posibilidades, así que podés estar en un estadio como el Luna y hablar como si fuera tu casa. Yo me propuse hacer el Luna Park como si fuera –no sé– un show en un pub. Y me di cuenta que lo podía hacer. La historia se pone jodida porque el público de discotheques va a bailar. Si están las Viudas, bien, pero sino estamos, bailan y chau.

Pero las exigencias del público son las más placenteras de satisfacer. Las demás presiones son de tu productor que dice que vendiste doscientos mil placas y que el siguiente LP tiene que vender cuatrocientos mil. Hay que estar al mango todo el tiempo. La cosa es entender que este es el laburo de uno y que si ascendés de jefe de sección a gerente general obviamente vas a tener más responsabilidades. También ganás más guita.

Desde que empecé a hacer mis temas –a los nueve años– siempre esperaba que le gustara a la gente que lo escuchaba y hoy el sentimiento es el mismo, salvo que quizás tenés en cuenta más cosas, pensás más lo que componés. De todas maneras, nosotras partimos de escribir y hacer lo que nos diera la gana. No hay límites para crear.

—*¿No te molesta que otros músicos las critiquen y no les perdonen haber tenido éxito?*

—Lo que pasa es que a veces parece normal que si algo no te gusta reacciones contra eso. ¡Esas cabezas cerradas! A nosotras, Viuda e Hijas de Roque Enroll, nos aman o nos odian. No hay muchas posibilidades intermedias. Los que nos aman les gusta cualquier cosa de los temas, las letras medio graciosas, la imagen de modernas o vanguardistas, nos consideran feministas o –qué sé yo– simplemente nos aman porque les gusta el culo de María Gabriela. Todo eso está muy bien, y si no nos aman, también mata. Las Viudas no tienen por qué gustarle a todo el mundo.

Mi viejo a veces me decía que explicar la música o la intención de la música es como hablarle a cada uno en el oído. Y eso no se puede hacer. Claro que tampoco estamos acostumbrados a que un grupo de minas tenga éxito. Yo siempre digo que si fuéramos del underground nos adorarían todos y cualquier cosa que hiciéramos sería fantástico. Me parece coherente que la gente que no gusta de las Viudas es gente que no nos gusta a nosotras. Lo malo es cuando aquella ironía y cosa ácida de criticar por tirar abajo todo un montón de laburo [sic]. Tampoco somos tan profundas. Bueno: a mí me parece que somos profundas. Debajo de la pintura, una a veces tiene piel y una cabeza.

—*¿Adónde apuntan musicalmente con el nuevo disco?*

—Es algo muy pesado y gordito. Generalmente la música de las Viudas suena muy chiquita por la radio y ahora va a sonar más fuerte, más lleno. Habrá de todo, cosas nuevas y un poco más amplio. Tenemos temas románticos y lentos pero con las letras bien Viudys. Hay un tema dedicado a la calle Canning que se llamará *Scalabrini Ortiz*. Un tema duro de Claudia

Sinesi, que es una faceta desconocida de la Sinesi cuando se enoja. Habrá más variedad. En realidad no hay tanto para anticipar porque todavía estamos componiendo el material. Con el disco anterior dijimos que era porno, pero nos dimos cuenta al terminarlo. A Bernardo [Bergeret] (su productor) le dio un poco de impresión, pero –bueno– eso fue lo que salió. Se ve que estábamos con ganas de eso. Y ahora que nos sacamos la leche de hablar de eso todo el tiempo, habrá cosas más serias. Ya nos reventamos los granos provocados por no hablar de sexo durante tanto tiempo. Mirá lo que te digo: quizás hagamos algo en serio.

—*¿Qué pasó con el proyecto de la película que querían hacer?*

—Vamos a ver si se puede hacer, pero recién a fin de año. Tenemos muchas ganas. Ya encontramos un guionista perfecto, un amigo de Viviana Santamarina (diseñadora del vestuario Viudas). Es un delirante total y eso es lo que necesitamos. Lo que pasa es que hay muchas cosas que el grupo tiene que hacer y lo de la película es más bien un delirio nuestro. Juro que lo haremos. Hay un montón de gente nueva que tiene cosas para mostrar y les falta la infraestructura. Y eso lo podemos conseguir, se puede transar. Les va a gustar a los chiquitos pero no va a ser onda Menudo.

—*Contanos un poco del viaje a Nueva York.*

—Cuando llegamos, nevaba. Nos instalamos en un bar y llamamos a Jerry Masucci, el presidente de la Fania Records. Nos recomendó unos departamentos muy conchetos y nos quedamos ahí dos días. Como era muy caro, alquilamos otro departamento y los cinco nos quedamos ahí: cuatro viudas y el Gonzo. Fue algo alucinante, íbamos a museos, a la noche a ver grupos al Village (barrio bohemio), a lugares famosos como el Ritz. La pasamos muy bien. Los grupos tienen un sonido impresionante pero sin tener equipos gigantes. Vimos a los Lords of the New Church, a Robert Gordon, y lo único que me dio envidia fue el público. En los Lords, por ejemplo, había una bola de punks con pelo de puercoespín, heavies y –al lado en plena primera fila– chicas con pullover de bremmer, anteojos, collarcito y con el novio del brazo. Cada uno en lo suyo, sin joder a nadie. Nadie va para tirar botellas.

Jerry nos vino a buscar una noche con un amigo y fuimos en su limusina hasta Be Bop, una pizzería donde van famosos como Julian Lennon. Charlamos y como él quería escuchar cómo sonábamos, nos dijo que el lunes tocábamos en un pub. Entonces llamamos a Andrea [Álvarez] (ex baterista de las Viudas) que vive allá y casi alquilamos todos los equipos, pero era una movida muy difícil. Justo ahí llegó Raúl Chevalier (ex-bajista de Zas) y traía una pila de discos que habíamos pedido que nos mandaran. Así que Jerry escuchó el material, le gustó, y en dos semanas viene para

Argentina. Estaba contento con las Viudas y le pareció que podía caminar muy bien allá. Le dijo a Ruffinatti que los temas tendrían que ser nuevos y en inglés. A ver qué pasa, va a ser lindo (risas).

—*Una cosas que pocos conocen de las Viudas es su "vestuarista" Viviana Santamarina. Algunos creen que es una modista puesta por la productora para "el invento de las Viudas", pero no es así...*

—Mirá, cuando llegamos a Nueva York, estábamos dispuestas a morirnos con la imagen de los grupos. Y vimos ropa linda, gente que pelaba buenos looks, seans punks, modernos o psicodélicos, pero nada se asomaba a lo que nos hace Viviana. Enseguida le escribí una postal diciéndole que era lo más. Ella tiene un comprender muy cotidiano del arte, sabe que con una vuelta de goma, corcho recubierto y unos colores piolas queda una cosa de primera. Desde el primer momento nos entendimos bien con ella. Lo que nos hace son verdaderas obras. Y al principio no nos cobraba nada porque no teníamos un mango para esa parte de la producción. Le llevábamos lo que teníamos, ella ponía material suyo, y todo listo. La onda de la ropa es bien cache, súper kitsch y bien argentino Catrúnica. Es muy bueno contar con ella y su marido, gente como los chicos que nos hacen las pelucas o los coreógrafos Willy y Mario. Nos dimos cuenta que el espectáculo queda más lindo, va a ser lindo.

Entrevista realizada junto a Marcelo Fernández Bitar publicada originalmente en *Canta Rock* Año 3, N° 63 (13-VI-1986).

PAOLO EL ROCKERO:
LES PRESENTO A PAOLO, UN ROCKERO DE VERDAD

¿Quién no lo ha visto revoleando su larga melena en medio de la fauna mezclada que aparece en el programa ómnibus de [Juan Alberto] Badía? Su caricatura exacta de una generación produce alegría y sorpresa, porque Paolo destila autenticidad por todos los poros.

Y es que Jorge Montejo es Paolo, y Paolo es Jorge Montejo. No es como esos imitadores "del mundo del espectáculo", que preparan un personaje que no les va ni les viene, lo único que les importa es poder pagar las cuotas del country y cambiar el coche todos los años. Jorge Montejo vibró toda su vida con la generación rockera y se le nota. Cuando llamó por teléfono ya sonaba como uno de los tantos pibes que llaman y vienen a *Cantarock*. Pero al instante se mandó una imitación de Litto Nebbia a través del tubo y me dejó temblando. Cuando vino, enseguida fue uno más del equipo de redacción. Pero con su inventiva apabullante, produjo una catarata de risas que buena falta hacía en medio de la loca carrera del cierre. Entonces salió la idea de hacer con él el guion de una historieta que ya teníamos planeada hace tiempo. Y empezó a tomar forma otro personaje, Tito de Flores y la Fauna, un pibe común de aventuras por la ciudad. Y salió también este reportaje, contestado a veces por Paolo y a veces por Jorge, en una alucinante mezcla de realidad y ficción, que revela una nueva faceta de una oleada de artistas que recién están empezando a mostrar su enorme potencial renovador.

—*Che, Jorge, ¿cómo empezaste este circo?*

—De pibe yo trabajaba en una gomería, mi viejo era el dueño. Vivíamos en Tandil. En vez de laburar, me la pasaba imitando a los empleados, era el payaso oficial. Por Tandil pasaban muchos personajes como Paolo y yo me sentía atraído. Y además estaba re-copado con el rock.

A veces me peleaba con mi viejo y me iba del laburo, me dejaba crecer el pelo y me largaba a vagabundear haciendo artesanías. Y en las ferias y en las plazas seguía mandándome con las imitaciones.

En el 81 me vine para la Capital, decidido a vivir de esto. Armé un dúo que se llamaba Las Personas, y durante años actuamos en boliches, como el de Fontova, allá por Córdoba al 5000.

Hasta que llegué a Badía probando suerte en su programa *Todo nuevo*. Fue Badía el que se dio cuenta de que mis personajes daban para un show unipersonal, que yo inventaba todo y podía hacerlo solo. Lo único que necesitaba era un acompañamiento musical. Y me lanzó en *Badía y Compañía*, abriéndome a un público enorme. Gracias a Badía ahora estoy laburando a mil, perfeccionando mis personajes, obligado a renovarme y perfeccionarme.

También laburo en boliches los fines de semana, actualmente estoy en La Casona del Conde de Palermo. En esos espectáculos puedo mostrar todas las facetas de este personaje inacabable. En esos espectáculos siempre imagino algún músico famoso que me viene a ver. Después de todo, yo soy el primer "hippie masivo". Entonces me mando una imitación de Charly o de Litto Nebbia.

Una de las parodias de Charly, por ejemplo, es "Raros muchachos nuevos". El estribillo dice (canta con melodía de *Raros peinados nuevos*): "Te asustó el busto de Moria Casán, te gustó el pechito liso de Pedrito Rico. De chiquito eras varón, pero ahora sos medio rarito". Nebbia también sube al escenario haciendo muchos de sus "diri din parabari" y se pone a explicar una larga teoría de que "los músicos de hoy en día están mucho en el show, se preocupan más por subirse al teclado en patas que por tocar, y yo quiero demostrar que la música tiene que seguir siendo algo serio". Les voy a cantar un tema que llama a la reflexión, que tiene una "onda connotación social" y se manda a cantar "los nenes con los nenes, las nenas con las nenas" en un estilo bien Nebbia, con muchos fraseos y tarareos.

Después vuelve Paolo al escenario (me cambio detrás de un biombo). "Vengo a ver *The Wall*, loco". Ahí estaban los flaquitos que van a darse vuelta la croqueta con la película. Yo no entendía nada, así que la fui a ver de vuelta. La vi diecisiete veces. Me dije a mí mismo: "Paolo, te llegó la hora de sentar cabeza". Corro el monito de *The Wall*, que decide calmarse y se afeita las pestañas. Entendí de golpe la filosofía punk y todo eso. Tengo que buscar un laburo y toda esa historia. ¡Tengo que hacerme punk!

Porque Paolo –vuelve a hablar Jorge Montejo– representa un hippie de los setenta insertado en esta época. Y por supuesto tiene problemas de laburo, problemas que en realidad vienen desde los setenta. Pero los chabones que tienen el pelo largo y tocan en un grupo se llenan de guita, entonces, ¿qué te pasa? Yo consumí rock toda mi vida, compré discos y revistas, fui a recitales. Llegó la hora de que el rock me consuma a mí (risas), de que los chabones vengan a verme a mí.

Yo creo que cuando uno imita a un tipo lo hace con un cariño especial, porque en el fondo lo admira, yo a tipos como Charly, el Flaco o Litto los tengo de toda la vida. Y hago las parodias buscándoles la cosa satírica. Y le meto todo lo que que escucha la gente: las propagandas, la música comercial, la locura del consumo. Es como el tema que hice de Spinetta Diet, con melodía de *Maribel*: "No lo ves / tengo ya / menos calorías / para tomar".

Porque también soy músico, loco de la viola y compongo, y voy pelando cosas musicales en mis shows. Tengo un tema, el *Pero, ¿qué te pasa?*, que habla de una minita hippona que tiene un hijo y dice: "Loco, no sé dónde ir con mi hija, de San Telmo me rajaron, mi marido se fue, mi pareja ahora se quiere ir al Bolsón y yo no me puedo ir al sur con la criaturita". Es una especie de reggae-rock, y yo hago todo con la boca: la percusión, la viola, todo. El tema termina con la minita diciéndole a su flaco: "Pero qué, pero qué, pero ¿qué te pasaaa?".

Son todas cosas que tomo de la vida real. Yo voy observando y dando forma a las situaciones. Las historias se van hilando a partir de la lucha por la supervivencia, los dramas cotidianos de la gente. Que el tipo no vende nada en la feria, que el viejo lo obliga cortarse el pelo... Son todos mambos que podés superar si sos vivo y avispado, pero si no... La historia de Paolo tiene que ver con aprender a vivir. Con pelos o sin pelos, uno tiene que aprender a vivir.

Publicado originalmente en *Canta Rock* Año 3, N° 64 (28-VI-1986).

LUCA PRODAN: ES SUMO

Luca Prodan / Sumo / los amigos / salir del underground / Europa / nueva productora / Grinbank / nuevo disco / *Llegando los monos* / nueva etapa / el profesionalismo / infancia / familia / la música / la guita / Sumo / Luca Prodan / el reportaje:

—Luca, ¿no cultivás esa imagen de tipo medio hosco, raro y la onda "ustedes no me entienden"?

—No, para nada. ¡Si ni me entiendo a mí mismo! Yo estoy en un periodo muy loco de mi vida. ¿Sabés? Es muy raro que de golpe alguien deje todo –¡todo!– a los veintisiete años para irse y formar un conjunto de rock. Yo estoy medio perdido.

—¿Te cuesta hacer amigos en Argentina?

—Sí. Especialmente con los tipos. Quizá porque soy muy abierto y siempre digo todo. Los músicos de otros conjuntos no saben muy bien cómo encararme, si ser serios o reírse. Aparte, "soy de afuera, viste". En cambio las mujeres me entienden mejor. Es algo raro: yo no hice amigos en Argentina; mi mejor amigo es Timmy [McKern], quien conocí en el colegio, en Escocia.

—Y cuando vivías en la zona del Abasto, ¿cómo te trataban?

—La gente me quería. Al principio pensaban que los iba a asaltar, porque entraba a un negocio con esos anteojos raros. Pero después ya era una mano, "ehhh, Luca, cómo te va, cómo andás". En el almacén pusieron una foto del grupo.

—¿Nunca volviste a Europa desde que llegaste a Argentina?

—Sí, hace poco. Bueno, me parece poco a mí, pero fue hace dos años. Estuve en Italia, Inglaterra y Túnez. Me volví un par de semanas antes porque no aguantaba más. En Túnez estuve bastante al sur, donde empieza el verdadero desierto. Allí estaban mis hermanos, filmando esa miniserie *Anno Domini*. Pasaron un año allá. Ahora se filman muchísimas películas porque hubo un tipo que invirtió mucha guita e hizo un súper estudio que es más barato que los de Hollywood y los de Italia. Allá hicieron *La vida de Brian*.

—A veces, ¿no te dan ganas de volver a Europa?

—No, yo vuelvo cuando muera mi viejo (se ríe). No, en serio, no sé. La verdad es que no lo sé. No tengo nada para volver, solo la tentación muy grande de volver a la heroína. No tengo nada allá. Está bien, mis hermanos matan, pero viajan todo el tiempo y no es un Hogar (con una Hache enorme). Mis padres se pelean, viven en un lugar que ni conozco en el norte de Italia, un lugar de mucha guita pero muy provinciano... tipo –no sé– Venado Tuerto. No pasa nada allí. Ya sabés mi historia en Europa: mi madre es inglesa y mi padre italiano pero no del todo porque nació en una zona que ahora es de Yugoslavia y que era del Imperio Austro-Húngaro; tiene pasaporte italiano y tuvo una formación súper alemana. Yo vivía en Roma e iba a un colegio donde solamente se hablaba inglés. Después me mandaron a Escocia de pupilo. Allá llegué a tocar redoblante en la banda de gaiteros y además (se ríe) canté rock en la iglesia del colegio. Sí, en serio. Hice el tema de Canned Heat que dice "let's work together..." (trabajemos juntos) pero le cambie la letra a "let's pray together" (recemos juntos). Yo vengo de una familia con mucha guita y por eso me relacioné con muchas cosas... por ejemplo, un amigo de mi hermana me enseñó a ser halconero y una de mis pasiones son los pájaros. Me encantan los halcones que atrapan sus presas en el aire.

—Y ahora, ¿estás bien acá, no tenés ganas de irte...?

—Hasta ahora estoy bien, no tuve ganas. Me voy si me aburro con mi novia o si me aburro de Sumo. Pero tampoco tengo guita. Si me llegara a ir, me iría a Brasil, obviamente. Nunca fui porque sé que no volvería... aunque está hablado que quizá vaya el grupo. Muchos argentinos me dijeron que escucharon a Sumo por la radio en Brasil; parece que hubo una importación de discos que vendió muy bien.

—Luca, ¿podés vivir de la música?

—Sí. Digamos que vivo de semana en semana, más o menos. No vivo "bien", pero vivo. Pero ojo que también es porque yo soy así. Hay gente en Sumo que pone guita en el banco y tiene una familia que mantener. Yo no tengo familia ni casa, entonces no pago alquiler ni tengo que darle la leche al nene (pone voz de borracho): ¡y la guita me la gasto toda yo!

—¿Nunca tuviste un grupo antes que Sumo?

—No, pero pasé muchas horas grabando con un tipo en Londres. Claro que haciendo cualquier tipo de cosa, viste... por ejemplo durmiendo sobre los teclados y grabando. Pero por eso ahora soy profesional.

—¿Nunca pensaste en cantar solo en castellano o solo en inglés?

—Mirá, a mí ya me molestaron bastante con eso. Primero tenía que cantar en inglés, luego –por Malvinas– en castellano. Y ahora los tipos de CBS quieren que vuelva al inglés. A veces canto en castellano, y otras en inglés. También mezclo ambos idiomas en el mismo tema. Ya sé que la gente no entiende el inglés, pero aunque llegaran a Obras los Beatles, tampoco nadie los entendería. Este disco de Sumo tiene más castellano que el anterior.

—Pero ya te enchufaste de lleno en el castellano...

—Sí, tengo que hablarlo todos los días para comprar la verdura y todas esas cosas. Yo viví acá un año sin saber nada de castellano; mi mánager –Timmy– hacía las compras. Aprendí de la televisión, de gente como Julio Lagos, que hablan bien pausado y con calma.

—Luca, el grupo entró hace poco a la agencia de Daniel Grinbank, una de las productoras más grandes, ¿dudaron antes de firmar con él?

—Yo dejé de pensar en esas cosas cuando dejé de levantar baffles. A partir de ahí todo se hizo más fácil y divertido para mí. No me importan dos carajos esas cosas. No tengo ideología sobre el rock porque no la hay. Fijate cuántos grupos son fabricados por tipos con un gran cigarro en la boca. Todos los grupos de heavy metal son preconcebidos; siempre hay alguien que busca guitarristas rubios con pelo largo, otros que parezcan minas y todo así. ¿No vieron lo que es el grupo WASP? ¡No existen! Son un invento de un productor que los tienta. Yo ya dejé de pensar en cosas como lo de Grinbank, no me importan. No me parece mal entrar a una gran productora. No lo conozco a Grinbank ni creo que lo vaya a conocer porque las cosas están hechas para que ni lo vea. No porque no tenga acceso a él, sino porque para eso está Timmy. No sé qué hará Grinbank con la plata que gane de nosotros, pero tampoco me importa. Nuestra productora anterior, que era independiente –wow, viva los Redonditos y todo eso–, nos cobraba el veinticinco por ciento. Grinbank me pide solo el veinte por ciento y me vende más shows a más ciudades, vamos más al interior, y además tiene una radio y una revista. Ojo que también peleamos por conseguir que en el contrato estén garantizados cinco shows por mes. Si su agencia no nos puede vender, igualmente nos tiene que pagar.

—Digamos que eran underground porque no podían hacer otra cosa...

—Claro. Yo quería hacer un grupo y de ser posible vivir de la música. ¡Sí, yo gasté toda mi guita en comprar equipos de música! Yo tenía cierta guita y la gasté toda viviendo un año sin trabajar. El grupo estuvo un año en Córdoba y yo banqué al que no tenía un mango. Recién ahora estoy recuperando lo que puse. Y no gano más que los demás miembros del conjunto... Un mal negocio (se ríe).

—Así que esta es una nueva etapa: nuevo sonidista, segundo disco, Grinbank...

—¡Juro que yo no tuve nada que ver! Solo le dije a Timmy que haga lo que pensaba que estaba bien.

—*¿Qué va a pasar con Sumo cuando entren en el ritmo infernal de tocar diez veces por mes, siempre el mismo show con los mismos temas?*

—Va ser –ufff– buenísimo. Te cuento: tenemos cuarenta temas que podemos tocar en cualquier momento. Puedo cortar *La rubia tarada* en pleno show y arrancar con *Mirror Man* (de Captain Beefheart) o *Leave Me Alone* (de Lou Reed). Ya lo hemos hecho. Pasa que si vas –por ejemplo– a Laferrere, los tipos quieren realmente escuchar *La rubia tarada* o *Los viejos vinagres*, que parece ser el nuevo hit. Eso a veces nos aburre, paro la gente no quiere un solo de saxo de tres minutos en la onda de [John] Coltrane, o una zapada de free-jazz.

—*Debajo de la capa de "hago lo que me gusta" se nota que encarás la música como un profesional. ¡Es tu laburo!*

—Sí, claro. Siempre sé que tengo detrás mío una buena base que no me va a fallar, así que si quiere puedo hacer una boludez en escena. Yo vine a Argentina con una onda muy Joy Division, con ganas de hacer una mezcla de estilos muy complicada. Por eso al principio yo tocaba la guitarra aunque no me guste tocar y cantar; yo quería incitar a los músicos que estaban conmigo. Yo rompía cuerdas y me salía sangre de los dedos, mientras que aquí todos querían ser Al Di Meola. Pero cambiaron y así llegamos a Sumo. Creo que dentro del esquema de los grupos de acá somos muy distintos.

—*¿Cómo salió el título* Llegando los monos?

—Porque una vez tocamos en Gesell y algunos músicos del grupo fueron por la calle con unas cornetas de cartón gritando, "¡No es una alucinación, Sumo en Villa Gesell ¡Llegando los monos, llegando los monos!".

—*Muchos dicen que la inclusión de Pettinato demuestra que los periodistas de rock son músicos frustrados...*

—¡Eso es re-contra sabido! Bob Geldof era periodista, también Mark Knopfler y Chrissie Hynde (de The Pretenders). Recuerdo haber leído notas de Chrissie Hynde.

—*¿Qué hay de común entre todos ustedes, aparte de Sumo?*

—No hay mucho en común. No nos vemos socialmente. Cada uno tiene sus buenos momentos y eso se ve en los micros yendo a los shows: si Roberto no está de buen humor y en el grupo no hubo ninguna discusión seria. Por ahí con Pettinato tenemos en común los discos o poder hablar del nuevo periodismo norteamericano de Tom Wolfe. Dentro del grupo, la computadora es Timmy, quien coordina todo. Para saber cuándo es el ensayo, lo llamás a él. Y el verdugo que pregunta por qué faltan soy yo. Lo que pasa es que cada uno hace lo que quiere en Sumo, no hay una Gran Idea Musical. Diego toca re-bien el bajo y no le digo nada: Germán igual; Ricardo es un poco demasiado rockero a veces y hay que frenarlo un poco;

y el batero mata en los reggaes, pero en lo demás hay que laburar más. Y todo sale bien. Sumo hace muchas cosas distintas. Escuchá el último LP y no vas a saber qué tipo de música hacemos.

—*Es innegable que Sumo es un grupo con personalidad.*

—Pienso que sí. Pero ese es el fruto de varios años trabajando sin que nadie te dé bola, ni las radios ni las revistas. Nadie. Y ojo que nunca fuimos a buscar a nadie, CBS vino a buscarnos. Y Grinbank igual. Y así es que ahora estamos haciendo la música para una película, una faceta nueva de Sumo.

—*Parece que el concepto de Sumo gira bastante alrededor tuyo.*

—Parece que así viene la onda. Yo soy el pegamento del grupo, el que une a los demás. Los demás no se pelean si yo estoy ahí. Es así: soy el pegamento de Sumo.

Entrevista realizada junto a Marcelo Fernández Bitar publicada originalmente en *Canta Rock* Año III, N° 64 (28-VI-1986), bajo el título "Luca Prodan es Sumo".

MIGUEL ABUELO: EN BANDA

Ya pasaron varios meses desde la separación de Los Abuelos de la Nada y aún no había noticias concretas sobre Miguel Abuelo. Sabíamos que estaba por grabar un disco, así que fuimos a verlo. Ahí nos enteramos que el disco ya estaba todo grabado, que su banda iba a realizar un par de shows para apoyarlo, y que además seguiría con Los Abuelos de la Nada para aprovechar los contactos que dejaron truncos por toda Latinoamérica. Pero, ¿no sería mejor que leas la nota para conocer los detalles?

—*Todo empezó porque estabas "en banda"...*

—Claro, porque luego del movimiento que hubo dentro de Los Abuelos de la Nada, yo me tomé unas vacaciones. Tenía un poco de plata ahorrada y me propuse no hacer nada, ni siquiera reportajes. Colgué el teléfono y me fui al interior, también algunos saltitos fuera del país. Mientras tanto, compuse un poco e hice amistades nuevas porque el tiempo me lo permitía. Así saltó Kubero Díaz, que por ser un amigo de toda la vida venía mucho a casa y un día le ofrecí formar parte de mi banda. El Negro aceptó. Para la batería soy un enamorado de la efectividad, la exactitud y la prudencia de Polo Corbella. Para el bajo recluté a Marcelo "Chocolate" Fogo, hijo de mi hermana, a quien conozco de pequeño; me lo encontré en Europa varias veces y cuando vino acá escuché lo que hacía, me gustaba. Nunca habíamos hablado de tocar juntos, pero un día me ayudó para hacer demos y le pregunté si se creía capaz de asumir la responsabilidad de tocar en una banda de mi estilo.

El tipo fue más que expresivo en su respuesta, y al poco tiempo ya tenía muchos temas propios de gran valía. Después vino Juan del Barrio, un tecladista que tuvo experiencia conmigo desde Los Abuelos de la Nada, siempre admiré su capacidad y lo fui a buscar a su casa. En ese momento, estaba inmerso en sus cosas y me dijo que no podía. Empezamos a ensayar con otro tecladista y a los cinco meses me armé de coraje para nuevamente ver a Juan, y me dijo: "Mike, llegás en el momento justo. Hoy te puedo decir que sí". De ahí en más comenzamos a trabajar fuerte para llegar a este disco, trabajando y amalgamando la cosa sabiendo que era el primer disco de un montón de gente que ya se conocía pero que habían tocado muy poco todos juntos. Lo bueno es que a todos no los siento como músicos "de afuera", sino gente que está enrollada armónicamente en una cosa que ya estaba hecha.

—Sería bueno que hablaras un poco sobre Kubero, porque pocos conocen su historia.

—Kubero nació en Entre Ríos y, como muchos estudiantes provincianos, fue a La Plata. Allá, en 1970, armó una banda muy importante que fue La Cofradía de la Flor Solar y grabó un disco solista muy bueno y muy adelantado a la época. Luego formó parte de La Pesada del Rock and Roll, junto a los grandes monstruos de la época: Medina, Martínez, Pinchevsky, Black, etc. Yo lo conocí un día que fui a tocar como solista a La Plata, cuando al bajar del escenario alguien me cruzó una invitación y así lo vi por primera vez, en ronda de amigos. Luego lo encontré en Ibiza de verano a verano, lo que nos servía para armar bandas rápidas para poder ganarnos la vida en la isla. Además, Kubero era "el guitarrista de Ibiza", el tipo más requerido y funcional. Nunca se quiso mover de ahí porque vivía en una casa muy hermosa, en la montaña, con su mujer, hijos y perros, una vida muy armoniosa y tranquila. Pasó mucho tiempo, yo volví a la Argentina con Cachorro y armamos Los Abuelos de la Nada. Le dediqué un tema en mi disco solista *Buen día, día* y eso fue una sorpresa; un año después Kuberito vino para acá y continuamos con esa amistad que teníamos.

—Así que ahora volvés a la carga aceleradamente, porque nadie sabía nada...

—Preferí llevar toda la operación en secreto porque cada vez que encaro un nuevo trabajo me preparo fuertemente. Para eso tengo que recolectar mucha energía y tener el campo libre; por eso no quise encontrarme con periodistas o gente que quería enterarse sobre mis pasos. Y algunos creen que hice mal. Yo creo que lo que hace al artista es la obra y no una prensa sostenida. Ahora quiero que el disco sea una sorpresa y en este momento ya está casi listo. Falta editarlo y poner en marcha la parte de organización publicitaria. El disco se llamará *Abuelo en banda* y contendrá diez músicas de variadas facturas.

—Pero ¿esta es una banda nueva, o un trabajo solista como el anterior?

—No, de ninguna manera es un disco solista. Esta es una banda y yo soy consciente y muy responsable con eso. Soy un árbol fuerte aunque se me puedan caer algunas hojas. Empujo el nombre y el personaje de Miguel Abuelo como aval para hacer prueba en otros países. Y eso está bastante avanzado.

—Claro, aprovechando los contactos que hicieron con Los Abuelos...

—Sí, pero los Abuelos es banda mía, Los Abuelos de la Nada no han muerto.

—!!!

—...los Abuelos solo han corrido posiciones y se han desplazado, pero es un sello que me costó talento, esfuerzo y amistades. Es muy posible que dentro de muy poco tiempo escuchemos cosas de Abuelo en Banda y también nuevos trabajos de Los Abuelos de la Nada, que tienen horarios de grabación en los estudios Moebio para todo septiembre y octubre. La formación será excelente y no pienso abandonar la cuesta ascendente de calidad. Los detalles se los reservo al mundo de la sorpresa.

—*Entonces, ¿qué continuidad tendrá esta banda teniendo la posibilidad de rearmar Los Abuelos?*

—Yo estoy aprendiendo el oficio de la libertad. Soy muy capaz de fabricar hasta tres discos. Soy de andar lento pero seguro, y si me tomo grandes vacaciones es porque me aproximo a actividades muy duras. En agosto saldrá el LP de *En Banda* y luego vendrá lo de Los Abuelos.

—*¿Qué podés adelantarnos del material de* Abuelo en Banda*?*

—Yo trabajo con músicos que conocen perfectamente el lenguaje tradicional y se explayan sobre el lenguaje contemporáneo y futurista de una manera cómoda. Por eso es un disco a mi estilo: contiene una cantidad de formas, ideas y textos que son absolutamente diferentes entre sí, aspirando a una calidad preciosista. Debido a la cantidad de compositores que tengo alrededor, hay muchos estilos y facetas de la personalidad de Miguel Abuelo y sus amigos. La gente suele radicalizarse mucho en formas, estilos y modas, y yo siempre supe que la moda era un sombrero que te robaban en cualquier esquina y ya perdí varios sombreros. Los demás detalles quedan para el mundo de las sorpresas.

Entrevista realizada junto a Marcelo Fernández Bitar publicada originalmente en *Canta Rock* Año 3, N° 65 (10-VII-1986), bajo el título "Miguel Abuelo en banda".

FEDERICO MOURA: SIN DISFRAZ

Lleva caramelos de miel entre sus manos. Se desliza casi imperceptiblemente por su departamento de Suipacha y Viamonte, como si caminara en el aire. Es delgado, liviano, agudo. Se sienta para comenzar este reportaje y nos sirve una gaseosa en unas copas altas y refinadas. Cuando habla es medido, no duda en detenerse hasta encontrar la palabra exacta. Se trata de Federico Moura. Ahí llega: veloz, luminoso. Su madre no podrá interceptarlo...

—*¿Te bancás vivir en el microcentro?*

—No me lo banco muy bien En cuanto pueda, voy a mudarme. El lugar me agrada, es estimulante, sensual, perfecto para trabajar, pero no para vivir. Me gusta el centro, si este departamento estuviese perfectamente acustizado sería otra cosa. Nosotros tenemos una quinta para todo el grupo pero cuesta ir, no encontramos el tiempo libre para poder hacernos una escapada. Este año va a ser difícil para mí, no puedo pretender mucho tiempo para mis placeres.

—*Es lo que se paga por el éxito.*

—Lo que se paga, exacto. Yo hice un arreglo y quedamos con Oscar López, nuestro productor, en que íbamos a aceptar trabajo. Ya tenemos comprometidos todos los fines de semana hasta septiembre. No es la forma ideal de trabajar, tan exhaustivamente, pero siento que se lo debemos a la oficina.

—*¿Ese ritmo de trabajo te va a dejar tiempo para componer, para escribir?*

—No. Ese es el problema. No tenés tiempo de estar solo y así no se puede crear. Por otro lado, los derechos de autor son algo que no existe en este país, no te reportan ninguna ganancia de dinero. Entonces los grupos tienen que ganarse la vida tocando y tocando, y así es como se gastan. Las giras son muy intensas. Te obligan a componer y a renovarte en menor tiempo, cada vez en menor tiempo. Por eso, este año, la idea de trabajo con nuestro próximo disco, que aún no tiene fecha, es hacer previamente muchas canciones. Eso nos va a permitir pulir el material y selecionar. Los dos últimos discos los hicimos prácticamente en el estudio. Y está muy bien, son muy exitosos, son los que más me gustan en líneas generales –no sé si compositivamente–, pero ahora quiero mejorar el nivel y trabajar con un poco más de tiempo.

—Pero contra el tiempo conspira esa exigencia tácita de que un músico tiene que grabar un LP por año...

—No, ahora no. Vamos a sacar el disco en vivo, ahora, que en última instancia se puede considerar como nuestro disco del año. Eso nos va a permitir tener más tiempo para elaborar el próximo disco. Por ejemplo, en los dos últimos long plays, por no decir en los últimos cuatro, yo he leído las letras por primera vez al grabar. Estaban recién escritas. Y después me agarro la cabeza porque veo que están demasiado dichas y muy poco vividas. Es que los temas van tomando forma a medida que los voy cantando en vivo. Todo es una cuestión de tiempo, y mi gran problema en este momento es que no tengo tiempo. Se ha puntualizado que yo haga las notas, que yo coordine los asuntos internos de Virus, que haga esto y lo otro y cada vez me queda menos tiempo.

—Siempre sos vos el que da la cara en los reportajes, ¿por qué?

—Se fue dando así. Al principio éramos dos o tres pero siempre hablaba casi todo yo, entonces me fueron delegando esa función Ahora los chicos están volviendo a hacer notas. Pero el asunto es muy claro: si no te gusta hablar, no tiene sentido que hagas un reportaje. Lo que después piense la gente sobre los prestigios, si hablás o no hablás, es un problema que, creo, el músico lo tiene claro y no le importa.

Últimamente, yo tampoco tengo ganas de hacer muchas notas. Es hartante. A la noche, cuando te das cuenta de que hablaste tanto tiempo de vos, sentís un infierno, una gran saturación. Como revisarte a vos mismo una y otra vez es realmente pesado. Te da ganas de ser anónimo y poder pensar en la música y no siempre en vos. Pero, bueno, supongo que les debe pasar a muchos.

De todos modos, a mí no me jode la gente por la calle. Se acercan, me saludan, pero no sufro esa cosa de no poder salir a la calle porque me agreden... No, para nada.

—Ustedes, detrás de su imagen bailable, joven, fresca, "up", muy ochenta, tienen un background muy intelectual, ¿no es cierto?

—Sí, creo que siempre fuimos así. Lo que sale para afuera, lo que la gente elige sacar para afuera, bueno, a veces da una imagen que no es integral. Pero básicamente somos la misma gente con la misma actitud de siempre. No creo que seamos ahora más intelectuales o menos intelectuales. Lo que pasa es que la gente va descubriendo en nosotros esas cualidades, de a poco. La vez pasada, en una nota, dije que Virus era como un iceberg, que la gente primero conocía una punta y luego iba profundizando. Por otro lado, nosotros también vamos creciendo y vamos aprendiendo a manejar mejor los códigos, a comunicarnos mejor con el público.

Eso nos permitió trabajar mejor el concepto integral de los dos últimos discos. *Relax* es como un libro de recetas, consiste en decir lo que creemos que hay que decirle a la gente: que se desconecte de ese círculo vicioso de análisis y balances políticos y sociales que están limitando la capacidad creativa y vital de una persona. Que se reprogramen de una manera positiva. Que puedan darse cuenta de la enfermedad, reconocer los síntomas y combatirla de algún modo. En cuanto a *Locura*, quien supuestamente leyó esas recetas y comió esas comidas (se ríe) está preparado... Es un paso adelante, está preparado a vivir pasiones. *Locura* es más para adentro, pero para llegar a eso hay que previamente hacer ejercicio, ponerse en condiciones. Yo creo que las cosas hay que ordenarlas y depositarlas en una parte del cerebro, y entonces se crean espacios vacíos para que entren nuevas cosas. Un artista tiene que tener esa dinámica para poder llenar nuevos espacios con cosas creativas.

A lo largo de toda la historia de la humanidad, las evoluciones mentales siempre han permitido ver las cosas desde otros puntos de vista que siempre dan diferentes salidas a las que pensamos. No creo que la coherencia sea lo lineal, el desarrollo unidireccional de una misma cosa. La coherencia es el equilibrio de uno con la realidad. Por lo tanto, veo el cambio más coherente que lo lineal.

—¿Creés que compartís esta sensibilidad con tu público o que el cope con Virus pasa más por una cuestión de imagen?

—No lo sé. No he hablado con todo el público. Sin embargo, los que se acercan me hablan sobre lo que dicen las letras, la mayoría de las cartas que recibimos están escritas con versos de las letras, frases enteras armadas con títulos de canciones... Yo creo que de la misma forma que un grupo transmite una sensibilidad que es captada por un montón de gente, esa gente transmite una sensibilidad a sus amigos. De repente, por ejemplo, una chica está con una amiga que se siente mal y le dice un pedazo de una letra que tiene que ver con algo que le pasó. Esa chica abre los ojos a Virus por una frase y se encontrará con cinco discos que puede escuchar y decidir si le gustan o no.

Por otra parte, hay gente que se acerca a Virus de un modo... muy superfluo. En el interior se siente mucha marginación y la gente se siente menospreciada. Nosotros fuimos a un lugar llamado San Francisco, en Córdoba, una ciudad que había tenido un gran desarrollo y luego quedó paralizada, y allí la gente vibraba más por un autógrafo que por el concierto. Eran colas y colas de chicos pidiendo autógrafos, insoportable. A mí me daba mucha bronca y entonces me pregunté: ¿Qué estoy haciendo? ¿alimentando esta histeria colectiva, dando autógrafos para que no digan después que Federico Moura es antipático? No. Cuando la estupidez masiva me invade, me cago en mi carrera; pero no soporto la traición de estar alimentando algo tan terrible solo por el hecho de asegurarme. Si uno tiene éxito en su carrera, no lo logró justamente poniendo una sonrisa ante cada persona que te mira la cara. Al público hay que plantearle, desde el comienzo, las cosas como son. De este modo te quieren o no te quieren, pero es algo sincero y claro de entrada. Si vos respondés sus cartas o sus actitudes con gestos falsos, bueno, algún día te vas a aburrir, ellos se van a decepcionar y van a buscar un sustituto, van a escribirle a otro.

EL PODER

Mucha gente se cree que yo, como cantante de Virus, puedo digitar cosas, poner gente, sacar gente, obtener privilegios. Eso lo hace la gente que maneja el poder de verdad. Por eso, también es parte de mi responsabilidad ubicar a la gente. ¡Yo no soy Evita!

—*Lo que es cierto es que vos tenés un mayor poder dentro del grupo.*

—No, no estoy de acuerdo. Yo tengo un espacio, igual que el de todo el mundo. Soy el líder, el coordinador del grupo, pero no en la faz musical, sino que tomo las riendas de los métodos de trabajo, que es otra cosa. Un líder, digamos, que es el término que se usa, tiene que tener una condición que es manejar cierto poder de orden, pero no en beneficio propio sino en beneficio del grupo; si no, es un tirano. Seguramente que, bajo ese orden, cada uno de los integrantes va a rendir mucho más que bajo un clima anárquico.

—*¿Y cómo tomás los suspiros femeninos que provienen de la platea? Sabrás que sos uno de los máximos galanes del rock actual...*

—No sabía... pensaba que era Calamaro (se ríe). Supongo que estoy en la escala de los galanes en la misma medida que el grupo está en los rankings de éxito; esa es la cuestión, es muy simple.

—*Pero vos sos un galán atípico, hay que reconocerlo. No sos el típico macho, tenés más bien una imagen andrógina...*

—Ah, sí, claro... pero recién empiezo (risas). Además, yo soy un cantante que se mueve libre, sin instrumentos, por todo el escenario, y tengo muchos elementos que me permiten desarrollar a fondo mi escena. Además, me encanta que en mi caso, y el de Charly, Soda y las Viudas, el público no busque solo al típico macho o a la pauta oficial de "galán".

—*Es que también cambió el tratamiento del amor y del sexo en las canciones. Hasta ahora, muchos hablaban de amor con las típicas letras: "Vení a bailar conmigo", "te quiero mucho", etc. etc. ¿Hay una nueva sensibilidad?*

—Sí, estimo que sí. Hay nuevas formas de expresión, también. Es que los ochenta se están mostrando y, generalmente, las décadas tienen su parte más expresiva en el final. Los setenta fueron años oscuros, para adentro, llenos de guerra y dolor. Las formas artísticas del setenta son formas elegidas para mostrar esa disconformidad interna. Los ochenta son totalmente opuestos, es dejar de estar atormentados por la muerte. Tal vez sea una forma de escapar del pasado, pero es bueno fantasear, ¿no? Por lo menos estar pensando así, en positivo, ya te da energía hacia alguna dirección. Yo acepto el azar y el destino, no me creo eso de que todo está controlado y sé perfectamente adónde voy. Crecer es un esfuerzo. Crecer no es sentirse bien.

En cuanto al sexo, era hora de que se hablara de otro modo. Lo que pasa es que antes estábamos tan preocupados por saber si el de al lado era o no era policía, que la gente se masturbaba dentro del inodoro, más o menos. Igualmente, aún hoy muchas madres siguen transfiriendo a sus hijos, especialmente a sus hijas, esos conflictos. Después, la gente no tiene la posibilidad de vivir placenteramente e intensamente ciertas cosas. ¿Nunca te pasó eso de levantarte a la mañana y sentir que la gente está mal cogida? ¡Es una sensación terrible! No se puede, a esta altura del partido, ser tan elemental y pensar que las cosas no tienen nada que ver.

El ser humano necesita estar en un estado de equilibrio para poder realmente funcionar, no solo seducirnos porque nuestra cabeza es capaz de hilar cinco pensamientos juntos que nos maravillan y nos hacen sonreír internamente... Yo hago mucho para terminar con esto. Pero hago mucho sin ningún esfuerzo. Mucha gente que me rodea tiene conceptos jodidos del sexo, fruto de una educación terrible. Esos miedos quedan internalizados y se transforman en culpas. Y eso nos convierte en personas que no pueden sentir placer.

Entrevista realizada junto a Eduardo Berti y Marcelo Fernández Bitar publicada originalmente en *Canta Rock* Año 3, N° 65 (10-VII-1986).

VIVIANA SANTAMARINA:
LA TRAPERA DE LAS VIUDAS

No, no te preocupes, ¡no es que *Cantarock* se haya transformado en una revista de modas! Es que se nos ocurrió que valía la pena averiguar de dónde salen las cosas extrañas que se ponen encima las Viudas, y de paso hablar un poco de un tema que preocupa a los inquietos jóvenes argentinos: la ropa y el look. Porque la manera de vestirse es la manera de mostrarse a los demás, y todo el mundo pasa frente al espejo en algún momento. Viviana es alguien que decidió que allí también se podía hacer uso de la libertad que Dios nos dio.

"Hace mucho que hago ropa y accesorios –aros, collares, zapatos, vinchas. sombreros, etc–", empieza a decir Viviana con aire de quien no entiende por qué le hacen un reportaje. "Siempre fabriqué las cosas por mi cuenta, para vender en boutiques y galerías. Pero me cansé de andar luchando para que me compren, y me dediqué a vestir personas determinadas, partiendo de sus características personales. El primer trabajo grande que me apareció fue el de las Viudas, de las que soy amiga". Viviana tiene veinticuatro años recién cumplidos, y no para de mover sus ojos vivaces mientras contesta, sentada en un bar billares del barrio Congreso, enfundada en una blusa multicolor que aumentaba el impacto de su peinado salvaje.

"En la época del primer disco de Viudas se vestían con lo que encontraban. Pero empezaron a crearse una imagen ellas solas. Siempre fueron muy personales en lo suyo. Después me llamaron a mí para ocuparme de la ropa.

Tengo total libertad en lo que hago con ellas. Las chicas me lo dejan por mi cuenta, y la productora tampoco se mete en el concepto de la imagen. Lo que yo hice fue captar la personalidad de cada una de ellas, aprovechando que son muy diferentes entre sí. Y el look del grupo se fue dando sobre la marcha, al definirse también la onda musical, diferenciándose del resto.

La imagen twistera años sesenta fue dando paso a un sonido y un look propios, más 'Catrúnico', como dicen ellas. Yo creo que entre los grupos nacionales, las Viudas se destacan por ser muy de aquí, reflejar mucho la vida de barrio y usar elementos de 'kitsch' porteño.

Mi idea fue, desde el principio, utilizar todo tipo de materiales para la confección de la ropa. Eso era justamente lo que estaba experimentando cuando ellas me llamaron.

Yo diseño todos los accesorios y la ropa que usan las chicas en las presentaciones en vivo y producciones fotográficas. A veces hasta fabrico cosas yo misma, aunque para la ropa tengo gente que me ayuda".

Pero Viviana no es lo que esperábamos, no es una diseñadora a sueldo de una productora que fabrica un grupo como las Viudas. Contrariamente a lo que muchos piensan, no hay una organización comercial que estudie el impacto de la imagen y la música del grupo. "Somos nosotras las que nos juntamos a imaginar la cosa. Para el Luna Park, por ejemplo, pensamos cuáles eran las canciones que se podían bancar más cambios en la ropa, y armamos dos vestuarios básicos sobre los que se harían variaciones, poniendo y sacando elementos. En *Lista de casamiento*, por ejemplo, se agregaban cosas. Pero siempre a partir de la música y la letra, tratando de acentuar el clima de la canción. En ese recital también hice algunas cosas de escenografía. Aquella gran teta de *La Silicona no perdona* o los aerosoles gigantes de *Agítese antes de usar*".

Cuando se le pregunta cuál es su estilo, pone cara de entender la pregunta. "Yo no quisiera definir un estilo. No me gustaría ponerle un rótulo. La idea es, justamente, poner materiales que habitualmente no van juntos, para sentir otras cosas, abrir nuevas percepciones. Usar gorras de baño antiguas, por ejemplo. Cosas que pueden ser incómodas, absurdas, molestas, todo lo que vos quieras. Juntar goma con seda natural y plástico con telgopor y alambre. Hacer sombreros de goma. Usar accesorios de cotillón. Yo no tengo influencias de un diseñador o un estilo. Mezclo todo. Hay cosas que veo en la calle que me llaman la atención y las integro. Me divierto y no me pongo ninguna clase de límites".

¿Qué les dirías a las chicas que leen *Cantarock* y quieren descubrir una onda de ropa que les guste y no tienen plata para ir a comprar cosas exclusivas? "Yo no me siento en posición de dar consejos a nadie, porque cada uno tiene que aprender solo. Pero les diría, primero que nada, que no es un problema de dinero, sino una cuestión de actitud. Vos fijate en la gente en la calle. Si hay alguien que tiene puesto algo diferente lo miran como si fuera un marciano. Por eso uno tiene que ser capaz de ponerse lo que a uno se le da la gana, empezar a parecerse a uno mismo en la parte exterior también. No tener tantos prejuicios. Las combinaciones que uno hace dependen del gusto personal y del humor que tengas ese día. Hay que confiar en el gusto y las intuiciones de uno". ¿A pesar de que las revistas femeninas enseñan lo que hay que usar este año? Porque hasta en el rock hay una onda "que se usa ahora". Viviana levanta presión. "Sí, y es por eso que están todos mimetizados, parecen cortados por la misma tijera, sin detalles propios. Hay mucho miedo. Pero en la Argentina es todo muy rígido, muy cerrado. En otros países los hombres se ponen lo que quieren también, pero aquí un hombre tiene mucho miedo al ridículo". Entonces la moda moderna es otra coraza para ser diferente pero al mismo tiempo estar dentro de un rebaño. Si no te vestís como nosotros, no estás en la onda. "Exacto. Siempre pasa eso. La gente tiene que protegerse y ocultarse con algo. Aunque tampoco es cuestión de ser diferente porque sí. No es necesario pensar 'tengo que encontrar algo original para ponerme hoy'. La cuestión es ponerte lo que te gusta y te hace sentir bien, nada más. Pero somos todos diferentes, y eso es lo que hay que acentuar. Hay que dejar que la personalidad que cada uno tiene surja. Sin que nadie se meta a decirte qué tenés que ponerte. O cómo tenés que actuar".

Entrevista realizada junto a Pupi Caramelo y María Calzada publicada originalmente en *Canta Rock* Año 4, N° 67 (VIII-1986).

PIPO CIPOLATTI, DANIEL MELINGO Y ANDRÉS CALAMARO: LOS DELIRIOS DE PIPO, DANY & ANDRÉS

Todos los conocen bien. Dany y Andrés integraron Los Abuelos de la Nada. Luego Dany se unió a Pipo y formó Los Twist, mientras Andrés comenzaba su carrera solista. Todo esto es historia conocida. Pero lo que pocos saben es que los tres integran, además, una nutrida cantidad de grupos fantasmas con nombres tan delirantes como Escuela Basilio, Sistema Oscar, Ray Milland Band (la cual llegó a grabar un tema en el último LP de Los Twist) o Ensemble Ouspensky. Esta nota intenta poner un poco de orden y explicar de qué se trató cada uno de estos grupejos.

ANDRÉS: Todos los grupos que tenemos con Pipo, con Pipo y Dany, incluso los que tienen ellos dos y otra gente sin mí, son proyectos poco habituales. No son grupos que nacen y mueren sino que existen a la vez, se reúnen para grabar uno o dos temas en casa, en los estudios El Hornero Amable. Y cada grupo tiene distinto estilo, distintas pretensiones, y cada uno de ellos graba de distinta manera.

PIPO: Algunos grupos nacieron de forma espontánea, otros tienen más disciplina, se citan para trabajar.

—*¿Cuándo empezaron a formarse estos grupos?*

ANDRÉS: Y, fue más o menos en 1984, cuando El Hornero Amable estaba menos tecnologizado y aún era un estudio móvil. Empezamos con Daniel y nuestro primer grupo fue el mítico Proyecto W.

PROYECTO W

ANDRÉS: Nosotros tenemos un lema que dice que la mejor grabación del año 1984 fue la versión de *La Cumparsita* a cargo de Proyecto W.

DANY: Además, detrás de Proyecto W se esconde una leyenda: la leyenda de los Murray. Se decía que los Murray (familia judía radicada en Vicente López) son los verdaderos compositores de *La Cumparsita* y hasta del *Himno Nacional*.

ANDRÉS: Como la historia la escriben los que ganan, nosotros ofrecemos una contra-versión de la historia. Proyecto W intenta hacer justicia con la olvidada familia Murray. Nosotros encontramos una grabación histórica, que se supone que es el origen de *La cumparsita*.

DANY: Y se supone que los que tocan son [Aníbal] Troilo, [Roberto] Grela y Charlie Haden en bajo (risas), con los Murray detrás de la consola. Es que Proyecto W intentaba hacer música espiritista fusionando el tango con el jazz. La idea no es nueva pero sigue siendo osada.

ANDRÉS: Además de *La cumparsita*, Proyecto W grabó otros hitos como *Qué lindo es ponerse de acuerdo*, *El choclo* y *Hawaian Tropic*.

LOS ALMIRANTES

ANDRÉS: Para esta altura ya habíamos comenzado a trabajar con Pipo bajo el nombre de Los Almirantes. Nuestro gran hit es el tema *Detenida* que luego fue grabado en mi primer disco solista. El sonido y los instrumentos son rockeros, y las canciones tienen letras.

PIPO: Pero siempre fuimos un dúo fantasma, nunca salimos a tocar en vivo. Nuestros temas fueron interpretados por Los Abuelos de la Nada, por Los Twist. Luego de *Detenida*, nuestro segundo hit fue *Funky mesa redonda* y cerramos el ciclo con *Causa perdida*.

ANDRÉS: *Funky mesa redonda* es muy interesante. Hay un contrapunto de una verdadera mesa redonda sobre drogadicción que trajo Pipo de su biblioteca de la TV.

PIPO: Participan el ex drogadicto Hernández y el doctor René Favaloro. Hernández dice que hay grupos de rock que incitan a la juventud a que se drogue y aunque no da nombres hace referencia a uno que canta "en el fondo de casa tengo una plantita".

—Me suena ese grupo...

PIPO: Son unos uruguayos. Y eso no es nada. Favaloro le contesta que los músicos de rock se orinan sobre el escenario y hacen movimientos incoherentes. Y, por último, Favaloro les aconseja a todos los jóvenes que en vez de drogarse, miren el cielo, allá donde están todas las golondrinas volando, porque eso es mejor que todas las drogas juntas.

ANDRÉS: Y el hit póstumo de Los Almirantes fue un duelo de órganos a cargo de Carlos Cutaia y Hugo González Neira, y un duelo de guitarras entre Héctor Lara y Ricardo Lew. Todo sampleado, por supuesto.

ZOILO GOES TO RANCHO

PIPO: Luego de Los Almirantes, nos juntamos los tres y formamos Zoilo Goes to Rancho, cuyo himno fue el tema *Corazón de mandril*, que está en el último LP de Los Twist. Esta canción nace a raíz de que en Estados Unidos le injertaron un corazón de mandril a un chico, hicieron un bombo terrible con la publicidad del descubrimiento y, al día siguiente, el pibe se murió... Además, "Corazón de mandril" fue el apodo que tuvo un tipo en Córdoba que había fundado una escuela tipo las de Gurdjieff y era considerado un anticristo.

Prometía la verdad a través del dolor y el sufrimiento. A los dos años, los discípulos lo mataron. Nosotros lo rescatamos del olvido y debido a su origen cordobés lo homenajeamos con un cuartetazo gótico. Si bien el grupo fue efímero, varias radios pasaron el tema antes de que lo grabaran Los Twist.

MERCADERES DE CARNE

ANDRÉS: El año pasado hubo como un aluvión de grupos nuevos. Estuvieron los Tundra, Los Sergio Mendes, los Lami Dozos, Los Kelly (con su tema que decía "apurate Kelly que te alcanza Aníbal Gordon") y yo quisiera poner especial acento en Mercaderes de Carne. ¿Te acordás algún título de Mercaderes de Carne, Pipo?

PIPO: *Conduciendo una carreta* era uno. Ehhh, ¿cómo era esa canción tan linda?

ANDRÉS: Lo que pasa es que el año pasado hicimos con Pipo un programa de radio por FMR y allí tuvimos que aumentar nuestra producción surrealista para poder alimentar la programación.

PIPO: Eso fue antes de la aparición de en nuestras vidas de Nelson Nilson y Wilson Nilson, los hermanos uruguayos radicados en Argentina, quienes propugnan que veamos la mayor cantidad de TV posible.

PENCA

DANY: Ahora, este año, aparecieron un montón de nuevas agrupaciones. Por eso, cuando nos llamaron del teatro Planeta para que tocaran Los Twist en ciclo de "desconciertos" les propusimos que fueran todos los grupos, como los Penca, el Ensemble Ouspensky la Escuela Basilio.

PIPO: Penca está integrado por Rinaldo Rafanelli, Pablo Guadalupe, Dany y yo. Como invitado estuvo Patricio Bisso, que estaba de visita acá.

DANY: Penca está inspirado en otro mítico grupo llamado Barros Jarpa, que es como llaman en Chile a los sánguches tostados de jamón y queso.

PIPO: Rino está en Penca porque es parecido a Pichi Landi. Porque el estilo es psicodélico-landi con mucho de cumbia. Casi todo está tocado con Fun Machine. La escenografía es una cantina y Penca toca detrás del mostrador, a las cuatro de la mañana, después de una despedida de soltero.

DANY: Eso se hizo en vivo, no es una idea. Yo tengo el video. Patricio Bisso hace de la dueña de la cantina. Tocamos temas como *Vereda tropical*, *Yesterday* y también algunos propios como *Sinsabores*. El último tema, el que cierra el show, es *DiscoPenca*. Para que la gente se fuera del teatro tuvimos que poner las sillas al revés, sobre las mesas, como en las cantinas cuando limpian.

RAY MILLAND BAND

ANDRÉS: Pero antes de seguir con los nuevos grupos, cómo dejar de hablar de ese hito fundamental que fue la Ray Milland Band.

PIPO: Fue un momento muy fuerte en mi vida, a tal punto que grabamos el Himno de la Ray Milland Band (Zavaleta, Camilo Iezzi, Dany y yo) en el último disco de Los Twist.

ANDRÉS: La grabación del disco es casi la misma del Hornero Amable, así que es casi la verdad.

PIPO: Es el segundo tema de la Ray Milland, en realidad. Hay un primero de acercamiento al soul, autoevocativo, que se llama *Acá está Ray Milland Band*. Es nuestra etapa más alegre y en la grabación hay un efecto sónico que traslada el tema a Plaza Francia y solo quedan sonando la guitarra acústica y una flauta, desaparece toda la tecnología. El *Himno óptico* fue compuesto cuando pasaron por segunda vez por TV el film *La cosa con dos cabezas*. Luego se grabaron dos temas más, *Ojos* y *Palabras de horror*.

ANDRÉS: Es muy interesante la letra de *Palabras de horror*. Dice "Apagón en la calles de New York / Palabras de horror / En los brazos de King Kong, en las cartas de tarot / Horror / Palabras de horror / Ranas sobre la ciudad, atacan al Estado / Palabras de horror / ¿Dónde está Mirtha Legrand?".

PIPO: La letra cita varias películas de Ray Milland como *Apagón* y *Ranas*, que trata de un hombre mayor lisiado y de carácter agrio, a quien las ranas lo acorralan y lo devoran. En cuanto a *Ojos*, toda la recaudación de SADAIC fue enviada al hospital de Santa Lucía. Inmediatamente que sale el disco de Los Twist con el tema, muere Ray Milland. Entonces la banda se reunió por última vez para grabar el Réquiem. Nuestra intención era enviarle una grabación del tema, pero no pudo ser por esas ironías del destino.

ESCUELA BASILIO

DANY: Escuela Basilio tocó hace poco en La Capilla. Es muy new age con toques espiritualistas. La Escuela Científica Basilio es espiritualista, no espiritista. Busca la solución de todos los problemas del mundo por medio del amor. El nombre lo sacamos de la auténtica escuela, que existe y tiene filiales en todo el mundo.

PIPO: A mí me llegó la noticia de que el fundador vino desde España para presenciar la actuación del grupo.

DANY: Hay varios temas exitosos como *Beduino* y *Caldo de cultivo*, que también va a ser el título del LP y de la banda de sonido que vamos a realizar para un cortometraje. Los shows que hacemos en vivo son cortos porque creemos que nuestra propuesta es muy densa y los temas son muy largos.

Nos vamos a volver a presentar el mes que viene y esperamos repetir el éxito de público. Sabés que nos vino a ver mucha gente mayor. Yo pensé que eran los padres de los músicos que nos acompañan, pero no. Después pensamos que eran de la verdadera Escuela Científica.

PIPO: Puede ser.

DANY: Era muy raro. Tipos grandes con jogging sacándonos fotos un domingo a la noche.

ANDRÉS: ¡Quizás eran turistas!

SISTEMA OSCAR

ANDRÉS: Y no es casualidad que hayamos dejado para el final al Sistema Oscar, el único grupo musical que une religión con el marxismo.

PIPO: Claro, el repertorio del Sistema Oscar consiste en versionar *La Biblia* de Vox Dei pero de modo marxista.

DANY: Marxista tirando a tercermundista con un estilo musical más bien sucio.

PIPO: El primer tema que integramos a nuestra Biblia Roja fue *Las guerras (2da parte)*. La letra dice: "En el campo se escuchó gritar ¿quién será capaz de vencer al gran Goliath? ¡Marx!". El coro repite y contesta: "¡Marx!", todo el tiempo de modo casi subliminal. Es muy sutil. En otro pasaje dice: "De sol a sol labrando tierra tendrás tu pan, todos los ríos dan a Marx".

ANDRÉS: Además, hay que tener en cuenta de dónde proviene el nombre de la banda.

PIPO: Claro, porque Oscar proviene de las Academias para conductores y es, a la vez, un homenaje en vida a Oscar Gálvez. Los músicos de Sistema Oscar son profundos admiradores de Gálvez, son cultores de la quinta velocidad y son empleados de una gomería.

DANY: Además, tocan de espaldas al público y cantan de tres cuartos de perfil de espalda.

ANDRÉS: Todos nosotros, en especial la Ray Milland Band y el Sistema Oscar, tenemos la teoría de que al final de esta década Argentina va a tomar un lugar muy importante, especialmente en lo referente a la música y la cultura. Por eso creemos que va a convenir más lanzar todas estas cosas recién dentro de un par de años.

PIPO: Por eso optamos por no grabar siete discos por año.

DANY: Sabemos que a mucha gente le gustan muchos de nuestros grupos. Incluso, muchos pibes me llaman a casa para averiguar qué día toca el Sistema o la Escuela. Es probable, entonces, que volvamos a hacer otro ciclo con todas estas bandas para agosto o septiembre.

—¿Qué probabilidades hay de que graben todos estos delirios en un LP?

DANY: Sí, es algo que pensamos hacer muy seriamente.

ANDRÉS: Estamos estudiando propuestas de diferentes grabadoras. La idea sería sacar un Grandes Éxitos del Hornero Amable.

Entrevista realizada junto a Eduardo Berti y Marcelo Fernández Bitar publicada originalmente en *Canta Rock* Año 4, N° 67 (VIII-1986).

G.I.T.: ¿CRISIS? ¿QUÉ CRISIS?

Tocaron a principios de año en Obras, con buena respuesta del público, algunas críticas de la prensa, pero sin estridencias. En cinco meses fueron afirmándose. Aumentaron las ventas de su LP, de cuarenta y cinco mil (en marzo) al actual puesto Nº 1 en el ranking, con ciento cuarenta mil copias vendidas. Rompieron todo en Chile y en Córdoba, donde dejaron más gente afuera que adentro y batieron los récords de recaudación. A punto de comenzar a grabar su tercer álbum, los tres mosqueteros de G.I.T. se encuentran en la cresta de la ola, esquivando y barrenando los eternos augurios de crisis y muerte del rock.

—¿Qué estuvieron haciendo después de tocar en Obras Sanitarias, en marzo de este año?

PABLO GUYOT: Al revés que la mayoría de los grupos que terminan las giras en Obras, para nosotros todo empezó ahí. Trabajamos muchísimo en el Gran Buenos Aires, anduvimos luego por Salta, Tucumán, Santiago del Estero y Catamarca, todos lugares adonde no habíamos ido nunca. Vimos cosas realmente sorprendentes, como la Cuesta del Portezuelo, donde las nubes te pasan delante de tu cara, es impresionante.

ALFREDO TOTH: Ya por ahí empezó a haber una respuesta del público mayor de la que esperábamos. En Córdoba, por ejemplo, tuvimos que dar dos funciones porque la gente que se quedaba sin entradas insistía en querer vernos. Nos pasaron cosas como ir a probar sonido, temprano a la tarde, y que ya haya gente haciendo la cola para entrar. Al principio nos preguntábamos: ¿estos nos vienen a ver a nosotros? Fue muy sorpresivo.

PABLO: Después anduvimos por Rosario, Santa Fe y otros lugares, y en todos lados percibimos la misma respuesta. Pero lo más impresionante fue en Chile, porque ahí sí que no teníamos idea de cómo nos podía ir. Sabíamos que nuestros cassettes andaban bien, pero nada más. No nos imaginábamos que íbamos a terminar llenando el Estadio Nacional de Santiago y encima dejando cuatro mil personas afuera.

—.¿La cana se mete con el rock en Chile?

PABLO: Se meten todas las veces que ven más de cincuenta tipos juntos.

WILLY ITURRI: Cuando nosotros llegamos al estadio había muchísima gente afuera que no había conseguido entrada. Y la cana estaba con sus tanques tirándoles agua. Incluso nos querían hacer entrar dentro de un celular. ¿Sabés qué? En cuanto nos dijeron eso, nos dimos vuelta los tres a la vez y nos volvimos a la camioneta en la que habíamos llegado.

ALFREDO: ¡No saben lo que es la gente de Chile, es lo más!

WILLY: Nosotros tenemos dos temas censurados en Chile: *Toque de queda* y *Aire de todos*. Cuando nos invitaron a participar en TV, del programa de la elección de Miss Chile, quisimos tocar *Aire de todos* y el director del canal nos dijo: "Ustedes tienen que tocar esto". ¿Como?, le contestamos. Nos peleamos, discutimos, todo mal... Finalmente, para calmarnos, accedió a que lo tocásemos, pero cuando llegó el momento y estábamos por empezar a tocarlo en vivo, nos cortó y mandó un corte comercial. Por lo menos me di el gusto de entrar al control, de encararlo, y de mandarlo a la mierda.

PABLO: Y otro día recibimos una llamada del COMFER chileno, o como se llame.

WILLY: Querían saber qué íbamos a tocar en los recitales y qué dicen las letras. Yo les contesté: nosotros generalmente no le decimos a nadie lo que vamos a tocar, y si quieren saber cómo son nuestras canciones, pueden comprar los discos y escucharlos. ¡Buenas noches! (risas).

—¿Cómo toman este éxito repentino y sorpresivo?

ALFREDO: No lo analizamos ni lo pensamos mucho. Lo dejamos afuera. La idea es no creernos nada.

WILLY: Tener éxito mata, es cierto. Da polenta. Afirma tus inseguridades. Te decís a vos mismo: no estoy equivocado.

PABLO: Además te da peso, poder, para ir y pelear un contrato.

WILLY: ¡Eso aparte! Porque yo creo que, finalmente, todo depende de uno. Nosotros estuvimos casi siete meses sin aparecer en la radio, sin difusión, porque justo coincidió que nos fuimos del sello y quedamos medio desprotegidos en ese aspecto.

—Pero igual tuvieron fe en el grupo, no se decepcionaron porque la cosa no se daba de inmediato...

PABLO: Es que hicimos un trabajo desde abajo, progresivamente. Antes de Obras, solo habíamos actuado en pubs y en algunos festivales. Recién ese fue nuestro primer concierto de una hora y media, y nos costó. Si lo hubiésemos hecho después de esta gira, seguramente hubiera salido mejor, porque ofrecer recitales largos requiere otro entrenamiento, otra distribución de los temas para que el show no se caiga. Es. muy distinto.

WILLY: Lo que me gusta de todo esto es que no forzamos nada, no fue algo provocado o publicitado. Muchos grupos nuevos, al mes de grabar su primer disco, ya se están preguntando ¿cómo hago para tocar en Obras? Nosotros no nos planteamos exigencias tan terribles.

ALFREDO: Al principio, cuando empezó G.I.T., había una cosa jodida alrededor nuestro. Mucha gente nos decía: tienen que hacer esto, tienen... Eso es muy dañino.

WILLY: Nosotros, por ejemplo, no hacemos un cuidado laburo de imagen. Al comienzo hicimos algo de eso, pero después lo dejamos. Siento que al comienzo nos equivocamos, ¡pero hay que equivocarse de vez en cuando! Hay que arriesgar. Los grupos de afuera, la mayoría de ellos, Dire Straits, Police, The Cure, todos ellos, graban entre tres y cinco discos hasta que consolidan su éxito. Es que todo tiene su tiempo: los músicos y también el público.

PABLO: Recuerdo que hace un par de años estábamos con Willy, charlando con un tipo amigo que no tiene nada que ver con el rock, pero que nos dijo con mucha sabiduría: "Yo siento que G.I.T. quiere hacer todo perfecto. ¡Y tenía razón! Entonces nos dijimos toquemos mal, probemos, equivoquémonos. Lo que pasa es que eso cuesta... hay muchos miedos, muchas boludeces de uno.

ALFREDO: Claro, de pronto nosotros éramos el trío de experimentados y probados músicos que se lanzaban a tocar y a componer, no éramos un grupo de chicos nuevos, y eso nos ataba un poco.

WILLY: Sí, pero esto lo vemos y lo decimos ahora. En su momento no nos dimos cuenta.

—Pese a ya haber grabado dos LP, ustedes son relativamente nuevos en esto de componer. ¿Cómo se sienten escribiendo canciones? ¿Cómo fue el paso de instrumentista a compositor?

PABLO: Sí, nosotros empezamos a componer con el grupo. Todo este terreno es tan virgen que por eso cambiamos mucho en este último tiempo. Si ya viniéramos componiendo desde hace años, quizás tendríamos un estilo más consolidado.

ALFREDO: Al principio fue duro tener que mostrar lo que escribíamos. No era tan fácil decir: "Mirá, hice esto, ¿te gusta?".

WILLY: Siempre tratamos de mejorar. Somos conscientes de que tenemos mucho que mejorar, que lo que más nos cuesta es escribir letras. Particularmente, yo estoy estudiando piano con la madre de Leo Sujatovich, hasta me compré un piano.

PABLO: Estamos incorporando cada vez más teclados y distintos instrumentos del grupo. Alfredo está haciendo algunas bases de canciones con los teclados...

—¿Están saliendo de los tres instrumentos básicos de un trío?

WILLY: Esa es nuestra intención. De a poco, vamos agregando nuevas cosas. Esa es una de las ventajas de la alta tecnología. Ahora, con los nuevos aparatitos, los tríos pueden sonar como quieren, hay muchos músicos invisibles que los ayudan.

PABLO: Claro, al comienzo, a mí me costó adaptarme a tocar en trío. Tenía que cuidar la duración de los solos de viola porque si no quedaba un vacío muy grande y no había ningún teclado ni saxo ni nada que pudiera cubrirlo.

ALFREDO: Yo voy a ser sincero: cuando era más joven odiaba a los tríos. Es que antes los tríos eran lo mínimo, la célula básica, y me sonaban muy limitados. Ahora es otra cosa.

WILLY: Y la tecnología también te permite probar con sonidos. Yo estoy terminando de armar mi batería Dynacord, y estoy comprando los chips que te permiten grabar ruidos, sonidos, y hacer ritmo con cualquier cosa. Esa experimentación ya la empezamos en el disco anterior, con Gustavo (Santaolalla) logramos un sonido de batería que fue bastante criticado (se ríe).

—Ahora, en septiembre, empiezan a grabar su tercer disco. ¿Lo van a producir ustedes mismos?

ALFREDO: Sí, esa es la idea. Tenemos varios temas nuevos, otros recién están apareciendo. Hace un par de semanas, volvimos a juntarnos en una sala de ensayo para zapar y componer. Por lo que viene saliendo, pinta bastante distinto a lo anterior.

WILLY: En cuanto a lo del productor, mató trabajar con Charly o con Gustavo, pero grabar sin productor también tiene sus ventajas. En definitiva, no hay una sola verdad en la música. Hay muchas maneras de encarar un disco.

—Hablábamos antes de Chile. Ustedes también fueron pioneros en Perú, donde hay una especie de boom con nuestro rock. ¿Qué pasa allá?

WILLY: Bueno, nosotros no vamos a Perú desde hace un año. Vamos a volver para diciembre. Pero el boom de allá se puede comparar con el que pasó acá a fines de los sesenta. En Perú, la salsa es una institución, como acá el tango, pero empezó a ser patrimonio de los más grandes. Hubo entonces una invasión de música yanqui y de productos comerciales berretas. Los jóvenes peruanos no encontraban algo actual, en su idioma, y que les guste. Hasta que descubrieron nuestro rock, que tiene muy buen nivel (especialmente si lo comparamos con el resto de Latinoamérica), y se coparon.

PABLO: Y cuando nosotros vamos allá, ellos no pueden creer el nivel musical y el buen sonido que llevamos. Esto mata, porque si el rock argentino pega en Latinoamérica, se van a abrir muchas puertas para nosotros y también para los nuevos músicos de allá que –como el caso de Miki González– están un poco solos.

—Quizás ahora abran los ojos los productores y los empresarios...

WILLY: ¡Sería hora! Mirá lo que pasó con Los Abuelos de la Nada. Estuvieron tocando juntos más de cuatro años. Ahora son furor en Perú, cuando ya están separados. ¿Por qué se disolvieron? Porque no había estímulos acá, habían llegado a un tope y no había más expectativas porque nadie los apoyó para ir afuera y conquistar nuevos mercados.

PABLO: ¡Hay que salir! Nosotros, en mayo próximo, vamos a realizar una gira promocional por Chile, Perú, Colombia, México, Venezuela, Ecuador, Costa Rica, Panamá, y varios puntos de Estados Unidos para su mercado latino. Vamos a hacer muchas notas, pasar el LP por la radio y tocar en TV.

WILLY: Y no hay que olvidarse tampoco de España. ¿Sabés cómo haría yo? Desde abajo, quedándonos un buen par de meses, haría un ciclo en un boliche, con cuatro o cinco músicos argentinos. Al año siguiente, dalo por hecho, llenamos un estadio. No tengo la menor duda.

Cuando fuimos con Charly a España, hace dos años, los periodistas de allá se quedaron fascinados con lo que tocamos. "Suena a argentino", dijeron. Acá, en cambio, seguimos con que es o no es local, con que hay crisis o no hay crisis en el rock, con que el rock ha muerto...

Es mentira la crisis del rock. Existe una gran crisis económica en el país, mucha gente se muere de hambre. Pero no veo ninguna crisis creativa en el rock ni en la juventud, para nada.

PABLO: Al contrario, últimamente aparecieron muchísimos grupos nuevos como hace mucho tiempo no pasaba.

WILLY: Bueno, pero cuando salieron esos artículos sobre la crisis en el rock me quise morir. Es destructivo. Un pibe que recién empieza lee eso y piensa: "Me equivoqué el camino". Y eso no es cierto.

Entrevista realizada junto a Eduardo Berti publicada originalmente en *Canta Rock* Año 4, N° 68 (VIII-1986).

LEÓN GIECO:
NUEVA BANDA VIEJOS RITMOS

—Estoy largándome de nuevo a la ruta. Ando haciendo las giras con una nueva banda, la primera formación estable que tengo en muchísimos años. Hacemos un recital ambulante que dura como dos horas, y que pasa por toda mi historia musical. Es impresionante volver a tocar en pueblos del interior, en galpones y escuelas, con la cosa organizada la mayoría de las veces por estudiantes o entidades de bien público locales. En un momento en que los grupos se mueven con tanta tecnología que su show resulta caro para el interior, yo armé un grupo con tracción a sangre, y recupero la fiesta popular en los lugares a los que voy.

—*¿Cómo forma la banda?*

—Guitarras, voces, bandoneón, violín, mandolín, laúd y percusión.

Tenemos una especie de batería, que la armamos con Rubén Lobos, el percusionista. Yo le dije: "Tengo problemas con algunos instrumentos, por la variedad rítmica del repertorio. Por ejemplo, tengo problemas con la batería en las chacareras, los platillos no tienen nada que ver ahí". Volamos los platillos, que me hacían acordar al sonido de los cuartetos vocales de folklore supuestamente de vanguardia. Entonces quedó un aparato de percusión formado por redoblante, bombo, charleston, bombo legüero y congas.

El bandoneón lo toca un santiagueño, Elidio Reyes, que viene de tocar folklore con muchos capos, y tiene una capacidad musical alucinante.

Guitarra, mandolín, laúd y –sobre todo– violín toca Daniel Cañueto, que viene de Quilmes, canta y compone, y está por sacar su primer long play.

Aníbal Forcada, de Oveja Negra, me acompaña en voces, charango y guitarra.

Funcionamos realmente como una banda, yo pongo los temas y entre todos hacemos los arreglos. Algún día incorporaré un tecladista electrónico, con Mirage, DX 7 y toda esa mano, que haga los bajos con el teclado, y que meta la onda programming computer, pero que sea capaz de recuperar también el sabor folklórico popular que tiene lo que yo hago.

LEÓN EN SU SALSA

Una vez, en La Falda, yo toqué *Kilómetro 11*, un clásico del chamamé. Y Charly me dijo: "¡Eso parece un rock, loco! ¡Ahí te vi en tu salsa!". Yo nunca me propuse hacer un estilo determinado, siempre fui con lo que me cantaba mi corazón, lo que me hace sentir bien cantando en un escenario. Entonces estoy contento con lo que estoy haciendo. Y creo que el espíritu del rock se filtra por ahí, aunque esté tocando una chacarera. No es necesario tocar rock para mantener ese espíritu.

—Eso que llamamos "espíritu del rock" existe desde antes de que existiera el rock, ese "vivir al mango ahora mismo", esa excitación que no depende tanto del estilo de música...

—¡Tenés que ver lo que pasa cuando hacemos las chacareras instrumentales o un clásico como *Kilómetro 11*! A los pibes del público les sale de adentro el baile, porque son ritmos que ya todos tenemos incorporados, aunque no nos demos cuenta. Para tocar como Clash o como Police hay que estudiarse los ritmos, los que quieren imitarlos tienen que escuchar los discos y aprender a copiarlos, pero este tipo de música lo tenemos adentro desde chicos. Y tiene ese espíritu, esa alegría popular...

Por suerte los músicos de la banda son totalmente abiertos y entienden mis ideas de movida. Yo inventé el sonido que quería, le di forma a una combinación nueva de cosas. Para darte un ejemplo, el violinista compuso una chacarera que se llama *Homenaje a Jimi Hendrix*, ¡imaginate eso!

Es muy difícil encontrar músicos que vengan del rock y tengan la apertura para rockear con esos ritmos que uso yo, por eso tuve suerte con estos pibes, que me los marcó Colacho [Brizuela], un tipo que conoce los "subtes" del folklore, el "underground galponero" que mantiene viva la esencia del folklore.

MADE IN ARGENTINA

—¿Y los viajes al exterior?

—El año que viene tengo una gira por Europa de casi cuatro meses. España, Francia, Holanda, Italia, etc. El organizador en Alemania me dio la idea. "¿Querés que venga solo?", le dije yo. "No, pelate una banda bien 'de allá'", me aconsejó. Y fue por eso que armé el grupo, pensando en Europa. Y me gustó tanto, sonaba tan bien, que decidimos con Pity (representante) armar giras para ir calentando la máquina y actuando en vivo. Y cada día estoy más entusiasmado.

Y de paso cañazo promociono los tres discos de *Ushuaia a La Quiaca*, que, como vos me dijiste una vez, los estaba dejando solos.

Publicado originalmente en *Canta Rock* Año 4, N° 69 (IX-1986).

FITO PÁEZ Y LUIS ALBERTO SPINETTA:
FITO Y LUIS

Fito y Luis están contentos, están activos, están lúcidos. Han encontrado una veta de música y alegría juntos, y no los puede parar nadie. Un día conseguimos colarnos entre los ensayos y las horas de grabación del nuevo disco para que nos contaran todo.

"Es tan fuerte lo que está pasando" –dice Luis– "en esta unión con Fito, que se me ocurrió que el nombre del disco resultante tenía que ser minimalista, que expresara el mínimo de la cantidad de cosas que estamos inyectando dentro. ¿Y qué nombre puede ser más minimalista que *Lalala*?". Los tres chicos de Spinetta saltan desde el descanso de la escalera de la casa de Fito en Belgrano, mientras este extraño dúo, que sintetiza las virtudes del rock nacional, se sienta alrededor del grabador con esa intensidad y agitación que comparten ambos.

"Es como si uno tarareara una de las melodías, libre y livianamente", continúa Luis. "Y a la vez es como pasado de revoluciones, el tarareo gangoso del atiborrado de experiencias", se cuela Fito, y los dos se meten a tararear de mil maneras distintas, desde cristalinas a mogólicas, como incluyendo todo. "Ese es el acertijo del disco, quizás...", titubea riéndose Spinetta.

—*¿Y cómo empezó este baile conjunto?*

FITO: Yo hace mucho que tengo la fantasía de que Luis cante un tema mío. Una vez vino a casa y le mostré algo. Y le gustó.

LUIS: Pero un par de veces ya me habías invitado a tocar con vos, en un Obras, creo que fue... y después también para el Luna Park, y yo no pude ir porque justo estaba grabando *Privé*. Entonces nos debíamos un encontronazo. Así fue que surgió la idea de hacer algo –tal vez un disco–, juntos. Yo estaba bastante escéptico después del fracaso del proyecto con Charly. Pero enseguida surgieron temas y un entendimiento profundo y espontáneo. Y empezó a tomar forma el disco.

FITO: Agarramos la viola y el piano y empezamos a tocar. Los dos estábamos en un momento de transición, Luis salía de *Privé* y yo tenía montones de temas pero no sabía muy bien para dónde ir. Como estábamos abiertos fue fácil entendernos. Empezamos a pasarnos temas y tocar. Pero además, nos cagábamos mucho de risa juntos, la pasamos bien y compartimos lecturas, comidas, divagues...

LUIS: Estamos los dos en un estado de revuelta. De alguna manera, el maxi que sacó Fito (*Corazón clandestino*) y *Privé* coinciden en sonido nuevo, con toda la mano MIDI... Después de eso coincidimos también en una serie de temas que requieren otro tratamiento musical, que es lo que estamos trabajando juntos, en este estado, como te digo, de revuelta. Empezamos grabando con piano acústico y guitarra eléctrica por línea, y le adjuntamos batería y bajo. Pero no hay MIDI...

FITO: ¡No hay ni un MIDI! Sale todo directo, así como es... Son casi todas primeras tomas en el estudio. Y todo sale naturalmente...

LUIS: Fresquito y caliente...

FITO: Del hecho de habernos juntado mucho, haber hablado un tocazo, haber discutido qué músicos tenían que acompañarnos y cómo teníamos que grabar. Quedó algo re del cuore, re del palo.

LUIS: Al final era tanto el material que dio para dos discos, o sea que *Lalala* va a ser doble. Y esa gran cantidad de temas permitió mostrar una variedad de posibilidades, desde una litoraleña hasta cosas bien rockeras. En un disco único eso quizás no sería posible. Es más amplio el espectro.

FITO: Venís escuchando la litoraleña, llena de modulaciones, y de pronto te aparece un tema bien podrido, como *Serpiente de gas* de Luis. Además de la litoraleña hay una chacarera, y Luis compuso un carnavalito que es una deformidad...

LUIS: Es un ritmo medio de carnavalito que encima tiene una mano Robotech (risas), todo el tecno.

ELOGIATE ALGO

FITO: Yo admiro mucho eso de Luis, que es un tipo que tiene una trayectoria impresionante pero está super abierto, abre todo el tiempo las compuertas.

LUIS: Y es que yo estoy muy contento también, porque estoy trabajando con el músico más abierto de acá (Fito se agarra la cabeza). No, fuera de joda, es el tipo que más lírica está pelando desde hace bastante tiempo...

—*Y se entienden aunque son de dos generaciones diferentes...*

LUIS: Este tipo justificó nuestras espinas, todos nuestros calvarios de discusión con las grabadoras. Porque encarna a Charly, a Spinetta, a Nebbia, a todos. Y me gusta mucho el carácter contestatario de la temática del loco. En Chile, en un concierto que dimos juntos, cuando Fito estaba tocando *Del 63*, yo no pude reprimir la emoción y me largué a llorar detrás del escenario (Fito se tapa la cara como diciendo "¡Pará, que me muero!"). Te sume en una emoción infernal...

Yo siento que a pesar de que soy un tipo ecléctico, soy posible de fusionar, de coparme con algo bien de acá como Fito. Y nos pasa todo el tiempo que tenemos una especie de certeza, una certeza y una inocencia, como saber que el destino de esa canción está "ahí!", lo ves claramente. Entonces me siento muy bien. Parecemos telépatas. No se habla nada, tal vez, pero se hacen todas las canciones, los temas van pasando sin que haga falta fijar pautas.

FITO: Es muy loco, porque con el quía me pasa que no hay problemas de ego, cosa que siempre hay entre los músicos. Y eso que somos dos tipos cabezones y tenaces, no somos fáciles de llevar. No hay discusiones, no hay problemas.

LUIS: El disco se transformó en algo que nos trasciende y que nos supera. Pasamos horas en el estudio de grabación sin darnos cuenta, y de pronto te avivás de que estás cansado, de que no tomaste ni un té, y de que hay un toco de música grabada. Y el tiempo pasó sin que te dieras cuenta.

COMPONER Y ARREGLAR

—¿Quiénes los acompañan en el disco?

FITO: Hay cuatro temas con Machi en bajo y Daniel Wirzt en batería, y hay dos baladas con Gustavo Giles en contrabajo de caja y Lucio Mazaira en batería. Una de ellas tiene orquesta, con la Filarmónica de Buenos Aires arreglada y dirigida por Carlos Franzetti, que es un capo absoluto. Para mí fue alucinante tocar esas baladas con aire medio jazzero.

LUIS: Una música muy espacial, muy libre...

—Hay trabajo de voces también...

LUIS: Las melodías están muy explotadas, hay mucho canto.

—¿Cuándo saldría el disco?

FITO: Ahora nomás, en noviembre. Esta semana terminamos de grabar las bases y nos metemos con el resto de los instrumentos, la orquesta y todo lo demás. Después viene el mezclado. Va a estar listo para mediados de octubre. Ya estamos pensando en la tapa, porque también nos metemos en eso.

—¿Después saldrán a presentarlo en vivo?

LUIS: Quizás. Cuando se juntan dos personajes como nosotros, enseguida los demás quieren sacarle todo el jugo posible. Aparecen los colmillos listos para morder. Queremos andar despacio, respetar la buena onda que se produjo. En principio solo queremos pensar en el disco, en hacerlo bien y con placer libres de presiones.

—Pero ya están tocando juntos...

LUIS: Cuando el proyecto tomó un poco de velocidad, Fito me invitó a acompañarlo en sus giras. Un buen día me encontré en el ensayo de Fito tocando mis temas con su banda. Y mata. Salió una mano *Privé* tocado en vivo sin MIDI. Para mí significa mucho, porque hace más de un año que no me presento en vivo. El otro día tocamos en Reconquista y justo se cumplió un año del último show de Jade.

—*Y tocaron en Chile...*

LUIS: El show de Fito conmocionó a la gente de Chile. Cuando me tocó subir me sentía como en casa. A pesar de que nunca había estado allá, me recibieron muy bien, con mucho afecto.

FITO: El final del show era un minirecital de Luis acompañado por nosotros. Y rematábamos con *Corazón clandestino* cantado por los dos. También cantamos *Asilo en tu corazón* que es de *Lalalá*.

LUIS: Además fuimos a tocar para los derechos humanos en un recital organizado por Amnesty Internacional en Río Gallegos y allí pelamos varios temas de *Lalala* en dueto Paéz-Spinetta.

Pero lo de Chile fue una sorpresa agradable. Tocar *Ropa violeta* al mango en un país al que nunca has ido. Como *Privé* ya fue editado allá, los pibes se copaban con los temas.

FITO: De golpe hay un pibe de veintitrés años sobre el escenario y aparece Spinetta. Tienen que digerir en un día la historia del rock nacional.

LUIS: Como podés ver, estamos componiendo, estamos tocando en vivo, estamos grabando y la estamos pasando bien juntos. ¿Qué más podemos pedir?

FITO DESPUÉS DE *GIROS*

FITO: *Giros* fue muy fuerte y después de tocarlo en vivo no sabía muy bien qué hacer. Tenía un montón de canciones de todo tipo. Tengo un contrato con la EMI para un disco antes de fin de año y ese disco va a ser *Lalala* porque no estoy para hacer otro. La grabadora entendió eso. Y con Luis pude relajarme y hacer lo que realmente quiero hacer ahora, que es muy diferente a lo que venía tocando. Darme el gusto de hacer este disco doble y grosso con Spinetta.

LUIS DESPUÉS DE *PRIVÉ*

LUIS: En la grabación de *Privé* yo parecía más un director de cine que un músico, porque estaba todo el tiempo verificando el sincro y las conexiones MIDI, y no estaba tocando música en el sentido tradicional. Con Fito volví a eso, a gozar tocando y cantando espontáneamente. Es difícil predecir qué voy a hacer después. Probablemente arme una banda para presentar *Privé* y quizás hacer una gira por algunos países de Latinoamérica.

LOS ARREGLOS DE FRANZETTI

"Franzetti prefería trabajar sobre los temas", señala Luis. "Con bases ya grabadas, dejarnos a nosotros poner el clima, el tempo y la respiración del tema. La balada *Dejaste ver tu corazón*, de Fito, por ejemplo, fue grabada sin metrónomo, a la buena de Dios, y encima de esa base Carlos escribió los arreglos para orquesta, manteniendo el clima original. La idea es que él se mande solo en los arreglos, sin que nosotros le hagamos indicaciones. Esos temas son un laburo entre los tres".

Publicado originalmente en *Canta Rock* Año 4, Nº 70 (IX-1986).

CHARLY GARCÍA:
TREINTA Y CUATRO PENSAMIENTOS

1. Creo que muchos pibes que me escuchan no entienden parte de mis letras, pero de alguna manera les gusta mi forma de ser.

2. No pienso que el rock vaya a cambiar el mundo. Aunque de alguna manera cambió el mundo. Creo que ni John Lennon ni Bob Dylan existieron al pedo. Si no fuera por John Lennon yo estaría haciendo otra cosa. Por lo menos cambió mi mundo.

3. Sucede que ahora el rock se ha convertido en un entretenimiento masivo, y entonces hay buenos y malos discos de rock.

4. En los tiempos del Proceso, ser rockero era medio kamikaze, pues en los recitales la cana se llevaba hasta a los músicos. Los pibes que iban a los recitales sabían que podían volver a dormir en sus casas como también podían dormir en prisión. Creo que hubo una valentía increíble en el sentido de aceptar que "'yo no soy igual a los demás" e ir a un recital con la paranoia de que te agarre un cana y te mate a trompadas simplemente porque estabas en un recital de rock.

5. No me gusta lo seguro. En cuanto algo se vuelve previsible y seguro pierde todo atractivo para mí.

6. En la época de Sui Generis solo faltaba que nos pusieran alitas para que pareciéramos ángeles. Cortar Sui Generis me permitió crecer, porque estábamos mostrando una imagen muy diferente a lo que éramos realmente.

7. Yo siempre tengo confianza en la gente. Nunca pienso que no van a entender nada. Parto de la premisa de que la gente entiende todo. Siempre creí que haciendo cosas buenas, la gente me iba a responder.

8. Cada uno tiene que encontrar su camino. Por eso digo que no soy hippie ni punk, respeto todas las filosofías, pero no me gustan los uniformes, ordenar mi vida a partir de lo que piensa otra persona.

9. Hay muchos rockeros que cultivan una nostalgia del rock. Muchos hay que dicen que el rock era el de antes y no aceptan la música nueva. Pero la música cambia todos los días, como el mundo.

10. A medida que te hacés más famoso perdés más libertad. Ganás libertad artística y creativa para hacer lo que más te guste, podés poner tu profesionalidad al servicio de algo creativo, pero a la vez, ya casi no podés salir a la calle porque enseguida estás rodeado de gente. Por eso me gusta, de vez en cuando, borrarme y hacerme un lavado de cerebro.

11. Cuando tenga ochenta años tal vez estaré con mis recuerdos de lo que me sucedió con Sui Generis o Serú Girán, y entonces me como la galocha. Intuyo que voy a seguir tocando toda mi vida y voy a seguir componiendo, me escuche o no me escuche la gente. Cuando uno está conectado con la creatividad siempre tiene su tabla de salvación. Quizás la mejor música que componga la haga a los sesenta años. Solo quiero ser un artista fiel a sus sentimientos.

12. Es una cosa muy argentina: llegás a los veinticinco años y cortás todo. De los quince a los veinticinco el tipo vive a fondo, hace de todo. Cuando llega a los veinticinco se pone la corbata y se acabó la joda.

13. Los pibes de ahora (El Proceso) no vienen con tanta información. Entonces es sano tirarles una buena onda. Nosotros (Serú Girán) no damos soluciones, pero de alguna manera estamos planteando conflictos que tarde o temprano los afectarán.

14. Hoy no nos pasan mucho por la radio, porque piensan que nuestra música es extranjerizante (Serú Girán). O porque tuvimos algún tema censurado. Pero un día nos pasarán y dirán: "¡Uy, esto, en esa época era impresionante!". Porque va a pasar esto, estoy seguro. Por eso no me preocupa mucho que hoy no nos pasen por la radio.

15. Yo estoy siempre como cagándome en los prejuicios, y eso me tira mucha gente en contra, lo sé. Pero alguien tiene que hacerlo, porque si nos quedamos todos en la cueva no pasa nada.

16. A mí me importa un toco la gente. Me importa más lo que opina la gente que lo que opinan los músicos.

17. Me gustaba más la música que se hacía antes del 70 que la que se escucha hoy (1977). Era música más original, con más polenta. Ahora, con el rock sinfónico y el jazz rock hay mucha musicalidad, mucho virtuosismo, pero no hay compositores, no sé. Ahora un grupo suena parecido a otro, hay un par de sintetizadores y mellotrones por ahí, y la música

se embellece mucho pero también se standariza. Pronto va a volverse a admitir que nuestro folklore está en los años sesenta, en un montón de cosas que pasaron y que en su momento no entendimos. Aquello fue muy potente, y hay mucho que sacar todavía.

18. A las máquinas electrónicas de hacer música hay que manejarlas. Al principio te fascinan con sus sonidos y te hacen desviarte de lo que querés hacer. Tiene que ser una onda de música, no de efectos y ruidos. A mí me preocupa mucho la canción, o sea la melodía y la letra. Y con los aparatos, lo lindo es encontrarles un lenguaje nuevo para tocar la canción. Hay que tener todos los aparatos para embellecer tu música, pero es inútil coparse tratando de embellecer la nada.

19. Yo no soy una estrella. No me siento así. Me revienta eso. Tampoco voy a decir que soy un pobre vagabundo. ¿Soy lo que soy? Por ahí la gente lee una revista y ve tu foto y dice: "¡La estrella!". No se ponen a pensar más allá de eso. A veces ese asunto me trae un sentimiento de frustración.

20. La música que hacemos nosotros tiene que ver con una cosa súper primaria, una comunicación súper instantánea. Y me parece que sentarse al piano duro y tocar duro para que la gente te escuche duro ¡es de una dureza terrible! Hay una energía que tiene que ver con los intestinos y con los pies, y no solamente con la cabeza. Yo creo que siempre voy a tocar así, y que cada vez me voy a largar más para afuera.

21. Si yo sintiera que cuando voy a tocar no pasa nada, revisaría todo lo que hago, me encerraría a componer. Pero creo que pasa algo con lo que hago, y eso que pasa con la gente es súper sagrado, tiene una fuerza invisible. Es lo que me hace vivir, lo que me alimenta para componer.

22. En el escenario el cuerpo y la mente van a una velocidad impresionante. El músico tiene que meterse la mano adentro y darse vuelta como un guante.

23. Ahora no hay un gran avance hacia la libertad de la gente, fuera de que ya no te piden documentos por la calle. La democracia o la revolución para mí también pasa por dejar a la gente ser como quiere. Yo puedo ser como quiero porque soy famoso, pero eso me distancia de la gente con quienes tengo que vivir esa libertad y ese cambio.

24. Mi revolución fue que con Sui Generis todos los pibes empezaron a cantar y se vistieron como quisieron y pudieron hacer el amor con más libertad que las generaciones anteriores. Fue una ínfima revolución en la historia argentina, pero yo la rescato. Quebramos un poquito la careta,

empezamos a sacarnos el mocasín. Los pibes de pronto dijeron: "¡Ah, pero entonces yo no soy el único raro!".

25. Lo único que me importa es estar al remango, vivir mi vida y que cada uno pueda vivir la suya. En este país todo te está pidiendo: "Calmate, flaco, portate bien". Yo quiero sacarme toda esa culpa que llevamos dentro; la profesora de piano, el colegio, los militares... Es un ¡BASTA! enorme. Bancate ese defecto...

26. Con la separación de Sui Generis fue muy bueno decir que no por primera vez. Es como estar en una fiesta en la que todo el mundo la está pasando bien menos el dueño de casa, porque está cansado, ve todo en desorden y no se divierte. Entonces de pronto dice: "Bueno, se acabó, me voy a dormir, ¡se acabó la fiesta!". Decir que no, que se terminaba, fue la afirmación de alguna polenta, de alguna nueva rebeldía. Fue como decir: "¡Voy a ser yo mismo, no me van a llevar de aquí para allá!".

27. Cada vez que disuelvo un grupo empiezo de nuevo. Lo mejor que hay es volver a empezar de abajo, porque tenés todo el camino para crecer. Si empezás de arriba, solo te queda ir para abajo.

28. A veces vas a tocar a un recital como si fueras a la guerra, totalmente histérico: "O me aplauden o los mato". Y los aplastás con una bola de ruido, acción y actitudes que quizás confunden a la gente. Yo ya pasé por eso cuando era muy criticado y no estaba dispuesto a rendirme. Salía a pelear y a ganar. Ahora (1985) es diferente porque estoy más tranquilo y tengo ganas de que gocemos todos.

29. Hay que tener cuidado con el asunto de la imagen, porque se te queda pegada y tenés que obedecer un estilo determinado. De todos modos, a mí no me importa: hoy me pongo gomina, mañana me la saco...

30. En la época de *Demoliendo hoteles* me cansé de tratar de ser normal y "conectarme con la realidad". Me salió eso de decir: "Ma sí, yo ya pasé por Videla, estoy a mil revoluciones por minuto, soy como un bicho raro en mi propio país". Me hizo bien ir al choque, decirle a los monos que no me iban a domesticar así nomás.

31. Por fin los argentinos tenemos un buen sonido de grabación, que se puede presentar en cualquier país. Siempre tuvimos un "movimiento" muy creativo, pero nos faltaba el nivel técnico para salir a España y Latinoamérica, donde escuchan mucha música anglosajona bien hecha.

32. Aquí es como si hubiese dos países diferentes. Hay un tajo generacional entre los que aceptan la vida como un permanente cambio, los que quieren lo nuevo, y aquellos que están agarrados con uñas y dientes a una vieja misión del mundo.

33. Creo que no hay que tratar de explicar el rock. Hay que dejar que suceda, que se produzca esa magia. El rock es un sentimiento que te pega o no, vivas donde vivas y hagas lo que hagas.

34. Después de que "el sueño terminó" como dijo Lennon, vino un bajón tremendo. Pero llegó el momento de aceptar que la vida sigue, que aunque no tenemos ninguna verdad, solo se trata de vivir. Que cada uno es diferente al otro, pero a pesar de eso tenemos que conectarnos, ponernos de acuerdo, porque estamos todos en el mismo barco.

CHARLY Y LAS LIGAS

Para seguir en acción, Charly se está presentando en el circuito de discotheques del Gran Buenos Aires, acompañado por una banda de jóvenes notables. Lo secundan tres Fricción: Richard Coleman en guitarra, Christian Basso en bajo y Fernando Samalea en batería. Andrés Calamaro lo apoya desde los teclados y Daniel Melingo en los saxos.

García presenta viejos temas en versiones remozadas. Canciones como *Raros peinados nuevos* y *No te animás a despegar* tienen un nuevo tratamiento sonoro en los delicados detalles de la guitarra de Richard y el juego constante de Calamaro. Melingo, brillante con las voces nuevas que logra en su saxo, pone mucho para que los temas ganen una textura y una sutileza que no tenían las versiones originales, mucho más directas y mecánicas. Pasan gran parte de los últimos dos discos de García y un tema nuevo: *Voy a seguir, voy a insistir*. El remate del show, con el público coreando a mil, es la entrada de cuatro chicas para sumar sus voces en una infernal *Demoliendo hoteles* que, por el entusiasmo de la audiencia, casi demuele el Electric Circus, que vibraba en una sola voz. Así que atentos, que García anda por ahí y en cualquier momento se aparece en "la mejor sala de tu barrio".

Publicado originalmente en *Canta Rock* Año 4, N° 73 (XI-1986) bajo el título "34 pensamientos de Charly García".

RAÚL PORCHETTO:
UN MÍSTICO EN LAS ENTRAÑAS DEL ÉXITO

—Porchetto está de nuevo en acción, al mango, con un disco muy vivaz y golpeando los primeros puestos del ranking... ¿Cómo se siente el muchacho?

—(Raúl se ríe con timidez) Sí, es increíble lo que está pasando con la gente, lo que está pasando con el disco. Cuando uno arma algo, por más que le ponga toda la ilusión y todas las ganas, uno sabe que con eso no alcanza. Lo que te da cierta tranquilidad es haber metido una energía muy especial, pero siempre hay un interrogante. "¿Qué va a pasar?".

Además, yo sentía muchos prejuicios alrededor mío. No por parte del público, pero sí por parte de la maquinaria, por parte del "circuito del espectáculo". Yo ya no toco por las mismas motivaciones de antes, no me importa tanto si vendo muchos discos o la popularidad que tenga, y sí me sigue importando gozar y compartir con la música.

Es un ataque directo al corazón, es un ataque de amor...

—Palabras románticas e ingenuas que están fuera de moda en los modernos planteos del "no me creo ninguna", en la imagen fría e irónica del rock de hoy...

—Hay un montón de cosas que se están reubicando, que se están desmitificando, pero esa búsqueda esencial nunca se ha perdido. Por más que la búsqueda se vuelva más intelectual y fría, el hombre sigue pidiendo socorro. Una vez Claudio Kleiman me decía que el amor estaba amenazado hoy en día. Y es verdad. Vos salís a la calle y el amor, más que amenazado, está crucificado. Y el hombre está pidiendo socorro. Con su violencia, con muecas que parecen sonrisas, hasta con muerte, en realidad está desesperado pidiendo socorro. Entonces, si la música no da oxígeno a esa desesperación, no tiene sentido. Por algo, Sting habla de cierto "pop decadente", el pop que ha perdido su cosa contestataria frente al sistema.

—Sí, pero ahora lo contestatario es lo que dice que no hay futuro, que los misiles nos apuntan y no podemos creer más las mentiras del sistema. Es una rebelión sin esperanza...

—Es que yo no creo en el futuro que nos ofrecen. Creo en el Universo. No creo que el Universo sea Estados Unidos y Rusia, Europa o Argentina. Creo en el Universo y creo en el futuro, aunque hagan volar el planeta. No creo que el Universo sea este mundo. Ya lo dijo Cristo, que sí es un maestro, ya que sabía realmente lo que decía: "Después de matar este cuerpo, ¿qué más te pueden hacer?".

Así que si nos preguntamos sobre si hay un futuro o no, si pensamos en algo trascendente y de si mi Vida, así, con mayúscula, va a seguir, no puedo detenerme en esas anécdotas de la historia.

Yo soy un convencido de que "tu amor puede parar el mundo". Los tipos que usaron el amor pararon el mundo. Un millón de Napoleones no van a poder con un Gandhi. O una Madre Teresa de Calcuta, levantando todos los días chicos muertos por las calles de la India. Son cosas tan claras, hechas con el corazón tan limpio. Al lado de eso, ¿vos vas a estar viendo cómo Reagan y Gorbachov se vuelven más locos cada día? No quiero justificarme diciendo que en el futuro no me dan posibilidades. No quiero dejarme acorralar.

El amor es el mayor atentado que existe. Sigue siendo el mayor antisistema que existe. Lo más subversivo para cualquier sistema sigue siendo el amor.

—Nos han convencido que como el futuro no existe, hay que consumir ahora...

—"Comprame ahora. Consumí ahora". Ya en el 81 los punk se dieron cuenta de eso. Se dieron cuenta de que lo que el sistema quiere es que vos no creas en el futuro, no creas en la posibilidad de cambiarlo. Si agachás la cabeza no ves hacia adelante. Mientras la gente creía que no había solución, les enchufaron cien mil ojivas nucleares más en el patio trasero de sus casas.

—En tu música, en tus canciones, estás inspirándote cada vez más en el amor humano, el amor entre hombre y mujer, a pesar de tu conocida inclinación al amor místico.

—Quería recuperar eso, me desafía el hecho de que haya tantos prejuicios para cantarle al amor. Jorge Brunelli (encargado de prensa de Ohanian Producciones) me decía una cosa impresionante el otro día: "La Argentina es el único lugar del mundo en el que la gente se avergüenza de rezar y de decirlo en público". Y también debe ser el único lugar en que la gente tiene prejuicios de cantar canciones de amor. ¡Es el famoso machismo argentino! Entonces yo rezo mucho y canto mucho al amor! (Se ríe).

LA COMPASIÓN

—Decís que rezás. ¿Estás en contacto con la Iglesia, con la religión organizada?

—Voy a la iglesia porque creo en ese rito. Porque creo que El Amor, El Salvador, caminó por la tierra y fue crucificado. Pero me atraen las manifestaciones del amor de Dios, la gente que siente el amor de Dios y la necesidad de compartirlo. Porque Dios no es un cartel, una chapa de bronce en la puerta. A veces lo siento muy lejos de los que dicen actuar en Su Nombre, y en cambio lo veo en los muchachos que dejan todo para irse a ayudar a Formosa, a vivir en la pobreza –gente con buena posición–, en los ranchos de los aborígenes, sin miedo de las vinchucas y el hambre, apasionados por comunicar la buena nueva de Dios.

Y veo como ésa gente que da todo por amor se renueva totalmente, se convierte en otra gente, que dan, dan, dan, y están cada día mejor. Es al revés de la educación que nos dieron según la cual lo mejor es recibir, recibir, recibir. Y tratar de no dar nada, por miedo a perder.

Pero yo no hablo nunca en público de estas cosas. No las menciono en los recitales, y raramente salen en los reportajes, porque son cosas que no se pueden explicar bien. ¿Cómo vas a explicar el amor? ¿Cómo vas a explicar lo que sentís por la persona que amás? Y no quiero que se vuelva un tema de debate. Yo trato de expresarme a través de las canciones, de hacer gozar a la gente a través de ellas, y está mi emoción en el medio, entre renglón y renglón.

—Antes hablábamos de la popularidad. Con la fama y el éxito llegan un montón de...

—Un montón de miserias.

—...un montón de cosas que pueden confundirte. Adulación, fiesta permanente...

—Sí, hay muchas confusiones. Yo pasé por muchas de esas cosas y de pronto me di cuenta que no iba a ningún lado. Es como un círculo vicioso en el cual entrás y te olvidas cuál era tu propósito original cuando empezaste a cantar. Yo no quiero desconectarme del mundo, vivir en un planeta aparte. Quiero estar conectado con la gente, no a través de lo que me dicen las revistas o la radio. Quiero conectarme con la gente común, sin especulaciones, sin caretas, tal como realmente somos. Quiero vivir en las cosas simples, reales.

LA VANIDAD

—Y cómo sentís toda la parte de la imagen, la gran porción de vanidad que tiene el "mundo del espectáculo" en el que tenés que pensar con qué ropa quedás mejor, preocuparte por salir bien en las fotos, ser admirado por miles...

—Es una esquizofrenia constante. Eso que me preguntás es la súper-pregunta que siempre me hago. Yo me alejé un poco del aparato comercial de la música porque no podía solucionar eso. Quería recuperar el hecho de componer canciones y salir a tocarlas. Mostrarles mis temas a mis amigos, a cualquiera, sin necesidad de un aparato y una imagen. Todo eso es muy difícil. A veces la gente de la productora no entiende qué me pasa, porque soy medio terrible para todo el asunto de la imagen. Lo que realmente quiero es cantar, y soy muy inmaduro, no me asumo como producto, no lo llevo muy bien ese asunto. Entonces agarro y confío en la gente que quiero y que respeto. Me vuelvo loco por compartir con gente todo esto que pasa, trabajar en equipo y hacer cosas. Y amar, y vivir, y producir. Expresarse en comunidad, generar cosas, dar cosas a otros.

Trato de no pensar demasiado en eso, sentir con el corazón y confiar en los que trabajan conmigo. Todos los días me planteo esas preguntas. Todos los días navego entre esas dudas.

El gran mambo, el gran problema en esta profesión que tenemos es que nos lleva a pensar que somos distintos. Y cada ser es distinto. El hecho de que por mi trabajo la gente pueda verme no me hace mejor que los demás. Pero sí te puede hacer peor, te puede engañar a pensar que tu realidad es La Realidad. Y yo no me quiero evadir. Ya me evadí bastante, y eso es el mayor sufrimiento que puede haber; estar lejos de la vida de todos los días.

Entrevista realizada junto a Eduardo Berti publicada originalmente en *Canta Rock* Año 4, N° 74 (XI-1986).

LOS ABUELOS DE LA NADA: OPTIMISTAS, VITALES, CALLEJEROS

"Escoba nueva barre bien", dice Miguel Abuelo y sonríe, cómplice. Así es, Los Abuelos de la Nada han vuelto a reencarnarse en otra formación y han plasmado un nuevo disco, *Cosas mías*, en el que su picaresca permanece inalterable.

—*¿Cómo nació esta nueva versión de los Abuelos?*

MIGUEL ABUELO: Yo diría que nos juntamos de modo casi espontáneo. Los Abuelos buscaron a Los Abuelos. Empezamos Polo Corbella, Marcelo "Chocolate" Fogo, Kubero Díaz, y yo. Nos faltaba una pieza fundamental y por eso lo sedujimos a Juan del Barrio, que no se dejó abordar tan fácilmente (risas) y en un clima de franca creatividad formamos el grupo. El mayor requisito para entrar a Los Abuelos es tener oxigenación psicológica. Eso permite que nos sintamos bien, como una banda nueva. Como dice el dicho: escoba nueva barre bien.

—*Pero todo este proyecto nació como Abuelo en Banda, inicialmente.*

MIGUEL: Sí, pensábamos seguir por ese andarivel. Pero de golpe reflexionamos y vimos que era mejor continuar que abandonar a Los Abuelos, un grupo de veinte años que siempre fue trampolín de lanzamiento para nuevos músicos.

JUAN DEL BARRIO: Gran parte del material de *Cosas mías* ya estaba armado cuando yo me sumé. Entonces solo tiré algunos temas míos compuestos anteriormente sin saber cuál iba a ser su destino.

—*Esa es una tradición de Los Abuelos: todos componen, hay gran interacción, ¿no es cierto?*

MIGUEL: Somos un grupo donde se beneficia tanto el número como el individuo. Al ser todos compositores, esto también nos permite una gran riqueza en los arreglos. En general, los trabajos solistas de Los Abuelos han sido producciones flacas. En cambio, todos juntos aportamos más ideas y aunque el trabajo parezca más difícil, el resultado es superior. Aquí, el que entra tiene total libertad para crear, para opinar, e incluso para irse...

—*¿En la elección final del nombre del grupo influyó que en otros países, como Perú, la marca de Los Abuelos de la Nada es muy exitosa?*

JUAN: No sé... Mirá, yo sigo sintiendo prejuicios de cierta gente en asumir que el rock también es un negocio; que el músico tiene que vender discos y entradas para vivir. Un grupo se debe encarar con ciertos criterios comerciales, además de los artísticos. Pero como "comercial" no debe entenderse un vil negocio sino sustentar las costosas inversiones tecnológicas que, por ejemplo, Los Abuelos realizan en teclados, luces, sonido o escenografía. Es mentira eso de que si sos rockero no te interesa la guita. Por eso, creo que Los Abuelos decidieron llamarse así por muchas causas además de lo del Perú.

MIGUEL: Es que Los Abuelos no tienen por qué morir si dos o tres de sus integrantes se encapricharon y decidieron irse. ¿Qué se hace entonces? Cambio los integrantes y sigo con la banda... Nada se altera porque Los Abuelos de la Nada es una idea alta.

—¿Y cómo hacen para mantener la coherencia, el sello musical y el espíritu tradicional de Los Abuelos?

JUAN: No hay coherencia musical. Tal vez sí la haya letrísticamente porque Miguel siempre escribió la mayoría de las letras. Incluso dentro de *Cosas mías* hay diferencias estilísticas. Lo que finalmente une todo es el rock.

MIGUEL: Cada uno de nosotros tiene grandes tachos de basura donde archivamos temas propios que no sirven para el grupo. Así es como buscamos, a la vez, la homogeneidad y la diversidad.

—Lo que sí distingue a Los Abuelos de Cosas mías *de la anterior formación es que ahora recae todo el trabajo vocal en Miguel, como no sucedía antes.*

MIGUEL: Eso es aparente. Por ahora es cierto lo que decís pero este es solo el primer LP de esta nueva formación. Más adelante van a cantar más Chocolate y Kubero seguramente. Yo tengo una frase que dice: "Perdido en la gran unidad, me encuentro en lo diverso". Es un modo de expresar que uno sabe mucho pero no es Dios y debe reconocer a los demás. No cerrarse exclusivamente en temáticas personales y aburrir. Yo ya estoy harto de los grupos que hablan siempre de lo mismo y hacen un LP del cual solo se rescatan tres o cuatro canciones. Creo que ése no es nuestro caso.

—¿Puede decirse que Cosas mías *tiene cierto sabor a tocado en vivo?*

JUAN: No lo había pensado, pero puede ser... La mayoría de los temas fueron muy curtidos antes de ser grabados en el LP. Habíamos hecho demos y los ensayamos mucho, aunque no los tocamos en vivo. Es cierto, la mayoría de los temas son muy para tocar en vivo, la prueba es que en vivo los estamos haciendo igualitos, y solo en dos hay batería electrónica o sequencers: *Rock & Roll sobre la alfombra* y *Cómo, quién, dónde...*

MIGUEL: (interrumpiendo)... que precisamente son los temas de Juan. En cambio los de Kubero, como *Padre soltero*, arrancan toda la fibra del rock'n roll. Y los de Chocolate Fogo muestran guitarras muy limpias, con mucha energía y un sonido muy moderno.

—*¿Qué temas viejos están haciendo ahora en vivo?*

MIGUEL: Estamos tocando los clásicos de Los Abuelos de la Nada cantados por Miguel Abuelo.

—*Ah, pero solo los que canta Miguel Abuelo. ¿Qué pasa con* Mil Horas, *por ejemplo?*

MIGUEL: No, no lo hacemos. Mirá, cuando vos te mueras vas a darte cuenta de que lo tuyo no lo puede cantar nadie. Lo que sí estamos haciendo ahora es agregar rarezas a nuestro repertorio. Vamos a incorporar rarezas como un viejo tema de Kubero, una canción que yo grabé en mi disco solista (*Buen día, día*) llamada *Silvestre* y una versión hippie del simple debut de los Abuelos en 1967: *Diana divaga*, con letra de Pipo Lernoud.

—*¿Cómo fue el encuentro entre dos generaciones como Kubero (cuarenta años)y Marcelo Fogo (dieciocho)?*

JUAN: Disculpame que sea reiterativo pero vuelvo a lo mismo: lo que une a esas dos generaciones es el rock. Hace mucho tiempo que el rock dejó de ser un estilo musical para ser mucho más... y por eso permite que las diferencias de edad desaparezcan, porque el rock nació con el objetivo de tirar abajo todo tipo de restricciones. Lo distinto que trae el rock es que permite la convivencia de lo distinto; incluso en lo estrictamente musical permite que existan a la vez Led Zeppelin y Emerson, Lake & Palmer, ¿entendés?

MIGUEL: Además hay otro asunto. En este país de mojigatos, mentecatos y pazguatos (sic) aún hay gente que considera que la edad determina el talento musical. Los Abuelos, mezclando gente de cuarenta con dieciocho, demuestran que no se pierde vigencia ni se es demasiado joven si hay talento de verdad.

—*Entre tanto "after" y tanta depresión, ¿Los Abuelos regresan para devolver un poco de alegría?*

JUAN: Sí, creo que es así. La letra del tema *Cosas mías* encierra todo ese clima optimista, vital y de filosofía callejera con que se puede resumir el estilo de Los Abuelos.

—*Y además hay letras humorísticas y eróticas, en vez del existencialismo dramático que se usa ahora...*

MIGUEL: ¿Sabés qué pasa? En la cama les va mal, en los negocios les va mal, no saben cómo agarrarse y como futuro tienen un paredón. Ante todo eso, lo único que podemos hacer es seguir siendo infaliblemente Los Abuelos de la Nada.

Entrevista realizada junto a Eduardo Berti publicada originalmente en *Canta Rock* Año 4, N° 75 (11-XII-1986).

G.I.T.: ABIERTOS A LO NUEVO, CON LIBERTAD

Llegó el tercer disco del trío que integran Willy Iturri, Pablo Guyot y Alfredo Toth. Y como para ratificar la cabalística del número, llenaron la tapa con varios tres de diseño y formas muy particulares. Pero no solo la tapa es distinta; este nuevo trabajo de G.I.T. los muestra abiertos a nuevos instrumentos, nuevos sonidos y nuevos ritmos, lo cual da como resultado uno de los mejores álbumes del año.

WILLY: Como nunca, para este disco nos tomamos todo el tiempo del mundo. Paramos de trabajar en junio y durante dos meses ensayamos todos los días y compusimos el nuevo material.

ALFREDO: Al tercer mes, una vez hechos los demos y los arreglos, bloqueamos el estudio Panda durante diez días. Así evitamos tener que probar sonido todos los días: llegábamos y directamente nos poníamos a trabajar.

PABLO: Entonces llamamos a Claudio Martínez y laburamos a fondo y súper unidos con el técnico Roberto Fernández. La verdad es que se creó un clima tan especial que cuando terminamos de grabar estábamos bajoneados, no por el resultado artístico sino porque nos sentíamos muy bien allí, todos juntos.

—¿Claudio Martínez funciona como una especie de cuarto G.I.T. o lo llamaron como invitado especial?

WILLY: Pasaron las dos cosas...

PABLO: Sí, en algunos temas le pasamos las partes y en otros aportó él sus propias ideas.

ALFREDO: Creo que su mayor aporte está dado en temas como *Portezuelo*, donde el piano es muy importante. Y Claudio es un músico muy dúctil, que toca muy bien teclados y piano.

—¿Todos los teclados del disco los toca él o también toca Alfredo?

WILLY: No, todos son de él menos en el caso del sequencer de *Es por amor*, que lo hizo Alfredo.

PABLO: Los teclados que se usaron fueron Mirage, Emulator II, Casio 5000, Yamaha DX7 y Roland JX8P. Y por supuesto que Claudio va a seguir tocando con nosotros en vivo. Se unió a la troupe...

—Algo que distingue a este disco de los anteriores es el sonido. No tiene la onda distante del primero ni la experimentación del segundo. ¿La premisa fue tratar de sonar como lo hacen en vivo?

WILLY: Sí, totalmente. Se partió de nuestro sonido y luego se fueron sumando algunas cosas. Pero lo que se escucha en el disco es realmente la música que suena en nosotros, en nuestras cabezas.

—¿La variedad de estilos y matices del LP fue una cosa previamente pensada?

WILLY: No fue planeado, pero resultó así porque cada tema tiene su onda. Cada tema es un mundo y quisimos respetar eso.

PABLO: Quizás antes pasábamos todos los temas por el mismo tamiz. Ahora les buscamos su propia esencia. Por eso conviven una baguala, un rock, un aire funky, un tema como *Buenas noches Beirut*, y ninguno suena descolgado.

WILLY: A mí siempre me gustaron los discos que sorprenden, que traen temas muy distintos. Ahora, en cambio, muchas bandas tienen un sonido demasiado parejo.

—¿Esa mayor diversidad puede deberse a que cada uno, por separado, desarrolló más su propio estilo compositivo?

ALFREDO: Sí. Mirá: ahora los temas vienen más claros que antes. Al principio, cualquiera de nosotros traía un estribillo, una breve melodía, un fragmento de tema y lo trabajábamos entre todos. Ahora ya no, las ideas vienen más redondas y personales, y sobre esa base firme se conversan los arreglos.

PABLO: Pienso que eso mata porque, así, cada uno de nosotros se desarrolla más como compositor, desarrolla más su búsqueda personal, y eso enriquece el resultado final.

TEMA POR TEMA

—Hagamos una especie de tema por tema del álbum. ¿Qué nos pueden contar de Es por amor?

WILLY: Este va a ser nuestro tema de difusión. A mí me gusta mucho porque tiene un sabor funky, con los caños que sacamos del Mirage.

PABLO: Además hay un coro que no aparece indicado en el sobre interno porque lo agregamos a último momento, cuando el arte de tapa ya estaba impreso. Los que cantan son dos amigos de Alfredo: Diana y Gustavo.

—Luego viene Más bien menos mal.

WILLY: Sí, este es un tema mío con una lindísima letra de Claudio Martínez. Fue una de las últimas canciones que compusimos.

—Este y otros temas del LP son como para agarrar la guitarra y tocarlos, cosa que no sucede con toda la música actual, ¿no es cierto?

WILLY: Sí. Este es un tema muy fresco. Creo que todas las melodías del disco son muy frescas.

PABLO: Además les dimos mucha preponderancia a las melodías y Alfredo tuvo mucho tiempo para conocer las canciones, por eso está todo tan bien cantado.

—*El tercer tema,* Hombre de suerte, *¿ya lo habían tocado en Obras?*

ALFREDO: Sí, es uno de los más viejos pero, de todos modos, al final lo grabamos con un arreglo nuevo.

—*¿Como surgió la idea de* Buenas noches Beirut?

ALFREDO: Yo había compuesto la música y vino a casa Osvaldo Marzullo con un borrador de la letra. Me pareció adecuada y empezamos a trabajar. Luego, ya en el estudio, decidimos no tocarlo con un tambor –como era la idea original– sino con un cajón peruano.

PABLO: Queríamos salir del habitual sonido de batería y decidimos probar con algo nuevo. Pasamos el cajón peruano por una cámara que lo hace sonar como una respiración ahogada: a eso le sumamos un bombo, como si fuera un corazón, y un reloj que se escucha como si fuera una bomba de tiempo.

WILLY: Y además el tema tiene un instrumento percusivo israelí (tot) que entra en la segunda parte. Tiene un sonido muy particular porque está hecho de barro y tiene forma cóncava. Todo este laburo percusivo va a ser difícil de reproducir en vivo, pero si hace falta vamos a usar cintas porque el clima que se creó es casi indispensable.

—*¿Cómo fue que decidieron ponerle a un tema un título tan delirante como* Tarado de cumpleaños?

ALFREDO: La letra es de Claudio y aparentemente es autobiográfica (se ríe). Él sabrá porqué.

PABLO: Le habíamos puesto otro título que era *No la ves* o *No la ves ni cuadrada* pero él prefirió el otro, y nosotros pensamos también.

—*El próximo tema es* Portezuelo, *quizás el más bello y atípico del disco. ¿Cómo lo escribiste, Willy?*

WILLY: La letra es de Tom Lupo, que le dio forma a todo un boceto que le pasé y que está inspirado en una muy fuerte experiencia personal que tuve allí mismo, cruzando la cuesta del Portezuelo, de Catamarca a Santiago. Allí explotó un cambio interno que yo estaba sintiendo desde hacía tiempo. La letra lo dice, fue como la culminación de una parte de uno, como matarse y volver a nacer de otra manera. El cambio se experimenta, incluso, dentro del tema, que empieza en agua y termina en fuego.

—*¿Cómo fue que se conectaron con Domingo Cura?*

ALFREDO: No lo teníamos pensado en un principio. Queríamos reproducir el clima del lugar en el tema pero no lográbamos el genuino sonido del bombo legüero.

WILLY: Después de cinco horas de probar sonido desistí, me di cuenta de que no es fácil. Entonces Roberto me dio la idea de llamarlo a Domingo. Me pareció genial y bueno... Vino y mató. Yo lo conocía de cuando Mercedes y Charly hicieron algunas cosas juntos. Él no conocía a G.I.T. pero le gustó mucho cómo quedó el tema.

—*¿Ven posibilidades de seguir componiendo en esta onda?*

WILLY: Eso mismo nos decía Domingo: sigan en esta veta que lo hacen bien. Lo que pasa es que yo no sé componer folklore. Compuse el tema pensando en obtener un color, un aire a baguala, pero también me parece que tiene algo de blues... Qué sé yo.

PABLO: Lo importante de este tema es que el grupo se atreve a abrirse, a hacer otras cosas. Y nos alegra muchísimo que a la gente le guste.

—*Es muy linda la letra de* Solo niebla sobre el agua. *Mata el jueguito de "re-loco recuerdo"...*

PABLO: Sí, yo quise hacer una letra no tan clara, con más de una lectura. Hay un montón de juegos de palabras y de imágenes: al principio digo "sumergido en mi recuerdo" y luego la describo a ella como "parada sobre agua". Después dice: "Busqué en la arena qué hay de cierto", pero se puede escuchar también "desierto".

WILLY: Va a venir con un librito adjunto explicando la letra (risas). No, en serio, a mí me encanta la letra. Mata que haya un poco de misterio.

ALFREDO: Además, en este tema canta Pablo el estribillo, aunque tampoco lo diga el sobre interno.

—*Y el último tema del disco es* Crucigramas...

PABLO: Sí, y acá canta Willy, al igual que en *Portezuelo*. El tema es de él y tiene letra de Marzullo.

WILLY: Creo que fue la letra que más se elaboró: hicimos como cuatro versiones distintas hasta obtener la que nos convencía. La música es muy vieja, fue escrita durante la mezcla del segundo long play.

NUEVOS RUMBOS

—*Comparado con los discos anteriores, en este no hay tanta "protesta". ¿Puede ser?*

PABLO: Puede ser. Antes hacíamos temas como *Sombras negras*, que es una descripción de la paranoia durante el Proceso, o *Toque de queda*, que habla de lo que pasa en Chile. En este disco el único toque de denuncia es *Buenas noches, Beirut*, pero no es de protesta... sino más bien descriptivo.

WILLY: También tiene que ver el momento. En el primer disco está *Aire de todos*, que tiene que ver con lo que pasaba entonces. No digo que ahora no haya nada por que protestar, pero son otras cosas. Yo me siento ahora muchísimo mejor, en aquella época salíamos del Proceso.

—*Al mismo tiempo, este álbum es más subjetivo y más emocional...*

PABLO: Sí, aunque la mayoría de las letras no nos corresponden, este es el disco en que somos más nosotros mismos. Inclusive lo produjimos nosotros; entonces la grabación fue muy relajada. Fue el primer disco en que no sufrimos.

WILLY: Laburamos muy juntos y nos pasaron cosas muy fuertes. Por ejemplo, Paula (la hijita de Alfredo, que nació durante la grabación) es parte muy importante de este LP. Quizá por eso se nota tanto la emoción. Además, no nos importó mostrar que tocamos bien ni nada de eso... Solo mostrarnos a nosotros mismos.

PABLO: Y creo que hubo una gran evolución que realizamos de a poco. En el primer disco nos largamos nada más que con guitarra, bajo y batería, y nos bancamos así. En el segundo quisimos hacer lo más raro posible pero dentro de los mismos instrumentos básicos... experimentando más en sonidos que en instrumentos. En este último, en cambio, nos abrimos a todo lo nuevo, con total libertad.

—*¿Aún quedan cosas por incorporar?*

PABLO: Claro, por supuesto. Por ejemplo, a mí me gustaría largarme más a tocar guitarra acústica en algunas canciones. Que en este disco ya hay en algunos pasajes, pero muy sutilmente.

—*¿Qué proyectos tienen para 1987?*

WILLY: Por lo pronto, después de presentarnos en Obras, vamos en enero a Perú y a Punta del Este. En Perú nos van a entregar un disco de oro y otro de platino. Y en Chile, donde nuestros dos discos anteriores anduvieron muy bien, nos van dar también un disco de oro. Eso será posiblemente en febrero, cuando vayamos a tocar al festival de Viña del Mar.

PABLO: Además, este nuevo disco sale simultáneamente en Chile y Perú, así que esperamos que allá tenga la misma repercusión que acá. Imaginate, apenas salió y casi sin promoción, ya llevamos vendidas casi treinta mil copias. No lo podemos creer.

Entrevista realizada junto a Marcelo Fernández Bitar y Eduardo Berti publicada originalmente en *Canta Rock* Año 4, N° 76 (8-1-1987), bajo el título "G.I.T.".

HORACIO FONTOVA:
"ME ZARPÉ UN POQUITO"

El título del último disco de Fontova y sus Sobrinos (Ricky Olarte, Edy Rodríguez, "Pulguinho" Pugach y Alejandro Donés) puede leerse de dos modos: como "Homicida" o como "¡Oh, mi sida!". Pero no solo el título es provocativo. Basta ver la tapa en que todos los sobrinos aparecen empuñando sendas fálicas bananas, o el título de algunos temas (*El moco verde, Himno gastronómico*), para tener una idea del tono de este disco. Sin embargo, pese a todas las advertencias que nos efectuaron nuestros más sanos amigos, decidimos arrimarnos (aunque no demasiado) a este amoral y grosero general Fontova para pedirle un par de explicaciones.

—*Hace unos meses comentabas que querías volver a la veta más cancionística (onda* La Pradera *o* Me contaron que bajo el asfalto*); sin embargo, este disco es más bien grosero y jodón. ¿Qué pasó?*

—Sí, tenés razón. Creo que se dividieron del todo mis dos facetas. Por eso el año que viene voy a hacer un disco con mis viejos temas románticos que quizá se llame *Instituto Musical Fontova*. Así la gente va a poder gustar también del sabor dulce y no siempre del gusto a caca de mis últimos discos.

—*¿Existió alguna presión de la grabadora para hacer algo más desprejuiciado y humorístico?*

—No, fue una decisión mía que –claro– le interesó a la RCA. Pero no sé qué pensarán ahora, después del bolonqui que se armó con la canción *Oh mi sida*.

—*¿Por qué no explicás qué bolonquis trajo* Oh mi sida*?*

—Todo empezó cuando tocamos en TV (*Aerosol*). Alguien relacionado a Alfonsín nos vio y no le agradamos mucho. Tiró la bronca y desde la presidencia mandaron una orden de echar a los responsables de ATC que nos contrataron. A partir de ahí se dificultó la difusión radial y por TV del tema que es el más significativo de todo el disco.

—*Además se armó lío en Junín. ¿Querés contarlo?*

—Sí, tocamos allá y días después salió un comentario en un diario que decía: "Un insulto a la democracia, a la Iglesia y a los jóvenes". El idiota que escribió eso no entendió nada. Yo siempre hago la joda de que somos un grupo escandinavo que investigamos a los cabecitas negras. El tipo se quejó: "Fontova nos trata a los argentinos de grones". Pobre... Quizá había una luz que me hacía lucir rubio sobre el escenario.

—A raíz de eso les suspendieron un show a Los Violadores en Junín, una semana después...

—¿En serio? Mirá vos... ¡Fontova cortando fuentes de trabajo! Me puedo dedicar a eso... Capaz que gano guita y todo.

—¿Qué tipo de público los está yendo a ver?

—Creo que el de siempre. Estamos haciendo cada vez menos pubs y más clubes. También tocamos en hoteles: ¡lo que venga! Nos contratan de un importante hotel pero (como somos grasas) tuvimos que entrar por la puerta de servicio. Tocamos en medio del caretaje, de las rubias con pelo de cemento, y un minuto antes de salir a escena me estaba por tirar un pedo... no aguantaba más... y me cagué encima (carcajadas). Los tipos me contrataron porque me vieron una vez en Canal 9 pero no sabían cómo era todo el show... y yo me cagué. De todos modos es una tarea de infiltración, porque tocamos junto a Nicola di Bari, Tu Sam y otros por el estilo. A veces estoy rodeado por esa gente y pienso: ¿cómo voy a tocar *La chacarera del esperma* acá? Pero después, a la lona, les copa. Terminan todos los señores y las señoras bailando y gritando "viva la ura".

—¿Pero te dejó el público rockero o no?

—No, sigue siendo un público heterogéneo. Además estamos tocando mucho en el interior y allí no hay diferencias: la gente es poca y cuando alguien llega van todos a verlo tocar.

—¿Notás que hubo cierto rechazo ante tu último disco? ¿Se te fue la mano?

—Lo reconozco, nos zarpamos un poquito, como adolescentes. Creo que lo que más causó rechazo fue la tapa y los títulos. Si *El moco verde* se hubiera llamado *Jugando con los deditos* por ahí hasta lo pasan por radio. Como dirían los psicólogos fue un auto-boicot... una auto-garcada. Pero hasta los de la RCA estaban entusiasmados y no nos pararon el carro. Entonces quedó como una especie de disco pornográfico o algo así...

Eso en cuanto al disco, porque en vivo no hay límites. A todos nos gusta joder. Tenés que ver a los trolos bailando supercontentos el tema del Sida. Da gusto que lo tomen así; el modo de darle poder a la enfermedad es sentirse mal. Sería como si los cancerosos bailaran la Zamba del Cáncer. Se sentirían bien y le quitarían poder a su enfermedad.

—¿Algún plan futuro para tu música?

—Sí, sin abandonar todo esto que charlábamos quiero sumar una cosa más musical, más rica. Quiero explotar la veta de temas como *Romance del de biología*. Me gustaría también invitar para mi próximo disco a músicos como Maslíah, Rada o Páez. Me entusiasma eso de juntar a la gente, y no solo limitarme al ambiente rockero... Uno de mis sueños es ver juntos sobre un escenario a Charly García y Palito Ortega.

Entrevista realizada junto a Marcelo Fernández Bitar y Eduardo Berti publicada originalmente en *Canta Rock* Año 4, N° 76 (8-I-1987).

ISABEL DE SEBASTIÁN: METRÓPOLI ENCIENDE SUS LUCES

Poco después del recital consagratorio de Metrópoli en el Santa María, Isabel de Sebastián está excitada y quiere hablar, quiere contar tantas cosas nuevas. Al principio las palabras se le amontonan...

—Estamos apasionados con el nuevo material, los temas del disco *Viaje al más acá*. Porque acordate que el anterior, *Cemento de contacto*, salió un año después de lo programado, y cuando lo presentábamos ya lo sentíamos viejo. Recién ahora podemos realmente mostrarnos como somos, porque este sí es el sonido del grupo. Ahora estamos muy tranquilos con nosotros mismos, porque es como decir: "Cada palabra que digo me la creo".

Pero el recital del Santa María tuvo que ser a la fuerza un show corto. Porque veníamos de las actuaciones en *La la la* con Luis y Fito, que fueron un esfuerzo impresionante de ensayo.

Y trabajar con Luis en *La la la* y *Privé* fue un aprendizaje fenomenal. Ver cómo siente Spinetta lo que canta, cómo respeta las canciones y cómo elabora su música fue algo muy importante para mí. Esa fue una de las cosas que me ayudó a sentir mejor y a sumergirme más en lo que hago.

Isabel hace una pausa para pensar y ordenar sus ideas. Quiere expresar su entusiasmo con más coherencia. Retoma la charla despacio:

—Ahora en el Santa María a mí me llamó la atención –y me emocionó mucho– ver que el público no se copaba solo con los temas más fuertes, los que tienen más marcha, como es habitual. Se copaban y escuchaban con tanta atención aquellas canciones lentas con más sutilezas como el material más rockero, que de pronto también es el que tienen más difusión. Y eso es notable en nuestro tiempo, en el que la sensibilidad se ha ido perdiendo. Todos hemos perdido gran parte de nuestra capacidad de escuchar, de abrirnos y percibir. Yo sentí que había mucha participación del público. Y lo nuestro no es nada sin esa participación, sin ese ida y vuelta entre lo que vos le das a la audiencia y lo que la audiencia te da.

A mí es eso lo que me interesa, lo que me mueve. Sentir que el público no viene porque acá están los jopos de moda o porque este año dicen que hay que ver a Metrópoli. Vienen a buscar algo que sienten verdadero para ellos, y hay muchos que se acercan a mostrarnos sus cosas, a compartir sus ideas con nosotros. Eso es lo que a mí realmente me alimenta. Si el público es así, tan perceptivo, no me importa la cantidad, no me importa que sean muchos o pocos. Porque de nada sirve que te sigan miles de personas si vos no sabés qué es lo que reciben, que es lo que encuentran en lo que vos hacés.

Esa paz de la que hablaba viene de habernos preguntado claramente "¿qué es lo que queremos con el grupo, qué es lo que nos pasa por la sensibilidad?". Yo digo que hemos cultivado bien la huerta antes de salir a la plaza. Entonces resulta que lo que hacemos es lo que nos gusta, lo que sentimos, y por lo tanto lo conocemos bien. Por eso digo que nuestro trabajo no tiene que ver con la moda, o con atraer gente porque sí. Creo que vamos más a largo plazo, y si eso tiene éxito hoy, mejor.

—*Dentro de ese tema del reflejo del grupo en el público; ¿cómo ves ahora en la distancia el especial de televisión en el que participaron,* El chico del saxo?

—Cuando empezamos la filmación hacía dos días que habíamos terminado el disco, que grabamos en tiempo récord –ciento setenta horas– laburando el día entero en el estudio. Estábamos muy gastados. Y creo que ese agotamiento se nota. Cualquiera que vio el programa se da cuenta de que nuestros aspectos habituales son francamente más saludables que los que se vieron allí.

Nosotros nos metimos en eso para conocer un medio nuevo, la televisión. Vos sabés que si uno no arriesga, nunca conoce espacios nuevos. Y en cualquier lado uno puede descubrir cosas que le gustan y le interesan. Queríamos ver cómo era un set, cómo trabajaban los iluminadores, cómo nos sentíamos nosotros en ese ambiente. Y nos dimos cuenta de que a nosotros no nos interesa la televisión, que es evidente que nacimos para hacer lo que hacemos. Es muy diferente cómo se trabaja en la televisión a cómo trabaja un músico. A veces para aparecer quince minutos tenés que esperar catorce horas. Uno está dependiendo de mucha gente para mandar su mensaje: el guionista, el director, el camarógrafo, etc.

Un músico, para transmitir su mensaje, compone sus canciones y se sube arriba de un escenario. Nadie le dice qué es lo que tiene que hacer, nadie le "sopla" un texto... Es más libre. Te imaginás que no es nada fácil cuando dicen "acción" y hay veinte personas alrededor tuyo moviéndose mientras vos tenés que hacer tu papel.

Además, el guion no nos gustaba mucho, había algunas cosas con las que no nos sentíamos identificados. Algunas se pudieron cambiar, otras no.

Lo bueno de la película es que muestra que un grupo de rock no es un grupo de dementes que se la pasan borrachos o locos. Se demostró que somos un grupo de gente común y que tenemos que trabajar duro para lograr lo que queremos.

Lo bueno también fue conocer a [Nicolás] D'Alessandro, que es un tanguero bíblico, que tuvo su [orquesta] típica exitosa allá por el cuarenta, y vive de sus recuerdos, guarda su bandoneón en una caja fuerte atrás de un póster de su época de oro. Fue como ver nuestro futuro, lo que seremos algún día ya que los músicos tenemos algo de profunda melancolía, de profundo compromiso con lo que hacemos. Esa sensibilidad extrema que sigue luchando por salir a pesar del paso del tiempo.

—Salgamos del duro mundo de la TV y volvamos a estudios centrales, digo a Metrópoli. ¿Están contentos con el disco?

—Mirá, gastamos la mitad de horas de grabación que en el disco anterior y logramos un producto que nos satisface mucho más. Porque fuimos allá con todo muy cocinado, dispuestos a disfrutar sin presiones ni apuros. Ocuparse antes de grabar para no preocuparse después. Habíamos estado un tiempo viviendo todos juntos, haciendo los demos, y habíamos logrado una gran cohesión e integridad. Creo que eso se nota.

Nos pusimos muy contentos con el disco. Sobre todo cuando pasó cierto tiempo, porque al principio todavía estás muy autocrítico, pensando en alguna cosa que se quedó en el tintero. Desde que empezamos con el grupo creo que este es el primer verdadero placer de sentir que la cosa está tal como la queremos. Y ya hemos encontrado nuestro cauce, nuestra manera de trabajar y gozar haciéndolo.

Es una sensación como medio erótica, ese placer de estar haciendo la cosa como la querés, estar cantando y gozando al mismo tiempo. Cuando sentís eso, es como descubrir lo que realmente vale de todo este asunto. Dejás de pensar y todo empieza a salir.

Yo creo que lo que hicimos hasta este disco fue un trabajo de desbloqueo, de liberar nuestras sensaciones, nuestros sentimientos, liberarnos de aquello que nos contaminaba de alguna manera. A mí me costó mucho llegar hasta aquí, yo al principio tenía miedo de cantar, tenía miedo de estar arriba de un escenario con la gente mirándome... Ahora de pronto me doy cuenta de que ya no me planteo nada y me dejo llevar por el placer, me guío por si las cosas me gustan o no. Es como haber empezado a fluir.

—Hay quienes dicen que el disco tiene una producción muy pareja, que los temas suenan parecidos. monocromáticos...

—Eso es algo que nosotros buscamos. Había temas –como *La nave* y *Máscaras*– que eran muy distintos y los homologamos, porque queríamos producir algo integral. No nos impusimos ninguna clase de variedad. Quisimos mostrar lo que nos está pasando ahora. En este momento nos está pasando este sonido, nos expresamos así.

Además, no hay muchos aparatos, no hay diversidad de instrumentos. Un poco porque lo buscamos así, y otro poco porque funcionamos con un presupuesto muy bajo y tuvimos que atenernos a lo que teníamos.

Nosotros nos jugamos con nuestro proyecto. Sabemos cómo queremos las cosas y nos producimos nosotros mismos, con Mariano López, que es casi como del grupo.

Estamos muy contentos con el disco, y pensamos que eso es Metrópoli hoy.

—*¿Tienen planes para el futuro?*

El plan más importante es juntarnos a tocar. Porque es muy desequilibrante eso de que estás dos meses escondido preparando el material y después salís y tocás sin parar siempre los mismos temas... Y después tenés que encerrarte y decidir qué es lo que te está pasando para poder componer rápidamente el material para el próximo disco para salir a tocar... ¡Ufa!

Queremos mantenernos frescos, unidos y creativos como grupo, no olvidarnos jamás de por qué estamos haciendo todo esto, cuál es la razón por la que estamos tocando, cantando y expresándonos.

Publicado originalmente en *Canta Rock* Año 4, N° 77 (5-II-1987).

SODA STEREO:
LOS SIGNOS VITALES

"A veces pienso" –dice con gesto inquisitivo Gustavo Cerati– "que este es un disco mucho más transgresor que los anteriores. A lo mejor algunos esperaban que nuestro tercer LP fuera el dancing total, con mucho funk para que todos bailen, pero tampoco queríamos tener el karma de ser solo un grupo bailable. Por ahí eso era como un lastre que nos molestaba un poco. ¡Ojo, a mí me encanta la música bailable! Yo soy rítmico por naturaleza, pero explotar las melodías era una trasgresión interesante porque no sabíamos si nos iba a salir bien. Acordate que las melodías recién empezaron en el disco anterior. Mi intención fue buscar una cosa bastante heterogénea en el disco, y por eso hay muchas cosas dispares, por ejemplo el tema *Final caja negra*. Quizás fue para burlarnos de nuestra propia coherencia...

Yo no sé si *Signos* es nuestro mejor LP, pero estoy seguro de que las mejores canciones que he compuesto están en este disco, por más que esto suene un poco como el cliché de decir que tu último álbum es el mejor".

CHARLY: Para mí, *Signos* es un disco más maduro, con mucha melodía y más armonía. Las cosas están mejor armadas.

ZETA: Cuando entramos al estudio queríamos encontrar un sonido más directo, duro y rockero. Básicamente, más expresivo. Los costos daban como para grabarlo en el exterior, pero teníamos ganas de hacerlo así, acá, y con mucho feeling.

CHARLY: Cuando llegamos del viaje a Europa y Estados Unidos no había nada compuesto y no teníamos una idea aproximada sobre lo que íbamos a hacer. Simplemente fuimos a la sala de ensayos y nos pusimos a tocar.

ZETA: Y para colmo, lo único que sí sabíamos era que queríamos hacer algo diferente. En la primera etapa estábamos muy copados con el soul, seguramente porque con Gustavo habíamos visto algo alucinante en Nueva York: una banda underground donde todos eran blancos y hacían un soul buenísimo. Entonces nos copamos con eso, aunque luego fuimos variando hasta llegar a esto.

—Las letras también reflejan más pasión...

GUSTAVO: Con este LP me pasó una cosa curiosa con la parte de las letras: me acuerdo que me acosté una noche a las dos de la mañana, sabiendo que no tenía ninguna letra pero que quería empezar a grabar la semana siguiente. Sabía que tenía muchas cosas para decir, pero no veía bien para qué lado largarlas. Digamos que la música crecía geométricamente y las letras aritméticamente. Esa noche se rompió el bloqueo, porque me levanté a las cuatro de la mañana, sobresaltado, puse el cassette con la música de los temas, y escribí una letra tras otra. El retoque posterior fue muy poco, y salvo las que hice con colaboraciones de otra gente, todo el disco salió en una noche.

ZETA: Nunca habíamos entrado a un estudio con la seguridad que teníamos esta vez. La primera parte de la grabación salió bien, pero luego se pincharon los equipos del estudio y pasamos horas y horas esperando que se arreglara todo.

GUSTAVO: Fue una grabación muy tortuosa. Se hizo muy larga porque el estudio se rompió en la mitad de la grabación. Fue realmente increíble la lucha que hicimos junto a Mariano López (el técnico de grabación) para sacar adelante este trabajo. Y por supuesto que todo eso nos jodió porque terminamos reventados, cuando era un material para grabar en una semana y listo. El concepto del disco pedía hacerlo enseguida, con más espontaneidad que –por ejemplo– *Nada personal*. Además, todos los temas son absolutamente nuevos y no ocurre eso de que se crucen las épocas en que se compusieron, como nos pasaba antes. Esta vez hicimos un corte y arrancamos de cero, grabando casi en vivo y con un sonido natural.

—*No hay duda alguna que se trata del disco más rockero de Soda Stereo.*

GUSTAVO: Sí, es el más pasional. Para nosotros también significó rescatar una serie de timbres que son más íntimos y directos... Por eso el piano y el órgano Hammond. Tuvimos la inquietud de revolver el arcón de [la empresa de sonido] Milrud y encontramos viejos micrófonos, como los que usaban en Motown. Y en el caso de los vientos, el trabajo del Pollo Raffo fue increíble y durante el tema *Sin sobresaltos* tocamos todos juntos en el estudio. ¡La sensación fue impresionante!

—*¿Cómo se dio el hecho de tener letras escritas en colaboración con otra gente?*

GUSTAVO: Bueno, a mí me gusta mucho cómo escribe Isabel de Sebastián, y de alguna manera me pareció interesante para cortar el ego de tener una persona escribiendo todas las letras del disco. No poder trabajar con otra persona es un poco el karma de muchos músicos argentinos. Yo me reuní con Isabel en el estudio, le mostré un poco la onda del LP y le pasé una música para que le pusiera letra. Así se hizo *En camino*.

En el caso de *Persiana americana*, la letra la hice junto a Jorge Daffunchio, un tipo que mandó una letra al concurso que organizó Tom Lupo en radio Del Plata. Su letra se llamaba *Cine negro* y si bien no la elegí, porque era un poco complicado ponerle música, en la radio mencioné que me había gustado mucho. La cuestión es que me llamó para darme más letras y después de muchas reuniones terminamos haciendo *Persiana americana* entre los dos. Es una letra un tanto histérica, ¿no?, con toda esa onda Brian De Palma y *Doble de cuerpo*. Jorge, además, es un director de cine que trabaja en un colegio enseñando arte.

EL ROCK LATINO

—*En la mayoría de los reportajes les preguntan qué sienten al ser el grupo número uno del país. Ahora la pregunta es otra: ¿qué se siente al ser el número uno de Latinoamérica?*

GUSTAVO: Bueno, Brasil tiene bandas que venden hasta dos millones de copias, así que desde ese punto de vista ellos son los líderes en Sudamérica. Pero sin embargo ellos no han podido penetrar en el mercado de habla hispana. Así que tanto la gente como las grabadoras ven a la Argentina como el bastión de lo que denominan "rock latino". Eso lo saben hasta los capos de las compañías, en Estados Unidos, y por eso ahora cada país está empezando a mirar qué pasa al nivel underground porque hay muchas bandas que ni tienen dónde tocar. Entonces, sin duda alguna, Soda Stereo es el primer grupo que llegó a lugares donde ni siquiera van intérpretes norteamericanos o ingleses. Una cosa que nos causó gracia en Colombia fue ir a un programa de radio llamado *Punta de lanza*, un término que nosotros veníamos usando un poco en joda. En países como Colombia no hay rock y existe una confusión muy grande sobre lo que es el rock y lo que puede ser una Valeria Lynch roquera.

ZETA: Uno termina volviéndose realmente orgulloso, sin ser para nada cholulo, del rock y la música argentina. Seguro que España va a costar un poco más y tampoco tengamos tanta tecnología como ellos, pero creativamente no hay dudas que Argentina está al frente.

—*¿Cómo les fue en Colombia y Venezuela?*

GUSTAVO: Lo que se puede observar en esos dos países es tremendamente diferente a lo que pasa en Chile y Perú. En el caso de Venezuela, hay una influencia muy grande de los Estados Unidos, que les encaja la peor música envasada que tienen.

CHARLY: Toda Latinoamérica es muy norteamericana.

ZETA: Vos caminás por Caracas y te sentís como en Miami... Los coches, ¡todo! Los medios como la radio y la televisión están armadas hace mucho tiempo y tienen una gran fuerza. Hay paquetes de radios-canales de televisión-revistas que manejan toda la información y por eso dirigen a la gente como vacas. Les venden lo que quieren.

GUSTAVO: Pero, al margen de esa historia, hay muchas bandas con polenta. Por ejemplo, Caracas está llena del símbolo del grupo Sentimiento Muerto (que tocó en España junto a Charly García y La Torre). Es un corazoncito tachado que se ve por todas partes; o sea que si uno mira más allá de la radio y la televisión puede encontrar un montón de cosas.

ZETA: Toda esa fuerza tiene que explotar de la misma forma en que el rock argentino fue underground durante tanto tiempo. Pero actualmente nosotros tenemos una infraestructura alrededor del rock: hay tipos que fabrican guitarras argentinas, hay equipos de sonido y hasta medios especializados en rock. Y como ellos aún no tienen cosas así, nosotros tuvimos que entrar a los programas que no son específicamente de rock y salir en revistas al lado de –no sé– José Vélez.

—¿Y esos paquetes de radio y tevé les daban bola a Soda Stereo, a pesar de ignorar al rock local?

GUSTAVO: Sí, pero hasta ahí nomás. Una cosa extraña de Venezuela es que a pesar de toda la tecnología que tienen, no hay radios FM sino AM estéreo. Creo que íbamos dispuestos a comenzar de cero. Nos contaban lo de Perú y Chile, pero no lo podíamos imaginar. Y en Colombia y Venezuela dábamos por sentado que no nos conocería nadie y nos llamó mucho la atención que seis mil personas fueran al recital de Bogotá. O sea que hay hambre de rock. Una cosa que les impresionó de nosotros fue la manera en que metemos el castellano dentro de la música. Y eso también les pasa con otros grupos, como Virus. ¡No están acostumbrados al rock en castellano! Otra cosa extraña es que en Colombia, país clave del narcotráfico, asocian al rock con las drogas y le tienen miedo.

CHARLY: En Colombia también tocamos en lo que sería la mejor discotheque, y los chicos se copaban bailando temas de Soda o canciones de Zas.

ZETA: Ahí tocó una banda de ska al mejor estilo Cadillac, con mucha gente sobre el escenario y buen look. O sea que las cosas están medio ocultas.

GUSTAVO: Ojo, todo esto es Colombia y Venezuela, que fue como tirar una semillita. Saber que este año volveremos a ir te demuestra que todo va tomando forma. Otra cosa muy distinta son Perú y Chile.

—Una especie de beatlemanía con Soda Stereo...

CHARLY: ¡Fue impresionante! A mí Chile me descolocó segundo tras segundo porque ocurrían cosas que nunca imaginé que me pasarían. ¡Eran cosas de las que ves en películas y te suceden a vos!

GUSTAVO: Ahí el rock y nuestra música ya están integrados a la gente. Saben de todo, se conocen nuestras letras y han leído todas las revistas argentinas de rock. Un lugar donde tocamos fue Arequipa, que es una ciudad importante que está cercada por unos cuarenta volcanes y está metida en el medio de los Andes. ¡Y nos encontramos con seis mil personas colmando la capacidad de un estadio, cantando todos los temas!

CHARLY: Imaginate lo que pensamos cuando bajamos del avión y vemos ese paisaje ¿quién nos iría a ver? Y nos metieron en una plaza de toros techada y todo estuvo al mango.

GUSTAVO: Los shows eran similares al Obras del año pasado, con solo *Prófugos* del nuevo repertorio. Acordate que salimos de gira apenas cuatro días después de terminar el disco, así que no pudimos ensayar *Signos*. Y la gira fue larguísima, aún a pesar de haber suspendido la visita a México... Lo que hubiera sido estar ahí nomás del Río Grande.

CHARLY: Sí, más gira, más al Norte... ¡más tequila! (risas).

GUSTAVO: El balance es inmediato: en todas partes la comunicación fue impresionante y el terreno es más que positivo como para volver a ir a esos países. Por ahora, haremos los shows del verano y en abril o mayo presentaremos el disco en Capital. Luego nos encerraremos a delirar proyectos de la misma forma en que nos propusimos hacer esta gira latinoamericana.

ZETA: Ya es un sello de personalidad del grupo hacer lo que queremos hacer. Y que nos vaya bien.

Entrevista realizada junto a Marcelo Fernández Bitar y Eduardo Berti publicada originalmente en *Canta Rock* Año 4, N° 77 (5-II-1987) bajo el título "Los signos vitales de Soda Stereo".

CLAUDIO GABIS:
VUELVE EN LA NAVE

Guitarrista prócer del rock nacional en sus comienzos, fundador de Manal y La Pesada del Rock and Roll, Claudio Gabis estuvo mucho tiempo fuera de la escena musical, dedicándose al estudio y la enseñanza. Hoy vuelve formando parte de La Nave, y parece tener la misma pasión que lo encendió en sus comienzos. Veamos cómo lo explica:

"La Nave, más que nada, es una historia de amistad", dice Claudio Gabis, asumiendo el liderazgo de la charla, quizás por su carácter de veterano del rock nacional, y promotor entusiasta del nuevo grupo. "Yo tengo bastante experiencia de grupos, musicales y no musicales, conjuntos de personas que trabajan, etc. Y todos acá hemos pasado por eso, y nos alcanza para comprobar que, en un grupo, cuando no hay amistad, la cosa tiene otro cariz. Nosotros nos hicimos amigos antes de empezar a funcionar como grupo".

"Te cuento la historia en dos palabras", interviene Oski [Spac], el cantante. "Ellos dos, los hermanos Fernández, Edgardo en bajo y Daniel en batería, habían formado parte de dos grupos: Avatar, primero, y Cinema, después. Nos empezamos a juntar porque ellos estaban en el estudio Avatar con un integrante del primer Sui Generis, Carlos Piegari. Gabis, viejo amigo mío, se mudó a vivir allí porque trabajaba con ellos. Y ahí empezó la cosa".

"Empezó aquel viejo divague bohemio que es el jugo de la creación", se mete Gabis, recordando con el brillo de los ojos los tiempos en que el divague interminable entre amigos desembocó en uno de los grupos fundamentales, Manal, y permitió tejer un nuevo idioma musical y literario. Pero Gabis no está para la nostalgia. "Nos juntamos con Oski, Daniel y Edgardo y empezamos a compartir una vida de bohemia. Nos quedábamos de noche escuchando, por ejemplo, a Bob Dylan. Hablábamos de las letras, de la poesía, de millones de cosas. Íbamos muy profundo en la noche, penetrábamos tranquilamente en la madrugada, llegando desesperadamente al mediodía". Todos se ríen, como si compartieran un código hecho a través de largas trasnochadas.

"Todos teníamos ganas de armar un grupo de verdad", dice Daniel, "y estábamos musicalmente medio parados. Estábamos desencantados del showbusiness".

"Y descubrimos una sensación estimulante", se mete Gabis, "vimos que nos gustaba lo que charlábamos y también nos gustaba lo que salía cuando agarrábamos los instrumentos y nos poníamos a tocar. Empezamos a darle forma a la cosa un poco caóticamente, en el ritmo de bohemia que veníamos curtiendo. Trabajamos a través del corazón, de una manera antigua, más que a través de teorías sobre lo que está de onda en la música".

"Tené en cuenta que nosotros veníamos de un grupo moderno", explica Edgardo. "Estábamos contentos con Cinema, pero sentíamos que, como músicos, nos faltaba aquella cosa de tocar, de realmente expresarte con tu instrumento. Eso empezó a pasar cuando nos juntamos con Claudio. Lo que a nosotros nos salía naturalmente, el rhythm and blues, el rock and roll, estaba muy mal visto en ese momento, año 85, cuando el pop arrasaba con todo".

"Lo pensábamos como un delirio, hacer una música de raíz negra, blusera y soulera...", apunta Gabis. "Nosotros, con Daniel y Edgardo, nos sentíamos también impulsados por Oski, que no tenía horas de vuelo como músico profesional, pero tenía una mística rockera propia de la inocencia, una energía vital difícil de encontrar en esta época. Yo venía con demasiada historia, con un pasado que de alguna manera pesaba mucho. Y hubo entonces un arranque emocional. Compusimos varios temas, tocamos mucho. Nos salió un laburito, armar la identificación musical de una FM, la Okey, que comenzaba en ese momento. Algún lector se acordará de la música que anunciaba la radio: éramos nosotros".

"Cuando estábamos grabando los temas de Okey en el estudio de Music Hall, alguien nos escuchó y se interesó", comenta Oski. "Ya estábamos en una onda 'garrón and roll' de tanto esperar que alguien nos dé bola".

"Y lo loco es que se interesaron en nosotros porque no sonamos como Soda Stereo, ni como Virus, no nos parecemos a nada de lo que está pegando ahora", dice Gabis. "Y nosotros sentíamos que, como decía San Martín en los insoportables libritos de lecturas del colegio: 'Serás lo que debas ser o si no no serás nada'. Está sucediendo todo un movimiento en el cual pasó a primar la máquina y se puso en primer plano la despersonalización, nada personal...".

"No tocar, no expresar, no pelar, no mostrarse...", se abre paso Oski.

"Y a mí me parece un robo cuando te ponen una batería electrónica a sonar acompañando un grupo en vivo", se enoja Gabis, "porque aunque soluciona un par de problemas prácticos y cuesta más barato que un baterista, en el fondo es un timo, como dicen los españoles, una estafa. La batería es el instrumento más excitante y estimulante que tiene el rock, el que marca el ritmo de esta música sincopada que generaron los negros. A nosotros nos parece que la energía de un músico es muy superior a la de una máquina, y esa energía se transmite al público. La energía, la personalidad que lo hace único, ese nervio propio que no tienen las máquinas. Nosotros nos jugamos en algo que no está de moda, y metimos solos de viola, solo de armónica, música tocada en caliente. En el disco, hasta las secuencias que parecen electrónicas son en realidad tocadas. Y por eso llamamos para los teclados a un tipo moderno pero que toca: Andrés Calamaro. Y él mismo nos dijo: 'Yo no sé secuenciar bien. Cuando haya que parecer moderno, no lo voy a hacer programando, lo voy a hacer tocando'".

"Entonces", continúa Gabis, "nos pasó un poco lo de *2001*, donde la máquina está a punto de ganar, y el hombre le gana la partida. Porque hay que usarla, está en el mundo, no la vamos a negar, pero hay que ganarle".

¿Y qué pueden decir las cuatro monitos de La Nave sobre sus letras?

"Mirá", empieza Gabis, "de la misma manera que hoy hacer un solo de guitarra y coparse antiguo y boludo, de la misma manera hablás en un idioma de todos los días sobre las cosas que no pasan parece zonzo. Hay miedo a la emoción, temor a exponerse. Hay preferencia por lo digital, que no expresa emoción, y también hay inclinación a ocultar los sentimientos detrás de un lenguaje simbólico o cibernético. Nosotros descubrimos que había un montón de cosas para decir. Cuadros costumbristas, declaraciones de amor, cosas de odio y bronca, cosas de las que vale la pena hablar. Es un cuento cotidiano que hacemos entre todos, porque la mayoría de los temas están escritos entre varios, una estrofa cada uno. Estamos transmitiendo verdaderas experiencias personales. Y el rock and roll siempre tuvo una forma directa de contar las cosas, esas cosas personales y crudas que no figuran en los diarios o en las revistas, y que la gente muchas veces no se atreve a contar".

"Y, al mismo tiempo, las letras nunca terminan diciendo 'está mal' como se usa ahora", puntualiza Edgardo. "Hablan de lo que pasa, pero no aflojan, porque hay que seguirla".

Gabis quiere decir algo: "Hay una cosa que para mí es una garantía: que estoy con tipos que aman esta ciudad. Nuestra música es muy urbana, vuelve un poco a las fuentes del rock, la música de ritmo sincopado heredado de los negros, expresando la vida en la ciudad, dándole prioridad a la emoción. El rhythm and blues, el soul, el rock and roll...".

Comentamos que ahora esa música se está revalorizando en el mundo, se está volviendo a poner de moda. "Sí, es probable. Pero nosotros", aclara Daniel, "no sabíamos que eso estaba pasando cuando armamos el grupo".

"Hay un reflujo, una vuelta a las raíces, un nuevo giro de la rueda", filosofa Gabis. "De pronto, ves que le entregan el Grammy a Stevie Winwood, que era nuestro héroe en la época de Manal, y en el show del Grammy tocan tipos como Albert King, B.B. King, Ry Cooder... Yo no quiero salir a combatir contra las máquinas, pero a veces me da la sensación de que el rock se ha quedado con la cascarilla, con el barniz exterior de lo que fue una música emocionante y excitante. Actualmente está, como dicen los vendedores de los colectivos, trabajado en fino material plástico. Entonces no es que sea la lucha contra las máquinas, sino la lucha por no volverse máquina uno mismo. Porque a mí me gusta emocionarme, me gusta calentarme con una mina, me gusta que hacer el amor, tocar y cantar sean experiencias compartidas y fuertes. Eso, para mí, sigue siendo la razón de ser del rock".

Publicado originalmente en *Canta Rock* Año 4, Nº 80 (15-IV-1987).

CHARLY GARCÍA:
TODO NOS SUENA DIFERENTE

"Este es un disco 'up', para adelante", dice Charly. "A la hora de decir las cosas, me di cuenta de que tenía que superar un año negro, deprimente. Y me puse las pilas...".

—La onda compositiva salió rápido, es verdad. Empecé a componer fuerte a partir de noviembre del año pasado. Hasta ese momento no tenía casi nada, pedacitos anotados, cosas sueltas. Y en esa época tomé la decisión de entrar en el estudio, ir al frente con lo que haiga. No importaba si no había temas, no importaba nada. Me impuse hacer un disco...

—Y hacerlo casi vos solo, porque la mano de los músicos estaba que no se definía...

—Iba para atrás, para adelante, para atrás, para adelante. Entonces me dije: "Bueno, voy a hacerlo yo...".

Me llevé los instrumentos a Panda y empecé a hacer los demos ahí. Y finalmente los demos terminaron convirtiéndose en el disco. Es la misma cinta. Con Mario (Breuer) compramos una cinta buena para tener la precaución de poder borrar y regrabar y que sonara bien.

Y entonces tomaron forma de a poco los temas, usando los pianos, los teclados, una base de batería electrónica, algunas guitarras.

—O sea que estabas vos solo en el estudio, reflejándote en el espejo...

—Yo solo, y [Fernando] Samalea manejando las baterías eléctricas. El día antes de irme cayó Lebón al estudio, con su guitarra, y le hice tocar todos los temas al hilo, sin haberlos escuchado previamente. De todo eso se rescataron un par de frases bastante significativas. Pasó lo mismo con el maese Melingo, que vino y tocó un par de temas sobre el pucho.

Entonces con Mario agarramos todas las cintas de veinticuatro canales, –que son un choclo– las cargamos en el avión y nos fuimos a Río.

Ya teníamos reservado el estudio a través de una amiga, Ivonne [de Virgiliis], la representante de Paralamas y otros grupos. Y bueno, grabamos el percusionista, el famoso Chacal (no Cachaco, como pusieron ustedes detrás del póster). La sesión duró un día, porque el tipo era bárbaro; se encerró, apagó las luces, tocó todo. A los dos días cayeron los Paralamas e hicimos el *Rap de las hormigas*.

Yo necesitaba una chica para cantar *Buscando un símbolo de paz.* Y me sugirieron a Paula Toller, de Kid Abelha. Vino, la adorable, y se cantó la vida.

Terminamos y nos fuimos a Nueva York, directamente del verano caliente al invierno feroz. Nos estaba esperando una limusina, enviada gentilmente por el presidente de la CBS –cosa inédita para mí–. Aterrizamos en el Washington Square Hotel, en el Village. Primer día de paseo por el Central Park, disfrutar de la Gran Ciudad... Al segundo día ya estábamos grabando con Joe Blaney al comando de las consolas de Chun King House of Metal, donde graban todos los capos del rap. Joe trabaja mucho ahí, haciendo discos de rap. El graba a Run D.M.C., por ejemplo.

Querían poner un bajista, así que me adelanté, compré un Rickenbaker. Cada vez que Joey quería poner un músico yo me le adelantaba. Así que enchufé y salí tocando.

De ahí nos fuimos a MIDI City, donde habíamos grabado *Tango* con Pedro. ¡Todavía tienen a *Tango* colgado ahí, al lado del último de Stevie Winwood! En MIDI City grabamos la parte tecladal. Ahí tienen todo ya enchufado, de manera que solo tenés que escoger los sonidos... Es un placer de locos.

Compramos batería nueva para Samalea, olimos ese aroma de cosa brillante y sin usar al sacarla de la caja, copamos el estudio grande de Electric Ladyland y grabamos la bata. En el estudio de al lado estaban los Cars.

Regrabé todas mis voces, usando mucho un micrófono del año cuarenta, de esos cuadrados que usaba Frank Sinatra, y que dan un sonido especial. También vino una chica [Cheryl Poirier] de Kid Creole and the Coconuts para cantar.

Mientras hacíamos la mezcla pintó Uberto [Sagramoso] y nos fuimos a sacar las fotos de tapa en un lugar increíble, el Taller Latinoamericano, abajo de una iglesia ortodoxa rusa. Usamos todo un día para hacer las fotos, iluminando este extraño sótano que sirve de depósito de pianos y órganos. En las fotos aparece Cheryl, una de las Coconuts.

Bueno, en total le metimos quinientas horas de estudio, la mitad en Nueva York y la mitad en un disco trabajadito con mucho corte de cinta y pegoteo de pedazos.

—*¿Y las letras, cómo surgieron?*

—Algunas las traía de aquí, otras las hice en Nueva York. ¡Como podés notar, es un disco totalmente internacional! (risas). Es que los temas se fueron modificando, porque yo no tenía muy clara la forma de la mayoría de las canciones, a veces se me iban de mambo y eran muy largas o muy repetitivas. Entonces lo que hicimos fue cortar directamente la cinta de veinticuatro canales –algo que Joey hace fácilmente, y yo no había visto antes–. Los temas se fueron compactando, y tuve que inventarles nuevos estribillos sobre la marcha o unir pedazos diferentes. Muy loco, muchos cortes de cinta...

LOS TEMAS

Adela en el carrousel es una canción que ya tenía armada. Otro es el *Rap de las hormigas*, que compuse en una casa de campo que fuimos con Fabi Cantilo, y la letra demuestra a las claras la situación problemática de ir al campo sin suficientes provisiones. ¡Profunda problemática! *Ella adivinó*, en cambio, la compuse en Río, en uno de esos Casios tipo Fun Machine, que recuerdan la melodía. Llevé eso al estudio, le pusimos un micrófono y grabamos todo encima de esa base, que sirvió de guía.

Parte de la religión ya venía completa desde Buenos Aires. Es como un pantallazo por casi todas las religiones. Son como todos personajes distintos con distintas religiones. Está el cristiano, está el que cree en el gurú, está el judío. Es una mirada a los distintos traumas, que al final se rompen cuando ella se desnuda y se pudre todo (risas). La conclusión, el final, es que las cosas pasan, chau, ¡quele vachaché!

No voy en tren la había estrenado en La Falda hasta que empezaron a llover los botellazos, los tetra-bric y los naranjazos. Y cuando estaba grabando las voces descubrí que le faltaba un pedazo al tema. Entonces me tomé diez minutos y escribí eso de "cuando era niño nunca fui muy listo...".

—*¿Por qué dice "Soy el que cierra y el que apaga la luz"?*

—Por aquello que dicen los uruguayos (Jaime Roos): "El último que se vaya que apague la luz". También me acordé de Melingo, que siempre se queda hasta el final. Es él en realidad el último que se va.

En *La ruta del tentempié* es la música la que manda, y la letra salió así, tipo éxtasis, muy fluida. Esa letra: "Nunca me animé a decirte nada..." es como un intento de romper "the wall" y ser un chico común, mezclarse entre la gente.

El karma de vivir al sur está hecha para mi hijo, pero en realidad puede servir para hablar de cualquier amor. Tiene bastante cosa tanguera, sobre todo la parte que habla del "karma de vivir al sur" y se escuchan un par de bandoneones.

Necesito tu amor ya lo habíamos estrenado en Pinar de Rocha con gran algarabía de la gente que tiró todas las sillas a la pileta y también lo tocamos en España y gustó mucho.

Rezo por vos lo grabé un poco porque me lo pidieron, ya que tuvo éxito en todas partes, incluyendo España, y porque me había quedado con las ganas de hacer mi versión. El tema es buenísimo, y yo estaba con bronca por la versión berreta que salió en aquella recopilación. El tema merecía algo más.

Al final me quedaron tres temas afuera. Y pensar que empecé el disco sin material, pensando: "Uy, no me sale nada, ¿qué voy a grabar?". El año pasado estaba en esa: "No sé qué hacer, no sé qué grabar". Pero siempre pasa así, a último momento, ¡bam! sale todo. Con *Piano Bar* pasó lo mismo, aunque ese era un disco más al mango, más desesperado. En *Religión* no está esa cosa media angustiada que tenía *Piano*. Se me fue la angustia, ¡qué problema! ¿Qué hago ahora sin angustia? (risas).

—A pesar de que "tengo prejuicios que no me puedo sacar", y "los sueños se fueron y no volveran". A pesar de que "no tengo teca, no tengo gas", "no tengo a nadie a quien yo quiera ver ni alguien que quiera escuchar".

—A pesar de todo, este es un disco "up", "Up-esar". A pesar de eso... Es para mí el resumen de todo un año medio negro. Y cuando me puse a hacer el disco decidí superarlo, superar mi estado de ánimo deprimido.

—Pero si la onda de la "depresión" recién está llegando a la Argentina...

—Pero una cosa es ser depresivo y otra ser deprimente. A veces creo que hay una sutil línea que separa la "estética de la depresión" del tipo realmente deprimido. Porque de todas maneras hay que, vivir, hay que ir al frente... "¿Será porque nos queremos sentir bien / que ahora todo nos suena diferente?" (*Buscando un símbolo de paz*). Hacer un disco quejoso, que comprometa al que escucha en una especie de melancolía, me parecía que no tenía sentido para mí en ese momento.

Lo que yo quería era un disco polenta, que te pusiera bien, que te interesara. Cuando me sumergí en el estudio necesitaba sonidos polentosos, voces fuertes, cantar al mango. Este disco tiene la voz adelante y está muy gritado. Tal vez eso es lo más novedoso de *Parte de la religión*. Antes yo mezclaba mi voz entre los instrumentos, cantaba más tímidamente. Esta vez los temas están cantados para afuera, hay más grito.

Es un disco post depresión, renacentista. Está asomando algo, en todo el disco. Hay algo que está naciendo, y me gusta.

¿CUANDO VEREMOS EL BEBÉ?

—El disco sale en estos días. Hubo un problema con el corte, que estaba bien pero le faltaba volumen. Lo llamé a Joe y le dije: "¿Qué pasó, Cacho?". Hay que volver a cortar.

—¿Tenés una banda armada para presentarlo?

—Tengo algunas ideas. En vivo quiero tocar la viola más que nada. Unas voces femeninas... Seguro que Samalea va a estar en la bata, tal vez Quintiero en teclados. Estoy conversando con gente. Aparecen muchos percusionistas, que yo no sabía que existían, y que me van a hacer falta.

¡Hay muchos buenos músicos libres en Buenos Aires, sumándole además las separaciones de Fricción y Metrópoli!

Viajaríamos a Río a comenzar las presentaciones, en junio. El disco sale simultáneo en toda Latinoamérica. Entonces en Brasil haríamos una gira junto con los Paralamas, y después partimos por Latinoamérica.

En Buenos Aires lo presentaríamos el 5 de septiembre en el Luna, a justos doce años del *Adiós Sui Generis* (7 de septiembre 1975). Tal vez se dé esa "casualidad". Quiero que la presentación venga con todo, que sea una fiesta.

—*¿Qué te pareció el fin de semana de los milicos sublevados y la gente en la plaza?*

—El jueves yo ya estaba en la plaza. Pero no sé, después me agarró un ataque de sarcasmo y me pareció todo una payasada. Pensándolo de nuevo me di cuenta que era en serio, que había que estar...

—*A lo mejor tenía algo de payasada, pero igual había que ir, había que poner la trucha...*

—Eso. Igual había que estar. En momentos así hay que pelar, porque es mucho más grave la payasada de los otros.

El domingo fui a tocar a Barrancas. Nadie me avisó nada, pero vi en Badía que me anunciaban, decían que iba estar en las plazas. Y más tarde me llamó la mujer de Tarragó Ros. Ahí mismo lo llamé a Samalea y nos juntamos. El trajo a Lupano y al Zorrito Von Quintiero y como estaban Gaby [Aisenson], Hilda [Lizarazu] y Laura [Casarino], ahí nomás armamos el conjunto bisexual. Nos mandamos y contamos *La revolución*, *Los Dinosaurios* y *Demoliendo hoteles*, con Rinaldo en el bajo. También estrenamos *No voy en tren*. Fue muy lindo realmente. Mató.

CHARLY ACTOR DE CINE

—Voy a actuar en una película nacional que se empieza a filmar en estos días. Es una especie de policial con un "touch" de ciencia ficción, que sucede en Buenos Aires de acá a veinte años. Es un tipo que en una manifestación o algo así es herido por un policía y va a parar al hospital medio catatónico. Yo soy su enfermero. Yo soy el que va descubriendo todo el enredo y al final... ¡Ya lo verán!

El final no lo cuento, pero es el sueño del pibe, un final muy grosso.

La dirección es de Gustavo Mosquera, que debuta en el largometraje. El otro actor principal es Hugo Soto, el de *Hombre mirando al sudeste*. Yo haría la música también.

El personaje se parece bastante a mí, el director busca aprovechar un poco cómo soy yo realmente, cómo me muevo y todo eso. Me graban con sonido directo, que es un riesgo, pero por lo menos no es el habitual bochorno argentino de que los labios no coinciden con lo que se oye, el típico fuera de sincro nacional.

Publicado originalmente en *Canta Rock* Año 4, N° 81 (5-V-1987).

LUIS ALBERTO SPINETTA: SU PERSONALIDAD ELECTRÓNICA

Además de estar dispuesto a testear su propia violencia y la de todos nosotros en su nueva música, el Flaco se zambulló en la pileta de actor de cine. Maquillado, perdido en una ciudad desierta un hombre trata de hacer bailar a sus hijos. ¿Cómo? ¡A esta película le falta compaginación! Veamos de nuevo las imágenes...

—*En la época en que presentaste* Privé, *dijiste que querías hacer música que hiciera bailar a tus hijos. ¿Cómo ves el disco ahora, pasado un tiempo?*

—¡Los chicos todavía están bailando con *Privé*! (risas). En realidad, yo no tengo casi ninguno de mis discos. Hace poco Mariano (López, el técnico) me pasó una copia directa del digital, y lo volví a escuchar. Y realmente, los chicos lo disfrutaron y yo también. Creo que es el mejor de los discos que grabé. Por el carácter del audio, por el sonido y por la temática. Es un disco que al cabo de un año se sigue dejando escuchar, sigue teniendo vigencia.

Una producción como esa requiere tecnicismos, y Mariano es el tipo justo para eso. Algunas ideas que se experimentaron en *Privé* luego se siguieron desarrollando en otros discos que también grabó Mariano. De alguna manera *Madre en años luz*, el longplay anterior, empezó un trabajo de sonido con Mariano, que después avanzó otro paso con *Giros* de Fito, en el mismo estudio y con el mismo técnico, subió otro peldaño con *Privé*, continuó con el maxi de Fito (*Corazón clandestino*) y llegó a su punto máximo con *Signos* de Soda, que es un disco que tiene un audio que te mata. Quiere decir que allí hay un técnico que está creciendo, Mariano, un tipo a quien yo admiro. Con *Privé* nosotros usamos en un momento cincuenta y dos canales, una mezcla gigantísima, pero eso no es nada comparado con lo que usó Soda, que metió un montón de cámaras diferentes y otras cosas. Creo, en fin, que un disco como *Privé* invita a superar ese experimento técnico, esa grabación tan grossa.

Y tocado en vivo, *Privé* me abrió un nuevo mundo. La batería electrónica es implacable en su marcación rítmica, y no admite ninguna clase de desfasaje subjetivo. Y yo toco la guitarra rítmica sobre ese patrón inamovible, muy estricto, que se convierte en un desafío. Ahí es donde advertís tu propio desfasaje, tu emocionalidad, sobre el fondeo de eso que no cambia. Ahora, cuando toco en vivo, uso esas posibilidades y ese desafío de la batería electrónica gracias al Chofi, que es nuestro programador MIDI. Y lo uso en temas anteriores a *Privé*, como *Ludmila*, *Ricky*, *Enero del último día*. Se ha refrescado material de un disco "viejo", como *Madre* o *Bajo Belgrano*, y se lo ha puesto al nivel MIDI de *Privé*.

—Con la batería programada no hay imposibles, no tenés los límites físicos que tiene un baterista...

—Claro. Yo puedo componer la partitura de batería y armarla en la bata con el Chofi, y a veces poner cosas que yo me imagino, cosas que en una batería convencional son imposibles. En temas como *Patas de rana*, por ejemplo, harían falta tal vez dos percusionistas para reforzar al batero. Pero al mismo tiempo me falta la vibración del batero tocando en vivo detrás tuyo, y entrando en calor, empujando más ciertas partes, variando según el clima del recital. Pero hasta que no encuentre el batero que busco, ¡me quedo con José Yamaha!

—Tu disco con Fito, La la la, *es un poco la contracara de todos estos experimentos sonoros MIDI, ¿no es cierto?*

—Bueno, de movida, al contar con la inspiración de Fito, al juntarnos con él, ya no podíamos someternos a la dictadura de la batería electrónica. Desde el principio hubo muchas canciones que no requerían ni siquiera ritmo, tenían una natural insinuación rítmica. Y me encanta que *La la la* sea justamente esa contrapartida.

—Es muy loco que sacaste un disco "científico" (risas)y uno sentimental casi al mismo tiempo...

Son dos facetas, quizás... No sé. *La la la* me parece una especie de monolito... Creo que un montón de virtudes de nuestro glosario rockero nacional están puestas ahí con toda la frescura que requerían. Las letras... El sentido que tienen el disco, esa instantaneidad de polenta de adentro, por decirlo de alguna manera...

Yo me saqué el gusto, después del intento con Charly, que se frustró. Me di el gusto de hacer un disco con Fito. Es muy bueno laburar con otro compositor. Y aunque no nos hayamos fundido y fusionado en la composición, porque de alguna manera, somos muy parecidos, la confluencia de vibretas es tremenda.

Aparte Fito no es de este mundo, no existe. Es impresionante contar con un talento así para crear juntos. Todo lo que el mono hizo con teclados en el disco y todos los arreglos que él ideó, inclusive para muchas canciones mías, son todos de primera. Funcionábamos medio telepáticamente para distribuir las cosas.

En *La la la* además está Franzetti tirando esas cuerdas grossas, cosa que no existía por acá.

La paradoja es que después de tremendo disco y un encuentro súper fuerte, no se lo continúa. ¡Lo único que hicimos fue los conciertos en Obras y un concierto en Mar del Plata! Después no se volvió a tocar ese material. Es triste, porque me parece que es un proyecto que daba para más, y quedó ahí. ¡Montamos un show tremendo, con mucho ensayo y todo, para hacer cuatro presentaciones!

—*¿Cómo es lo nuevo que estás preparando? Sabemos que tenés un disco en compuerta,* Téster de violencia...

—Estoy en la etapa de elección de composiciones para el disco, el toque final, el acabado fino de algunos temas, retoque de arreglos... Pienso que empezaré a grabar en julio.

Pero este disco va a tener un proceso de grabación distinto. Lo voy a hacer en casa, en un equipo mío de dieciséis canales, para después, teniendo todas las tomas, mezclarlo en Moebio.

—*¿Vos solo?*

—Voy a tratar de hacer todo lo que pueda solo. Por supuesto que van a estar el Mono Fontana, Machi, Ulises Butrón, probablemente Coleman como invitado en un par de temas.

Lo que quiero conservar y rescatar es el estado anímico del taller personal, la música casera. La intención es recuperar la inspiración que generalmente hay en los demos y que muchas veces se pierde al regrabar las cosas en el estudio. No quiero perder esa viola que me salió a las dos de la mañana en mi casa, solo y sin presiones. Cuando preparo los discos y hago los demos, me doy mucha manija. Los hago en serio, y muchas veces consigo cosas que después no puedo repetir porque son fruto de la inspiración de un buen momento. La idea de *Téster* es recuperar esa frescura del momento, grabando con un buen equipo en casa.

Además, yo en este momento no puedo permitirme hacer un disco que valga miles de dólares, porque al final el que termina pagando la superproducción es el músico. Ahora no quiero gastar tanta guita y energía en el proceso de grabación. Yo en mi casa puedo redoblar el esfuerzo, grabar cada toma cuantas veces quiera, porque no estoy pagando horas de estudio. Puedo entonces capturar todos los buenos momentos.

La experiencia dice que cuando vas al estudio ya vas predispuesto de cierta manera, y por más familiarizado que estás con la sala, siempre tenés en el fondo la misión, la obligación de grabar el disco. Y en las horas que transcurren ahí tenés que grabar o grabar, no hay vuelta.

En mi casa yo me impongo los horarios y meto cosas cuando me parece, puedo irme a dar una vuelta o comer, soy libre. Y entonces salvo ese sentido de lo espontáneo, de lo que salió en el momento justo.

Con *Privé* yo parecía un director de cine manejando la entrada de todos los elementos programados a la mezcla digital, y era como que el disco era un rompecabezas que tenía que armar. Ahora la cosa va a pasar más por mí y por la inspiración, esa vieja palabra...

—*¿Por qué el título* Téster de violencia*?*

—Surgió de la amistad con Fito, en relación a cosas que pasaron alrededor de *La la la*. Llegué a la conclusión que en mayor o menor medida todos somos un téster de violencia. Somos el territorio sobre el cual se pone de manifiesto la violencia, y a la vez somos el medidor de esa violencia. Somos quienes ejercemos la violencia y quienes la juzgamos, sobre todo la violencia irrefrenable de los sentidos, la violencia íntima en el alma, en la respuesta frente a la hipocresía del mundo, frente a las injusticias... Todos somos un poco tésters. Nuestro cuerpo es el punto en donde se mide la violencia y la probeta en la que se la prueba. Creo que yo soy un téster de violencia.

En realidad, el disco no va a ser tan violento como el título podría insinuar. Es una violencia contenida, una violencia profunda. Una violencia erótica. No es que vaya a ser un disco opresivo, ni rítmicamente violento. Creo que la violencia se va a descubrir después, en las letras, en lo que hay por debajo.

Tengo ya varios temas casi listos, y además pensaba incluir *Para ser un hombre más*, el viejo simple de Manal, que es un tema muy grosso. Me encanta actualizar un poco esa música porque creo que ha quedado de lado. ¡Ese material es tan rico y tan vigente! ¡La fuerza de Manal! Yo soy admirador de Manal desde el principio, era fanático de Claudio Gabis y entonces me juego a hacer una versión sin cambiar ni la melodía ni la letra, como se hizo en otra versión medio humorística de un tema de Manal, versión con la cual no estoy para nada de acuerdo.

Esa versión de *Jugo de tomate frío* trata de ironizar una canción que ya tiene suficiente ironía por sí misma, que tenía una fineza irónica en su versión original, en su rock cáustico y discepoliano, perfecto.

Yo sentí como si hubieran agarrado *Ana no duerme* y le hubieran metido una letra en joda. ¡Voy y lo mato!

Y de todas maneras, ese material de Manal tiene una vigencia impresionante, hasta porque hoy hay un regreso al rhythm and blues, se vuelve al toque soul.

—*¿Qué preparás para el recital del Astral?*

—Bueno, básicamente quiero presentar el nuevo material, sembrar para *Téster de violencia*, que la gente vaya conociendo las cosas nuevas. Y de paso testear el *Téster* (risas). Además, irán los temas de *Privé* que vengo haciendo, algunos de *Madre en años luz*. Y cosas viejas, seguramente.

También quiero que haya una puesta en escena, que sea un recital bien armadito, como hace muchísimo tiempo que no hago.

—*¿Así que debutaste como actor?*

—Fue una experiencia fabulosa. Se trata de un corto cinematográfico en el que encarno a un tipo de cincuenta y cinco años que se llama Finney y es una especie de solitario que vive en una ciudad desierta. Personaje sórdido y a la vez silencioso.

El director, Fredy [sic] Spiner, es un talento que todavía no hizo su primer largometraje pero tiene ideas que rompen todo. Los cortos que ha hecho hasta ahora tienen un nivel impresionante. Uno de esos cortos, *Testigos en cadena*, tiene música de Lerner y ganó cualquier cantidad de premios. Yo lo conocí a través de Fito, porque probablemente haga video-clips con él.

Al principio yo tenía un poco de miedo, porque el papel exige que el personaje casi no se mueva, lo cual contrasta enormemente con mi personalidad electrónica (risas). Pero me adapté enseguida y como el clima de la filmación era tan genial y la finalidad era tan artística, yo sabía que cualquier aporte mío tenía validez. Al mismo tiempo, deseaba ser corregido y llevado por el director y el guionista.

Cuando, pasado ese temor, me encarné en el papel, practiqué una forma de caminar especial del personaje, con movimientos muy medidos, manteniéndose dentro del encuadre, etc. Es muy loco: repetir movimientos programados, miradas estrictamente pensadas y que al mismo tiempo parezcan naturales. Estás poniendo en juego partes tuyas que hasta ese momento no conocías. Y todo el tiempo con la cámara encima, que te está radiografiando en primer plano.

El film probablemente se llame *Falsos movimientos*. Y es porque se mueven los aparatos electrónicos, se mueven los muñecos de calesita, se mueve el neón, el teléfono contesta siempre la señal de reparaciones, todo parece funcionar, menos la plenitud de la vida. Los personajes no funcionan. Es como el retrato de una impotencia típica nacional llevado a un plano lírico y estético, hasta te diría surrealista.

La ciudad está cercada por un desierto, pero está alambrada. Y eso es algo que sucede en la realidad, que las ciudades parecen estar alambradas, los hombres estamos alambrados, todos estamos parcelados y contenidos en nuestras esferas de silencio, en nuestros gestos que insinúan todo sin llegar a realizarlo. Esta película es un retrato de la indiferencia, de la emoción que no se puede contener y entonces ni siquiera sale a la luz.

Inmediatamente, cuando leí el guion dije que sí, y voy a hacer la música. Cuando ya esté armado más o menos el film, le voy a meter la música, en base a las imágenes y los climas.

Yo había escrito el guion del sketch de Pescado en *Hasta que se ponga el sol* y actué junto con los chicos, pero me representaba a mí mismo. Aquí es distinto, me vi obligado a actuar realmente, a ser alguien que no soy yo. Una tarde filmamos una escena que era tan simple pero a la vez tan violenta, que cuando la terminé me descompuse de los nervios, me agarró una especie de patatús, vomité y todo.

Spiner es un rockero, un tipo joven que, según él mismo dice, "creció escuchando nuestra música" y era una especie de sueño para él tenerme ahí. Y a la vez, para mí era un sueño que me dieran esta oportunidad de actuar, de ver partes desconocidas de mí mismo.

Entrevista realizada junto a Eduardo Berti publicada originalmente en *Canta Rock* Año 4, Nº 82 (VI-1987) bajo el título "Spinetta y su personalidad electrónica".

HONRADOS CIUDADANOS

"Cuando tenía diecisiete años me corté las venas", dice Flanmental, un honrado ciudadano. "Me dije: 'Si Dios existe, no me voy a morir'. Yo no me morí, así que creo que Dios existe. Por eso a veces no estoy de acuerdo con mis amigos, que son casi todos punks, y muchos andan en la onda 'me quiero morir, es todo una pálida'. Nosotros, los Honrados Ciudadanos, estamos a favor de la vida, aunque suene medio radical.

Yo venía mal desde los trece, y a los diecisiete me enteré que mi novia se acostaba con todos mis amigos. Se me pudrió todo. Entonces, cuando me quise morir, me corté las venas. Por eso a veces no entiendo a los que se hacen los bajoneados.

Pero hay cosas en las que estamos de acuerdo. El punk dice que todo es una mierda, y yo también lo creo. Pero por eso no voy a bajar los brazos y entrar en la depresión.

Lo que pasa es que es tanta la información que circula ahora, que uno se da cuenta de todas las tranzas. Antes la gente no se enteraba de los arreglos entre los papas y los emperadores, los reyes y los archiduques. Ahora esa información forma parte fundamental de tu vida. Es difícil no rayarse cuando uno ve el manejo que se hace de la gente. La televisión te bombardea con consignas, te lava la cabeza.

Entonces uno tiende a decir: 'Mi vida es una mierda'. Y los pibes, cuando tienen dieciséis, diecisiete, todavía no tienen vida propia. Entran al mundo y descubren eso. Después uno se la rebusca para hacerse un espacio fuera de la mierda".

—A veces es medio caprichoso, eso de decir "la vida no vale la pena" sin ni siquiera haberla probado, sin haber conocido el mundo más allá de la televisión en casa de mamá y el profesor malo del colegio.

"Pero siempre está la pose. En la época hippie había tipos que se dejaban el pelo largo para ganarse minitas, o para no estar solos. Y lo mismo pasa ahora", remata Claudio.

"Yo creo que hay cosas rescatables en esta época, y en todas las épocas. La buena onda que podamos tener entre nosotros, por ejemplo", interviene Alejandra Molto Piaccere. "Lo rescatable son siempre cosas chicas, de todos los días. Si buscas cosas buenas a nivel política nacional o internacional, perdiste. No las vas a encontrar nunca. Donde hay poder hay corrupción".

Claudio está inquieto en su silla. Quiere hablar, entrar en detalle: "Tenemos un tema que se llama *Mono con bocho*. Porque nos dimos cuenta de que el ser humano es una especie de simio con cerebro, y todos los problemas le vienen del bocho. Con el bocho le venden cosas, le producen ansiedad y se trauma, le inventan necesidades y delirios que son solo de la cabeza. No existe que el ser humano desee tomar Coca-cola. Tiene sed, y naturalmente siempre buscó el agua, la Coca-cola se la crearon como necesidad. ¿Y los cigarrillos que fumamos? Necesidades inventadas por un bocho para sacarle guita a otro, para a su vez tener guita para poder consumir otra necesidad inventada.

Si el ser humano se tirara más para el lado del mono, a lo mejor... ¿Qué es un recital? ¡Son unos monos gritando y otros saltando al compás! A mí me alucina ver las tribus africanas cantando mientras laburan, laburando todos al ritmo...

—*Y de ahí viene el rock, de las canciones que cantaban los negros esclavos para acompañar el laburo en los algodonales, en Estados Unidos. De ahí salió el blues y después el rock. Canto tribal de la era moderna.*

"Por eso no me copan esos grandes grupos que tienen todo el show armado, pensado", mete Claudio. "Me acuerdo una revista que decía: '¡Qué profesionales! ¡Tienen todo el escenario marcado para los pasos que van a dar!'. ¿Qué es eso? ¿Rock o Commodore 64?

Sí, una parte fundamental de un recital es el público, y lo que pasa tiene que pasar con el público. A nosotros nos copa que cada show sea diferente. Por eso el mejor público es el que te sigue cuando todavía son un grupo chico. Los tipos te entienden y tenés intercambio con ellos. No los manejás como los políticos manejan a la masa".

—*Y hablando de grupos, ¿ustedes cómo empezaron?*

Claudio: Yo tenía una banda de ska. Y al mismo tiempo tenía un boliche armado en una ex comisaría, que se llamaba La 2a. Vivíamos en la ex comisaría, dormíamos en los calabozos. En el escenario que teníamos armado estaba mi equipo de guitarra y una batería. Siempre caía alguien y se armaban zapadas. De ahí empezó una onda de hacer música más porque sí, porque yo me había superdeprimido con la banda de ska. Yo me empecé a copar en tocar sin importarme nada. Quería tocar ahí y no moverme más.

Por La 2a. pasaron mil monos de grupos underground. Al final tuvimos que irnos porque no pagábamos más el alquiler. Pero ya estaban formados los Honrados Ciudadanos, que salieron de la comisaría al mundo. El nombre nos lo puso Fidel, el cantante de Todos Tus Muertos.

Debutamos en Interama un 21 de septiembre. Alejandra hacía solo dos meses que tocaba batería, que empezó probando en la comisaría.

Después hicimos shows un poco por todos lados. Ahora le estamos metiendo mucho para adelante.

—*También van a entrar a grabar...*

Sí, el mes que viene grabamos en Umbral, que según parece te deja hacer el disco como vos querés. Después, si el disco se vende, mató. Si no, bueno... Vamos aprendiendo e inventando sobre la marcha, no somos un "producto", como se dice ahora.

FORMACIÓN DE HONRADOS CIUDADANOS

Claudio Flanmental: Voz y guitarra
Alejandra Molto Piaccere: Batería
Dany López: Bajo
Moraña: Percusión
Giorgio: Teclas
Astrid: Voces

Publicado originalmente en *Canta Rock* Año 4, N° 82 (VI-1987).

V8:
LOS PASTORES HEAVY METAL

Inflamados de una sincera emoción, los V8 han vuelto a la lucha después de casi dos años de ausencia del país. Hablan con energía de su visión de la marginación del verdadero rock y a veces parecen los emisarios de una nueva fe espiritual que surge en medio de la ciudad violenta.

RICARDO IORIO: Estuvimos en Brasil viendo cuál era, porque sabíamos que había discos nuestros circulando por allá, vendían nuestros dos álbumes en las disquerías de San Pablo. Y nosotros nunca supimos de dónde salieron esos discos, quién los exportó. Entramos en contacto con gente que nos quiere editar allá, y es probable que el nuevo disco, *El fin de los inicuos*, salga en Brasil en julio.

Pero el grupo estaba medio disuelto, y cuando llegamos lo rearmamos. Teníamos mucho material preparado durante estos [sic].

Pero llegamos aquí y comprobamos que la cosa sigue igual. El género heavy sigue muy perseguido en la Argentina. En todas partes se nos cierran las puertas. Y no solo a nosotros, que somos el único grupo del género que ha conseguido grabar y tiene un poco de difusión. Se nos cierran las puertas de los locales, se nos niega el permiso policial para tocar, y en muchos distritos directamente se nos prohíbe tocar, porque los concejales o intendentes nos catalogan de músicos que incitan a la violencia.

Yo tengo veinticuatro años y a los catorce escuchaba Manal. Pero esa corriente musical quedó trunca. Porque después se encarnó en El Reloj y en Orion's Beethoven y también eso quedó trunco. Y puede ser que a V8 le pase lo mismo, porque es lo que le pasó a todos los que hacían un tipo de música.

En otros lados el heavy es un género muy aceptado. En Chile, en Perú, en Ecuador, en Brasil, en Australia. En Europa hay radios que se especializan en música metálica, hay revistas... En EE.UU. el metal tiene un espacio enorme. Pero hablar sobre todo esto es inútil. Es como caer en un círculo y terminar siempre en lo mismo. Es evidente que se nos corta, que se nos limita.

ADRIÁN CENCI: Y a todo esto se suma el error de algunos chicos que se piensan que ser heavy es volverse destructivo, es salir a patotear, ir a romper algo...

RICARDO: Pero lo nuestro es creación, es producto del amor, así que nunca puede ser destructivo...

Nuestra música es metal pesado, y es la continuación del verdadero rock and roll, que es duro y ligero. Es la continuación del rock porque mantiene las mismas raíces de marginación que siempre tuvo el rock. Porque ese rock que ha sido oficializado dejó de ser rock, a nuestro criterio. En realidad, no nos afecta ser marginados, no tener salas o ir a tocar a lugares donde entra poca gente...

ADRIÁN: La esencia del rock es transmitir un mensaje, y hoy en día eso se derivó en una cosa superficial en la que importa más la ropa que el show...

RICARDO: El rock se ha vuelto una música para danzar y sentirse evadido de los problemas. Por eso nosotros estamos marginados, y sabemos que siempre vamos a estar fuera del éxito masivo. V8 no subió rápidamente, y tampoco va a caer rápidamente como los que suben un día para otro. Los que nos siguen no se preocupan de si tenemos el arito o el peinado última moda. Para muchos V8 es una bandera que no baja, un grupo que no se entrega. Y eso me hace sentir muy bien.

Hay otros grupos que son marginados también. Los que hacen hardcore, los que hacen trash, y los que hacen punk también. Porque ellos están reflejando lo que hay de pesado en la calle, en la vida real.

MIGUEL ROLDÁN: En cambio hay muchos grupos que han bajado sus banderas y han dejado de expresar el amor, que es la esencia de todo esto. Poner por delante el entendimiento, y olvidan el amor. Y el entendimiento envanece, en cambio el amor edifica... Se quedan en querer mostrar qué bien tocan los instrumentos.

RICARDO: No tendría que ser V8 el único grupo que llegó a grabar discos entre todos los que están en una línea realmente pesada. Pero así estamos, se nos cierran las puertas, estamos obligados a tocar en Provincia, porque en la Capital no tenemos cabida. Y en Provincia la policía se lleva micros llenos de chicos que no han hecho nada, que trabajan como cualquiera y que cuando hay una guerra son los primeros que mandan a combatir. Ellos van a ver la música que los mueve, la música que los identifica, y son pisoteados.

Los chicos nos siguen porque saben que hacemos lo que sentimos, nuestras creaciones las intuimos nosotros y no pretendemos que suenen como los grupos de afuera. Escuchamos música inglesa y americana y nos gusta, pero al tocar le ponemos nuestra propia manera de ser y nuestros condicionamientos. Sabemos que hasta el sonido de grabación aquí es más limitado, y eso lo asumimos, no nos volvemos locos tratando de ser otra cosa que lo que somos. Y creo que eso es lo que les gusta a los chicos, por eso se ponen la campera de V8. Saben que somos lo que parecemos ser, y jamás bajamos los brazos, seguimos adelante contra viento y marea.

El nuevo disco se llama *El fin de los inicuos*. Los inicuos son los que no tienen equidad, los que cometen iniquidades. Y el tema de ese nombre narra lo que acontecerá con los que no tienen equidad. Nosotros no tenemos que estar en contra de los inicuos, porque es su ignorancia lo que los mantiene en el egoísmo y la estrechez mental. No sirve de nada ir a darles un sermón o apuntarles con un arma. Es la luz de la creación lo que los va a hacer cambiar. Y van a tener que pagar su error de ser inicuos y mantener, por acostumbramiento, este estado de cosas.

Nosotros nos diferenciamos del punk porque el punk dice "estoy muerto, no tengo futuro". Y lo que no tiene es futuro material. Porque al fin de cuentas todo el mundo piensa que el verdadero ímpetu de la vida es poseer. Pero va a llegar un momento en el que solamente va a sufrir aquel que está desesperado por poseer lo de los demás. Vos ves a todas las personas que se ponen re-mal porque no pueden vender, porque no están enriqueciéndose. Y es que tienen sus corazones puestos ahí.

La delincuencia juvenil, por ejemplo: ¿de dónde proviene? Del chico que se da cuenta que no posee nada, y toda la información que recibe le está diciendo que lo importante es poseer. Entonces agarra un arma y sale a buscar lo que no posee. Porque no se le difunde la verdadera existencia, el hecho de que el que más tenga acá menos va a tener en el futuro.

ADRIÁN: La gente no se rige por lo espiritual, y entonces les cuesta ver su mal, que está engendrado en el espíritu que vive en el error. Esa es la visión de nuestro álbum.

RICARDO: Nosotros tratamos de demostrar esa verdad. Es un mensaje altamente desesperado porque sufrimos al ver al tipo que se cae al barro.

ADRIÁN: Carne y espíritu se contraponen. Las verdades de la carne y las verdades del espíritu son distintas. La gente nos ve metálicos y piensa que en vez de corazón tenemos un buje, pero tenemos un corazón de carne, un corazón noble. Y lo que se busca es congeniar la carne y el espíritu.

FORMACIÓN ACTUAL DE V8

Alberto Zamarbide: voz
Ricardo Iorio: Bajo
Adrián Cenci: Batería
Miguel Roldán: Guitarra

Publicado originalmente en *Canta Rock* Año 4, N° 83 (15-VI-1987).

BISTURÍ, LOS MANIÁTICOS, BARRIO TURCO, LOS EDIPOS, SOLDADO VENGA, LEGIÓN EXTRANJERA, ARGENTINA ESTÁ PERDIDA, TODOS TUS MUERTOS, COMANDO SUICIDA, ALERTA ROJA, EL CORTE, SECTOR DIVÁN, DON CORNELIO Y LA ZONA: EL NUEVO ROCK PORTEÑO

Buenos Aires ha cambiado, y sus habitantes parecen no entender nada. Cada vez hay más cortes modernos y peinados con gel en el colectivo. Los punks parecen multiplicarse a diario. Todos los fines de semana, casi a medianoche, una horda de chicos y chicas parecen salir de sus cuevas luciendo un código absolutamente novedoso. Y los grupos que surgen también son de gente nueva. ¡Atención, Buenos Aires! Aquí va un completo informe sobre: el nuevo rock porteño.

Sucedió de golpe. Casi de un día para otro, la ciudad se vio repleta de grupos nuevos. Pop, rock, tecno, punk, hardcore, after... lo que sea. Cientos de baterías despertando a las vecinas a la hora de la siesta. Infinidad de pibes cambiando las cuerdas de sus guitarras por primera vez, intentando no armar un nudo gigante. Gente recorriendo la ciudad de noche, aerosol en mano, dejando su huella en las paredes más blancas y tentadoras del barrio.

La explosión del nuevo rock porteño se cristalizó el año pasado, cuando un productor propuso la idea de llevar bandas al festival Subte-rock, en Paladium, donde terminaron tocando muchos conjuntos que habían terminado (o no) su aprendizaje de garage y deseaban salir a la superficie. A partir de ese momento, Buenos Aires no fue la misma: afiches con nombres de grupos ultra-desconocidos, teatros y pubs con festivales de agrupaciones nuevas, y la ciudad decorada con graffitis por doquier, llevando hasta lo inimaginable la costumbre impuesta años atrás por los Ratones Paranoicos.

"Nosotros no nos metimos en Subte-rock", explica Bachi [Marín], del conjunto de "pop cortante" Bisturí, "porque había una onda medio rara de no hacerle sombra a los grupos del organizador. Por eso preferimos seguir trabajando por nuestra cuenta, salvo algunos shows con Clearing Nocturno. Hay muchos celos absurdos y envidia entre los grupos". Roxana [Curras], de Los Maniáticos, confiesa que "con los que no tenemos conexión es con los grupos de elite, de gran poder económico, porque prefieren tocar en discotecas a solas". Sin embargo, trabajar en conjunto es una de las mejores soluciones para el problema de pagar un buen sonido, un costo que ronda los cuatrocientos australes. Algunos no dudan en invertir setecientos australes en un sonido sin fallas, por más que salgan hechos o pierdan algo de plata. Ramiro [Gutiérrez], el cantante "after" de Barrio Turco, directamente dice que "nosotros siempre tocamos con otros grupos".

En cuanto a la organización de festivales, se desató una polémica alrededor del sistema creado por productores como Carlos Mosquera, quienes le proponían a las bandas tocar con un muy buen sonido (operado por gente como Mario Breuer) y luces, en una sala importante. ¿A cambio de qué? Simplemente por la tarea de vender –por ejemplo, cien– entradas por anticipado. Sin las entradas vendidas, no había forma de tocar. Además, en algunos casos se ofrecían incentivos "para el mejor", como la posibilidad de grabar un tema en un disco (algo que finalmente nunca se concretó) o el pago de la realización de un demo. Apocalipsis, un grupo de rock duro con numerosos fans, ganó concursos de este tipo y así pudo acceder a tener sus propios demos. Los Edipos, quienes se definen como "la tragedia griega contemporánea", salieron primeros en el Festi-Subte de fines de enero en el Teatro Bambalinas, y tuvieron una recompensa similar. Eso sí, la mayor consecuencia del sistema de las entradas vendidas por anticipado fue el nacimiento de una profunda desconfianza hacia la raza de los productores. "Ahora resulta que cualquiera se cree productor", comenta con ironía e indignación Walter [Domínguez], del grupo punk Soldado Venga. "Simplemente junta un par de bandas, les hace vender las entradas, firmar un pagaré, pone un aviso en el suplemento *Sí*, y listo. Mirá qué fácil". Otra pregunta que se hicieron muchos grupos fue qué utilidad tenía actuar en Capital si el público se componía de los amigos de siempre. "Te piden que lleves gente conocida", reflexiona Bachi (de Bisturí), "sin saber que la idea de salir a tocar se debe a las ganas de que te escuche gente nueva".

LA FAUNA ACTUAL

A diferencia de cinco años atrás, cuando todos los grupos confluían en los escasos lugares que sobrevivían a pesar de la intolerancia (como el Café Einstein o el Zero Bar), actualmente existen simultáneamente una variedad de circuitos. Cada circuito, obviamente, responde a públicos heterogéneos y propuestas particulares. Por un lado, se encuentran la mayoría de los grupos que pisaron los Subterocks de turno, por ejemplo, Télex, Beso Negro, Etcétera, Sr. Vilmo, Alma Nash, Descontrol, Clonos, y Pena de Muerte. En la mayoría de los casos, son bandas de música pop con abundantes (y por momentos excesivas) influencias de Soda Stereo, Virus y Zas. Son conjuntos que parecen querer llegar lo antes posible a la grabación de su disco debut y a la fama. Opinan al respecto los integrantes de Soldado Venga: "Muchos empiezan a golpear puertas antes de estar tocando. Los chicos están demasiado preocupados por convertirse en estrellas, como si ahora hubiera una nueva carrera para elegir: la de estrella de rock. Hay muchos pibes del colegio secundario hablando de problemas secundarios. Hay una gran falta de ideas".

Otro circuito, generalmente proferido por bandas "after" o con reminiscencias punk, es el circuito de pubs como el Centro Parakultural ("La vanguardia oficial", según la revista *Cerdos & Peces*) y Funk, además del Teatro Santa María y Cemento. El grupo Legión Extranjera, como para dejar clara su propuesta, se define desde el vamos como: "Una hostia negra en el abismo de la noche". En esta zona del rock actual conviven metas artísticamente irreprochables, aunque con cierto snobismo y onda "punk de fin de semana". Según Daniel [García], cantante y bajista de Alerta Roja, el público punk argentino es criticable. Antes, un tipo con el pelo medio punk parecía un psicótico. Ahora, la mayoría de los punks bajan del taxi y no quieren pagar la entrada porque esa es la onda". Los ex Deseo Fatal, ahora rebautizados como Argentina Está Perdida, describen que ellos van "adonde nos lleve el viento", argumentando que "en este país se vive mucho de los planes y no hay hechos. Como el típico tarado que, se sentado en su casa, habla y habla y habla. Nosotros nos sentimos más cerca de Manal, tocando con mal sonido, pero siendo nosotros mismos, antes que intentar parecernos a Soda Stereo".

Dentro del sector de artistas más interesados en su propuesta que en las eventuales ventas millonarias está toda la tropa de Catálogo Incierto, idea de Daniel Melero (de Los Encargados), un músico que acostumbra a sentarse en su casa hablando y hablando, pero que a la hora de los hechos hace lo suyo. Su sello independiente (casi artesanal) hace cassettes con grupos bien undergound, con tiradas que oscilan entre las treinta y doscientas cintas. Así, grupos como Uno por Uno, Nadie Sabe, y el muy alabado Christian Rosas, accedieron a su grabación propia. El siguiente paso de Melero y sus secuaces es editar el primer LP de Catálogo Incierto, con temas de Los Mimilocos, La Forma, Los Corrosivos y Todos Tus Muertos. "Me parece una pelotudez decir que al grabar un disco transaste", dijo el cantante de Todos Tus Muertos en una nota de la revista *Rock & Pop*, "porque grabar y llegar a mucha gente es lo más. La cosa es no dejar que alguien pretenda cambiar tu propuesta o censurarte, porque una grabación debe reflejar lo que uno es". Otros no desean grabar hasta no considerarse preparados; tal es el caso de Los Maniáticos, quienes afirman haber rechazado una propuesta de grabar un álbum "porque no era el momento y no teníamos la presión de sacar un disco".

Por último, hay otro malón de bandas, relegadas (no por decisión propia) a tocar en zonas suburbanas (especialmente el "fortín" del Sur) y muy esporádicamente en Capital. Se trata de los grupos más rockeros, dejados de lado por el desinterés de muchos productores ("Lo que ahora vende es el pop, pibe") y por una suerte de racismo de los dueños de los pubs ("No, acá no quiero que toquen. El público que traen es violento, borracho y drogadicto"). Aquí desfilan los rockeros más pesados (XL5, con su look Mötley Crüe) y los eternos músicos no-tan-jóvenes de rock and roll (Durazno de Gala, con Botafogo en guitarras; y los Heroicos Sobrevivientes, con el ex La Pesada y Redonditos Fernando Pita). Los boliches más frecuentados en Capital son lugares como Craighmor y Montana, donde hace poco debutó La Banda de la Calle, integrada por gente cercana al rock (técnicos, ayudantes, etc.) y cuyo demo producido por su amigo Tweety González llegó a parar insospechadamente en radios y revistas peruanas.

Por supuesto que esta clasificación es a grandes rasgos, ya que muchos otros grupos siguen su propia senda, tocando indistintamente en lugares "after", pop, o del rock. Es el caso del rockabilly de Pelvis y The Valiants, quienes no tienen problema alguno en hacer covers o temas en inglés, ya sea en Cemento, La Cama, o el Parakultural.

¿PUBS, TEATROS O DISCOTECAS?

Esa es la opción ante la cual se enfrenta todo grupo a la hora de salir a tocar. "Es un circuito reducido", dijo Fidel [Nadal], de Todos Tus Muertos, "pero no porque nosotros lo querramos así. Hay muchas cláusulas para tocar en un lugar, y por eso estamos continuamente buscando lugares nuevos, aunque al final terminan siendo los mismos pocos boliches de siempre. A los dueños no les parece un buen negocio y tampoco se copan mucho con nuestra música. De todas formas, comparado con un año atrás, hay más lugares". Y mientras el cuarteto "duro" Comando Suicida (que hace pocos días agotó los quinientos simples que editó) menciona la existencia de "una especie de lista negra", Roxana (de Los Maniáticos) distingue entre "Algunos dueños de pubs que se niegan a darte una coca, y otros que te tratan como un jeque árabe. En Scaramouche, Montana y el Parakultural hay buen trato, pero la mayoría nos acusan de que nuestra música genera violencia".

Aunque la lógica (y los números) pueda indicar que lo más conveniente es acceder a un teatro, incluso compartiendo cartel (y costos) con otro grupo, la mayoría de los músicos nuevos se inclinan por mandarse a solas. Para Alerta Roja, "los pubs son una mierda, porque se tocan apenas cuarenta minutos y las entradas son muy caras. Y en las discotecas te escuchan de rebote, sin prestar mucha atención. Lo mejor es tocar en un teatro, aunque se corra el riesgo que se rompa alguna butaca". Es más, hay grupos que afirman que en las discotecas hay mala onda porque los novios se ponen mal al ver que sus parejas miran con entusiasmo a los músicos. Sin embargo, el grupo Bisturí prefiere las discotecas: "Un show armado con escenografía, buenas luces y sonido, incluso maquillaje, rinde mucho más en una discoteca, donde te pueden ver al menos seiscientas personas, comparado con las cien de un pub".

Algo desconocido para muchos son los mecanismos para poder tocar en un lugar cualquiera. No alcanza con ir y decirle al dueño que uno pertenece a un grupo nuevo y que tiene ganas de tocar ahí. Después de todo, ¿cómo hace el tipo para saber de qué se trata el asunto? Así surgieron, en un primer momento, los demos, desde los grabados en un ensayo con un portaestudio de cuatro canales hasta los realizados en costosos estudios de grabación. Ahora surgió una nueva variante: muchos boliches piden ver un video del grupo, "para saber cómo son en vivo". Por eso, muchas bandas terminan alquilando una cámara portátil (esas que se usan para casamientos, por ejemplo) para poder filmar algún recital importante. Bisturí tiene un video que muestra todos los preparativos del concierto y el show en sí. Barrio Turco grabó un video junto a Los Alcaloides y La Forma, en el Parakultural. Y el caso más conocido es el de El Corte, que al mes de vida hizo un video-clip de su tema *Ansia negra* (título bien bauhausiano) y luego decidió grabar su disco debut en el mismo lugar donde filmaron el video: un viejo galpón de Obras Sanitarias, utilizando apenas veinte horas entre grabación y mezcla. "El Corte hizo un disco experimental", nos contó Javier Calamaro, "porque no somos como los demás. Pasa que el sistema abarca todos los aspectos de la vida, hasta llegar al absurdo de encerrarse en un estudio para inflar o desinflar el sonido de un grupo, en lugar del sonido de los ensayos y recitales".

MÚSICA Y LETRAS

Una crítica que normalmente se hace a los grupos nuevos es la falta de personalidad o creatividad en su música, dado que el hecho de plegarse a una moda parece obligarlos a tomar referencias a grupos del extranjero. "Nosotros ahora nos dimos cuenta", reflexiona Flipside, del ex Deseo Fatal, "que la cosa no pasa por sentirse Robert Smith o alguien así, sino plasmar lo más fielmente posible lo que uno es, en la Argentina, y con un amplio margen para crear".

En cuanto a las letras, van desde el típico pastiche de frases sueltas (especialmente en los más pop o "after") hasta la protesta y crítica social más directa (por ejemplo el punk-rock). Soldado Venga habla de rebelión en su tema *Simplemente sangre*:

No lo reduzco a la acción,
quiero llegar al factor.
Pintemos en las barreras
la palabra "Rebelión".
Matar es difícil la primera vez,
después es simplemente sangre.

Y Los Maniáticos tienen su gran hit con *Poca diversión*:

Los chicos ensayan en el barrio,
el rock los tiene entusiasmados,
mañana por la noche los fusilan.
Claudio se peina con gomina,
el sol no llega a su oficina,
mañana por la noche se suicida.
La noche puede ser una senda angosta,
apoyados en la esquina piden emoción,
pero hay mucha policía,
mucha policía y poca diversión.

"Nuestra esencia son las letras", dicen los de Comando Suicida, "que son muy callejeras, muy de barrio. Reivindicamos a la gente que trabaja. Es más fácil que nos escuche y aprecie un tipo que trabaja que un vago burgués". Vale, entonces, como botón de muestra, su tema *Me cago en la yuta*:

¿Por qué vamos por la calle
y nos piden documentos?
¿No vivimos en democracia?
Con ellos no se nota.
Te llevan a una comisaría
y te pegan el castigue.
¿Por qué no agarran asesinos?
Bah, es más fácil con nosotros.
Me cago en la yuta,
yuta, yuta, yuta,
yuta hija de puta.

"Lo que a muchos les pasa", opinan los Soldado Venga, "es que si hacen buena música, se olvidan de las letras. O gritan su protesta con una música muy cruda. Hay que tener un poco de respeto por tipos como Javier Martínez o Moris, que escribieron buenas letras". Fabio [Lanutti], el cantante de Sector Diván, también mencionó a grupos del principio de la historia del rock nacional. "Aunque muchos opinen que los viejos hippones se murieron o que son arcaicos, a mí me gustan cosas de Color Humano y Spinetta". La gente de Don Cornelio y La Zona habló de Almendra, haciendo referencia a su vigencia atemporal, lo cual les hizo replantear algunas metas, "Nuestros planes ahora son medio ególatras y pedantes: hacer un disco que se pueda seguir escuchando dentro de diez años. Pareciera que no está de moda querer hacer algo trascendente".

LA POLICÍA

Ya desde algunas letras vimos que la policía no es muy amable que digamos con los grupos nuevos. A los hombres de azul no les caen nada bien los peinados punk ni los impermeables negros. Y ni hablar de los ojos pintados o los borceguíes. Los integrantes de Los Maniáticos recuerdan un show en The Corner, cuando al mismo tiempo que ellos tocaban *Poca diversión*, veían a través de la ventana que la policía tenía a muchos chicos contra la pared, palpándolos, rompiéndoles las camperas y luego llevándoselos. La gente de Comando Suicida es más dura: "En esta sociedad, los que no producen son zánganos, y la policía no produce nada. Encima, con los impuestos, les pagamos el sueldo. Es absurdo. En un festival que se organizó hace poco en un ENET en Berazategui, entró la policía y apenas terminamos de tocar nos llevaron a un aula y luego de apretarnos nos dijeron que si seguíamos jodiendo nos iban a quemar".

En general, todos los grupos tienen alguna anécdota poco feliz con la policía, como también el público, que periódicamente termina entregando los documentos o directamente metido en un celular para ir a la comisaría "por averiguación de antecedentes". Y no se trata de una persecución especial contra los grupos más pesados. Aquí no hay favoritismos. Basta con recordar el episodio de Fricción en La Capilla, donde se llevaron a los músicos, a los organizadores y a casi todo el público. Intolerancia, que le dicen, menos obvia y visible para el resto de los habitantes que en 1981, pero tan activa como siempre.

CONCLUSIÓN

Aún no se puede saber con exactitud cuántos grupos de los cientos que pululan por las calles llegarán a durar mucho tiempo o grabar un disco y ser conocidos. Por ahora, solo es posible afirmar, como dijeron los Alerta Roja, que "se le ha cambiado la banda de sonido al país. Hay muchas propuestas underground que no apuntan a la masividad, y es innegable que actualmente hay otra música". Y nueva. El nuevo rock porteño.

Investigación realizada junto a Marcelo Fernández Bitar, Eduardo Berti y Mariano Gambino publicada originalmente en *Canta Rock* Año V, N° 84 (9-VII-1987).

JAVIER MARTÍNEZ: LA VUELTA

Volvió Javier. Después de dos años en Francia, volvió. Tan vital como siempre y con un nuevo proyecto: salir a tocar nuevamente. Y no importa si decidió escudarse bajo el nombre de Manal, porque el asunto es que tenemos de vuelta entre nosotros a uno de los compositores más importantes: Javier Martínez.

—*¿Cómo empezó todo? Cuenten...*

JAVIER: Sobre la historia del grupo, mejor preguntale a los chicos del grupo. Te los presento: Aldo Giacomino (guitarra y arreglos), Daniel Saiko (teclados), Luis de León (bajo), y Jorge Giacovellis (batería).

JORGE: Un día nos encontramos con Javier en la casa de un amigo, lo conocimos y le dijimos que teníamos una sala de ensayos y que mataría si algún día viniera a tocar un poco con nosotros, que veníamos de formar el grupo Khlasch, que sacó un disco hace dos años. Bueno, Javier vino, vio que Aldo enchufó su guitarra y se quedó mirándome esperando que sacara un bajo. Y le dije que yo era baterista. Nos miró otra vez y nos pidió que tocáramos. Cuando terminamos me dijo que yo era el nuevo baterista de Manal. No entendí nada. "Hace veinte años que toco la batería", me insistió, "y sé que vos sos el nuevo baterista de Manal".

Luego nos pusimos a buscar gente con onda, porque nos interesaba tener buenos compañeros antes que músicos eximios. Y gente con mucho swing, porque sin swing, no es alegre, y si no es alegre, no es música. Nosotros creemos que la música es para levantar el estado de ánimo de todos.

JAVIER: Le hacemos la contra a los depresivos, je-je.

JORGE: Después nos pusimos a seleccionar temas del disco solista de Javier (*Sol del sur*) y otros clásicos de Manal. Y te aclaro de paso que la banda puede ejecutar cualquier tema de la discografía de Manal sin problema alguno.

ALDO: Y charlamos con Javier los nuevos arreglos de esos temas clásicos, para llegar a una nueva generación.

—*¿Planean incorporar toda la tecnología actual?*

ALDO: Sí, todo tipo de efectos y teclados. Y en determinados temas, Javier toca la batería, en otros la guitarra, y en la mayoría solo canta. Como una especie de show aparte. No se degeneraron para nada las líneas melódicas, sino que apenas se actualizó la armonía y las bases rítmicas.

—*¿Hay temas nuevos?*

ALDO: Sí, todos de autoría de Javier.

JAVIER: Yo traje de Francia unos veinte temas nuevos, algunos a base de ideas que tenía en el cajón y que nunca terminé de armar. Y otros que hice en los últimos dos años. Hay raíces de soul y rhythm & blues, pero no exclusivamente. Hay algo de funky, y también está la veta romántica mía que solo se conoce por el tema *Porque hoy nací*. En esta onda está el tema *Lejos*, que habla de mi vida de viajero.

AMÍLCAR GILABERT (productor artístico): Además, en todos los temas está el sello de la voz de Javier. Y también puede ser que haya algún blues, que le gusta a todos.

—*¿Qué pensaron acerca de grabar un disco?*

JAVIER: En principio vamos a grabar mitad temas clásicos y mitad temas nuevos. Por supuesto, los clásicos con un sonido archi-moderno. Vale la pena hacerlo así porque estamos en la época del clasicismo. Yo no sé cómo ni por qué, pero los chicos de quince años conocen los temas de Manal. Y fijate que Spinetta grabará *Para ser un hombre más* en su próximo disco, y Charly está haciendo *Elena* y *Jugo de tomate* en sus shows. Menos mal que no soy un estúpido porque si no me pondría en estrella. ¡Todas estas versiones me consagran como compositor! Porque no son ilustres desconocidos haciendo covers, sino artistas importantes que componen de primera. Quizás un día les devuelva el favor y yo también haré versiones de sus temas clásicos.

—*Javier, ¿no te parece mejor salir como solista y no caer en Manal?*

JAVIER: Pero, ¿qué me pueden decir?

AMÍLCAR: Además, Javier es un tipo que siempre tuvo puesta la campera de rock. La vuelta de Manal se justifica porque la intención es superar ampliamente esa trayectoria anterior.

Vos, Pipo, nos contaste de los grupos punk que hablan de la época de Moris y Manal, y que los persiguen tanto como a ustedes en La Cueva, pero Javier tiene que mostrar que evolucionó. Ese es el objetivo.

A Javier no le pesan *Jugo de tomate* ni *Avenida Rivadavia*, sino que se está dando cuenta que esos temas aceptan otro tipo de tratamiento musical. No es un revival, sino que incluye temas clásicos con peso propio y de gran arraigo entre los nostálgicos y los pibes más jóvenes. Nuestro criterio es que no nos dormimos. Queremos ir para adelante.

JAVIER: Otra cosa. En Estados Unidos y Europa ya se trabaja con el concepto del "adult-rock", o sea rock para adultos. Aquí se toma en cuenta un concepto equivocado, de hace diez años atrás, que es creer que solo consumen rock los chicos de quince a veinticinco años. Fijate sino en tipos como John Fogerty o Huey Lewis & The News, que son rockeros mayores de treinta y cinco años años, pero re-modernos de espíritu, y lo que hacen les gusta a los tipos grandes y a los pibes. Un tipo de treinta y cinco años con dos hijos no solo quiere ver recitales de Mercedes Sosa, sino que también le gustaría escuchar rock, pero nadie los convence.

—Y los que crecieron con el rock, por más que tengan treinta y cinco, necesitan seguir escuchando y viendo rock...

JAVIER: Exacto. Y cuando los grupos entran en el clasicismo atraen a todo tipo de público. Cuando sos un artista sincero, el público te adopta porque siente que no le querés vender nada. La humildad de no creerse Dios sino un trabajador de la música. Eso es grandioso.

Publicado originalmente en *Canta Rock* Año V, N° 84 (9-VII-1987) con el título "La vuelta de Javier Martínez".

FITO PÁEZ:
LA AGITADA VIDA

Fito dice en una canción que una vez que la mecha está encendida no puede parar. Su vida es así, a los saltos, entre la creatividad y el miedo, agitado por vientos que no comprende, decidido a no aflojar ante nada.

Pobre Fito. Apenas dos días antes del delito, estaba en el bar de enfrente de Paladium, cansado y nervioso, pero lleno de entusiasmo. "Es un largo video, tiene argumento, tiene una especie de historia. Es casi como si fuera una película". Fito trata de explicar la marea humana de extraños personajes que entran y salen de la gigantesca ex usina convertida en sala de rock and roll. Muchos pelos parados en la puerta, conversando o mirando hacia las esquinas para ver los otros peinados nuevos que vierten hacia aquí.

Pero ya te digo, esto sucedía un par de días antes del delirio. Cuando todavía la película era algo que estaba tomando forma sobre los pisos húmedos de un Paladium casi futurista, con sus nubes de humo blanco y sus efectos de luces, sus gordas tetonas muy pintadas y su banda de rock ardiendo sobre el escenario.

> Yo toco para pasar la vida
> vivir al menos como un suicida
> me gusta cuando tirás la ropa
> sin luz parece que fueras otra.
> Yo busco algo que no se encuentra...

"Todo el proceso de hacer la película es a la vez doloroso y enriquecedor", dice Fito, moviendo la cabeza para ver por los espejos de la cervecería, monitoreando los movimientos en la puerta de Paladium. "Es doloroso porque lo que cuenta el disco y lo que se va a ver en la película es bastante terrible. Pero el hecho de estar construyendo algo nuevo encima de ese dolor te garpa con creces las torturas y los dolores. Ahora estoy en eso. La película es como una lengua de la idea, una prolongación del disco. Es algo que generan las canciones del disco".

Desde el momento que arrancás el disco con el diálogo telefónico de *Pompa bye bye* ya se ve que tenías una cosa medio cinematográfica en mente, se le pregunta, tratando de ajustar el grabador en una mesa llena de papeles, café y cerveza. "Totalmente", contesta el hombre. "Yo tenía un film rondándome. Ellos le cambiaron el orden al disco, pero el orden de los factores no altera el producto. Fijate que en el disco ya hay personajes, como la mina de *Ámbar violeta*. Eso se corporiza en la película".

Cuando Fito dice "ellos" se refiere a Fernando Spiner, director (director también del medio metraje que protagonizó Spinetta en Villa Gesell) y Marcelo Figueras, guionista. Marcelo, sentado en la esquina de la mesa, también explica esos personajes: "Fueron llevados a su máxima expresión, hay personajes que son exasperaciones de cosas ya conocidas, y que entran en el clima del disco. Son un poco los clichés del cine y del video, tomados con humor. Hay, por ejemplo, un quia que parece Indiana Jones, unas gordas que son como personajes de Fellini, la ladrona, que parece tomada de una película francesa de posguerra...".

"Toda la filmación –o en realidad debería decirse grabación, ya que es video– está armada sobre la actuación de Fito en Paladium", dice Spiner. Fito interviene: "Pero lo que sale en la película son playbacks, es el disco. No es un show verdadero. No da la guita para eso. Mientras nosotros tocamos está sucediendo la historia, se desarrolla el suspenso y la acción. Hay momentos en que aparecemos tocando en cualquier lado".

"Tenemos que manejarnos con el presupuesto que fue posible conseguir", sigue diciendo Fito. "Vos sabés cómo es la concepción estética argentina: la idea que tenés, transformada por todo lo que va pasando, el delirio con que se labura y los pocos medios que hay. Siempre, hagas lo que hagas, pasa eso: la fuerza de la realidad nacional transforma tu idea. Las limitaciones económicas y la falta de medios le dan un nuevo cariz, una modalidad especial. Y al final de todo eso queda siempre un producto 'Typical from Argentina'".

ME DIJERON QUE ME CALLE

"A partir de que recibimos el material de *Ciudad de pobres corazones* empezamos a encontrarnos con Fito y hablar", empieza a contar Spiner. "Yo lo escuchaba todo el día en el walkman, andando en colectivo, haciendo mis cosas. Estaba todo el tiempo con *Ciudad* en la cabeza. Y me broté. Me volví loco. Tuve un ataque de violencia, yo que no soy un tipo violento para nada". Spiner nos mira y es verdad, su aspecto un poco formal y tímido, su voz pausada... No parece otra cosa que un buen muchacho. Pero sus ojos se agrandan cuando nos cuenta: "Me volví loco... rompí cosas".

"¡Cómprese el disco de Fito Páez y salga a matar gente por la calle!", grita Fito con voz de locutor de Canal 9. "Nene, ¡tomá la sopa o te pongo el disco de Fito Páez!".

¿Pero entonces el film va a tener un clima paranoide? Preguntamos humildemente, desde el rincón de nuestra mesa, rodeados por esta banda de maniáticos asesinos. Fito asume la respuesta: "El clima es el clima del disco. No se buscó nada en especial. Al que le gusta, bien. Y al que no, también". ¿La película es la banda de imagen del disco? Por ahí va la cosa", afirma finalmente Páez.

> Me dijeron que me calle,
> que no hay mucho más que ver.
> Me dijeron que me vaya
> que me deje de joder.
> Me metieron en un rollo
> que al final no sé bien
> cómo se sale...

PERMISO, VOY A VOMITAR

Así es como yo llamaría el disco, le digo a Fito. "Permiso, voy a vomitar". Nuevo álbum íntegramente grabado en la Argentina. Fito se ríe: "Yo el 'permiso' se lo sacaría, directamente. Me parece que el disco no pide permiso. La hace, de frente".

—¿Y qué fue lo que causó el cambio, ese giro desde aquel famoso "Quién dijo que todo está perdido" al actual "Nada en este mundo tiene algún valor"?

—Es que no podés vivir de una manera toda tu vida. Yo soy así. No tengo que dar explicaciones a nadie, ni rendirle tributo a nada. Lo que siempre quise generar con mi música es esa libertad. Si tengo contradicciones es porque las ejerzo. ¡Viva la contradicción!

—Whitman decía: "¿Y qué? ¿Me contradigo? ¡Contengo multitudes!".

—¡Qué loco! ¡Es eso, tal cual!

—Y el "no todo está perdido" te lo usaron bastante, ¿no es cierto?

—Es que todo se convierte en muletilla, como lo de "En esta puta ciudad" ya se lo podés escuchar a cualquier pibe en la calle. Son frases. En realidad, son momentos, son anécdotas en la vida de uno. No son necesariamente cosas que te marcan. Yo dije eso una tarde, y después se me pasó. Es un poco lo que tu frase despierta en los demás, también.

Fabi me decía el otro día: "Hay dos vidas. Una es la tuya, la real. Y otra, la que la gente piensa que tenés". Es un poco eso lo que pasa.

—Pero vos eras el tipo de "todavía creo en mirar a los ojos, todavía tengo en mente cambiar algo...".

—No me gusta buscarle explicaciones, calificar los cambios. Tal vez era más pendejo. No quiero meterme en el rollo de ¿por qué antes sí y ahora no? Yo ese rollo no lo tengo. No sufro por haber dicho antes una cosa y ahora otra diferente. El que sufra eso, que se arregle, es su problema.

Porque de pronto la gente me pregunta: "¿Cómo podés pensar distinto? ¿Qué me importa?"

De todas maneras creo que estamos todos viviendo un desencanto. Y también es aprender a ver las cosas tal cual son. Bajar las defensas y tratar de ver dónde está el cáncer. Que cada uno empiece a detectarlo y ver qué hace con eso. Tampoco ponerse en una actitud moralista y decir: "¡Hay que eliminar el mal!".

Posiblemente tenga que ver con lo que decía Johnny Rotten, de los Sex Pistols. Bueno, esto se acabó acá. Fijate que el No future de los Sex Pistols hasta era medio religioso, medio apocalíptico. Los tipos asumieron un extremo como si fuera la única.

Yo creo que hay que ser permisivo con los opuestos que viven dentro de uno. Dejarlos convivir. No tanto tratar de conciliarlos....

—La "concertación" termina en algo que no es ni chicha ni limonada...

—Claro. No se trata de intentar unir esos opuestos, sino dejarlos ser como son. En realidad no hay opuestos, esos son solo esquemas en nuestras cabezas. Es todo una simulación. De la misma manera que la izquierda es una simulación de la derecha y el bien una simulación del mal.

—Estamos todos agarrándonos a palabras, a conceptos abstractos, tratando de entender la vida, que no cabe en ninguna definición...

—Tal cual. Inventamos extremos. Definimos. Negro. Blanco. Bueno. Malo.

POCAS GARANTÍAS

Yo soy sospechoso
como vos y él
Vino todo el mundo
la radio y la TV
vino el comisario
y los ángeles también.
Todos quieren algo sangre
o no sé qué
Y todo el universo
sigue intacto como ayer.

La vida no cabe en ninguna definición. Y la de Fito menos que las demás. Después de semanas de trabajo intenso con las ideas del video, la cosa estaba tomando forma, se acercaba el final. Fito y los músicos se levantaban temprano (caso único en la historia del rock and roll) para estar a las ocho en Paladium, y trabajar hasta las ocho de la noche. Y además, había que ir pensando en el recital presentación del disco en Obras, el 21 de agosto.

Gracias al trabajo creativo Fito empezó a sacarse de encima los dolores de un terrible año pasado, después del brutal álbum que le sirvió para descargar el miedo, el dolor, la desesperación.

Convertido en payaso por los medios de difusión masivos, envuelto permanentemente en historias de sangre y paranoia, Fito consiguió depositar en una placa las malas vibraciones, y quedó al desnudo, empezando de nuevo, como un recién nacido.

"*Ámbar violeta* es la fábula en la película y en el disco". Es Marcelo Figueras, guionista, el que explica. "Tiene que ver con una zona libre, con un espacio donde la gente hace lo que tiene ganas de hacer. Y lo que produce la caída es que hay gente que no se banca tener la libertad de hacer lo que quiere sin joder a los demás, o sin robarle algo a los otros. Entre el público hay gente que pelea, hay alguien que se cuela en el camarín de Fito para robarle algo...".

Robarle algo. La típica historia del artista al que todos le robamos algo: su vida privada, sus emociones, la púa de su guitarra o un pedazo de camiseta. Retazos del genio que nos hacen sentir más vivos...

Dos días después, el delirio. Todo el esfuerzo de semanas de trabajo, todas las cintas grabadas en medida profesional con las imágenes de Fito y su banda tocando en Paladium, las gordas felinescas combatiendo con los skinheads, el humo y el hollín de los terrores urbanos, las luces sobre Fabiana, Fito arrastrándose por el alambrado... Toda la inspiración y la ternura y la ansiedad del instante creativo, el sacrificio de repetir las tomas al infinito...y ¡desaparecen las cintas!

Como por arte de magia, como un golpe terrible de mala suerte, como una prueba más para este Fito apenas salido de la adolescencia que parece decidido a soportarlo todo, las cintas con toda la película desaparecen.

Está claro que hay pocas garantías para vivir, pero Fito sigue adelante. Al día siguiente ya está preparando el recital del 21...

Del guion de la película:

"Primer plano de Fito que se despierta, angustiado por una pesadilla. La cámara se aleja velozmente, por sobre las cabezas de la gente, descubriendo así que la cama en la que se despierta Fito se encuentra sobre el escenario".

Entrevista realizada junto a Marcelo Fernández Bitar publicada originalmente en *Canta Rock* Año V, N° 86 (20-VII-1987) bajo el título "La agitada vida de Fito Páez".

PATRICIO REY Y SUS REDONDITOS DE RICOTA: SOMOS UN ROMPECABEZAS

Los Redondos viven más en la leyenda que en la conversa de todos los días. Por eso es bueno sacar al Indio Solari, portavoz y filósofo del grupo, de su habitual discurso y profundizar en detalles del funcionamiento y misterios de la banda.

"Nosotros –dice el Indio buscando las palabras con seriedad– descubrimos qué cosa son los Redonditos de Ricota con el paso del tiempo, a través de la respuesta del público y los comentarios de los periodistas. La descripción de los Redonditos la hacen ustedes, no nosotros".

—¿Y tenemos que creer que son tan espontáneos que en doce años no se han puesto a pensar quiénes son y hacia dónde van?

INDIO: ¡Es que es la verdad! A partir de cierto momento empieza a haber como una complicidad y es como si fuéramos un rompecabezas, del cual cada uno tiene solo una parte. Entre todos formamos el dibujo general.

Hay veces que me hacen un reportaje, por ejemplo. Y, al hacer la síntesis de lo que hablamos, el periodista saca las dudas, las contradicciones, y deja solo los conceptos. ¡Y parezco un tipo que está diciendo "verdades" sin parar! Yo creo que esos son los peores reportajes, y me siento incómodo cuando los leo, porque un rocker que habla así es un plomo. Y vos, desde tu intimidad, a lo mejor rezongás de esa falsa imagen, pero tenés que tener en cuenta que eso es lo que le llega a la gente, te guste o no.

—Pero ustedes mantienen vivo ese misterio que bulle alrededor del grupo desde su comienzo, desde las épocas del payaso y las bailarinas semidesnudas, en las que cada show era un happening que terminaba en quién sabe qué delirio. Todavía hay un poco ese espíritu de los primeros tiempos, cuando en lo más intenso de un show, ustedes anunciaban que "Patricio Rey toma la forma humana".

INDIO: ¡Yo creo en eso! Nosotros, cuando decidimos tocar, armamos la producción, componemos la música, las letras y todo eso, es para ese instante. Es en ese momento en que yo entiendo lo que estamos haciendo. Siempre, cuando estamos armando la cosa, me siento parte de ese rompecabezas que solo toma forma en el momento de la acción, cuando uno se pierde haciendo la música.

Pero insisto en que uno tiene solo una parte del rompecabezas. Hay noches en que nos bajamos del escenario diciendo: "Hoy fue un bochorno". Y nos encontramos con que la gente salió maravillada, las crónicas hablan de "una noche estupenda". Cuando ese tipo de cosas pasan durante años, terminás aceptando que a lo mejor la gente recibe otras cosas que no son las que vos controlás.

—Pero cuando te convertís en un mito, la gente se queda cómoda con ese mito, y recibe lo que espera recibir. Si ustedes van a tocar a Tapalqué, donde no los conoce nadie, son una banda de rock y tienen que sonar bien y apasionar al público, nada más...

INDIO: Es eso. Tenemos el privilegio de experimentar y exponernos a través de una banda de rock y nos vemos como partícipes de una cultura rock. Y tengo un pedazo del rompecabezas, un pedazo privilegiadísimo que no se lo cambio a nadie, porque me permite estar haciendo lo que quiero, de la manera que quiero, cómodamente. Pero siempre es un pedazo del rompecabezas.

Formar parte de este kaleidoscopio, de este rompecabezas, de este verdadero collage móvil que son los Redonditos permite jugar y experimentar todo el tiempo. En el collage ha participado y participa gente muy rica, muy creativa. Algunos han tenido la suerte de ser exitosos después en lo suyo, como las Bay Biscuits con Fabiana Cantilo, Isabel de Sebastián, Vivi Tellas. O Enrique Symns, hoy director de *Cerdos & Peces*, que ponía sus loquísimos monólogos en nuestros recitales. Todos ellos están en nuestro panteón.

Tal vez, para algún pibe de barrio que tiene una banda de rock su sueño es estar en una tapa, entrar en el mundo de las limusinas, las minas, la merca, los grandes estudios. Y siente que eso es más rico y más divertido que su vida real, termina aceptando el personaje que le imponen, y ese personaje aparente empieza aceptando casi todo en su vida.

Los Redonditos de alguna manera se han mantenido fuera de eso, con todas las dificultades que implica una producción independiente. Pero fijate que ahora están volviendo a mirarse con interés un montón de experiencias que quedaron truncas en los años sesenta. Y los que han sido más testarudos, más tenaces a través de los años obtienen algún tipo de reconocimiento.

—Hablando de la tenacidad a través de los años, ha habido una evolución desde los Redonditos que eran una especie de circo con una banda de rock detrás, hace más de diez años, a la formación casi tradicional de la actualidad. La banda pasó a primer plano...

POLI: Es que el lugar del circo lo ha tomado la gente del público, que hace su propia fiesta. La banda sigue siendo la música de fondo del público. El público grita a más no poder, corea los temas, se divierte. Y no hay peleas, pero cada uno va a hacer su número, va a ser protagonista del show.

De toda esa barra de La Plata que empezamos haciendo esto, antes de que se llamara "Redonditos de Ricota", hubo, como decíamos antes, algunos más testarudos. Los anunciadores, el ballet de las chicas, los cómicos y payasos... fueron quedando en el camino, tal vez por las dificultades que implica mantener a través de los años una producción independiente. Y también porque el público se empezaba a poner más inquieto en los baches que la banda presentaba en los shows. La gente pedía que esos personajes se bajen del escenario para que siga el rock and roll.

INDIO: Al principio, los roles en el escenario no estaban tan claros. Éramos como quince arriba de ese escenario. Pero las cosas evolucionan de acuerdo a los detonantes exteriores, a lo que el público y las necesidades del grupo determinan.

Si hay algo que los Redonditos no van a hacer nunca, es ir en contra de su propio placer. Nosotros no tenemos un principio de rendimiento para trabajar, tenemos un principio de placer. Todo lo que nos dé placer y alegría, lo hacemos. Y en este momento la alegría es trabajar con esta banda.

Al principio, en la gestación de la banda, la Negra Poli no tenía la misión que tiene ahora en la administración y producción. Pero llegó el momento en que hizo falta alguien que fuera a hablar con la gente de los teatros, y lo hiciera desde una óptica íntima de la banda. No se podía contratar un productor cualquiera, porque con ellos siempre llega el momento en que están más de acuerdo con la otra gente del negocio que con vos. Porque piensan diferente. La Negra es como un rocker que puede cubrir eso. Lo que más nos gusta es que la "producción" esté motivada por los mismos ideales que la banda.

La independencia es seguir creyendo en algo que los rockers creen: las bondades de la diversidad. Al mercado no le conviene que seamos diferentes, que haya diversidad, porque cuantos más tipos diferentes haya más difícil de manejar es la cosa. Pero eso es lo bueno, que haya muchos estilos musicales, muchas propuestas estéticas distintas.

Los políticos se quieren acercar al rock por su poder de convocatoria. Pero no comprenden que la convocatoria el rock la tiene porque apunta más allá que los políticos actuales. Y está claro en este momento que el rock se ha descomprometido de todo eso. Porque los políticos son evidentemente cortesanos y en este momento están más preocupados por el engrandecimiento de su rol personal y de las instituciones de las que forman parte. No van más allá. Son gente del ambiente televisivo.

Pero el ambiente televisivo hoy en día está lleno de tecnócratas, políticos, y héroes del rock que han optado por insertarse en el sistema. Porque el rock vivió un período de luto, durante el cual muchos rockers empezaron a descreer de su propia potencia –porque el sistema se presenta como muy duro– y fueron jubilándose convenientemente, a cambio de una buena posición en el sistema, o una cuenta bancaria considerable. Pero lo han hecho con un cierto grado de resignación. Porque ya a esta altura nadie cree realmente en este sistema.

Entonces ese ha sido un período de luto. Aquellos que tenían un modelo alternativo optaron por transar y creer que era posible cambiar el sistema desde adentro. Eso fracasó. Que el fin no justifica los medios es algo que ya se sabía desde los albores de la cultura del rock, y ya John Lennon lo había comprobado. Pero de todas maneras, llega al punto en que la música oficial es el rock, que empezó siendo lo contrario al discurso oficial. Y las grandes corporaciones imponen las modas. De pronto todo el mundo escucha a Phil Collins, o todo el mundo escucha Duran Duran. De pronto no hay más riesgo. Y el rock era esencialmente eso: una permanente dosis de riesgo, de rumbo a lo desconocido.

Pero el sistema se dio cuenta hace mucho de que todo esto era muy peligroso, y puso en juego las tentaciones de la fama y la fortuna. Es así que hoy en día hay pibes formando conjuntos pensando en tener un éxito, ganar dinero y ascender socialmente. Pero parece ser que el máximo de libertad que podés obtener es una mansión vigilada con perros y cámaras de video, o una isla en algún lugar privado. Y si esa es la gran tentación... a mí no me basta.

GRABAR LOS DISCOS

El primer disco lo grabamos como pudimos en el estudio de Lito Vitale. *Oktubre* fue en Panda. El tercero también va a ser en Panda, pero vamos a gastar menos porque la estética general de este momento nos está pidiendo –por ganas– un sonido más crudo, más en directo, para ver si podemos lograr una placa que esté menos pasteurizada. Nosotros mismos hacemos la producción musical, vivimos haciendo nuestra experiencia pisando en nuestra experiencia anterior. Corremos con los errores de nuestras placas anteriores. Una banda que tiene dos discos en doce años. Son doce años de paciencia. Imaginate: los tipos que entran después de diez años en un estudio y hacen un desastre, porque lo desconocen totalmente.

Ahora volvemos a entrar al mismo estudio con todo lo que te presenta el estudio como tentador, los "aural exciters" y todo eso. En *Oktubre* nos mareamos con eso y terminamos usando horas para sacarle todo lo que le habíamos metido encima y habíamos pagado. Y a pesar de eso, aunque las canciones me siguen gustando, el sonido es lo más pasteurizado que hay de los Redonditos.

Ahora ya hemos pasado por esa experiencia, y el próximo disco va a ser más al natural, sin aditamentos.

DIVINA TV FÜHRER

Para nosotros una buena noche es una noche en la que la gente la pasó de puta madre, nosotros la pasamos de puta madre, pudimos mostrar la estética que nos copa y encima, al terminar la noche, el bajista se llevó su guita, yo me llevé mi guita y no hubo ningún papo.

Nosotros tenemos un lema: "solos y de noche". O sea que no nos metemos en paquetes hechos con otros grupos, como es el caso de los festivales. Siempre nos ofrecen participar, pero uno es parte de un paquete en el cual terminás compitiendo con un montón de grupos y un público mezclado que espera cosas distintas, siempre hay problemas de que el público se siente maltratado por la organización, etc. Ese tipo de promoción no está en nuestros planes.

Como tampoco está en nuestros planes la aparición en televisión. Cualquiera que aparece en televisión termina perdiendo, porque el medio se le impone, y no puede uno crear su clima y su propia magia. Queda atrapado dentro del clima de la televisión.

Lo que sí puede suceder es que los Redondos logren un video que les guste, y como documento, sea pasado alguna vez por televisión. Algo que sea como una crónica directa de la que pasa en un concierto. Quizás eso sea posible...

PRODUCCIÓN INDEPENDIENTE

La clave de nuestra producción independiente es el ahorro. De cada recital que producía alguna ganancia, separábamos un porcentaje y lo guardábamos. Con ese dinero pudimos grabar nuestro primer disco, después de seis o siete años de existencia de la banda. Para eso, primero hay que tener un público que te siga.

Se hace entonces un fondo de producción. Si alguien tiene un problema, se lo ayuda sacando dinero de ahí. Pero también va quedando para la parte arte y difusión del próximo disco. Con todo lo que produjeron las ventas del primer álbum, *Gulp!*, pagamos la grabación del próximo, que va a empezar en estos días. Se vendieron más de seis mil discos. *Gulp!* fue vendido por nosotros, recorriendo una por una las disquerías. Porque las distribuidoras no nos ofrecían en ese momento un buen trato.

El terreno administrativo es uno de los pocos en que los Redondos son conservadores. Cada cosa que encaramos, sea una grabación o un posible futuro video, ya está paga de antemano, porque hemos reunido la guita. Todas las fiestas ya están pagas.

Publicado originalmente en *Canta Rock* Año 5, N° 87 (11-IX-1987).

HOLLYWOOD NUNCA APRENDERÁ:
AUNQUE A TU PAPÁ NO LE GUSTE

"Tenemos una base musical 'legalizada', y sobre eso le metemos pata según la onda que tengamos en ese momento". Así intentan definirse los de Hollywood Nunca Aprenderá, unos muchachos intensos y decididos en lo suyo. Y lo suyo, por lo que he visto, es un show salvaje y delirante encabezado por los aullidos hiperemocionales de Sergio Aisenstein, letrista, líder e imagen del grupo. "No buscamos la fuerza a través de un trabajo de armonías sino la fuerza que nos sale de adentro en ese momento. No tenemos exigencias de trabajo. No podemos mostrarle una sonrisa a la gente cuando no la sentimos".

—Pero, ¿qué es Hollywood? ¿De dónde viene? Ya sabemos que Sergio es un viejo personaje del underground porteño, dueño del legendario café Einstein, donde debutó gente como Soda, Los Twist, Los Violadores, Sumo, etc. Fue también colaborador del Expreso imaginario. *O sea que el mono tiene calle subterránea hecha para rato. Pero ¿y la banda?*

—Empezamos en aquel boliche Enola Gay, juntándonos con la idea de salir a tocar lo que viniese. Al poco tiempo debutamos en el Subterock de Paladium. Pero no fuimos allí porque quisiéramos ser famosos. Porque hay un montón de grupos que lo único que sueñan es convertirse en estrellas.

—¿Y quiénes lo forman? Además de Sergio, Sebastián Poco Seso en batería, Willy Manicomio en bajo y Lucio Zen en guitarra sintetizada.

—Lo que hacemos tiene que ver con lo visceral, demostrar cómo vivimos y cómo estamos. Y tiene que ver con mucha gente a la que le molesta que vos puedas ser más feliz que ellos. Que lo disfrutes. Nosotros no hacemos música con la que nuestros padres se sentirían cómodos. Los chicos piensan en los padres, en ponerlos contentos, en que lo suyo venda, en que sea reconocido. Pero lo que es auténtico, la gente tarda en reconocerlo. Me parece que no vale la pena mostrarle la música a nuestros padres si para eso tenemos que dejar de creérnosla nosotros. Y tampoco el underground da para mucho. No me parece que sean auténticos. El under, acá, es una bola de estudiantes que quieren ser estrellas. Son unos caretas bárbaros. Quedan pocos lugares donde haya onda. Todos quieren sacar guita con la gente que vos llevás. Nosotros, por eso, preferimos tocar una sola vez por mes, pero asegurarnos de que haya buena onda y las cosas salgan bien. O por lo menos a nuestra manera.

Publicado originalmente en *Canta Rock* Año V, Nº 88 (8-X-1987).

SUÉTER: TRES TETRA BRIK EN EL COSMOS

Tomando yogur de durazno, prendiendo cigarrillos, bailando, actuando y saltando, Miguel Zavaleta no deja de hablar ni siquiera un instante para describir el último disco de Suéter, *Misión Ciudadano I*, que trata los pormenores de la primera expedición argentina al espacio.

MIGUEL: La onda es que hay un científico argentino llamado Otil Gómez, quien es convocado por una especie de secta que en el año 2015 tiene congelados a los jerarcas de la década del setenta. Le piden instalar un sistema de computadoras para dominar al país de un día para otro, porque Otil –además de ser un ebrio total– es una especie de Giro Sintornillos, un espectro de telecomunicaciones. De golpe, entonces, estos jerarcas –con una potencia extranjera apoyándolos– toman el poder y Otil se da cuenta de lo que hizo e intenta desarmar todo, pero lo descubren y debe huir como polizón en una nave americana que lo deja en el planeta X-C-34. Enseguida, los almirantes y toda la plana mayor deciden mandar a unos androides para traer a Otil. Son los Falcon Verde de la época, los Socomax, mezcla de [Mario] Socolinsky con el jugador [Jorge] Comas, de Boca. Van a mandar un cohete al X-C-34, disfrazando a la expedición como un viaje de amor para los demás planetas, engañando así a todo el pueblo, que acude al Italpark gritando vivas. Pero, poco antes de la partida, nosotros le damos un café con somnífero a los androides y nos metemos en el cohete para poder regresar con Otil y salvar al país. Eso sí: no nos olvidamos de llenar el depósito con hectolitros de vino en tetra-brik, para sobrevivir. Llegamos al planeta, y luego de varias historias nos encontramos con Otil y regresamos a la Tierra. Y todo termina cuando el cohete está por aterrizar en la Tierra, en un verdadero final feliz".

—¿Y cómo fue que Suéter se convirtió en el primer grupo de astronautas del rock?

MIGUEL: En realidad, aunque en el momento no lo sabíamos, este disco comenzó a nacer cuando me junté con Sartén para tocar. Eso fue en septiembre del 85, cuando acabábamos de terminar de grabar *Veinte caras bonitas* y yo ya estaba pensando en el próximo disco. Porque al hacer ese trabajo con producción de Charly García pensé que Suéter pegaría algún tipo de salto de popularidad y eso me daría el plafond para hacer un álbum como

Misión Ciudadano I. Por eso, en 1986 yo me tragué algún par de sapos a propósito, sabiendo que el medio no importaba si el fin era delirarnos con algo así. Y si alguno me critica por eso, que sepa que no hice nada sin sinceridad y que para el momento era lo mejor. Sabía que hasta la prensa más berreta me serviría.

—*Concretamente, te referís a todo el asunto del divorcio y el tema* Vía Méjico, *¿no?*

MIGUEL: Claro, porque a mí no me importa el divorcio. ¡Me importan un bledo los curas, las religiones o incluso algunas cosas políticas! No creo que el ser humano necesite dogmas. El casamiento no me interesa, y por ahora no quiero tener hijos. Entonces imaginate lo que era bancarme que todos me preguntaran por el divorcio. Una vez, en el Teatro de la Cova con Los Twist, me preguntaron medio agresivamente cuál era la solución para el divorcio, y contesté que la solución era ganar guita, ir a Méjico y no soportar más preguntas de giles.

—*¿Ya desde esas zapadas con Sartén sabían que tenían una obra conceptual entre manos?*

MIGUEL: Mirá, la música comenzó a salir de una manera muy especial. Cada nota iba provocando una imagen para la historia, siempre con nosotros ebrios por el espacio.

SARTÉN: En los primeros meses no había nada concreto en cuanto a una historia, hasta que de golpe Miguel tuvo la idea general, al delirio le agregamos esos textos.

MIGUEL: Todo se dio de una manera totalmente elástica. No hubo un método de trabajo, sino tan solo placer y diversión. Había encontrado en Sartén al partenaire perfecto, que si bien también lo tuve en Gustavo Donés, por otras circunstancias y cuestiones de personalidad no podíamos plasmar. Digamos que la primera fase de la obra salió exclusivamente con Sartén y que luego entró Gustavo con un aporte fundamental.

Lo que no puedo entender es por qué no siempre sale la música como ocurrió esta vez, casi de un tiro. ¿Por qué hay que componer con la mente fría, comenzando con acordes y luego cantando arriba hasta armar un tema? No entiendo por qué durante tanto tiempo tuve que hacer música usando –no sé– patterns de Gómez Durán.

—*De todas formas, este LP no es tipo Pink Floyd o Roger Waters, con todos los elementos de la historia en el disco. Más bien son los temas de la expedición...*

MIGUEL: Sí, quise hacer un álbum que tuviera sentido aun despojado de los detalles de la historia. Sí teníamos algunas premisas con Sartén, como no repetir estribillos, y no caer en algo muy lento y volado, sino que haya color y vida. No ser dark ni pop, todo lo demás sí. Que hubiera tanto afano que no se notara (risas).

Además, sabíamos que lo conceptual es muy difícil de plasmar en Argentina, ¿cómo lográs que el cassette tenga una lámina con la historia? Por eso, preferí poner algunos datos en el sobre interno del disco, y quedarme con la posibilidad de hacer un show muy loco en un teatro si el disco se vende bien.

—¿En ningún momento te pareció que "no era comercial"? Porque se hablaba de este proyecto como un delirio tremendo...

MIGUEL: Te digo que al comienzo yo tenía mucho miedo de que el disco pudiera funcionar dentro del circuito normal. Incluso al terminarlo vi que a los músicos les gustaba, o sea que no vendería nada. Pero igualmente lo llevé a una compañía y a los tres días, mientras el tipo miraba a un punto fijo y jugaba con su birome, me dijo que era excelente. Así que bárbaro. Ahora tengo una sensación de seguridad muy rara, algo que nunca tuve antes. Yo era un tipo que nunca mostraba sus discos, y ahora estoy tan copado y fanfarrón que me van a odiar. Creo que ya me puedo morir tranquilo, te juro. Siento eso, y que no sé si soy capaz de grabar otro disco tan bueno. Fijate que es la primera vez que me ocurre algo así, y es el cuarto LP... Aquí está todo lo que me divierte hacer, y que hace dos discos no hacía. No sé si estoy para boludear con la cosa pop. Como dice Donés, ya no estamos para las pequeñas pavadas, sino para las grandes pavadas. Y es eso: si vamos a boludear, hagámoslo al mango.

Entrevista realizada junto a Marcelo Fernández Bitar publicada originalmente en *Canta Rock* Año V, Nº 90 (30-XI-1987).

LA TRIBU DE LOS CRISTIANOS: UN CAZACOCOS

"De cristianos no tenemos un pelo. El nombre es un cazacocos. Lo que pasa es que nosotros dos nos llamamos Christián (Barnes, guitarrista, y Peyon, bajista) y cuando salimos, llamándonos La Tribu, apareció otro grupo con el mismo nombre, pero haciendo salsa. Y entonces quedó este nombre, que es un cazacocos, porque confunde a la gente. A algunos le rompe las bolas eso de 'cristianos'. Y a otros les copa, sobre todo a los más jóvenes".

Así encaran la cosa los muchachos de La Tribu de los Cristianos, que si de cristianos no tienen nada, algo deben tener de Tribu, porque andan pululando por las noches en los mejores ambientes "after" de la ciudad. El cuarteto lo completan Daniel Herrera en guitarra y Jack en batería.

"No somos exactamente depresivos, creo que lo depresivo es lo que está afuera". Tuvimos un período, al comienzo, en que éramos medio dark. Pero lo negro es lo que estamos viviendo, toda la depresión en el rock, en la política, en la Argentina. Parece que somos malos. Estamos en un laboratorio, en una caldera que junta presión, y no sabemos lo que va a salir. Las cosas están muy duras, la gente no tiene un mango".

Pero no vayas a creer que se trata de un grupo punk, que viene con una onda agresiva a denunciar los males de este mundo. "No nos gusta meternos en esas bolas de protesta. Nuestra protesta es más existencial. Me parece que el sistema es muy fuerte y te puede destruir. Hay que invadirlo...", explica Christián Peyon. "Hay que superarlo creativamente. Nos cansamos de tratar de ir en contra".

"Después de todo", amplia Barnes, "tratar de ser mejor es lo más difícil. Hoy es natural ser depresivo. Yo estoy bien. Si el mundo fuera como nosotros...". Dicho esto, se queda pensativo. "Además, nuestras letras hablan de un futuro mejor. Tal vez antes eran más catárticas, mostraban una explosión de bronca. Y fijate que el público que nos viene a ver también es así: No se la creen, pero son bien intencionados".

¿Y cómo se refleja todo esto en la música? "En los cambios que tuvo la banda. Antes nos quedábamos muy colgados en las zapadas. Ahora sonamos más ajustados, pulimos el repertorio".

"Estamos tocando mucho últimamente. Hicimos un demo. Charly García nos escuchó y se copó en producir el demo. Enseguida nos cazó la onda. Y creo que ahora empieza una nueva etapa, que se va a ver claramente en el recital del 18 en el Parakultural". Valdrá la pena verlos, porque estos cristianos postnucleares están vibrando con un sonido nuevo.

Publicado originalmente en *Canta Rock* Año V, N° 91 (17-XII-1987).

LILIANA HERRERO:
EXTRAÑO FOLKLORE TECNO

Sacó un disco que hizo abrir los ojos y vibrar los oídos a más de uno. Cantando folklore tradicional, pero con los ardientes arreglos tecno de Fito Páez, Liliana parece haber abierto un camino. Que lo explique, entonces, empezando por decir de donde viene...

—Yo en realidad vengo del folklore de los años sesenta, el Nuevo Cancionero. Esa conjunción entre la música y la poesía que se dio alrededor de Mercedes Sosa, [Armando] Tejada Gómez, [Oscar] Matus. El realismo y las canciones puestas al servicio de una intención social.

Y venía cantando por Rosario desde que llegué de mi pueblo natal, Villaguay, en Entre Ríos. Me juntaba con gente como el Chango Farías Gómez, Manolo Juárez... y Fito Páez, que venía con Abonizio y Fandermole a escuchar y colarse en este nuevo folklore que se expresaba, por ejemplo, en el espectáculo *Chango y sus amigos*.

Y me empecé a dar cuenta que era imposible pensar el folklore sin todos estos chicos, sin la sangre nueva y lanzada de Fito, Goldín, Baglietto y compañía. La de ellos era una propuesta transgresora dentro del folklore. Y a mí me parece que sin trasgresión no hay música.

—Pero en tu disco los temas son clásicos del folklore bastante tradicional, aunque los arreglos sean hipermodernos.

—Eso es a propósito. Están buscados los temas tradicionales del folklore, porque es un deseo nuestro demostrar que a partir de lo estrictamente folklórico se pueden hacer cosas nuevas, y no es necesario recurrir a otro tipo de composiciones. Me parece que el folklore más tradicional, cosas como las coplas que ha recopilado Leda Valladares, tiene una riqueza incomparable, toca los grandes temas del hombre.

Leda Valladares me dijo una vez: "Los chicos del rock hasta ahora han escuchado el grito negro, y yo me juego a que ellos escuchen el grito de la baguala". Y me parece que eso es posible. Porque Fito lo está demostrando. Por un lado, hace *Ciudad de pobres corazones*, y al mismo tiempo arregla un disco como el mío, de folklore.

—Lo extraño de tu disco es que vos cantás los temas de una manera totalmente tradicional, como si te estuvieras acompañando con guitarra o bombo. Y detrás suena la banda con arreglos hipermodernos y todo el chaperío computado de hoy.

—Es tal cual. Cuando entré en el estudio y vi el tapizado de máquinas le pregunté a Fito: "¿Con esto vamos a grabar?". Fito me contestó: "O esto o el bombo y la guitarra...". Y me pareció bárbaro. Yo ya venía tocando algunos temas con la banda eléctrica, pero la producción de Fito le dio un giro completo a la cosa. Como él mismo dice: "Pudrimos todos los temas". Y eso es lo que quiero.

Ejercer el derecho a transformar las cosas. Ahí, en esa transgresión, es donde me parece que se produce el acto creativo.

Publicado originalmente en *Canta Rock* Año V, Nº 95 (25-II-1987).

MIGUEL ABUELO:
UN RELÁMPAGO EN LA NADA

Motor insomne del rock nacional desde sus orígenes, revolucionario musical y poeta emocionante, la pirueta vital de Miguel Abuelo en "esta tierra siempre en guerra" terminó. Aquí tratamos, aunque sea imposible, de capturar un poco de su brillo, una chispa de ese fuego creativo y humano en el que ardió hasta el final.

La pensión temblaba toda cuando el petiso de la habitación del medio cantaba. Era una voz altísima, al borde del grito, que se quebraba en la última copla. "A veces sigo a mi sombra, / a veces viene detrás. / Pobrecita, si me muero / ¿con quién va a andar?".

Desde el cuarto de al lado, donde Moris repasaba los acordes de *El oso*, se escuchaban claramente los matices del canto. Y también se escuchaban los poemas, recitados con exagerado apasionamiento, montados en el alcohol. "Que el vino capitán cante en los vasos y el mediodía asome su naranja". Eso fue quizás lo que nos atrajo, lo que mantenía seducida a toda la Pensión Norte, hasta a Vicenta, la dueña, que ya no le cobraba. Esa pasión que asomaba hasta en su manera de encarar. El pibe era amigote de Suárez, el pintor que vivía al fondo, pero ya le había picado la curiosidad de ver qué era ese grupo que se juntaba en la pieza grande, todos vestidos con anoraks de plástico, pantalones negros ajustados, y sandalias en los pies a pesar del frío del otoño de 1966.

Miguel Ángel Peralta, el pibe del cuarto de al lado. A veces decía que era salteño, para justificar el vino y el folklore, tal vez. Que había viajado por todo el país, que pasó parte de su infancia en un reformatorio... Era un personaje, sin duda, una especie de Rimbaud moreno y argentino que prometía escribir "La Historia Universal de la Realidad" desde la Pensión Norte, en Carlos Pellegrini y el bajo.

Sus bagualas y vidalas las cantaba golpeando el puente de alguna guitarra prestada, pegando el borde de una cacerola de Vicenta, a veces marcando el tiempo en una mesa. Javier Martínez, de paso por la pensión rumbo a la noche en La Cueva, marcaba la cualidad "blusera" de esas bagualas de Miguel. "Es un llanto y un grito pentatónico que tiene la misma tristeza de pueblo sometido desde los tiempos de la conquista".

Pero Miguel también tenía un oído especial para las baladas, y rápidamente empezó a meter los dedos en las cuerdas de la guitarra, ayudado por Moris y Antonio Pérez Estévez –que tocaba el bajo acompañando a Moris en Los Beatniks, el primer grupo de rock nacional–. Cantaba cosas del Cuchi Leguizamón, de Jaime Dávalos y del compositor argentino que le marcó el carácter: Ariel Petrocelli. Cantaba, por ejemplo, *Para ir a buscarte*: "El potro de mi corazón, salvaje, / y el relámpago de tu sangre que me llama".

Lo que le gustaba era una poesía febril, una música intensa, un deslumbre constante. Era diferente a la tropa de La Cueva, los vagabundos del empedrado porteño, charlistas empedernidos cuyo tema mayor era la revolución musical que empezaba a llegar desde arriba, desde Dylan y los Beatles y los negros del rhythm and blues y el rock and roll. Para Miguel eso era nuevo, y como todo, lo absorbía con la velocidad del rayo, con su intuición apabullante.

La pensión ardía de movimiento. Carlos Iglesias llegaba de las manifestaciones universitarias con su campera de corderoy oliendo a gas lacrimógeno. Miguel lo jodía permanentemente: "Salí, Crimoj, que no se puede estar en la pieza con ese olor a lágrima y romanticismo revolucionario". Llegaba Pajarito y salíamos todos para La Cueva, que a lo mejor Los Beatniks presentaban su simple *Rebelde* o Litto había conseguido un bajista y tocaban los temas nuevos.

Miguel empezaba a armar melodías. Yo les metía la letra, porque era algo así como el letrista y poeta "oficial" de la pandilla, pero en el fondo estaba convencido de que Miguel era más brillante. "Alguien sueña con piedras o con soles / alguien habla de nuestra libertad / Pero no, no pueden ver / que nuestro corazón se ha muerto ya. / Cuánto podrán esperar / para vivir en paz". Tres tonos; la menor, re y do. Miguel firuleteaba con la voz, jugaba como nadie. Esa era su libertad, esa voz suelta y vibrante, que no se quedaba atada al ritmo ni se limitaba a los pocos tonos que rasgueaba torpemente en la guitarra.

El día que decidí volver a casa de mi vieja, porque no había guita y el hambre apretaba, le conté a mi vieja sobre Miguel, solo en la pensión, sin plata ni lugar donde caer. Mi vieja dijo "Traélo". Ese día Peralta se peinó con gomina y una absurda raya al medio, se vistió con su ropa más limpia y se portó como un señor, cuidando los modales. Con sus anteojitos y la camisa planchada, sentado durito en el living, parecía un estudiante de piano.

LOS ABUELOS

Se quedó como cuatro años. Después de un par de años de divagar por Gesell y Buenos Aires yo volvía a casa. Y Miguel aterrizaba en un lugar por primera vez en muchísimo tiempo, quién sabe cuánto. La protección de la "mamma" y el intercambio constante dieron frutos enseguida: "Los Abuelos de la Nada, parte 1". Y cobré una montaña de guita por el éxito del *Ayer nomás* de Los Gatos y compramos una viola para Miguel, una Gibson acústica con micrófono. Para tortura de la vieja alemana borracha del 5, Miguel no largó la viola nunca más, y empezaron a caer otros músicos en la casa. Había noches en que Pomo armaba su batería en el living y Los Abuelos ensayaban para la grabación de *Diana divaga* y *Tema en flú sobre el planeta*.

Diana Shepherd, que se había ganado su nuevo apellido en los interminables divagues de La Perla, era el amor volcánico de Miguel. Un amor condimentado en las noches de naufragio creativo en La Cueva, el bar Moderno y La Perla, con la banda de compositores cueveros: Moris, Tango, Litto, Javier, Pájaro... Intercambio de temas, cuadernos garabateados de apuntes y la continua conversación fuera de hora, estimulante, inventiva. Fueron dos años en que esa banda unida produjo la renovación más ardiente de los códigos culturales de la Argentina. Desde el "cada minuto es un minuto menos" de Javier al "la sociedad te mete en un molde, como si fueras un flan" de Moris. Desde el "déjame ser como yo soy" de Tanguito hasta el "hoy nací. Hoy, recién hoy, el viento de los vivos me despertó" que después entonaría Manal.

Vagabundaje sin rumbo por Buenos Aires en busca de esos minutos de inspiración de los cuales a lo mejor sale una canción o quizás una visión más clara del mundo. De la patota pacifista y musical de La Cueva, Miguel era el más sarcástico, el más crudo. Parecía estar siempre apuntando más allá. "¡Atiende, atiende a mi desesperado sonreír!", podía decir de pronto, asomando la punta de un poema. O podía saltimbanquear por avenida Santa Fe a las dos de la mañana bajándose los pantalones para mostrarle el culo a las viejas que volvían del Plaza Hotel.

Esa extraña cruza del clown tragicómico y místico maravilloso que muchos han visto enarbolar banderas en los recitales de Los Abuelos desde 1982 ya estaba flexionando sus músculos en 1968 cuando los primeros Abuelos entraron a grabar *Diana divaga* y *Tema en flú sobre el planeta*.

Nadie había visto un estudio por dentro, antes. Pero sobraba libertad, porque ni el técnico Casajus ni el productor Jacko Zeller sabían muy bien qué era eso de música "beat argentina". Y Miguelito sí sabía qué hacer con la libertad, o por lo menos se tiraba a la pileta. Es así que el que oiga los temas, que ya han cumplido veinte años, escuchará una insólita cantidad de efectos extraños y ruidos desconocidos. Era el enano imparable rompiendo papeles y sacudiendo chapas delante del micrófono, además de tararearle al solista Ernesto Zimberlin nota por nota la introducción de *Diana*, sin saber nada de música. Intuición orquestal, vuelo creativo.

Inventaba sobre la marcha. No sabía lo que es tener un grupo de rock –en realidad nadie lo sabía, porque recién Los Gatos estaban empezando su carrera, y lo demás era un desierto–. Pero le encontraba la vuelta a la canción, al estilo, a la furia. Y, a pesar de ser tremendamente competitivo, empujaba a los otros a crear a su alrededor. Un día, de vuelta de un período "campestre" en Capilla del Monte, me aparecí con un montón de letras que estaban tomando forma en mi cuaderno. Una de ellas se convirtió en *Estoy aquí parado, sentado o acostado*, que después Miguel registró como *Pipo la serpiente*. Y otra fue *El silbido del viento en los juncos*, cuya música compuso el guitarrista rítmico de Los Abuelos, Micky Lara, porque a Miguel le pareció que él podía hacerla mejor.

De dónde salía toda esa música, de dónde salía ese grupo, es algo que todavía no entiendo. Ninguno de Los Abuelos había tocado en serio antes. Nadie tenía instrumentos ni equipos. Y el director del zafarrancho, Miguel Peralta, apenas conocía cuatro acordes en la guitarra y hacía solo un par de años escuchaba rock. Y sin embargo, cuando apareció Pomo, cuando Javier trajo a Claudio Gabis, cuando descubrimos a Pappo, cuando Alberto Lara agarró el bajo, Miguel supo transmitirles ideas y llenarlos de entusiasmo.

Es que esa búsqueda de "algo más" movía a Miguelito. Inquieto, insatisfecho, cambiante, una personalidad fulgurante que ni él mismo podía manejar. Y se metía en quilombos. Y se peleaba. Tanto como seducía, también cosechaba desprecios.

Así salió disparado de Los Abuelos, el grupo que él mismo había inventado. Los dejó seguir con el nombre, liderados por Pappo, y hasta grabaron un tema: *En la estación*. Pero sin Miguel el grupo no iba a ningún lado.

Y Miguel, ya con el nombre "Abuelo" pegado para siempre, estaba, como todos, delirando por el ambiente de locura en que estaba desembocando el rock gracias a las pastillas y ciertos personajes oscuros que deambulaban por ahí. Ya no eran noches de naufragio creativo en los que todos compartían ideas y canciones con la polenta del fervor. Eran viajes al fondo de la paranoia anfetamínica en los que se rivalizaba para ver quién estaba más loco, quién había tomado más "Dexamil spansule" o más "Instilasa". Ayudados por la represión policial y el asco de los ciudadanos "bienpensantes", nos habíamos convertido en una tribu que navegaba al garete. Del amor y la sexualidad gozosa de La Cueva a las relaciones retorcidas y semi-impotentes de la anfeta. Del compañerismo y la mutua protección al "sálvese quién pueda" más alucinante.

Pero Miguel siguió componiendo, y como toda su vida, cuando puso en orden su pasión hizo maravillas. Allí está *Oye, niño* para atestiguarlo. El simple, que salió por Mandioca junto con el primer simple de Manal, a principios del 69, muestra a Miguel solo con su guitarra arpegiando con dos dedos unas pocas notas, pero creando un clima asombroso con la voz. Como siempre, invitando a soltarse, a ser: "Ya abandona tu armadura / ser el aire no es pensar".

Esa misma magia reaparece en *Hoy seremos campesinos* y *Mariposas de madera*, el siguiente simple, con arreglos de Alchourron siguiendo las ideas de Miguel. *Hoy seremos campesinos* es una canción prácticamente desconocida hoy, que Miguel le dedicó a Tanguito y que sería bueno que se reedite, porque tenía una fantástica melodía y una letra inspirada: "Cuenta un cuento, / amigo mío. / No tenemos que dormirnos. / El sol quema y no hace frío / hoy seremos campesinos".

Poco después asomó, en una recopilación de Mandioca, otra canción inspirada: *Levemente o triste.*

Entre grabación y grabación Miguel desaparecía, viajaba a Brasil, reaparecía y actuaba, volvía a borrarse. La cosa en Buenos Aires estaba pesada, y no por casualidad estaba copando La Pesada del Rock and Roll. Muchos habíamos rajado a Europa. A comienzos del 71, en un arranque maternal, mi vieja se lo lleva a Barcelona. Ella se va por un par de meses. Miguel se queda y empieza una nueva película.

CONTINENTES DIFERENTES

"Hice bastantes cosas desde que llegué. Anduve por Cadaqués (donde vive Dalí). Volví a Barcelona. Después me fui a Madrid donde estudié un poco de piano. Después al sur de Francia (Avignon, Perpignan, Toulouse). Ahí trabajé en la vendimia con Carlos Iglesias y Alberto Ledo. Volví a Madrid a trabajar cuero para poder viajar a París. Me quedé en París dos meses en casa prestada por amigos. Krisha [Bogdan] hizo todo el viaje conmigo. Grabé un long-play para un músico argentino tocando varios instrumentos. Me hice una buenísima clientela de cueros y luego de juntar algunos mangos me vine para Londres. Ahora estoy en una hermosa casa londinense, de esas con tres ventanas a la calle. Tengo un taller para trabajos manuales. Me compré un piano y cambié la guitarra por un saco de cuero. Krisha ya va por el sexto mes de embarazo. Pensamos quedarnos aquí hasta que nuestro hijo tenga unos meses, y seguir viajando hasta fundir biela y cuca. Hasta ahora no tuve problema en frontera alguna, salvo la inglesa. Bajamos del avión y –qué le vamos a hacer, uno tiene la cara que tiene– nos hicieron un interrogatorio de dos horas. El resultado fue una visa por un mes. Como ves, aquí vamos, empujándonos a vivir cada día un poquito más alto y con el mejor amor. Besos, Miguel". Londres, 20 de febrero de 1972.

Krisha Bogdan, talentosa actriz de teatro, madre de su hijo Gato, acompaña a Miguel en Europa. De nuevo saltimbanqueando por un continente lleno de misterios. Muchas aventuras y pocas canciones. La vida libre del vagabundo. Teatro en la calle, música en pequeños boliches. Algunas oportunidades.

Disco *Miguel Abuelo et Nada*. 1974, París. Juntando en extraña mezcla a músicos de rock and roll de La Plata como el guitarrista Daniel Sbarra (hoy Virus) y el compositor de música electrónica Horacio Vaggione bancado por el sello Moshe Naim, Miguel produce un disco asombroso y complejo. Versión de *El muelle*, antiguo tema de Buenos Aires con complicadisimos fraseos vocales, coros delirantes y largos minutos de música electroacústica creando un clima opresivo. "El muelle está desierto y los marineros se fueron a descansar. Yo me he quedado aquí solo, mirándome ser". Versión de *Estoy aquí parado, sentado o acostado* con feroz solo de guitarra y un nuevo final, escrito por Miguel, que pinta su estado de ánimo: "No tengo nombre / no tengo amigos / no tengo lenguajes / no tengo verdad / No tengo altura, / no tengo dios / no tengo a nadie / para adorar. / Este es mi cuerpo / junto a mi alma / y un corazón abierto. / No tengo claves / para decirte / estás en el campo de la libertad".

A fines de 1980 Techi Aldao, gran amiga de Miguel y Cachorro López en Europa, empieza a preparar la vuelta de Miguel a Buenos Aires, consiguiendo pasajes y organizando circuito de prensa. Cachorro, que venía de tocar reggae en Londres y tenía un buen fogueo profesional, lo ayuda, ya en la Argentina, a armar el grupo que revolucionaría el sonido del rock nacional y daría pie a la primera música no-melancólica del país. Miguel lo definió bien al poco tiempo de formado el grupo: "Los Abuelos de la Nada es una plataforma de trabajo musical sujeta por los integrantes que la componen. Hacemos música popular. Queremos ser bailables, contagiosos. Hacer pensar sin dar tiempo a pensar. Sin hacerle el coco a nadie. Este país ha sido pisoteado, negado, marginado. Pero yo estoy vivo y dispuesto a vivir. Por esa energía de vida es que abrimos un campo musical de alegría".

Y el Abuelo cumplió. A partir de que *No te enamores nunca de aquel marinero bengalí* empezó a sonar en las radios se supo que el humor había llegado a la música nacional. Casi nadie le vio futuro cuando Miguelito anunció que estaba ensayando con algunos músicos que iban a cambiar la película. Dijo: "Utilizo todo lo que aprendí; el teatro, la mímica, el folklore, el funk, el reggae. Y hago una mezcla que tiene mi sello".

De nuevo el Abuelo supo estimular a los que lo rodeaban a largarse a componer, a cantar, a ser cada uno como quiera. Mírenlo a Calamaro, que hasta ese momento era solo tecladista. Mírenlo a Danny Melingo, que al poco tiempo formó Los Twist...

Y fueron una revelación en sus presentaciones en vivo, con Miguelito liderando un show sensual y potente apoyado en un sonido poderoso. Los recitales de Los Abuelos se convirtieron en fiestas de alegría y buena música, como el Abuelo había prometido.

Pero Miguel quería "Ir a más". Quería además seguir buscando en sus letras esa intuición, esa "Fuente de la unión". Tal vez muchos ni prestaron atención a las letras, sumergidos en el jolgorio generado por el grupo. Pero Miguel estaba puliendo su oficio de escritor, encontrando gemas como *Yo soy tu bandera* o *Medita Sol*.

Y estaba desarrollando su oficio de cantante, también. Mezclaba esas raíces latinas que nunca negó y que cada vez manejaba mejor, con su afiebrada habilidad para la música negra, el funk, el soul, los gritos rápidos. Navegando cómodamente en los ritmos rápidos, volando alto en las melodías, como lo demostró en *Himno de mi corazón*.

Toda su locura creativa y sus amigos aparecen claramente retratados en el álbum solista del 84: *Buen día, día*. Es un disco que pasó desapercibido en su momento tal vez porque contenía demasiadas canciones diferentes, demasiados desafíos para quien esperaba música "divertida" como la de Los Abuelos. Pero en la perspectiva del trabajo de Miguel, el disco es una síntesis de sus gustos y sus posibilidades enormes.

Después de cuatro años de éxito y cambios en su formación, Los Abuelos segunda etapa se separaron a fines del 85, poco después de su actuación en el Festival Rock & Pop, comentado en *Cantarock* por Claudio Kleiman: "Miguel Abuelo recibió un botellazo que le abrió una herida de la cual brotaba abundante sangre, justo debajo de su ojo izquierdo, pero se la bancó de puro guapo y siguió cantando como si nada. De todas maneras, se percibía cierta frialdad entre ellos, lo que no resulta demasiado extraño en vista de los rumores sobre su posible separación".

A principios de 1986 Miguel ya estaba de vuelta en el ruedo. Unió a los ex Abuelos Polo Corbella (batería) y Juan del Barrio (teclados) junto con su viejo compinche Kubero Díaz en guitarra y su sobrino Marcelo "Chocolate" Fogo en bajo. De nuevo los estimuló a componer, a cantar, a moverse en el escenario. Nuevas canciones, nuevas energías que se hicieron evidentes en *Cosas mías*, el longplay, y la consiguiente presentación en el Ópera. De nuevo tuvimos la música vibrante y variada que siempre garantizó el Abuelo. De nuevo tuvimos su picardía en *Tu cola-less* y su sarcasmo en *Cosas mías*. Y de nuevo teníamos la personalidad vibrante, contradictoria, genial y descontrolada de Miguel sobre el escenario y en la calle.

Esa personalidad, a quien le gusta la vida, y que dice claramente: "Yo no pedí nacer así, son cosas mías".

ANTES DEL ROCK

"También mi hermana era amiga de gente de teatro, de poetas y escritores. Yo veía que la poesía era una cosa bastante 'simpática'. Todos ellos leían libros y se inspiraban. Mirándolos a ellos se me despertó ese espíritu libertario, esa naturalidad que da el derecho al pensamiento. Mi primer poema hablaba de Caín y Abel. Yo no sabía quiénes eran, solo que uno había matado al otro. Entonces el poema terminaba: "Somos todos argentinos, ¡no somos Caín ni Abel!". Andaba por la Facultad de Filosofía y Letras, porque había muy lindas chicas. Me hice novio de una filósofa. Eran todos 'profesores', y yo era un animal. Mi hermana, que es mayor que yo, cantaba folklore y algo de bossa nova. Y en esas reuniones de amigos la gente me hacía cantar a mí también. Pero yo no me daba cuenta que cantaba bien. Como a la gente le copaba, me fui entusiasmado. Más interesado por el efecto en la gente que por el canto en sí. Así que seguí haciendo 'efectos'.

Cantábamos zambas, chacareras, cuecas, vidalas. Yo hacía las voces más altas y punzantes. En realidad, yo estaba medio como 'de paso' en ese ambiente, porque tenía mi mundo aparte, mi bicicleta, mi caballo, mi barrio y mis amigos. Yo venía de Munro, y cuando era chico repartía leche con el carro tirado por caballos. Con unos amigos botelleros comprábamos sandías en Colegiales y las vendíamos en Olivos, La Lucila, San Isidro.

Íbamos a una peña en Paraguay y Suipacha con mi hermana, que ya estaba trabajando con su nombre: Norma Peralta. Allí se reunían todos los folkloristas: Ariel Petrocelli, Armando Tejada Gómez, Daniel Toro, Mercedes Sosa, en fin, la nueva camada del folklore. Pero a la larga yo me rayé completamente can ese ambiente tan literario, y me encerré en una pensión de Carlos Pellegrini y el bajo: la famosa Pensión Norte".

De un reportaje en el N° 57 (Abril 81) del *Expreso Imaginario.*

ANDANZAS EN EUROPA

"En París me encontré con un músico electrónico argentino, que se llama Edgardo Cantón. Edgardo me ofreció trabajar con él. Me presentó a Moshe Naim, el capo de la mayor grabadora francesa. Lo primero que hice fue la música para una película de Hugo Santiago con libro de Borges: *Nosotros.* Después compuse unas cosas para *Here and now,* una película sobre un grupo de ingleses jóvenes que volvían de la India, bien en plan místico.

Moshe Naim me alquiló una casa antigua, que parecía un palacio, que compartí con el talentosísimo actor argentino Ricardo Mosner y nuestras mujeres e hijos.

A partir de allí, con el apoyo de la grabadora, que además puso todos los equipos, formé la banda para grabar. La base del grupo fue Carlos Beyris, un chileno que tocaba el cello. Después aparecieron Pinfo Garrigo y Daniel Sbarra, ex integrantes del grupo Dulcemembriyo, de La Plata. Grabamos un longplay, *Miguel Abuelo y Grupo Nada.* Anduvo muy bien, increíblemente bien para algo cantado en castellano en Francia. Hicimos una gira por la costa atlántica y la costa mediterránea. Íbamos con camiones tremendos, con generadores eléctricos y todo. Tuvimos muy buenas críticas sobre el show. Pero el grupo tenía diferencias internas, Daniel quería hacer una línea Deep Purple y no nos poníamos de acuerdo. En el disco se nota que la guitarra toca en un estilo diferente que el de las canciones. Así que a la larga nos disolvimos.

Quedé tan decepcionado que volví a recorrer Europa cantando por los boliches, desde Ibiza hasta Ámsterdam. Trabajé en teatro con Carlos Traffic, Mosner, Graciela Martínez, con el Magic Circus. En Europa se hace mucho teatro en la calle, en los museos, en el centro Pompidou. Es toda gente muy creativa que quiere llevar el arte a la gente común. Después de mucho tiempo de "vagabundeo artístico", Moshe Naim me fue a buscar a Ibiza para grabar un disco. Me junté con Pinchevsky en violín, Carlos Joannas en guitarra y Gustavo Gabetta en bajo. Estos dos últimos son santafecinos y tocan súperbien. Las cintas que grabamos no se editaron nunca. Las traje conmigo ahora.

Me volví para Ibiza, donde me junté con Miguel Cantilo y Kubero Díaz. Nos llamábamos Los Abuelos de la Nada, y salimos segundos en el Festival de Ibiza y Formentera. Morci Requena tocaba el bajo, Aldo Ferrari voz y guitarra acústica, Miguel Cantilo voz, Kubero primera guitarra, y yo percusión y voz. Era un grupo básicamente vocal. Hacíamos cosas maravillosas".

LAS CAUSAS DE LA MUERTE

Ya a fines de 1987 Miguel Abuelo se sentía mal, con una fiebre constante que no bajaba. Lo internan en la Clínica Bazterrica el 24 de febrero. Lo dan de alta el 3 de marzo. Deben volver a internarlo, esta vez en la Clínica Independencia, y lo someten a una operación de vesícula el 22 de marzo. Tras un buen post operatorio comienza a tener dificultades para respirar y se lo deriva a terapia intensiva. Comienza a subirle líquido a los pulmones, se le generaron problemas en los riñones y finalmente murió, el 26 de marzo a las 15:40 horas, de un paro cardíaco.

De manera que no murió de Sida, como se relamieron varios medios, incluso algunos considerados muy serios. Hay quien dice que era "portador sano" del virus, como muchísimas personas que ni se enteran, pero pueden llegar a contagiar a otros.

De todas maneras, la bajeza de algunos medios de difusión es increíble. Un diario importante insinuó que era pincheto y homosexual para justificar su supuesta muerte de Sida. Aunque cualquiera tiene derecho a hacer lo que quiera con su vida, en el caso de Miguel le erraron fiero. Y con mala leche.

Miguel murió como vivió, peleando por la vida, apasionado, quemándose en su propio fuego.

Publicado originalmente en *Canta Rock* Año V, N° 98 (2-IV-1988).

NOTAS SOBRE LA EDICIÓN

LEANDRO DONOZO

Este libro reúne los textos de todos los reportajes firmados, solo o en colaboración, en la revista *Canta Rock* por uno de sus impulsores y directores, Pipo Lernoud, en los noventa y ocho números publicados desde su fundación en julio de 1983 hasta su cierre en abril de 1988. Por razones de espacio, no hemos incluido sus numerosas notas en otras secciones y formatos, como editoriales, columnas de opinión o críticas de discos y recitales.

Las entrevistas se reproducen de la manera más fiel posible a como fueron publicadas, con correcciones menores de tipeo, ortografía, puntuación o redacción donde resultó necesario para la comprensión de los textos, sin alterar el sentido de lo dicho entonces. Por el contrario, hemos mantenido las diferentes variantes para otros términos como long play, longplay y long-play o rockero y roquero, para dejar testimonio de la terminología en uso.

Donde se mencionaba a personas sin su nombre de pila o su apellido hemos repuesto el dato entre corchetes, para diferenciarlo de otras aclaraciones similares incluidas originalmente entre paréntesis. En los casos en que la revista no indicaba fecha de publicación, hemos calculado el mes tomando en cuenta la periodicidad del momento y los números cercanos que mencionan el dato.

Aunque resulte un exceso de detalle, el nombre de la revista es un posible objeto de debate. ¿Es *Canta Rock* o *Cantarock*? ¿Una o dos palabras? El isotipo que lució en la portada, indiferente a los cambios de tamaño de sus páginas y de estética, es ambiguo: el nombre se divide en dos líneas, pero con ambas palabras comenzando en minúscula, lo que impide definir si es una sola cortada en dos o un par independiente. Como, con toda razón, esta definición era irrelevante para quienes la hacían y la leían, en sus páginas a veces se autodenomina de una u otra manera indistintamente. En este libro hemos, de común acuerdo con su autor, optado por llamarla *Canta Rock*, manteniendo la forma *Cantarock* cuando así aparecía en los textos.

Agradecemos a Ponchi Fernández, Roque Di Pietro, José Sáinz y Nicolás Igarzábal por la ayuda para evacuar dudas y facilitar información.

ÍNDICE TEMÁTICO

M

N

O

P

EL ALGO-RITMO HUMANO
SUGERENCIAS PARA SEGUIR LEYENDO

Otro libro de Pipo Lernoud

YO NO ESTOY AQUÍ
ROCK, PERIODISMO, ECOLOGÍA Y OTROS NAUFRAGIOS (1966-2016)
PIPO LERNOUD

Otros libros sobre revistas de rock

ESTACIÓN IMPOSIBLE
EXPRESO IMAGINARIO Y EL PERIODISMO CONTRACULTURAL
SEBASTIÁN BENEDETTI / MARTÍN GRAZIANO

¿ÍDOLOS O QUÉ?
UNA HISTORIA DE LAS REVISTAS DE ROCK EN ARGENTINA (1955-2025)
SEBASTIÁN BENDETTI / ALFONSO FERNÁNDEZ

Otros libros sobre la música en la época de la vuelta de la democracia

ROCKOLOGÍA
DOCUMENTOS DE LOS 80
EDUARDO BERTI

CEMENTO, EL SEMILLERO DEL ROCK (1985-2004)
NICOLÁS IGARZÁBAL

GRABADO EN ESTUDIOS PANDA
HISTORIAS DE UNA FÁBRICA DE HITS (1980-2020)
NICOLÁS IGARZÁBAL

***SATISFACTION* EN LA ESMA**
MÚSICA Y SONIDO DURANTE LA DICTADURA (1976-1983)
ABEL GILBERT

HAY COSAS PEORES QUE ESTAR SOLO
FITO PÁEZ Y *CIUDAD DE POBRES CORAZONES*
FEDERICO ANZARDI

THE CALAMARO FILES
25 AÑOS ESCRIBIENDO SOBRE ANDRÉS
MARTÍN PÉREZ

Y UN MILLÓN DE MANOS QUE ME APLAUDEN
MERCEDES SOSA Y LA VUELTA DE LA DEMOCRACIA
FACUNDO ARROYO

POSTER MIGUEL ABUELO
CROMADO
TODAS LAS CANCIONES DE HOY Y DE SIEMPRE
canta rock
Cancionero de música contemporánea
Todas las canciones música y letra
Ahora quincenales
Las mil caras de DAVID LEBON
canta rock
celeste
LOS VIOLADORES
canta rock
Cancionero de música contemporánea
Todas las canciones música y letra
Ahora quincenales
La onda de
canta rock
Cancionero de música contemporánea
Todas las canciones música y letra
quincenal
TODO ALMENDRA
canta rock
Cancionero de música contemporánea
canta rock
EN SOBRETODO
¿DE DONDE VIENEN LAS HISTORIETAS?
HEMBRAS HECHICERAS
MI DEBUT EN EL TELO
ABUELO
LOS VIOLADORES
VIRUS
ESPECIAL CANCIONES MIGUEL ABUELO
canta rock
Cancionero de música contemporánea
música y letra
Cantilo de la cara
canta rock
AÑO Nº 90 6
FEDERICO MOURA
PREGUNTAS FUERTES SOBRE VIRUS
LOS ENANITOS VERDES CRECEN
GRANDES DEL ROCK QUE VISITARON ARGENTINA
SUETER · PEYRONELL
EN SOBRETODO
BURROUGHS: EL PADRE DEL ROCK Y LA NUEVA LITERATURA
HUGO SOTO